SIMONE V. DESCHAMPS

LA PANTENNE

Mémoires romancés d'une femme de marin

EDITIONS FRANCE-EMPIRE
68, Rue Jean-Jacques-Rousseau, 75001 Paris

Vous intéresse-t-il d'être tenu au courant des livres publiés par l'éditeur de cet ouvrage ?
Envoyez simplement votre carte de visite aux

EDITIONS FRANCE-EMPIRE
Service « Vient de paraître »
68, rue J.-J.-Rousseau, 75001 Paris,

et vous recevrez, régulièrement et sans engagement de votre part, nos bulletins d'information qui présentent nos différentes collections, que vous trouverez chez votre libraire.

IMPRIMÉ EN FRANCE

Je pensais faire le signe de la Croix
et je me suis crevé l'œil.

(PROVERBE ESPAGNOL)

On m'avait prévenue, bien avant que l'envie ne m'en prît, une veille de Pâques : « Vous n'avez pas vu Brest reconstruit ? Vous ne reconnaîtrez rien. L'Harteloire ? Vous vous y égarerez ! » J'avais souri. Les yeux bandés, je me dirigerais droit sur le terre-plein où s'élevait notre maison. J'ai eu tort de les garder ouverts car je n'ai pas retrouvé l'emplacement. Les habitations détruites par la guerre ont été rebâties sur d'autres terrains. Aujourd'hui, un pont hardi enjambe mes souvenirs. Trompées par le paysage, les ombres de ceux qui vécurent et moururent là n'étaient pas au rendez-vous. J'avais parcouru plus de six cents kilomètres pour me découvrir une nouvelle frustration. Effacé, ce que je venais chercher avec une bonne gomme qui n'a pas laissé de traces. Modifiés, les repères posés par la nature : une hauteur assez lointaine, qui barrait mon horizon, n'est plus qu'un monticule proche. On a comblé, on a œuvré. Incontestablement, c'est grand, moderne. Harmonieux ? Hum ! Cela deviendra le passé de ceux qui y croissent et s'y multiplient, mais ne me concerne plus. Déjà, de la gare à mon ancien quartier, dans le jour aigre qui se levait à regret, j'avais eu l'impression d'avancer dans un rêve déformant. Des rues inconnues portaient des noms familiers, et le vent, hier domestiqué dans les petites artères, se ruait dans de larges avenues qui raccourcissaient curieusement les distances. J'étais pourtant bien à Brest. Des queues de chat prometteuses de pluie s'étiraient dans un ciel céruléen par plaques au-dessus de la rade de perle grise, l'humidité collait mes cils, mes poumons s'offraient l'océan à pleines goulées et j'attrapais au vol des bouffées de l'accent chantant que, pour complaire à celui qui fut mon époux, je me suis tant appliquée à perdre. Même désarroi à Recouvrance, où je suis née. Mon pélerinage m'amena à l'autre extrémité de la ville, à Saint-Martin, un quartier moins éprouvé qui me fit, çà et là, des signes de reconnaissance. La maison à trois étages, où ma grand-mère maternelle mit huit enfants au monde, survit, tellement vieillie que j'en eus froid au cœur. Avec sa façade grisâtre, ses chiches ouvertures, la peinture zébrée de griffures de son couloir d'entrée tout en longueur, elle exalte la jeunesse et le luxe des hautes constructions qui la jouxtent et l'étouffent. Ma mémoire la conservait claire, joliette avec ses rangées de pots garnis, selon la saison, de fleurs ou de plantes vertes au bord des fenêtres à brise-bise en filet, ocrés au thé, j'allais remporter l'image d'une pauvresse.

— Tout le monde n'a pas eu la chance d'être sinistré ! me dirent ses propriétaires, deux vieux très amers.

Après la visite au cimetière, retour en ville. Atteinte de gigantisme, la rue de Siam singeait la rue de la Paix. On ne s'y écrasait plus, disparus les trams bruyants, plus d'uniformes remontant sur la chaussée. Quasi déserts le port de commerce et ses quais couleur de suie. Sur rade, quelques bateaux au lignes nouvelles, déconcertants. Sur la Penfeld, enfin une amie, la vieille *Jeanne,* maquillée au minium. Cette cité trop neuve, encore sans âme, me découragea de prolonger mon séjour et d'y revenir jamais. Le soir même, le vent me raccompagna à la gare tambour battant. Chou blanc.

Ce n'est qu'après Landerneau que je retrouvai mon vieux Brest, en parcourant le journal local acheté au départ. Signe des temps d'épuration, *la Dépêche* est devenue *le Télégramme.* A part ce masculin, la présentation n'a pas changé, J'y revis, à leur place et dans leur forme, les Nouvelles maritimes, les Avis de convois et les savoureuses Petites Annonces : Trouvé un gant d'enfant usagé, le réclamer chez Mme Le Barbu mercière. La personne qui a été vue ramassant un porte-monnaie noir sur le cours Dajot est priée de le déposer café Lannuzel.

Après la disparition d'un être cher, il arrive que l'on soit, plus ou moins longtemps, dans l'incapacité de le recréer vivant. Des mois durant, le visage de l'ancien Brest se refusa à mes sollicitations, le nouveau m'imposant sa monumentale et décevante présence. Ce soir, je veux m'assurer, par un voyage dans le passé, que je n'ai pas rêvé ma jeunesse. Je ferme les yeux, je suis dans ma ville, telle qu'elle fut, grise, tassée, grouillante de marins, gaie. Je m'y promène, les morts me parlent, ils n'ont pas pris une ride.

A quoi tient une destinée ? Sans un vibrion à la langue bifide, qui s'impatronisa chez les Cosquer après effraction, il est probable que je serais la femme d'un brave type qui m'aurait fait beaucoup d'enfants sans me susciter de problèmes psychologiques.

Je suis née dans une modeste famille où les garçons ont toujours été gens de mer. Marine de guerre à de rares exceptions près. La filière normale : apprenti marin, matelot breveté, quartier-maître, officier marinier. Tous gradés d'élite, mais sans viser plus haut que la maistrance.

En 1914, le quartier-maître Pierre Cosquer épousa Jeannette Le Bris. Belle noce, nombreuse et joyeuse, dont on n'eut pas le temps de regretter la dépense. Deux mois plus tard, la guerre expédiait le nouveau marié en Méditerranée orientale avec sa faim d'amour non rassasiée. Il laissait à sa jeune femme de quoi meubler l'attente. Ce fut un garçon, Guillaume dit Laumic, qui avait déjà dix-huit mois quand son auteur revint à Brest, second maître et décoré. La mort avait frappé tôt chez les Le Bris : un frère de Jeannette, tué devant Dixmude, à la Brigade Ronarc'h. On s'était serré dans le logement de Saint-Martin — que Jeannette, en larmes et enceinte, avait réintégré le jour de la séparation — pour accueillir la veuve et deux orphelins pendant les premiers temps de douleur. Chez nous, plus on est, mieux on rit ou mieux on pleure, mais Jeannette accepta l'offre de venir faire ses couches à Recouvrance, chez ses beaux-parents qui vivaient seuls. L'arrangement provisoire se prolongea. D'abord inquiet — entre bru et belle-mère la bisbille s'installe si vite ! —, Pierre reçut des lettres qui témoignaient d'un climat de bonne entente et d'affection. Après sa première permission, il repartit pour la guerre, l'esprit en paix côté ménage, ce qui est essentiel au moral d'un combattant. Embarqué ensuite sur un croiseur auxiliaire affecté à la protection des convois France-Amérique et retour, il revit sa famille à intervalles moins espacés. Au milieu de 1917, son bâtiment fut torpillé à quelques milles d'Ouessant. Le temps assez maniable permit la mise à l'eau de plusieurs canots ; néanmoins, plus de la moitié de l'équipage périt. Repêché gravement blessé, Pierre Cosquer fut ramené à Brest. Il subit une trépanation, mais dut garder une partie des éclats dont son corps avait été criblé. On le rendit à sa femme après une année d'hospitalisation, avec la promesse, pour plus tard, d'un emploi réservé dans un bureau de l'arsenal. Pour lui, la guerre était finie et aussi, hélas ! la navigation. Il souffrait encore dans sa chair, mais remerciait la Providence quand il caressait sa Jeannette. Je fus engendrée dans la liesse qui suivit l'Armistice.

Mes premiers regards embrassèrent une salle à tout faire meublée d'une longue table à deux bancs fixes, d'un coffre huche-buffet, du lit clos de mes grands-parents, d'une cuisinière noire à boutons d'or, d'une machine à coudre Singer et de deux chaises paillées, la meilleure réservée aux méditations équestres et digestives du pépé, aussi pour raconter ses campagnes. J'ai été nourrie d'histoires de coups de chien et de bordées. La principale décrivait un dramatique raclage de quille sur un mauvais caillou des mers lointaines, dont personne n'eût rapporté les détails si Mme Sainte Anne, ardemment priée en commun, n'était venue tirer le bateau d'une position désespérée. En remerciement, selon l'usage, l'équipage fabriqua une maquette de la rescapée, l'*Evangéline,* qui lui fut solennellement offerte, chez elle, dans sa chapelle du Portzic.

Ce chef-d'œuvre — disparu avec tant d'émouvants souvenirs au cours d'un incendie — m'est toujours présent. Je me revois, main dans celle de pépé Cosquer, pénétrant pour la première fois dans la pénombre du petit sanctuaire de Sainte-Anne-du-Portzic qui domine le Goulet. Il fait frais et humide. Je frissonne et me recroqueville, impressionnée par le silence habité, je frotte ma joue à la manche rugueuse du caban du pépé et lève un œil. O protectrice des marins, quelle frayeur ! Votre armada ancrée au-dessus de ma tête, que le courant d'air provoqué par notre entrée avait fait appareiller au bout de ses filins, me fit plonger entre les jambes grand-papaternelles.

— Regarde, Lélène, not' voalier là ! Le plus beau que c'est. Mais regarde donc, grosse bête !

Dans ses bras, élevée vers le voilier, je hurle. La sacristine nous fait sortir. Le pauvre homme ne comprend rien à ma peur subite des bateaux : depuis ma naissance, chargé de me promener, il ne me montrait, en m'obligeant à voir, que des bateaux. Mais moi, je ne sais pas exprimer que, pour une toute petite fille, la navigation en l'air tient du fantastique. Longtemps, ces cuirassés, goélettes, baleinières — celles-ci parfois plus grandes que ceux-là — que j'avais vus croisant entre de vrais avirons, pendus à la verticale et dangereusement libres de me fendre le crâne, me vinrent visiter la nuit, armés par les terribles « viltansous » des contes de mémé Cosquer.

« Vingt ans qu'on avait, quand on a mis notre sac ensemble sur l'*Evangéline* », disaient mes grands-pères avec des yeux tout rajeunis. Avaient-ils assez bourlingué sur ce bon voilier de l'Etat, sous les ordres du commandant Coatmeur, « un sacré marin, même s'il a, une fois, foutu l'bateau au plein ! ». Cré bon temps que ce temps-là... S'étaient fait laver la gueule de conserve plus d'un coup, se l'étaient mutuellement rincée plus souvent encore. La Marine n'était pas celle pour demoiselles de maintenant !

A l'âge des souvenirs, pépé Cosquer se répétait (il m'est beaucoup plus proche que pépé Le Bris avec qui je n'ai pas vécu), mais je ne me lassais pas d'entendre les mêmes récits. J'étais un auditoire en or et mes questions méritaient, par leur pertinence, qu'on me répondît comme à un garçon. Il me préférait à mon frère, un bagarreur né, qui savait comme personne rouler un cache-nez en matraque pour livrer bataille sur la plaine de Kerangoff et s'était tôt désintéressé des stations explicatives devant la rade et au-dessus de la rivière de l'arsenal. Mon pépé aux os frileux sous le vieux caban de mer, son béret de retraité cassé en avant pour ombrer une trognette à peine plus grosse qu'un poing, son nez rose comme la chair d'une fraise de Plougastel... à cause du crachin, prétendait-il, du louzou, rectifiait sa femme avec malice. Louzou signifie remède. La maladie ? De celles qu'on entretient. Quand le remède passa à portée, jamais le pépé ne lui fit l'injure de le dédaigner, j'en fus souvent témoin. Un témoin complice qui ne cafardait pas. Je savais que les femmes n'aiment pas que leur homme ait eu soif, et qu'elles crient en proportion d'une faute dont la gradation remonte loin : « presque à jeun », éméché sans plus ; « un peu bu », troubles de la démarche et de la parole ; « bu », scandale ; « saoul perdu », coma. Dans les deux derniers cas, les reproches sont remis au lendemain. Mémé convenait que « le sien » n'avait jamais, à Brest, dépassé le deuxième stade qu'en des circonstances exceptionnelles et toujours carillonnées.

Mémé, c'était la petite vieille classique du pied du calvaire breton, ridée comme une reinette en fin d'hiver, qui gardait ses yeux d'enfant, deux flaques de ciel de juin, les cheveux bien tirés sous la coiffe de Brest toujours amidonnée de frais, dont elle nouait et fixait les brides sur son corsage noir.

Jeannette, ma mère : un profil de bigouden au front bombé, au petit nez à l'affût du vent, d'abondants cheveux châtains bouclés, le teint fouetté par l'air marin. « Vive comme un poisson, propre comme un sou neuf, soupe au lait, ça oui, mais pas plus entêtée qu'une autre », la définissait mon père, un homme placide, grand et sec, qui redoutait le bruit, grondait rarement ses enfants et s'en remettait entièrement à sa femme pour la conduite du ménage. A cette époque, Jeannette était gaie. Il n'était pas de jour où ne vînt bavarder et rire son alter ego, Soizic Gueguen, jeune veuve de guerre au chagrin tari, belle femme dont mon frère et moi nous disputions les genoux.

Louis, le plus beau et le plus décoratif des Cosquer, croix de guerre cloutée de gloire et promotion d'office, annonçait son retour en France après deux ans de campagne sur une canonnière du Tonkin. A Recouvrance, le baromètre était au beau fixe. Suzanne, une jolie cousine de ma mère, amoureuse de Louis depuis l'adolescence, rayonnait. Retour, mot magique pour celles qui aiment un marin. Il embellissait la vieille mère et la jeune fille. Encore un bon mariage Cosquer-Le Bris, disait-on.

Mais qui ne se fera pas. Le Sort, en mal d'excentricité, par l'entremise d'une faiseuse de bonheurs bourgeois, va jeter bas le sympathique projet.

S'il n'avait pas plu si fort ce jour-là, Mme Coroller, la propriétaire, vieille grippe-sou qui n'apparaissait à Recouvrance que pour faire des réflexions, n'eût pas été invitée à attendre chez nous la fin du grain. Les femmes échangeaient des potins d'enterrement quand une photographie provoqua une exclamation :

— Mais c'est Louis !... Bien qu'il est. On dirait un officier.

Sourire comblé de la mère de Louis.

— C'est ce qu'ils disent tous. Il sera là dans moins de huit semaines.

L'autre, qui s'était levée pour un examen au plus près, revint s'asseoir.

— Il va falloir le marier, ce beau Louis. Quelqu'un en vue ? Oui ? Qui ça ?

Mémé ne savait pas résister à une Mme Coroller, propriétaire.

— Vous ne voulez pas dire Suzanne Le Bris, la commise du magasin de modes ?

D'une main de vendeuse de cierges, elle balaya Suzanne et ses mignons attraits.

— Il vaut mieux que cela notre Louis, Mme Cosquer. Nous en reparlerons. J'ai mon idée.

Une idée extravagante : Mlle Le Canidec. Une occasion rare, toutes les vertus, piano, aquarelle, tapisserie, culture littéraire, art de recevoir, confitures... De plus, fille unique d'un commerçant retiré après fortune faite et reconvertie en immeubles de bon rapport.

— Une belle dot, un superbe trousseau et tout et tout... postillonnait la marieuse sur le blanc bonnet de Mémé. Sans parler des espérances : soixante-six ans le père... et de l'ataxie locomotrice !

Sacrés les sous, pour qui n'en a eu que pour difficilement subsister. La propriété bâtie étant l'attribut d'une certaine classe sociale, Mémé opinait du menton en signe de considération. Le grain germé, elle s'habitua aux horizons qu'on lui découvrait et n'y vit bientôt rien que de normal. Pourquoi son Louis, aussi intelligent que beau, n'épouserait-il pas une héritière ? Il suffisait d'y penser. Louis propriétaire... donc riche, salué bas, craint. On riait dans son dos. Pourquoi la contrarier ? Qui ne connaissait, au moins de vue, les dames Le Canidec, mère et fille, deux personnes menues, tirées à quatre épingles, qui faisaient leur tour en ville chaque après-midi vers cinq heures, en dosant soigneusement leurs saluts ? Il fallait un cerveau biscornu comme celui de la mère Coroller pour imaginer le premier maître Cosquer et Mlle Le Canidec échangeant des anneaux à la cathédrale ! De quoi alimenter les parties de tape-tape de Jeannette et Soizic, de quoi faire bien rigoler Louis quand on lui racontera que la propriétaire pense à lui pour un rôle de limaçon !

Car, évidemment, la demoiselle était un laissé-pour-compte. Fallait-il n'en accuser que la guerre, grande faucheuse d'épouseurs ? Une fille qui, sans être une beauté n'est pas un laideron, et à qui les biens mobiliers confèrent du piquant, trouve toujours preneur si elle sait ne pas se montrer trop difficile. Or, Alice Le Canidec avait longtemps espéré un mari qui lui assurerait une position dans le monde où sa bourgeoisie de fraîche date n'avait pas accès. Il fallait pêcher ce mari parmi les officiers du grand corps ou ceux qui s'y rattachent : ingénieurs, commissaires, médecins. Pas d'yeux pour d'autres. Las ! Les promotions s'étaient succédé, la gaffe tenue par Mme Le Canidec pour amener les proies dans son salon glissait sur des dos élastiques, ne crochait rien. Les officiers de marine se marient tôt, presque toujours dans leur milieu, aussi la compétition est-elle chaude entre les prétendantes étrangères au clan. Qui part sur la *Jeanne* non engagé est perdu pour la consommation locale, toutes les filles de Brest savent cela, et aussi qu'il ne faut pas s'endormir sur les premiers lauriers, mais ferrer et arborer aussitôt sa marque à son de trompe vocale et de faire-part de fiançailles. Devenue moins intransigeante sous le poids d'un célibat humiliant, l'orgueilleuse Alice se fût contentée d'un ingénieur mécanicien sorti du rang, n'en trouva pas. Mais de là à descendre jusqu'à un officier marinier, c'est-à-dire un sous-officier ?

— Gast ! s'écriait le pépé en déplaçant sa chique. Ma vieille a du temps de reste, mais Louis a passé l'âge d'être mené !

Quand Jeannette exprimait son inquiétude : fréquence des visites de Mme Coroller, précision des divagations de Mémé, son mari éclatait de rire :

— Prendrais-tu mon frère pour un guinaouec ?

Un matin, l'oncle Louis fut là, magnifique, le visage et le cou passés au brou de noix, sentant bon la mer et la joie. Il roula longuement sa tête sur le fichu de sa mère, étreignit Jeannette, saisit sa nièce et la projeta vers les chiures de mouches du plafond. Il épuisa les petits bonheurs escomptés : le rousic de la cafetière bleue, le beurre salé fondant sur la crêpe réchauffée, s'enquit des proches, de la nombreuse parentèle, en arriva à un rusé :

— Et Suzon ?

Mémé devança Jeannette :

— Pouh !... Celle-là, on ne la voit plus guère...

Tout était dans le ton. Jeannette chercha le regard de Louis, ne le trouva pas, laissa tomber le doigt qui tournait sur sa tempe. Rien ne pressait.

Louis fut piégé incroyablement vite. Le traquenard l'espérait chez Mme Coroller. Nous avions entamé l'obligatoire tournée de visite de retour du marin. Le deuxième jour, Mémé feignit de s'apercevoir que nous passions sous les fenêtres de la propriétaire et proposa de monter dire bonjour. Louis fit la grimace :

— Le vieux vautour vit encore ?

— Ménageons-la, mon petit, elle parle de faire réparer notre cheminée.

— Bon ! grogna Louis, mais cinq minutes. Après, on ira prendre l'apéritif « Aux Voyageurs », histoire de neutraliser le poison. Tu viens, Jeannette ?

Curieuse de la suite, Jeannette suivit avec ses enfants. Tapies dans l'ombre d'un lugubre salon où flottaient des senteurs de camomille et de vieillard, les dames Le Canidec guettaient le mâle à l'annulaire vierge. Avaient-elles redouté l'apparition de quelque paysan du Danube ? A voir s'étirer le sourire de leurs lèvres minces, c'était probable. En l'honneur du permissionnaire, elles se mirent en frais, insistèrent pour qu'il racontât ses campagnes. La demoiselle l'écouta avec l'attention extasiée à laquelle pas un représentant du sexe dit fort ne saurait rester indifférent. Et Louis, par la vertu de l'encensoir secoué sur lui avec une si charmante insistance, s'ennuya si peu qu'il accepta de boire du thé !

— Premier maître de manœuvre que je suis, expliquait-il fièrement.

Une spécialité qui fait vivre sur la passerelle, dans l'intimité des officiers, dont il avait attrapé les attitudes et expressions. Un acceptable pis-aller. Bel homme, ni vulgaire ni emprunté. N'était son diable d'accent ! Pas le maximum, surtout des tournures. Cela pouvait se corriger. Impression favorable.

Puisqu'il fondait sans provoquer de réaction, Jeannette renonça à mettre son grain de sel dans la conversation. Elle eut tout loisir de détailler les minaudières qui ne s'adressaient qu'à Louis et à Mme Cosquer mère. Mme Le Canidec ne changeait pas, ne changerait plus, la différence d'âge s'annulerait bientôt. De loin, leurs silhouettes les faisaient déjà confondre. Sous la même voilette à pastilles, des roses éclairaient leur teint ; le tulle renvoyé en arrière pour l'ingestion du goûter, l'illusion ne tenait pas plus que n'avait tenu la poudre : couperose ces délicates couleurs. Tous leurs gestes étaient mesurés, comme économisés. Elles ôtèrent leurs gants à petits pincements entre pouce et index, les confièrent à Mme Coroller, mirent trois morceaux de sucre dans leur tasse, demandèrent « un nuage de lait sans peau » et, à la même seconde, levèrent l'auriculaire droit.

Mon frère et moi avions l'air inquiet de chiots qu'on vient de changer de niche. Chapitrés pendant la montée — ne pas faire honte à notre mère, montrer que les enfants de Recouvrance savent se tenir aussi bien que ceux qu'on promène en gants blancs sur le cours Dajot —, nous n'allâmes pas flairer les coins et avalâmes sans protester des gâteaux « secs » mous comme les joues de l'hôtesse. Nous n'ignorions pas qu'il est mal élevé de boire en aspirant comme un hippopotame, notre mère nous le répétait assez, mais vider sa tasse sans produire le moindre son nous parut ridicule. Plus, ce silence absolu tandis qu'elles déglutissaient était gênant. Aussi, fut-ce un soulagement quand elles commencèrent de s'écouter parler des mondanités du jour. Louis avait tout dit de lui, il rendait la politesse en souriant d'un air gentil. Mme Coroller, chœur antique, rire complaisant, murmures admiratifs, faisait valoir de son mieux. Mémé se contentait d'approuver du chef et touillait son thé pour faire croire à l'heureuse issue du combat avec la pince à sucre. Son air « aux anges » agaçait sa bru, toujours cantonnée dans une inexistence outrageante.

Pépé et mon père avaient avalé leur soupe quand nous rentrâmes. Mémé, tout excitée, décrivit sa première expérience du beau monde.

— Du thé ? Pouah ! s'exclama le pépé en se versant un ras bord de louzou.

Pierre observait sa femme qui bousculait les casseroles après avoir rabroué Louis sans motif, mais il attendit d'être au lit pour lui demander la raison de sa mauvaise humeur. Elle se soulagea : les chipies lui avaient fait le coup du mépris, elle les détestait, et Louis était vraiment le roi des guinaouecs ! De la prise de contact s'ensuivait une invitation de Mme Le Canidec. On a beau avoir redouté la corvée, il est vexant de s'en voir cavalièrement dispensée !

***

Quand le permissionnaire, époustouflé par l'intérieur cossu de ses nouvelles amies et les dithyrambes jetés sur lui comme des poignées de riz, en fut à absorber journellement de l'eau chaude sans rhum et des amuse-gueule sucrés, pour tous ceux qui suivaient les progrès de l'engluement, il ne fut plus Louis, mais le Guinaouec. C'était dit sans gaieté. Quel dommage de devoir nommer ainsi un homme intelligent, car guinaouec dit très péjorativement le contraire ! Mais que penser d'autre de qui n'avait pas hésité entre Suzanne et Mlle Le Canidec ? Le connaissant bien, on refusait de le croire plus attiré par le sac d'écus que par le sac d'os. A table, devant Jeannette hostile, son frère indifférent et Pépé moqueur, isolé dans son nuage d'eau de Cologne, il n'osait plus rire comme avant, mais on constatait que l'insipide breuvage de ces dames ne le dégoûtait pas du vin. Il ne parlait pas de ses visites en ville, on ne lui demandait rien. Parfois, on le surprenait à chuchoter avec Mémé. A elle nous plus, on ne demandait rien. Question de principe.

Un soir, plus gêné qu'important, Louis annonça un changement de cap imminent dans sa carrière. Et l'on comprit enfin pourquoi Mlle Le Canidec avait pu juger « possible » notre premier maître.

On dirait un officier... C'était vrai. Mais pour une demoiselle qui avait sautillé sur les bichous des bordaches, en avoir l'air ne suffisait pas. Renseignements pris, Louis Cosquer possédait titres et qualités pour se présenter à un concours avec les meilleures chances de troquer rapidement ses attributs de sous-officier contre les deux galons d'officier des Equipages de la Flotte. Cet homme de belle prestance n'y aurait pas pensé tout seul ; on eut de l'ambition pour lui. Louis dit son intention de se marier, nomma l'élue, mais pria qu'on ne répande pas la nouvelle dans l'immédiat.

— Seulement le jour où tu commanderas ta tenue d'officier ? fit Pépé taquin comme un soleil de Pâques. Ta future t'aime, mais elle rote sur le gradé. C' qui m'épate, c'est qu'un Cosquer abandonne la mer pour les Services à terre. Gast !

— Et que l'amour envoie mon frère à l'école du baisemain ! acheva mon père.

Louis rit, mais tut qu'Alice pensait sérieusement à la rééducation des Cosquer !

J'étais trop jeune pour me régaler de la cocasserie du personnage. J'en riais parfois, j'en pâtissais souvent, du fait de ses effets perturbateurs sur l'humeur de ma mère. Alice souffrait d'hypertrophie du Moi et avait tous les défauts ! Pingre, faux-jeton, menteuse à l'occasion, gourmande non partageuse. Un banal colifichet gentiment porté par une autre (Jeannette en particulier) lui remuait la bile. Elle piquait des colères pour des riens, avec larmes projetées à l'horizontale et trépignements vraiment plus de son âge. Ses qualités d'ordre et d'organisation, son talent d'accommodation des restes, apparurent vite haïssables tant ils s'accompagnaient de vexations pour les bénéficiaires de l'exemple. L'honneur qu'elle daignait faire à l'humble famille Cosquer devait se payer en amen inconditionnels, ses avis ne supportant pas d'être discutés. Chaque visite se soldait par un surmenage des nerfs. Il fallait, ne fallait pas ou plus. Nos façons de vivre et de s'exprimer n'étaient pas bonnes. Il était vulgaire d'appeler ses grands-parents Pépé et Mémé.

— Faut dire quoi ? s'ébahit mon frère.

— Bon-papa et Bonne-maman, sache-le, petit !

Laumic attendit l'heure de la soupe pour faire un essai devant l'oncle Louis. Comme il s'y attendait, Pépé faillit s'étrangler :

— Tu t' moques, mignon ? Bon-papa ! Prends garde que j' suis 'cor' capable de t' fout' une bouffe pour t'apprendre le respect ! A propos, Louis, chez nous les enfants disent tu aux tantes par alliance, j'entends que l'usage soit maintenu. Aperçu ?

Indigné par le Bon-papa, il avait ordonné. Fait rare, qui ne se renouvela pas.

Les détails délicats passaient par Mme Coroller.

— Voilà qu'on veut que Mémé quitte sa coiffe, tu devrais t'en mêler, Pierre !

La neutralité de son mari irritait Jeannette, l'exutoire Soizic, loin d'apaiser, se faisait ringard à susceptibilités et chauffait à blanc. Elle enrageait la Soizic : Louis, ce gars splendide, dont les larges épaules et le cou en fût de colonne lui activaient le sang, dans le lit d'un avorton tout en angles aigus ! Sûr que mieux lui aurait valu de se casser une jambe, ou même de se faire casser pour indiscipline !

Devant Mémé, on ne critiquait pas Mlle Alice, on se rattrapait entre soi. Pépé n'était pas le dernier à imiter ses mines et son accent. Ah ! son accent, seigneur Jésus ! Réaction contre la prononciation du cru qui prodigue les circonflexes et transforme parfois le son ai en é, les dames de la bonne société affectaient, légèrement, le contraire. Alice exagérait : elle était « fatiguai » (souvent), « navrai » (à cause de nous), « enthousiasmai » (par ce qui n'était pas à notre portée). Je devins « Hailène » et mon frère « Guillâme ». Très vite, Pépé cessa de dire gaiement que la demoiselle valait son pesant de guano et la baptisa le Bidel ; ainsi désigne-t-on familièrement, sur les navires de guerre, le gradé qui remplit les fonctions de capitaine d'armes. Le Bidel allait bien à cet adjudant de quartier, commandeuse, chercheuse de petite bête, qui gloussait d'aise devant un flagrant délit d'ignorance et infligeait alors un laïus avec l'accent à rebours qui faisait de chacun, fautif ou témoin, un cambronniste rentré et un vengeur virtuel. Moi, qui pourtant tenais de mon père un tempérament calme, je me satisfaisais d'une scène interne, rapide, invariable : je relevais ses jupes, les lui ficelais autour du cou par-dessus ses bras, je fendais sa culotte et la jetais ainsi troussée dans la rue du Siam, à l'heure où l'on doit s'y montrer.

Les deux galons de Louis assurés sans coup férir (désolant, non seulement de ne pas s'en réjouir à plein cœur, mais d'avoir, sans trop se l'avouer, souhaité un échec), la date du mariage fut arrêtée. Louis avait un frère, mais aussi quatre sœurs, toutes mariées à des gradés, qu'il faudrait bien inviter. Cela faisait beaucoup de maistrance. On demanda aux beaux-frères, avec tout de même de l'enveloppement, de venir en civil, ce qui était antiréglementaire, et le costume breton se vit frappé d'interdit. Les enfants de Jeannette n'étaient pas encore assez dégrossis pour tenir la traîne d'une telle mariée. La liste des vexations s'allongeait.

Lors des essais au point fixe, la trognette de mon cher Pépé, perdue sous un melon trop large, me donna envie de pleurer. Quant à l'adorable aïeule, à qui la coiffe empesée et les vêtements noirs conféraient une distinction de terroir, le grand jour nous la transforma en une quelconque commère endimanchée. On découvrit qu'elle avait le dos rond et un petit ventre en boule haut sous la taille. Sa robe de crêpe gris à papillons noirs pendait de ses chétives épaules et collait à ses jambes de coq comme un pavillon en berne. Un minuscule tricorne à demi voilette complétait la mascarade. Quand les gendres apparurent, bridés dans des complets de confection, trop mous pour les musculature, Jeannette s'écria :

— Tout ce qu'on voudra, mais moi, je vous préfère en tenue !

— Sûr, dit Pépé, mais les sardines ne se digèrent pas rue du Château. Regardez-moi, c'est pas plutôt accoutré comme ça que j'ai l'air d'un plouc ?

Afin de limiter les impairs, le Bidel avait déposé le cahier de service. Mémé contint, non sans peine, un éclat qui risquait d'être suivi d'une retraite générale : les ménages du frère et des sœurs appariés entre eux et — un comble ! — Pierre rétrogradé de premier à second témoin, au bénéfice d'un locataire des Le Canidec. Un quatre galons, mais tout de même !

— On tue le ver ? proposa Pépé qui s'ennuyait ferme dans ses habits de gala.

— Non Jean-Marie, protesta Mémé, s'agit pas d'être bu un jour pareil. Et n'oublie pas qu'il ne faut pas importuner les invités avec tes histoires d'*Evangeline* et de boujaron.

Pépé soupirait. On lui avait changé sa brave vieille, naguère si indulgente. Elle ne cessait de lui faire la leçon : tenir sa langue, ne rien licher. Drôle de mariage ! A son âge menacé d'être couché sur la peau de bouc ? Allons bon, Laumic pignait encore ! Sa mère avait le pare-à-virer généreux depuis l'aube. Lélène maintenant, pif paf ! Pauvre petit cœur qui n'avait rien fait que se trouver sur le passage du suroît ! Vivement que ce soit fini !

Une vigie annonça les voitures. Louis sortit de sa chambre. Cri d'admiration et honneurs du sifflet. Déjà vrillants en plein air, assourdissants sous le plafond bas. La gravité du héros de la fête abaissa la température, en hausse apparente pour ne pas peiner Mémé, mais on lut dans les yeux de M. l'officier que ce n'était pas là façon de prendre ses distances, mais de la confusion. Aussi, n'écoutant que son cœur, chacun le gratifia de trois baisers claquants, pour montrer qu'on ne lui tenait pas rigueur des divers manques d'égards et que personne ne nourrissait le sournois dessein de lui gâcher sa mise officielle sous grappin, cloche ou éteignoir.

Utopique, l'espoir de s'esbaudir un brin. Cela commença dans une atmosphère compassée que le fil des heures n'entama pas. L'ataxie de M. Le Canidec se prêtant mal à la conduite de la mariée à l'autel, le notaire de la famille, une grosse boule blafarde, aux traits comme effacés au chiffon à poussière, le remplaçait. Le mauvais coup rendu irrémédiable, il ramena solennellement Mme Cosquer mère (en pleurs : les chants, les orgues) au grand jour, tandis que Pépé, l'œil philosophe, marchait à contretemps, de son pas à étaler le roulis, le gant blanc de Mme Le Canidec sous son bras arrondi.

Un repas honnête, où manquait la chaleur. Les phrases étudiées du tabellion émergeaient du ronron discret des échanges de voisin à voisine, souvent suivies d'un silence que la mariée, jamais à court de caquet, remeublait. Le « quatre galons » n'était pas du genre à les faire oublier, son col à manger de la tarte portait haut un ennui distingué. On ne s'attarda pas à table. Vinrent ensuite les relations, des messieurs gourmés qui parlaient du bout des dents et des croqueuses de lichouseries qui riaient de rien. Nous ne fûmes présentés à personne, d'ailleurs ces gens ne s'attardaient pas. Avant la nuit, les mariés envolés pour une mystérieuse lune de miel, la comédie était terminée. Mme Le

Canidec avait compté son argenterie et l'encombrante famille de Louis repassé le Grand Pont, débridée, daubeuse et affamée.

— Allez, Jeannette, fais-nous des crêpes de blé noir !

Elle en fit, des quantités, sans se lasser, avec le tour de poignet bien à elle pour étaler une pellicule de pâte avec sa spatule de bois, faire sauter la crêpe encore molle et la servir pliée en quatre, brûlante et dorée.

Mémé frictionnait ses orteils en geignant de bien-être.

— Dépouille ce déguisement, qu'on te reconnaisse ! dit Pépé.

— J'aurais payé de plusieurs neuvaines la permission de garder ma coiffe. Les cheveux dehors, quel souci !

— Dame, c'est pas ton espèce de couvercle, avec sa gîte à tribord, qui pouvait les retenir ! A présent que je ne risque plus le gnouf pour mauvaise tenue en service, si tu me rendais mon butun-chaok ?

Mémé courut en riant, et sur ses bas de soie filés devant et derrière, chercher le tabac à chiquer caché derrière la cuisinière. A minuit, à califourchon sur sa chaise, le remède à portée de la main pour parer les défaillances, le pépé entamait les aventures de l'*Evangéline,* voilier de l'Etat, sous le commandement de M. Coatmeur, fameux marin, même si... A trois heures du matin, la famille le bordait dans son lit clos et lui jurait qu'il tenait toujours la toile comme un quartier-maître d'active.

*
**

Jeannette croyait, la naïve, que c'en était fini pour elle des conférences sur le savoir-vivre et l'économie, Louis, enseigné dans son palais à deux reines, oubliant à peu près l'autre côté du pont. Elle se trompait. Bon fils, Louis revint régulièrement. Sa femme, soucieuse du danger des replongées non surveillées dans l'ambiance de Recouvrance, se résigna à l'accompagner. Et reprirent les « Préparez des tortillons de papier, vous utiliserez moins d'allumettes », « Vos enfants mangent trop de beurre, c'est du gaspillage ! » Comme le fait de n'être pas la maîtresse du bord la privait du droit de condamner la coupée à l'ennemie et que, d'autre part, la passivité n'était pas une des dominantes de son caractère, elle se laissa obnubiler, puis obséder jusqu'à la psychose par sa haine d'Alice. Car jamais Pierre n'essayait de pomper le trop-plein. Il n'y pouvait rien (qu'il disait !), avait horreur des histoires de bonnes femmes et n'ambitionnait rien tant que se coucher tôt et s'endormir pile. Cependant, un soir que ses anciennes blessures le taquinaient, excédé, il s'emporta :

— Encore et toujours la belle-sœur ! Et la mère à genoux devant ! C'en est assez. Tu vas nous chercher un logement. Chez toi ne viendront que ceux que tu inviteras !

— Quitter les parents ? Mais qu'est-ce qu'on leur dirait ? s'effara Jeannette.

— La vérité : tu ne veux plus supporter les abattages du Bidel.

Stupéfaite, Jeannette considérait son mari. C'est curieux, un homme, ça se tait prudemment (l'adverbe est au-dessous de la pensée) pendant des mois, des années et, en cinq minutes, ça prend la plus grave des décisions, qu'il lui paraît naturel d'annoncer sans atermoyer ni inventer un prétexte ! Bien, bien... puisque, plutôt que d'enjoindre à son frère de prier sa femme de garder pour d'autres ses précieux avis, il préférait la fuite, en laissant à la victime la responsabilité d'un départ qui désolerait les parents, elle ne lui parlerait plus d'Alice. Au risque de mort par compression ! Mettre la brouille entre un fils et sa mère ne porte pas chance. Et on se fait mal juger.

Les choses en étaient là, c'est-à-dire que nous marchions sur un volcan, quand le miracle se produisit. Une Le Bris, qui avait tenu Jeannette sur les fonts baptismaux, rendit l'âme. Veuve aisée d'un patron de pêche de Douarnenez, sans descendance directe, elle avait testé en faveur de sa filleule. La succession réglée, le ménage possédait un petit capital en banque, un appréciable matelas d'obligations et un mobilier complet. Mon père emportait en outre un excellent conseil du notaire :

— Le meilleur placement ? Profitez des avantages de la loi Loucheur, faites construire. Où ? Voyez les chantiers de la cité familiale de L'Harteloire.

Incroyable : nous aussi propriétaires ? Alleluia ! Pas d'un immeuble, il est vrai, mais d'un pavillon et d'un bout de jardin. Chez soi, sur son terrain. Type de construction imposé, mais bah !

Nous en surveillâmes jalousement la pousse, en compagnie d'experts bénévoles, plus ou moins qualifiés pour émettre une opinion sur la résistance des matériaux, mais toujours critiques quant au savoir-faire des ouvriers.

Tante Alice se félicitait-elle de notre montée sociale ? Non. Elle, qui vivait dans un immeuble assez huppé pour abriter des officiers, envia la possession d'un pavillon de série, bâti sur un terrain excentrique ! Ce qu'on allait s'amuser ! Car l'avenir fourmillera d'occasions de lui verdir le teint.

La maison achevée, nous criâmes notre joie du sous-sol au rez-de-chaussée et du rez-de-chaussée à l'étage, grimpant et dévalant l'escalier de pierre qui aboutissait à la cuisine, et celui, de beau chêne blond, qui menait aux chambres. Pour deux enfants habitués à dormir dans la salle commune, l'attribution à chacun de douze mètres carrés clos tenait du prodige. La possibilité de s'isoler dans son silence, sans autre respiration que la sienne, d'imaginer en paix, constructivement, pour Guillaume, ou de se laisser aller sans poids et d'attendre les images, pour Hélène, c'était cela surtout la propriété. Pierre riait de voir et d'entendre sa femme exulter dans la pièce principale. On y accédait par une double porte vitrée. Les plans initiaux prévoyaient une simple porte pleine, il avait fallu débourser un supplément. Lui ne voyait pas la nécessité de ce luxe, elle y tint. Elle caressait les petits carreaux de ses portes, ouvrait et fermait les battants, sortait, rentrait, voyait déjà resplendir dans le clair décor les meubles bretons de la marraine fée. Sa salle à manger était plus ouvragée que celle des Le Canidec, s' pas ?

— C'est bien d'aimer ce qu'on a, appréciait l'innocent Pierre.

Les odeurs de bois neuf, de peinture et de cire me grisaient. Il m'arrive de les retrouver un éclair de temps, avec toujours le même bonheur plein.

Jeannette et Soizic Gueguen, dopées au café sans chicorée, astiquaient des pieds et des mains à s'user la peau. Quand on frappa les trois coups pour la pendaison de crémaillère, chaque siège avait son coussin de dos et son carré de tapisserie pour les pieds, chaque bibelot reposait sur un napperon raide d'empois.

— C'est comme chez tante Alice ! m'écriai-je.

Constatation qui me valut une taloche.

Mme Louis Cosquer s'en vint tenter de poivrer l'eau de rose où baignait sa belle-sœur. L'œil malade, elle inventoria l'héritage. Les meubles, la garniture de cheminée, les faïences de Quimper (pas celles qu'on obtenait avec les timbres de l'épicerie, rien que d'Ancien) imposèrent à ses masséters une tension douloureuse. Une première réussie. La responsable en jubila tard dans la soirée.

Tout y étant briqué à blanc, les enfants perdirent le droit de s'ébattre dans la maison. Une sévère réglementation institua des usages vite fastidieux. Comme Louis chez son tyran en double exemplaire, Pierre n'osa plus circuler sans patins de feutre. Je sus très jeune que, dresseur d'hommes comme le premier ou grand blessé titulaire d'un emploi réservé comme le second, un mari file vingt nœuds devant l'épouse qu'il n'a pas matée au départ. Je me posais des questions. La femme mariée portait-elle toujours la culotte ? A en juger par les ménages de la famille, oui. Même la douce Mémé disait « ma » pension, après avoir dit « ma » solde, et l'ancien coureur des mers rouspétait à peine quand elle lui mesurait vin et tabac.

La destination d'une pièce contiguë à la salle à manger n'était pas encore définie. Pierre tentât des suggestions : c'était une chambre, on devrait l'installer pour s'il nous venait quelqu'un. Un rire lui répondait :

— Avec le vieux lit-cage de Laumic, pas vrai ?

— Fais-en un coin agréable pour ta couture. Je monte ta machine ?

— De quoi je m'occupe ? Ma machine est très bien au sous-sol, dans la cuisine.

Dans la cuisine où l'on se tenait, pour garder le rez-de-chaussée impeccable.

— J'ai mon idée, tu verras, consentait-elle.

L'idée nous fut révélée par une livraison de la Salle des Ventes : deux fauteuils, deux chaises rembourrées, un canapé. Du Louis XV, nous assura celle qui venait d'emporter l'ensemble de haute lutte. Et qui ne sortait pas de chez n'importe qui : de chez un officier supérieur, s'il vous plaît ! Folle d'excitation, elle compléta son salon : une vitrine ventrue qui accueillit les nids à poussière les plus délicats, un guéridon, un phœnix dans un cache-pot de cuivre. Son mari en ouvrit des yeux ronds comme des hublots.

— Ma femme se prend pour la préfète maritime ! pouffa-t-il en s'asseyant.

Cri d'indignation :

— Mon beau fauteuil ! Et celui-ci qui s'y laisse tomber comme un sac de charbon !

Pierre se releva vivement, agita sa main devant sa joue et se dirigea vers la liberté : le fond du jardin où il se construisait une cabane fourre-tout, planche à planche et sans ménager les clous.

Mon père ne railla ni ne freina ce besoin d'égaler, puis de dépasser l'ennemie. Lui échappait-il donc que, de représailles de bonne guerre d'un amour-propre longtemps piétiné, l'affaire s'apparenterait bientôt à la mégalomanie, et que lui-même y perdrait le peu de prestige qu'on lui concédait encore ? Il n'est pas mauvais qu'une femme ait à redouter la supériorité vocale de son conjoint, surtout si elle tient compte (c'était le cas) de l'oreille du voisin. La perspective d'une bonne rutante, comme disent les marins, remet les idées en ordre. A huit ans, je le sentais. Je faisais de déplaisantes constatations : ma mère ne prenait plus jamais l'avis de mon père et, s'il en exprimait un, se faisait-il renvoyer à ses occupations jardinières ; son tabac et son journal n'avaient droit de cité qu'au sous-sol et il devait, comme ses enfants, entrer et sortir par la fenêtre de la cuisine qui s'ouvrait à ras du trottoir de la rue, en utilisant un marchepied boiteux et en se cognant régulièrement la tête au chambranle. De ma mère qui était soigneuse, l'accès à la propriété fit une maniaque de l'ordre et de la propreté. Loin de s'espacer, les relations avec le ménage de Louis se resserrèrent. La haine avait engendré une attirance malsaine, obsessionnelle.

Laumic et moi détestions tante Alice et n'allions chez elle que contraints, souvent pour payer le prix d'une désobéissance. S'introduire sans permission dans une pièce d'apparat et laisser quelques traces de son passage se soldait par une visite à la tante le jeudi suivant. Expédiés punis ou pour raison de politesse, notre mère nous faisait la leçon au départ : ce dont il était interdit de parler, ce qui devait, obligatoirement, être dit. Car on nous faisait dire ce que, décemment, on ne pouvait dire soi-même, c'était parfois gros. Par exemple, annoncer, mine de rien, que la femme de l'officier d'administration, chef de service de notre père, est venue prendre le thé, de façon à amener une certaine question et y répondre avec la franchise de l'enfance :

— Comment cette dame a-t-elle trouvé votre bicoque ?

— Elle a dit : « Je préfère cette charmante et claire maison aux grands et sombres appartements de la rue du Château. »

Un blanc pour l'avalement de la couleuvre et :

— Votre mère aurait pu vous accompagner. Elle ravaude ?

— Elle se fait une robe avec un patron de grande maison qu'on lui a prêté.

Car il ne suffisait pas à cette Jeannette d'être jolie et bien faite, elle savait aussi très bien s'habiller. Et de ses mains, à bon compte !

S'ouvrait ensuite le cours de maintien. Laumic subodorait son approche et prenait un air angélique qui me faisait me trémousser sur mon siège.

— Hailène, petite sotte mal « ailevai », va faire ta petite commission au lieu de t'agiter ainsi. Ta mère ne t'apprend donc rien ? Il est vrai qu'elle-même... Et toi, Guillâme, cesse de tripoter ton nez. Où te crois-tu ?

Pas ailleurs que chez l'exécrable bonne femme du tonton Guinaouec, pardi ! Placées les phrases apprises par cœur, nous nous tenions comme des servants de messe. De la visite, Laumic choisissait le bon à répéter et écartait le reste. Le mécanisme de sa mère lui était sans mystère. Il manœuvrait, guidé par la même prudence qui portait notre père à donner du mou, à lâcher du lest, au cri de « pas d'histoire ! » Si l'artifice faisait long feu et que l'interrogatoire prenait un tour dangereux, il endormait le virus prêt à bondir sur une victime occasionnelle :

— T' sais pas c' qu'elle a fait ? Quand sa femme de ménage, sa domestique qu'elle dit, a sonné, elle a avancé la pendule. Plus tard, elle l'a retardée, on l'a vue !

Lors de l'inscription scolaire dans notre nouveau quartier, prise de position :

— Non, Pierre, plus de communale pour mes enfants.

— L'école payante, avec les fournitures et tout.... tu ne crois pas que c'est lourd pour nous ? La fille encore... mais le garçon ?

De quoi se mêlait-il une fois de plus ? Une bonne éducation valait bien quelques sacrifices. Si les frais dépassaient le budget, elle saurait l'arrondir.

— Tu vendrais tes valeurs ?

— Ce serait malin ! Soizic Gueguen prendra davantage de travail à son entrepreneuse et me le repassera. Discrètement.

— Je reconnais là ma courageuse, mais pourquoi te cacher ?

Cet homme-là ne comprendrait jamais rien à rien !

Laumic alla donc chez les prêtres, moi chez les sœurs. Conséquence : un coin de la cuisine aménagé en atelier, qu'un haut paravent protégea des regards tombant de la rue.

Nous grandissions. De chacun, notre mère tirait des satisfactions. Différentes, nous ne nous ressemblions pas. Guillaume était râblé, membru. A douze ans, il gardait des joues rebondies, rouges en hiver, que surmontait une végétation foncée, drue et rebelle. Intelligent, curieux de tout, travailleur, toujours amateur d'exercices violents. Mi-chevalier mi-mousquetaire, il défendait les faibles, lançait des défis aux gars de la Laïque qui osaient de loin l'appeler « cul béni » ou crier « à bas la calotte ! », autant qu'aux élèves d'un autre établissement religieux, plus chic, dont les couvre-chefs à l'anglaise ne lui plaisaient pas. Il regagnait la maison crotté jusqu'au col, le fond de culotte crevé, les genoux étoilés, traînant deux blocs de boue qui ne reprendraient forme de galoches qu'après passage sous le robinet. Les corrections maternelles s'oubliaient la fenêtre franchie, de part et d'autre, car, en compensation des pertes et déchirures, il rapportait d'excellentes notes. J'étais fine, longue et blonde. De qui tenais-je ce ton pâle que les années ne fonçaient pas ? D'éphémères amours d'une Le Bris ou d'une Cosquer avec un marin étranger ? Du blond si blond, si durablement blond, on n'en connaissait pas dans les lignées, on en voyait même rarement à Brest. Je n'avais pas l'air de me rendre compte qu'une telle chevelure était un don du ciel pour une fille, me répétait ma mère, quand je geignais sous le démêloir-râteau et la brosse aux soies trop dures maniées comme une étrille. « Et non, mademoiselle, vous garderez vos cheveux longs jusqu'à votre mariage ou votre majorité ! » Elle n'avait pourtant pas hésité à sacrifier les siens, quand la mode des nuques rasées avait gagné l'extrémité de la Bretagne, et ne s'en était pas repentie, car la déformation de l'alambic à venin d'Alice en un sourire à la jean-qui-pleure : « Cette coiffure est sans doute pratique, mais elle donne un genre olai-olai », valait tous les compliments venus d'ailleurs. Couper mes tresses ferait gagner du temps, plaidais-je. Mais ce temps-là ne lui coûtait pas. Et clac ! Retiens ta tête, donc ! Nattage commencé haut et serré, défait, refait. Et, les veilles de sortie, les papillotes pincées au fer pour les anglaises du lendemain. Souffrir pour être belle. Je lui donnais moins de travail que mon frère ; portée aux distractions calmes, je me salissais peu. En classe, sage et ordonnée, mais là se bornaient les appréciations élogieuses. Incapable d'une attention soutenue, me notait la sœur. Un rien distrayait mon esprit, un mot enfantait une image, poétique souvent, et je partais à sa suite à tire-d'aile. La règle abattue sur le bureau marquait le terminus du voyage :

— Où es-tu encore, Hélène Cosquer ? Répète ce que je viens de dire.

Je rougissais. Sur quoi m'étais-je envolée ? Dans ses bons jours, au lieu de me mettre un zéro (à faire signer), elle m'aidait :

— As-tu seulement entendu le nom du pays dont j'ai parlé ?

Ah, oui : l'Autriche ! Qu'en savais-je ? Qu'avant la guerre, c'était un Autrichon gris. Tout doucik, à couvrir de nœuds bleus ou roses. Comment avouer que je regrettais l'Autrichon gris disparu, alors que la maîtresse le jugeait méchant ? Mes meilleures notes ne dépassaient pas une terne moyenne. Ma mère criait et giflait devant le livret, puis se faisait une raison : j'étais moins douée que mon frère pour l'étude, mais mieux partagée pour le physique, le contraire eût été désastreux. Ma toison distinguée la consolait de la plantation en poireau de son garçon, et le prix d'excellence promis à ce dernier de ma médiocrité. Laumic bûchait, elle me permit de rêvasser tout mon soûl au pied d'un hortensia, dont l'humidité allait faire un géant, n'exigeant de moi qu'un minimum d'aide et pour des besognes qui n'abîmaient pas les mains.

Onze ans. Premier chagrin. Sans prévenir, pépé Cosquer nous quitta. Il s'endormit, paisible et plaisantin comme chaque soir, et le grand froid le saisit pendant son sommeil. Une bicyclette nous véhicula la nouvelle à quatre heures du matin. Vêtus en hâte, hébétés, nous piquâmes dans la brumasse venteuse et glacée vers Recouvrance, mon père et Laumic devant, ma mère derrière avec moi pressée contre elle sous son ciré. Vent debout et navigation à l'estime entre les pièges de l'obscurité. Le Grand Pont apparut comme un vaisseau démâté, balayé par la tempête. Il fallut louvoyer pour progresser, gonflées de toute notre brigantine dans le mauvais sens. Au-dessous, des torpilleurs amarrés à couple grinçaient des jointures. Je ne les voyais pas, mais je connaissais les noms : douze heures plus tôt, j'avais suivi leurs manœuvres d'accostage en compagnie du pépé, tour à tour critique et approbateur, à son habitude. Le pont vaincu, nous courûmes sur le chemin familier, défiguré par la nuit, jusqu'à la maison, autre aussi. Une lampe Pigeon éclairait vaguement l'escalier, gravi sur un bruit de fond fait de lamentations et de reniflements. La porte poussée, dans les lueurs dansantes des bougies qui perçaient mal un brouillard de café et d'haleines, on nous identifia.

— Ma doué, ma doué... Jean-Marie, mon pauvre homme... gémissait Mémé.

J'avançai, toute curiosité. Pépé dormait, la peau repassée, un bandeau de toile autour du visage et noué en coque sur son crâne. Mourait-on d'un mal de dent ?

Dans les bras de son fils aîné, Mémé battait sa coulpe :

— Dire que je lui ai refusé une petite resucée avant d'aller au lit !

— Embrasse le pauvre Pépé, m'ordonna ma mère en poussant ma nuque.

Pourquoi pauvre ? Il ne paraissait pas malheureux. Et l'ordre de l'embrasser était superflu : je l'adorais. Sa bonne figure réduite avait eu mon premier sourire, mes premiers pas s'étaient aventurés vers ses bras tendus. Avec quelle patience n'avait-il pas répondu à mes questions ! Une patience inconnue des femmes. C'est lui qui m'avait familiarisée avec l'eau et ce qui va dessus. Il m'affirmait que les bateaux ont une âme, je le croyais, je le crois toujours. Je me penchai sur ce qui, pour moi, n'était pas une dépouille, mais le cher vieux pépé de tous les jours, m'attendant presque à voir une de ses paupières se soulever et l'œil taquin me faire partager la blague : « Déranger tout ce monde la nuit, hein Lélène ? » Son nez, d'ordinaire humide et frais comme celui d'un chien bien portant, était sec et froid, d'un froid étrange. Si étrange que mes cris frustrèrent le défunt de l'attention générale pendant de longues minutes.

Alice arriva bien après son mari, avec le jour, en tenue adéquate. Elle regarda fixement le corsage vert de ma mère, puis les faveurs roses de mes tresses. Ce qui troubla le chagrin vrai de Jeannette.

Terminé pour les promenades autour et dans l'arsenal, aussi pour les aventures de l'*Evangeline*... Mémé vécut quelques semaines chez nous. Nous souhaitions la garder, elle préféra retourner à Recouvrance, à cause de la proximité du cimetière où reposait un compagnon promu d'office au grade de bienheureux, avec port de l'auréole.

Première communion dans un bonheur cotonneux. Sans que ma mère y prît garde, je m'y enfonçais, m'y anéantissais. Communiante, renouvelante, persévérante, enfant de Marie... Prières, pénitences, mortifications.

A quinze ans, le désir de me donner le même époux que mes maîtresses me tenait si fort que j'en perdis tout appétit. Ma mère se préoccupait plus que jamais de mon aspect, mais le temps lui manquait pour se pencher sur mes états d'âme. Elle-même gardait ses pensées ou ne les traduisait que par des injonctions. Elle me tirait de mes rêveries par un « réveille-toi et remue » comminatoire, sans leur chercher d'autre origine qu'une paresse congénitale. En revanche, le chipotage à table ne lui échappa pas longtemps. Elle le mit d'abord au compte de la formation (tardive elle aussi), puis, devant la persistance de mon inappétence, s'alarma :

— Hélène nous couve quelque maladie, je vais en parler au pharmacien.

Menacée d'huile de ricin aux aurores, je livrai mon brûlant secret. Elle tomba des nues, mais respira : la machine par elle fabriquée et entretenue n'était pas attaquée. Et, à tout prendre, cet amour témoignait d'une élévation de sentiment. Mais halte ! On peut être bonne chrétienne, en appeler à Jésus, à la Vierge et au bon saint Joseph pour un oui pour un non (un tic qui m'agaçait), sans pour autant consentir à l'entrée en religion d'une fille gâtée par la nature. Cet amour-là serait donc un amour contrarié. Mais non, je n'en souffrirai pas. Je n'avais pas la vocation d'une Thérèse Martin, n'est-ce pas ? Une prise de voile, c'est beau à annoncer dans la *Dépêche,* c'est souvent un moyen hypocrite de ne pas grisonner demoiselle. Que je regarde bien mon actuelle maîtresse, celle qui m'avait probablement fourré cette idée de couvent en tête, ne portait-elle pas moustache et verrue avec poil au bout ? J'étais libre de pratiquer à ma convenance, pas de m'ensevelir. Ses préférences allant, décidément, aux remèdes oléagineux, elle traita ma poussée mystique à l'huile de foie de morue. Pour en activer les effets, ma cure s'accompagna de viande de cheval saignante et de plats sucrés.

Deux mois plus tard, j'avais un amoureux.

Yvon Gouriou. Un garçon de L'Harteloire, grand rouquin au torse étroit, aux tendres yeux pers sous un front pointillé d'éphélides, qu'arrêtait un peu court le buisson ardent qu'on eût dit frisé au petit fer. Moral sain, sérieux très au-dessus de son âge : le mien. Fils de tailleur, il apprenait le métier dans l'atelier de son père. L'amour tenait peu de place dans nos entretiens, l'avenir, qui le sous-entendait, beaucoup.

— Après le service, je m'établirai. Dis, ça te plairait d'être la femme d'un tailleur ? Tu serais toujours bien habillée. Marche un peu devant moi... Oui, quand tu seras moins maigre, tu ne manqueras pas de chic. Tu me feras de la réclame. Je vois déjà notre enseigne : Gouriou. Tailleur civil (hommes et dames) et militaire. Tu sais coudre ? Perfectionne-toi. Si j'ai une femme, je me passerai de pompier.

— Oh, Yvon, moi qui ai si peur du feu...

Il éclatait de rire. J'étais de celles qu'on envoie, le 1er avril, acheter cinquante centimètres « d'en bu » chez la mercière. Puis il condescendait à m'éclairer :

— Dans le métier, la pompe c'est l'atelier. Et le pompier n'a pas de casque, c'est le gars qui fait les retouches. Tu seras ma pompière.

Il me donnait rendez-vous près de l'Hôpital maritime, endroit peu fréquenté en fin d'après-midi, proche de nos domiciles, invisible de nos fenêtres. Nous longions un grand mur gris, main dans la main, dérangeant parfois un couple goulu.

— Un jour, je t'embrasserai comme ça, me promettait-il.

La promesse me suffisait. Ses baisers brûlaient mes joues longtemps après notre séparation et je m'étonnais que ma mère n'en décelât rien. De son côté, timide et inexpérimenté, Yvon préférait la parole aux gestes.

— Quand ma grand-mère mourra, j'hériterai de sa maison de Camaret. Commode pour nos vacances. Bien entendu, on louera le haut aux baigneurs, mais en nous réservant le sous-sol. Il n'y a pas l'eau, mais c'est devant la mer. Pour se laver, on courra avec nos gosses et plouf ! Qu'en dis-tu ?

J'approuvais. Yvon me plaisait et je me serais fort bien contentée d'un bonheur fait « d'en bu » à résorber dans l'arrière-boutique et de vacances au rabais, une ribambelle de petits Gouriou à mes trousses.

L'impunité m'enhardissait. Je ne me sauvais plus dès l'apparition d'une silhouette, j'attendais que le danger se précisât. S'il était trop tard pour m'enfuir, je faisais comme les autres filles, je me cachais dans les bras de mon amoureux. Nous en étions toujours aux baisers chastes et je commençais à désirer mieux. J'arrondissais ma bouche, mais celle d'Yvon ne s'ouvrait que pour parler de l'inéluctable Service militaire et du beau métier de tailleur.

— Dans la Marine, le tailleur c'est quelqu'un. Je rendrai des petits services, mais pas fou : à ceux qui pourront me donner leur clientèle après. Tu comprends ?

Je comprenais, mais ma mère, elle, ne comprit pas et même prit fort mal la chose le jour où, alertée par une rumeur de cantonade, elle découvrit le pot aux roses. Yvon venait de soumettre à mon admiration (tout acquise) un échantillon de ses progrès d'apiéceur : un veston prince de Galles de tons clairs. J'avais dit ce qu'il attendait. Le vêtement replié dans sa toile et posé sur son bras gauche, il enlaça ma taille de l'autre. Il butinait ma tempe quand ma mère nous tomba dessus, cramoisie, transpirante, soufflante, le verbe si haut que le poste de garde de l'hôpital sortit, infirmiers compris. Dans la bousculade, le veston s'échappa de la toile. Elle le piétina en criant. Puis tordit l'oreille d'Yvon.

— Que je te repince à tourner autour de ma fille, minable !

Et à moi, tout accent exacerbé :

— A la maison, coureuse ! Une bonne branlée que tu mérites et que tu auras ! Ah, ça fait sa chambre par où le chat passe pour aller plus vite à la réunion de Enfants de Marie soi-disant, et on la retrouve à jouer à godellic avec un Gouriou !

Sous les rires de ces messieurs de l'aubette, je repris le chemin de la Cité, ma mère sur mes talons qui mâchait des injures et se retournait pour montrer son poing et l'extrémité de sa chaussure à Yvon, surtout préoccupé par le veston qu'un infirmier secouait et frappait.

Jamais une colère de ma mère n'avait atteint ce paroxysme. Il me souvenait de l'époque où les prouesses de Laumic se jugeaient aux accrocs et boutons manquants : elle criait, mais accomplissait le rite de la fessée sans précipitation, sa main utilisée comme un battoir, sur un rythme régulier. Quand le polisson eut passé l'âge d'exposer son gros derrière à l'intérêt de sa sœur, elle se servit d'un martinet, sans jamais dépasser le nombre de coups sur les mollets annoncé au préalable. Sa colère, cette fois, était désordonnée, récurrente. Quand elle eut jeté feu et flammes et se trouva enfin à court d'imprécations, quand surtout elle se lassa de ponctuer ses malédictions de revers de main, elle s'effondra, en larmes :

— Je me serai usé le cœur sur ma machine pour ce résultat !

Elle se moucha, s'essuya les yeux, m'entreprit de nouveau :

— Pourquoi m'as-tu fait ça ? Pourquoi ? Réponds !

Pourquoi y a-t-il des garçons et des filles ? Et pourquoi s'attirent-ils ? Je demandai pardon de ma précocité. Elle leva à la fois les épaules et les yeux. Ce qui l'indignait surtout, c'était ma bêtise. Elle me savait pas très futée, mais étais-je assez gourde pour ne pas prévoir ce qui m'attendait avec ce gars ?

— Mais Yvon est honnête, c'est pour le bon motif.

— Manquerait plus que ce soit pour autre chose ! s'écria-t-elle, la main levée.

— Tu ne me permettras jamais de me marier ? risquai-je derrière mon coude.

— Si, mademoiselle, mais pas avec un bouzou ! Un gars Gouriou, mon gendre ? Beuh !

Je ne voyais pas ce qu'il y aurait de déshonorant à donner sa fille à un garçon nanti d'un bon métier, qu'il songeait à exercer sans patron. Je ne voyais pas non plus comment et où je rencontrerais de meilleurs partis. Sa réponse claqua comme une pétée de vent dans les focs de l'*Evangeline* :

— C'est mon affaire !

Je dus jurer sur les plus chères têtes que je ne m'étais pas « exhibée en ville avec le minable », je dus jurer de ne plus lui adresser la parole.

Je pleurai mon pique-puce, raisonnablement, plus impressionnée peut-être par les affirmations de Soizic : « Ménage tes larmes, tu t'apercevras bientôt que ta romance était à l'amour ce qu'un bouton de fièvre est à un anthrax », que par les reproches et allusions vengeresses de ma mère à mon encanaillement. Encore avais-je la chance d'une circonscription des commérages en deçà des limites de L'Harteloire ! On me soumit à une surveillance serrée, inutile : j'avais eu bien trop peur pour recommencer de sitôt. A peine, le dimanche suivant, à la sortie de la messe, lançai-je un regard éploré à Yvon qui, vexé d'avoir été traité comme un moins que rien, détourna la tête.

Quelques semaines après le brutal holà mis à mon amourette, une nouvelle importante repoussa mes turpitudes au second plan. La *Dépêche* publia le résultat du concours d'entrée à l'Ecole des ingénieurs mécaniciens de la Marine. Tête de liste : Guillaume Cosquer. La loi de compensation jouait encore à l'endroit de notre mère, avec une si folle générosité, cette fois, que je bénéficiai de l'amnistie consécutive aux grands événements. Par un de ces hasards provoqués par l'immanente justice, Alice était présente quand M. le Supérieur vint apporter ses félicitations à l'heureuse mère. Le délicat plaisir de s'entendre dire par cette personnalité, devant le succube dont la face se lézardait d'un douloureux sourire, que Guillaume faisait honneur à son collège. L'autre croyait-elle qu'on avait oublié ses constantes mises en garde contre « les mauvais instincts de Guillâme » et ses noirs pronostics quant à l'avenir du jeune homme ? Les visiteurs partis, ma mère me confia, l'orgueil aux yeux :

— J'ai attendu longtemps cette heure, aussi je la déguste. Mon fils sera officier, sans être passé par le rang, entré par la grande porte. Pour lui, au moins, je n'aurai pas peiné en vain.

Je ne la connaissais que par la routine du jour le jour et ses accès de nervosité, provoqués le plus souvent par un stakhanovisme de confectionneuse. Je portais peu d'attention à son courage et à son ingéniosité, à ses gestes prestes, à ses efforts jamais dispersés. J'eus soudain du respect pour le petit atelier auquel le paravent conservait toujours le caractère clandestin voulu dès le premier jour. Et j'eus honte de mon indifférence à sa fatigue, de mes agacements intérieurs à son égard, de ma mollesse.

— Maman, je veux t'aider. Tu m'apprendras dès demain.

Je la tenais par le cou. Ma taille l'obligeait maintenant à lever le nez.

— Grande bête, me dit-elle avec une douceur inhabituelle, je t'aurais laissée si longtemps à l'école pour que tu ne fasses pas mieux que moi ?

J'eus encore plus honte. Que de temps perdu à l'école...

Me voilà à dix-sept ans, plus tout à fait chrysalide, pas encore papillon. Longue fille aux cheveux clairs, aux yeux étirés vers les tempes. Fruit acide. Les membres manquent de galbe, les seins renflent à peine le corsage, la bouche s'attarde dans l'enfance. L'éclatement se fait attendre, mais il vient. Je me rencontre dans les glaces avec plaisir, pas encore avec orgueil. L'orgueil viendra dès que je découvrirai par moi-même ce qu'offre l'originalité de mon physique et que j'aurai mesuré ma séduction à celle d'autres jeunes filles. Pour l'heure, je suis une gentille cruchette habillée par une mère qui sait ce qu'elle veut et observe. Je ressemble aux adolescentes de la meilleure société de notre ville, la maritime. Je suis toujours encline à rêver. Comme les livres fructueux m'ennuient, mon imagination, privée de nourriture roborative, stagne dans le puéril. J'ai cet air « merci mon Dieu » que donne une longue fréquentation des cornettes, mais je me réfugie moins dans le sein du Seigneur. Et je n'ai pas d'amoureux. Un parent par alliance m'a témoigné un tendre intérêt ; ma mère, qui pourtant l'estimait, l'a écarté. Mon regret de toujours : garçon au lieu de fille, je serais marin. Mais d'être fille ne m'empêche pas d'aimer les bateaux et de les voir avec des yeux de garçon. La disparition de mon grand-père n'a pas atténué ce goût. Je ne me lasse pas du spectacle de l'évolution des bêtes de race gris éléphant. J'aime leurs formes sveltes ou massivement élégantes, leur force tranquille, leur visible volonté de ne pas se laisser marier à l'inertie. La rade, le Grand Pont et la Penfeld sont mon cinéma permanent. J'ai obtenu de ne pas poursuivre plus avant des études à maigre profit ; ma mère pense que j'ai un bagage suffisant. Mis devant le fait accompli, mon père a suggéré qu'il ne serait peut-être pas mauvais que j'apprenne un métier ; il s'est fait vertement répondre que je n'en aurai pas besoin. Après le désormais classique : « De quoi je m'occupe ? », il s'est dirigé vers la cabane du jardin, construite de bric et de broc, dont chaque planche surajoutée à la va-comme-je-te-cloue raconte une fuite bâbord amures devant le gros temps du sous-sol. En rien désarmée, ma mère lui a lancé :

— Et si je t'avais écouté pour Laumic ? A la caserne Guépin que tu me l'envoyais ! La chaffuste [1], d'accord, mais pas plus haut que la maistrance. Heureusement que j'ai de l'ambition pour deux !

Son marteau d'une main, dans l'autre une caisse tenue de la générosité de la gérante de l'Union des Docks, il approuve en riant très fort :

— Tu as raison, commandant, comme toujours. Et je ferme mon clapet, comme toujours !

Tante Alice conserve son importance, la dame ne s'est pas bonifiée. (Améliorée, elle eût perdu tout intérêt.) Mes rapports personnels avec elle se sont modifiés : quand elle reçoit, je viens l'aider. Elle m'a appris à servir le thé sans verser une goutte à côté, à poser la cuiller exactement sous l'anse de la tasse, à découper un gâteau sans le massacrer ni donner l'impression d'un effort surhumain, à faire à certaines le coup du petit four forcé. La lenteur de mes gestes les assure, la finesse de mes mains se remarque. Les compliments faits de moi s'adressent à ma tante : si je suis présentable, c'est à elle que je le dois, qui pourrait l'ignorer ? Mon sourire discret s'essaye à remplacer le babillage sans complexe des demoiselles de bon lignage. On loue ma réserve. Il est mieux qu'on ne m'entende pas trop : mon accent martyrise les oreilles de Mme Louis Cosquer. S'il m'échappe quelque tournure brestoise : j'y vais d'une course, j'envoie le parapluie avec moi, ou si je ponctue une phrase

1. Mécanique (argot marine).

d'un affreux donc ! s' pas ? ou dame ! Je me fais rappeler à l'ordre :

— Surveille-toi, Hailène, sinon tu n'épouseras qu'un « charcutiai » !

Je me surveille. Pas plus qu'un tailleur, et même moins, un charcutier ne conviendrait à ma mère ! Enfant, je restituais comme un disque ce qui s'était dit chez le Bidel, maintenant, à l'exemple de mon frère, je sélectionne, Soizic Gueguen reçoit ensuite le piquant de mes procès-verbaux :

— Elle peut toujours parler de « son jour », il n'y vient plus que des vieilles pies !

Et le Guinaouec ? Eh bien, M. l'officier n'a jamais assez d'argent pour payer l'apéritif à son frère. Il donne toute sa solde, on lui délègue à peine de quoi fumer.

*
**

Je rentrais de Recouvrance, un peu en retard. Jeannette et Soizic discutaient, penchées sur un journal de modes.

— Je t'avais dit six heures. J'espère qu'il n'y a pas un Gouriou sous roche ?

Pas de Gouriou. Sur le chemin de Recouvrance, mes amours étaient de fer. J'avais vu partir un vivant pour le cimetière de Landévennec, un torpilleur de la série des « Japonais », ainsi nommés parce que fabriqués au Japon pendant la Grande Guerre, bateaux si fins qu'ils jouaient parfois les sous-marins dans la large houle de l'Atlantique. Mes yeux humides avaient suivi le convoi sans fleurs du *Bambara,* condamné à mort par rouillure après tant de prouesses d'escadre, jusqu'à ce qu'il se confondît avec le plomb de la rade. Mais devant une mère soupçonneuse, le *Bambara* n'était pas une excuse plausible. Soizic fit diversion en me désignant une coupe de tissu :

— Qui sera belle dimanche pour aller danser ?

— Danser ? Où ? J'y suis : Mimi Le Bris se fiance.

— Non, pas de fiançailles, devine.

Hormis les fêtes de famille, mes distractions n'étaient que de patronage. Non, je ne voyais pas. Les deux amies s'amusaient de me faire droguer, riaient de mes suppositions. Pressée, je risquai :

— Peut-être à Sainte-Anne ?

Qu'avais-je dit ! Ma mère lâcha ses ciseaux et son mètre pour lever vers le ciel ses bras indignés, qu'elle ramena ensuite sur les épaules de son exutoire :

— Sainte-Anne-du-Portzic ! Voilà les goûts de ma fille, Soizic. Après un Gouriou, les bastringues à matelots !

— Ho ! Ho !... s'esclaffa Soizic. On brûle ce qu'on a adoré, il me semble. C'est pas à Sainte-Anne que tu es allée faire tes Pâques en 1914 ?

Le rire canaille déplut.

— J'en connais qui les y ont faites plusieurs fois ! Et ce n'était jamais le même curé qui chantait la messe !

Soizic cessa de rire. Jeannette était chatouilleuse sur ce point d'honneur : il ne fallait pas confondre fiancé et coquin. Ces allusions, déjà entendues, m'intriguaient. Je n'osais imaginer que ma mère, si rigoureuse pour ma faute, l'eût dépassée en audace. En ce temps-là, Sainte-Anne était aux Brestois ce que Robinson était aux Parisiens. Selon l'humeur du temps, on y dansait en plein air où à l'intérieur des cafés et restaurants. J'avais toujours souhaité d'apprécier des agréments autres que son splendide point de vue, sa chapelle et ses ombrages. J'ignorais que les sous-bois et fourrés d'alentour sont propices aux apartés, j'ignorais que la sévère Jeannette n'ignorait pas, elle, certaine grimpette menant à une solitude feuillue qui fut le tombeau de moult vertus des environs. Soizic m'apprendra un jour que mon frère fut conçu de bon cœur, sur un sol moussu et tout craquant de branchettes, même qu'il n'y faisait pas chaud à Sainte-Anne ce fameux dimanche qui se trouvait être aussi le saint jour de Pâques ! Cela éclaircira un point d'histoire : le mariage ayant été célébré en juin avec profusion de fleurs d'oranger sur satin et tulle immaculés... et Laumic, cadeau de Noël, ayant été un prématuré de huit livres. Il était clair que Jeannette refusait de s'attendrir au souvenir de ses folles amours et que, de toute façon, son passé ne renaîtrait pas sous forme de présent chez sa fille.

— Non, mademoiselle. Moi vivante, tu n'iras pas au pince-fesses ! Je te conduis dimanche à la sauterie de l'hôtel Continental, tu y rencontreras des jeunes gens un peu plus relevés.

J'étais bouche bée. Les célèbres matinées dansantes du Continental, rendez-vous de la jeunesse élégante... Les élèves de Navale...

— Et alors, sotte, n'es-tu pas la sœur d'un futur officier ?

Mon entrée dans le monde. Remarquée, mais sans accueil ni présentation. Je n'étais pas ce qu'on appelle aujourd'hui « une débutante », bien que la définition m'allât. Pressenti, mon frère qui n'aimait pas la danse se défila derrière une obligation sportive. Tante Alice, qui saluait tout ce qui portait un nom, paraissait désignée pour m'introduire dans la « sociaitai », mais plutôt que lui fournir une occasion de se rengorger, on choisit de lui faire une surprise.

L'assemblée, mi-bourgeoise mi-maritime, était nombreuse. Etudiants, bordaches et un dernier carré de jeunes officiers encore célibataires, face à un bataillon de filles à marier et un élément Mme Mère particulièrement envahissant. Ces dames s'interpellaient, se déplaçaient pour aller baiser des joues respirées le matin à l'église, se congratulaient, parlaient, parlaient, jusqu'à ce que leurs yeux s'emplissent d'un nouveau ravissement en découvrant une autre relation à l'extrémité de la salle. Les gorges roucoulaient toute une gamme de ah !... Je m'étonnais qu'un si grand bonheur pût naître de rencontres prévisibles. Nous mettions un nom sur la plupart des visages, sans pour autant nous autoriser à en saluer un seul. Cela nous situait dans les sans caste. Le face-à-main d'une douairière coiffée en rideaux bonne femme nous ajusta et un sourire s'échangea avec la demoiselle chaperonnée, une grande bringue à cadenettes et nez bossu, qui arbitrait les échanges culturels dans un groupe non loin de là. Ma mère perdait sa belle assurance. Je ressentais tant de gêne que je souhaitai que toutes les places fussent occupées. Comme je proposais de faire demi-tour, un garçon nous découvrit une table entre deux clans : d'un côté, des familles d'officier, simples de mise, très décontractées, entourées d'une haie de bordaches empressés, de l'autre, des personnes du cru, tout dessus, voix aiguës et maniérées. Avec un « excuse-moi » du bout de la lippe, une de ces dernières recula sa chaise. Pour marquer la frontière ? J'aurais donné ma jolie robe pervenche si bien réussie pour me retrouver au cinéma du patronage, dans les cris des gosses et le vacarme des galoches. Ma mère s'éventait nerveusement avec la carte des consommations et pâtisseries. Que faisions-nous ici ? S'imaginait-elle qu'un de ces cavaliers sortirait du cercle de ses connaissances pour inviter une inconnue ? J'allais faire tapisserie ! Au moins, cela me permettrait-il de regarder comment danse une société choisie. L'orchestre attaqua et, en même temps, deux garçons furent devant moi. Comme j'hésitais devant cette pléthore imprévue, le plus jeune dit gentiment :

— Celle-ci pour lui, la suivante pour moi, voulez-vous ?

Il s'éloigna sans prendre garde à la fille à cadenettes qui, faute d'invitation, venait s'asseoir près de la douairière. Par la suite, je vis souvent cette jeune fille assise pendant les danses, et ma mère riait sous cape entre les dos voisins, car j'étais très sollicitée. Le premier de mes danseurs, un grand garçon au buste taillé en V revenait souvent me chercher.

— Quel bavard ! constata ma mère. Que te raconte-t-il ? Qui est-ce ? Bon genre.

— Un lieutenant en permission à Brest. Il voulait savoir si je joue au tennis. Il est très sympathique, très amusant, très...

— Très, très, très... Ne va pas t'amouracher du premier venu. Surtout pas d'un officier de l'Armée ! Te vois-tu à Mourmelon ? Il fait une chaleur... Allons nous repoudrer aux toilettes, tu brilles.

Je la suivis, égayée par sa réflexion. Non, je ne me voyais pas quittant Brest pour une ville qui ne serait pas aussi un port. Quand nous retraversâmes le hall, des damoiseaux à gants blancs accostaient le vestiaire. Ils déposèrent capes, sabres et casquettes, en me jetant des regards intéressés, mais sans hardiesse. A peine découverts, un essaim de jouvencelles fondit sur eux.

— Les demoiselles du monde ne manquent pas de toupet ! rit ma mère. Tiens, le gars de Mourmelon te cherche. N'oublie pas : l'Armée, zéro !

Je me laissai emporter par le lieutenant, un excellent danseur qui prévenait mes maladresses et dont l'allure pur-sang me mettait en valeur, tandis que la fille à cadenettes se voyait déjà semée par le dernier peloton de Navale. De retour à ma place, je m'intéressai à trois de ces jeunes gens qui, au bar, entamaient une discussion, grave pour le lieu, mais qui s'acheva par une explosion de joie très collégienne. L'un cueillit une paille dans un verre ; les têtes rapprochées me cachèrent la suite. L'orchestre allait attaquer quand sur un : « Allez fistot, pas de mollesse ! », un garçon ahuri et plutôt réticent fut catapulté dans ma direction. Ma mère rit dans son sac. Le manège n'avait pas échappé à la fille laide. Son faciès ingrat, figé dans une indifférence forcée, ne trahissait pas le dépit, mais son cou ployait et ses bras entraînait ses épaules ; elle rapetissait. De combien de ces décevants dimanches était déjà jalonnée son expérience d'aspirante femme d'officier de marine ? Dans la conversation, elle éclipsait ses compagnes, mais, dès que la musique appelait à un jeu plus matériel, elle cessait d'exister. Tout à l'heure, j'enviais son aisance et la détestais ; maintenant, j'avais pitié d'elle. Mieux, en la regardant subir mes évolutions, je me découvrais son obligée : ne venait-elle pas de me démontrer que mes cheveux enroulés bas sur ma nuque, mes paupières en biais et mes cinquante-six centimètres de tour de taille valaient tous les baccalauréats ?

Le fistot dansait avec application, sans parler, sauf pour demander pardon quand nos pieds se heurtaient. Nous étions de même taille. Sa chevelure, réduite à une brosse très courte, dissimulait mal les bosses de son gros crâne de matheux. Il n'était pas beau, mais s'attira aussitôt ma sympathie par une timidité sœur jumelle de la mienne et la franchise de son regard gris. « Peu causant, mais bien élevé », le nota ma mère. Je préférais le lieutenant, mais je fus contente de voir revenir le timide. L'officier me faisait comprendre que je lui plaisais en ne me célant rien de ses talents d'escrimeur et de cavalier, l'élève lâchait peu de mots, mais je saisissais fort bien que, parmi la variété du parterre, je n'avais pas de rivale. Tout cela était infiniment plus agréable que les monologues d'Yvon Gouriou. Ma mère avait raison. L'heure du départ arriva trop vite. A mon « Déjà ? », la réponse fut « Nous reviendrons dimanche prochain. » Le lieutenant vint nous saluer. Dans le halle, trois élèves s'inclinèrent sur notre passage. A une courte dame tout entière en bourrelets superposés, la douairière confiait fortissimo :

— Bientôt, ma bonne amie, nous ne pourrons plus amener nos petites à ces réunions par trop mélangées.

— On oublie qu'on a fait fortune dans la cotonnade et au mètre trop court ! ricana ma mère. Dans peu de temps, nous la regarderons de haut, je te le promets.

L'essai encourageait à récidiver. Ma mère fit des miracles pour varier mes toilettes. Tard dans la nuit, ses ciseaux s'activaient, sa machine piquait, son dé poussait l'aiguille dans le travail que Soizic Gueguen était toujours censée effectuer elle-même. Comme elle avait veillé pour payer les frais scolaires, elle veillait pour les dépenses vestimentaires et de sortie. Dès notre deuxième apparition au « Conti », le fistot au crâne cahotique vint à la table où nous prenions notre thé avec toasts, comme des mondaines chevronnées, et se présenta à ma mère avant de m'inviter :

— Goulven Coatmeur.

— Seriez-vous parent avec le Coatmeur qui commandait l'*Evangéline,* un voilier du siècle dernier ? espéra ma mère.

— C'était mon grand-père, madame.

Le hasard voulait que le premier officier de marine en puissance, dont nous faisions officiellement la connaissance, portât un nom très familier. Ces hasards-là ne sont pas exceptionnels dans un port de guerre où chaque génération apporte sa contribution à la Liste navale et au Rôle des Equipages, mais le jeune homme avait, comme nous, enregistré au sein l'odyssée du voilier. Le fait créait un lien que, de part et d'autre, on s'évertua à consolider par de solides épissures.

L'aréopage des mères s'indignait de l'outrecuidance de ces pêcheuses du commun en eaux réservées. Le faisceau d'animadversion se brisait sur les protubérances crâniennes de mon danseur attitré. Avec moi, celui-ci perdait peu de sa timidité. Il m'entretenait de sa vie à l'Ecole en s'adressant à ma mère, la seule sur qui il osât attarder ses prunelles couleur de fjord. Je ne revis pas le lieutenant, mais Goulven nous présenta ses camarades. Nous eûmes ainsi, nous aussi, une petite cour bleu marine, comme les familles d'officier, avec toutefois cette différence que nous n'échangions de ces saluts qui classent avec aucune de ces personnes distinguées. Les dardillons des bourgeoises n'entamaient pas la sérénité de ma mère. Quand je dansais, elle ne s'affairait plus dans son sac à la recherche d'une contenance, elle jouissait sans vergogne de la vue de sa fille, toujours réservée mais déraidie par le succès, dans les bras de ceux que, dans sa jeunesse, les Brestois appelaient « les mangeurs de poulet », la table des futurs officiers étant très soignée. Les pommadins de la ville, qui comptaient sur les diverses corvettes pour pousser leur pointe, déchantèrent : prévenue de l'absence de mes cavaliers, ma mère décrétait le dérangement inutile et même maladroit. Elle écartait l'éventualité d'un triomphe local. Accessoirement, la fortune n'était pas négligeable, mais le sabre avait la primauté.

La nouvelle de notre intrusion (compartimentée) sur un terrain de compétition non ouvert à toutes les catégories parvint à tante Alice, portée par le vent à ras d'oreille d'une rumeur scandalisée. Vers la fin d'une de ses mortelles réceptions, où j'avais fait de mon mieux pour écouler les gâteaux ramollis et préserver les plus frais, elle me dit que mon oncle désirait me voir et qu'il m'attendait dans son bureau. Car il avait un bureau, une pièce sombre où il pouvait fumer. C'était plus confortable, mais moins aéré que la cabane de mon père. L'oncle avait un drôle d'air, un air empoisonné. Mais très vite, ses traits immobilisés dans un sérieux inhabituel se détendirent :

— Où avais-je les yeux ? Je te croyais encore sur ta cale de construction et te voilà gréée en goélette !

Flattée, je portai mes mains à mon chignon pour faire saillir ma poitrine menue, mais provocante en diable quand il me plaisait.

— Rentre tes bouts-dehors, fillette, tu m'impressionnes !

Nous rîmes. Un peu trop fort.

— Chut ! Tu vas nous faire amarrer par le Bidel.

Avais-je bien entendu ? Venait-il d'apprendre le surnom de sa femme et voulait-il en demander raison au premier membre de la famille tenu à sa merci ? Me faudrait-il citer le responsable, un mort ? m'affolai-je, rouge comme une tomate. Mais l'oncle, riant toujours, mouillait son index et l'élevait : le vent venait du couloir.

— Ta tante sait ce qu'une jeune fille peut ou doit se garder de faire. Elle n'en dira rien à ta mère qui monte comme le lait sur le feu. Je suis chargé de te mettre en garde, dit-il, la voix prêcheuse, mais le pouce balancé en direction de la porte. Tu veux bien m'écouter ?

— Oui, dis-je à la porte pour montrer que j'entrais dans le jeu. De quoi s'agit-il ?

— Tu flirtes, paraît-il, avec des élèves de Navale. Et ta mère les encouragerait. Cela fait mauvais effet, on bavarde.

Je me levai, piquée au vif, oubliant l'écoute.

— C'est trop fort ! Ce sont les autres filles qui se les arrachent comme des coupons un jour de solde et c'est nous qu'on critique ? Je ne me jette pas à leur tête, crois-moi. Et ma mère ne les encourage pas, elle imite les autres mères : elle est aimable avec les garçons bien élevés qui me font danser. Mais, bien sûr, chaque fois qu'on m'invite, c'est une fille de plus qui reste assise et plusieurs nez maternels qui s'allongent !

La sonnette grelotta, une latte de parquet gémit : la tante abandonnait son poste d'écoute. L'oncle me fit signe de me calmer. Il regardait la porte avec dégoût.

— Conseille à tante Alice d'en parler directement à Maman, dis-je pointue.

— Mais oui ! Pour foutre encore le reuz chez toi et ici ! s'emporta l'oncle. Sais-tu que ton père et moi en avons par-dessus les huniers des histoires de nos femmes, et des vacheries qu'elles se distillent, et de celles qu'elles n'osent pas s'envoyer, mais dont elles nous font profiter ? Si on les avait écoutées, chacun serait venu vingt fois chez l'autre chercher pouilles pour des calembredaines. Je pensais que tu avais compris, comme Laumic qui, tout gosse, s'essayait à calfater. Pour ma part, le nombre de voies d'eau que j'ai aveuglées, bon Dieu !

Devant sa femme, l'oncle faisait penser à un monsieur qui plane dans les sphères supérieures et ne s'y amuse guère. Seul, c'était un homme séduisant. Le bel homme encore jeune que les petites jeunes filles sont flattées d'émouvoir, à qui elles se confient volontiers, parce que son expérience ne sent pas encore le géronte et qu'elles aiment donner des regrets aux tempes grises. Je lui portais une sincère affection tout en le méprisant un peu : un brave type qui acceptait d'être tenu en laisse. J'avais failli lui en vouloir, il m'attendrissait. Ainsi, deux frères qui s'aimaient réussissaient depuis tant d'années, et malgré les personnalités marquées de leurs « gouvernements » respectifs, à ne pas se brouiller ? Je leur décernais un témoignage de satisfaction, mais sans approuver la méthode : hurler avec leur louve quitte à s'en ficher éperdument, politique non agressive mais bassement conciliante, incompatible avec le port du pantalon.

— J'ai eu mon paquet, tonton Louis. Devrais-je répondre que je n'irai plus au bal danser ? Désolée, je ne m'en priverai pas. Et sois tranquille, je ne me noierai pas ! Maman compte sur un beau mariage pour sa fille. Et pourquoi pas ?

— Pourquoi pas ! Tu es jolie, très jolie même... Mais peut-être te vaudrait-il mieux de ne pas regarder trop haut ?

— Suis-je si bas ? me hérissai-je.

— Je n'ai pas voulu dire cela. Je redoute une déception qui te marquerait. Ecoute, je n'ai pas l'habitude de ce genre de sermons, je vais te parler en copain, plus en oncle. Les jeunots de Navale, ces futurs messieurs de vaisseau, je les ai entendus pendant les deux ans où j'ai été un de leurs professeurs. Ils n'épousent que les filles de leurs supérieurs ou des demoiselles à pedigree. Des autres, les touloulous qu'ils disent, ils s'amusent.

Comme j'opposais une moue incrédule, il se mit à chanter, à mi-voix et en battant la mesure de l'index, une chanson de tradition de Navale :

Quand l'bordache sort à Brest,
Son seul désir, son seul désir,
C'est d'trouver une pièce
Pour faire ses tirs, ses tirs, ses tirs...

Je l'interrompis d'un éclat de rire. Je connaissais cette chanson pour l'avoir maintes fois entendue à Recouvrance, braillée par une promotion revenant d'un exercice d'infanterie. Le sens des paroles ne m'avait pas sauté au cerveau !

— Dis donc, si ta femme savait ce que tu es en train de m'apprendre ?

— Quelle trombine ! Mais avec ma manière, ni fumeuse ni grandiloquente, pas besoin de faire un dessin.

Je continuais de rire. A quoi bon lui dire que j'en savais plus, sur ce côté particulier du comportement des bordaches, que lui qui les avait enseignés ? A quatre-vingts (une promotion), encadrés par leurs « losses », tombeurs et cyniques, mais lâchés dans

Brest sans leurs gouvernantes à moustaches, des gentils petits garçons qui rougissent ou pâlissent devant une fille gréée en goélette.

— Ne ris plus et laisse-moi te dire que, même si tu réussis à décrocher la timbale en vermeil, tu ne seras pas forcément heureuse dans un milieu si différent du tien. Cesse donc de rire ! Crois-tu que je ne te lis pas ? Tu te dis : voilà le Guinaouec qui prétend m'expliquer ce qu'est un mauvais appareillage ! Oui, je sais cela aussi.

— Qui te l'a appris ? (Nous faisions tous attention à notre langue.)

— La mère revient doucement à l'enfance, elle a des ratés. La vérité lui sort de la bouche quand elle oublie à qui elle s'adresse. Comme vous avez raison : un fameux guinaouec !

— Tu es malheureux, tonton ?

— J'ignore ce que c'est qu'être heureux.

— Tu as tout de même des satisfactions de carrière. Officier principal...

— Je ne navigue plus. Je n'ai pas d'amis. Quant à l'amour...

— Tante Alice a son caractère...

— Tu parles !

Et m'oubliant, les yeux vers le plafond grisâtre :

— Mais qu'est-ce qui m'a attiré ? Tout nous sépare. Je la subis et je subis sa mère, avec parfois envie de les étrangler. Des satisfactions ? Je n'ai même pas droit à celles de la gueule qui, à mon âge, compenseraient le manque d'autres plaisirs, ces dames ont un appétit d'oiseau. Dame, elles se gavent de gâteaux entre les repas ! Nous en sommes aux nouilles sans fromage et à partager une pomme en trois, je grossis paraît-il ! Je rêve de biftecks frites : quelle horreur la viande rouge ! Et les odeurs de friture, pouah ! Le jour de la quine, je resquille quelques francs et je vais l'après-midi m'en taper en douce, avec un bon coup de gwin. Elles ne boivent jamais de vin. On en met bien une bouteille « pour Louis » au bout de la table, mais quand j'avance la main, leur air « navrai » me coupe la soif. Si encore Alice avait consenti à faire un enfant... Alors, quand on constate que le livre de chevet de sa femme est une pharmacopée pour l'usage contraire, comme pour le vin l'envie vous passe.

Il revint à moi :

— On voulait que je fasse le confesseur et c'est moi qui me

confesse. A toi, une gamine ! Il fallait sans doute que tout cela me sorte un jour. Fais-en ton profit. Tâche de ne pas mettre à côté de la plaque comme ton guinaouec d'oncle.

Un conseil superflu. D'ailleurs, la tante n'avait pas son pendant masculin.

— Sur ce, conclut-il, à retrouver les jacasses au salon ! Et bien du plaisir, mignonne. J'y coupe encore : les chatteries à la sauce cancan sont réservées au beau sexe et aux retraités. Kenavo ! Ah, pas un mot à la Reine mère, hein ?

— Pour qui me prends-tu ? Je dirai qu'il n'est venu qu'une mémère à palatine. Du coup, Papa aura droit à la dauble. Kenavo !

*
**

J'avais doublé un cap. Je n'étais plus l'inconséquent cabri qui donnait d'innocents rendez-vous à un apprenti tailleur trop sérieux pour son âge. Ce premier sentiment était mort d'anémie plus qu'étouffé par ma mère. J'eus néanmoins un pincement au cœur, un soir que, rentrant à la Cité par la voie silencieuse de l'Hôpital maritime, je dépassai un couple transporté dans un autre univers. Un rayon du couchant frappait un buisson ardent écrasé sur un visage clos : Yvon Gouriou et une ancienne compagne de classe. « Un jour, je t'embrasserai comme ça... » Une joufflue à la taille épaisse inspirait plus d'ardeur que moi. Mon type nordique, si remarqué, manquait-il donc de sex-appeal ? Depuis huit mois, Goulven m'entourait d'attentions délicates, mais ne se déclarait pas. Huit mois ! Certes, son regard avouait une tendresse éperdue, son regard seulement. N'étais-je qu'une belle statue qu'on admirait sans la désirer ? Lui aussi m'entretenait de son travail. Hier « en bu » et patte-mouille, aujourd'hui DX et astronomie. Curieuses façons de parler d'amour. Je ressentais d'autres besoins. J'enviais les couples qui allaient têtes jointes comme une échelle double, les filles aux yeux vagues, aux joues et lèvres cirées...

Sa famille n'habitant pas Brest, ma mère avait ouvert notre maison à Goulven. Il nous consacrait tous ses dimanches, arrivait dans la matinée, comme un pensionnaire chez ses correspondants. Rapprochés par leurs études parallèles et un goût commun pour les jeux de force, mon frère et lui s'étaient liés d'amitié. La gaieté régissait leurs rapports. J'apprenais les colles classiques :

— Quand dit-on qu'une pompe est amorcée, chaffustard ?

— On dit qu'une pompe est amorcée quand elle fait zimboum-petit-clac. Quand dit-on qu'il y a long feu, graine d'amiral ?

— On dit qu'il y a long feu quand le coup étant parti, le coup ne part pas.

Ils se défiaient, se mettaient torse nu pour un assaut de lutte bretonne que mon père arbitrait, ou partaient tous trois se mesurer au billard jusqu'au déjeuner. Le voisinage avait mis l'étiquette fiancé sur Goulven, et ma mère était sans inquiétude quant aux sentiments que j'inspirais. Elle savait toutefois, par ouï-dire, que la période des vacances est souvent fatale aux amours non trompetées. Le jeune homme terminait sa première année, l'engagement ne présentait pas le caractère d'urgence d'une fin de seconde, mais Jeannette s'agaçait de la curiosité de certaines gens, qu'un échec transformerait en jubilation. Elle était d'autant plus impatiente d'annoncer des fiançailles, qu'elle s'était mise à aimer Goulven bien plus pour lui-même que pour ce que son uniforme représentait.

Un dimanche au Continental. Nous bavardions avec Goulven et quelques autres. François Daigneaux, élève de seconde année — celui qui poussa le timide vers moi le premier jour — arriva accompagné d'une mince fille brune au regard bleu-violet.

— Geneviève de Thibrelle, ma fiancée.

Simple et rieuse, elle s'assit près de moi et me manifesta très vite de la sympathie. Son père commandait un bâtiment de l'Escadre de la Méditerranée, qui remontait caréner à Brest. Elle et sa mère avaient pris les devants pour rouvrir l'appartement brestois et « préparer l'arrivée du pacha ». Elle inventoria l'assistance, adressa de nombreux signes d'amitié, alla saluer, renouer, mais, comme son fiancé, revint toujours s'asseoir à notre table. Des jeunes accouraient, qu'elle nous présentait, sans paraître étonnée de notre manque de relations féminines. A la fin d'une danse, quand nous nous rencontrions sur la piste :

— Connaissez-vous mes amies d'enfance, Nanie et Laure Le Goff ? disait-elle.

Et mon nom prononcé, tous ces yeux qui, auparavant, passaient sur moi sans me voir s'éclairaient de gentillesse :

— Votre robe est un petit chef-d'œuvre. Qui vous habille ?

— C'est du vrai blond, sans triche ?

Une petite rousse, peau de satin et capiton de fossettes, à ma mère :

— Soyez bonne, madame. Dites-lui de nous rendre quelques-uns de nos boys.

A côté, la fille à cadenettes souffrait notre triomphe. Elle avait salué Mlle de Thibrelle d'un grand geste et d'un non moins grand sourire, n'en avait obtenu qu'une aimable inclination de tête. Ma mère brillait d'orgueil. Un grand tournant que cet après-midi. Mme de Thibrelle attendait les fiancés dans le hall en compagnie d'une dame très élégante. Nous sortîmes ensemble.

— A tout à l'heure, Coatmeur, dit Daigneaux.

— A mardi, Hélène ne me faites pas faux-bond, me recommanda Geneviève.

Puis, à nos mères :

— Hélène a accepté de m'aider à piquer la rouille dans mon nid de pie.

Et, à des élèves de Navale qui sortaient :

— Hé ! tous, oyez ! Dimanche prochain, je vous invite à venir écouter mes derniers disques. Vous verrez, jeunes gens, ce qu'on peut tirer d'une mansarde en appliquant la formule marine : peinture sur... ce que vous savez égale Propreté !

— Y aura à boire au moins, Viève ?

— On sait vivre, messieurs : punch pour les Anciens, kéfir pour les Fistots.

Rugissement des Fistots. Deux personnes voilettées et enrenardées, qui traversaient la place, s'arrêtèrent de saisissement. Un rugissement de bordaches n'a rien de surprenant pour des Brestoises, ces garçons exerçant leurs cordes vocales dès l'entrée à la Baille en prévision des ouragans à dominer, aussi n'était-ce pas la raison de leur paralysie. Jamais, même dans ses rêves les plus audacieux, Jeannette n'aurait conçu pareille composition à offrir à Mmes Le Canidec et Louis Cosquer : elle, dont on eut honte, serrant la main de Mme de Thibrelle, puis celle de l'autre dame (femme d'amiral nous a glissé Goulven), la jeune fille aux fossettes me rappelant, par mon prénom, pour me confier un secret désopilant, Geneviève lâchant mon bras, s'éloignant avec Daigneaux en me criant : « A mardi » et notre sigisbée, casquette sous le bras, attendant notre bon plaisir.

La porte à peine refermée sur Goulven, nous rebattîmes les oreilles de mon père, jusqu'à ce qu'il eut réalisé : nous venions de sauter une classe, celle d'Alice, celle des mi-chèvres mi-choux. Un peu de compassion me vint en pensant à la soirée de l'oncle.

Ce rendez-vous chez Mlle de Thibrelle me tourmenta fort. Inapte à la répartie, inculte... Sans ma mère, je renonçais. Elle fustigea ma lâcheté, tenais-je uniquement du caractère Cosquer ? Et m'encouragea : puisqu'il s'avérait que j'y avais ma place réservée, il fallait me frotter tout de suite à ce monde, me préparer. Pour cela, ouvrir mes yeux et mes oreilles, imiter, retenir, ne pas oublier que se taire quand on ne sait pas vaut mieux que sortir une ânerie, mais qu'il faut faire état de ce qu'on connaît plutôt que demeurer toujours bouche cousue.

Craintes et trac sans fondement. Geneviève de Thibrelle m'accueillit hors protocole, en bleu de chauffe, un chiffon noué à la corsaire sur la tête. Une réplique de son accoutrement m'attendait, un pantalon si large que je dus croiser les devants et l'amarrer avec une ficelle. Elle me toisa et, avec le meilleur accent :

— Z'osez vous présenter au responsap' d'la corvée dans c'te t'nue ? Et d'abord, c'que vous savez faire ?

Sur ce terrain, on ne me prenait pas de court :

— J'suis sans spé, chef !

Nous commençâmes d'arracher un papier transpirant qui n'opposait pas de résistance. Comme elle accompagnait son simulacre d'effort d'une chanson à hisser, je dis qu'une chanson à amener conviendrait mieux. Elle approuva ma remarque, mais s'aperçut vite que je n'avais jamais tenu un pinceau. Après rire, à cheval sur son escabeau, ma nouvelle amie fit un cours à l'ignorantine :

— Dites donc, il était temps qu'on vous prenne en main, Hélène ! Sachez qu'il est plus important, pour une femme de marin, de savoir se servir d'un marteau et d'un pinceau que d'un nécessaire à broder. Nous déménageons, en principe, tous les deux ans, et nos satrapes, bien entendu, ne sont jamais là quand on aurait besoin d'eux. La nouvelle installation achevée, ils arrivent, frais et bronzés, pour l'inspection et la critique. Mon père n'a jamais su planter un clou et il m'étonnerait que Coatmeur fût bricoleur.

Elle voyait donc en moi la future femme de Goulven... qui ne m'avait encore rien dit ! Quand se déciderait-il ? Une autre ferait le premier pas, il n'était que d'observer les « aspirantes ». Pas moi.

Quand Mme de Thibrelle apparut sur le chantier, je peinais, un lourd pinceau à badigeon tenu à deux mains, la langue déliée, le rire prompt.

— Je vous fais préparer du thé, mes petites ?

— Pas de thé, deux casse-croûte un coup de cambusard. Et que ça saute !

Expressions courantes chez les Cosquer-Le Bris, mais adressées à Mme de Thibrelle, une jolie femme aux cheveux argentés et à la voix musicale ? Je m'amenuisai.

— Aperçu ! fit-elle en riant.

La bonne nous monta deux sandwichs taille « homme de peine » et un carafon de vin. Je mangeai et bus de bon cœur, entraînée par la belle humeur de ma compagne. Je m'étais fait une montagne de ce tête à tête, je m'y montrais beaucoup plus naturelle que dans l'ambiance étriquée du salon de ma tante, même, et ceci était d'importance, quand la conversation changeait de ton et de forme. Merci, Geneviève, vous veniez d'ouvrir mes fenêtres, je respirais mieux.

Ma première surprise-partie. Comment soupçonner qu'on s'amusait autant sans danser ? On parvenait tout juste à se déplacer. Servir à boire sans renverser et lever son verre sans en recevoir le contenu sur le nez demandaient de l'adresse et un minutage. Quand les garçons s'aperçurent que les murs farinaient leur uniforme, ils hurlèrent si fort que les barbouilleuses s'engagèrent à ne les laisser repartir que brossés et détachés. Il faisait chaud. Je bus pas mal de punch glacé. J'y gagnai en éclat et en assurance. Goulven, l'œil fervent, ne me quittait pas.

— Comme je m'amuse ! lui confiai-je. Et vous ? Vous ne dites rien...

Il avala sa salive, un sillon se creusa entre ses gros sourcils et il lâcha :

— Vous êtes belle, Hélène, la plus belle...

Quelqu'un lui donna une bourrade qui le jeta contre moi. Il n'en profita pas pour appuyer son compliment d'un geste tendre. Je l'abandonnai pour répondre à l'appel de Geneviève, aux prises avec des assoiffés. A la fin de l'après-midi, j'étais presque aphone, les joues endolories par l'abus de rire, enfiévrées par le punch et le bruit. Geneviève avait depuis longtemps renoncé à passer des disques et les filles à tenter de river leur clou aux stentors. Il fut question d'une réunion semblable chez les Le Goff.

— Naturellement, nous comptons sur vous, Hélène.

Quelle chic vie s'ouvrait devant moi !

Comme je revenais du palier, où j'avais brossé les dos et les coudes de deux élèves, je vis le fiancé de Geneviève appeler Goulven d'un doigt impératif et l'entraîner dans le couloir des mansardes, qui tournait à angle droit deux portes plus loin. Un « Alors ? » sec de Daigneaux me donna l'envie d'entendre le reste. L'alcool pousse à l'audace, je refermai la porte comme si j'étais rentrée et restai à l'extérieur.

— Au garde à vous, fistot rosier ! Tu es la-men-table. En ma double qualité d'Ancien et d'ami, j'ai accepté de te transmettre une résolution de tes pairs : si tu n'as rien de précis à raconter ce soir, tout élitard que tu es, ils s'arrangeront pour que tu ailles louper au chibi. Enfonce ça dans ta grosse tête.

La réponse ne me parvint pas, mais Daigneaux m'éclaira.

— De quoi ? De quoi ? On se permet d'ouvrir sa bette à saletés devant son Ancien ? Que si, ça les regarde ! Oui ou non, t'ont-ils laissé ta chance entière ? Ce n'est pas permis d'être aussi cornichon devant une touloulou des plus basiques, qui ne vous fait pas grise mine !

— Les vaches ! gronda Goulven.

— Des vaches qui vous ont réservé la part du lion, môssieur le Béjaune ! Et qui ont veillé au grain pour que les éléphants ne vous la croquent pas.

Je n'eus que le temps de me glisser à l'intérieur, mais je ressortis aussitôt, tremblante de honte. Goulven me rejoignit comme je prenais mon imperméable sur la table vestiaire. Il m'aida à le passer et dut sentir mon dos tressaillir, car il m'examina ensuite, surpris et inquiet. Les larmes me montaient aux yeux, la mise en garde de l'oncle Louis cognait à mes oreilles : « Des touloulous, ils s'amusent ! »

— Je pars, bonsoir. Ou plutôt, adieu !

— Mais... oubliez-vous que j'ai promis à votre mère de vous raccompagner ?

Je le plantai là et allai prendre congé. Daigneaux retint ma main et me tourna vers la porte en riant. Drapé dans sa cape, Goulven avait le regard affolé de l'acteur qui vient de manquer son entrée.

— Vous verrez, Hélène, il n'y a pas que des intégrales dans cette grosse tête !

Je me sauvai, rouge jusqu'aux cheveux, tandis que les rires explosaient dans le nid de pie.

Il bruinait serré. Je partis à grandes enjambées. Fuir, fuir cette honte... Après hésitation, Goulven m'avait suivie, mais à trois pas, comme un prince consort. Comme souvent à l'approche du soir, le vent était tombé. Je forçai encore l'allure.

— Puisque je vous importune...

Le ton désespéré m'arrêta. Ce doux garçon, encore plus timide que moi, capable d'ignobles pensées ? J'accusai ses camarades : un succès délivrerait le fistot « rosier » de sa gaucherie ! Mais moi ? Pardi, comme dans les romans-feuilletons de Soizic, j'apprendrais à mes dépens qu'un petit mâle de rang élevé n'épouse hors de son milieu que si la dot compense le manque de naissance ! Le punch brassait mon chagrin, j'en voulais au monde entier. Goulven baissait la tête et tirait sur ses gants, ce que j'eusse fait à sa place. Avant de lui signifier que nos relations prenaient fin, je tins à affirmer ma clairvoyance.

— J'en suis désolée, mais vous coucherez au cachot ce soir.

— C'était cela ! Vous avez entendu ?

— Bien malgré moi, mentis-je. Vos voix portent loin.

— Je vous demande pardon, Hélène...

— Qui a eu l'idée de cette machination ? Daigneaux ? Lorelec ?

— Mais il n'y a pas eu de machination ! Ils ont deviné que...

— Que quoi ? Parlez donc !

Son talon sonna sur le pavé et il me jeta comme un reproche :

— Que je vous aime, là !

Soulagé, il retrouva quelque facilité d'élocution :

— Dès l'entrée à la Baille, on s'est moqué de moi dans la batterie. Je ne parlais pas des filles en connaisseur, je n'en parlais même pas du tout. Aussi, le jour où je commis l'imprudence de trouver jolie une jeune fille inconnue devant Daigneaux et Lorelec, ces deux faux frères s'empressèrent-ils d'informer les deux promotions !

— Ne m'avez-vous pas jouée à la courte paille ?

— Je les soupçonne d'avoir triché en ma faveur.

— Et depuis ?

— Depuis, je vous aime, tous le savent ! Et aussi que je n'osais pas vous l'avouer !

— Eh bien, c'est fait. Deux fois même ! Vous avez obéi, ils ont gagné.

— Si je vous déplais, j'ai perdu.

Autant éclaircir la situation :

— Qu'espériez-vous ?

— Mais que... vous accepteriez de m'épouser. J'étais fou.

Ah, l'idiote ! Ses tendances au rabaissement, son humilité hors de propos... L'accueil spontané d'une Geneviève de Thibrelle inefficace contre les parasites, pondus par Alice, qui entretenaient le sentiment de voyager en Première classe avec un billet de Troisième !

— Vous ne dites rien... s'angoissait-on à mon côté.

Ma foi, après ce que je venais de m'infliger, il pouvait languir encore un peu. Une poussière d'eau voletait autour de nous, qui ternissait la visière de sa casquette. Quand il se découvrit pour saluer un officier accompagné d'une femme, je vis que l'intérieur de la coiffe était aussi mouillé que l'extérieur. Pauvre gentil Goulven...

— Vous n'irez pas louper au chibi, je ne veux pas.

— Hélène !

Au mépris du Règlement — Pas de femme au bras ni de paquet —, il m'étreignit.

— Attention ! protestai-je en montrant le factionnaire de la caserne Guépin, dont la morne résignation cernée de jugulaire se muait en égrillarde complicité.

Au loin, la porte de l'Hôpital maritime se dégageait peu à peu du flou, comme le chœur au bout d'une nef de cathédrale. Nous avancions vers cette apothéose. Il m'engourdissait de litanies. Il était heureux, heureux, heureux... Il m'aimait, il m'aimait, il m'aimait... J'allais être la femme la plus adorée, la plus révérée, la plus choyée... Son bras me portait presque et j'étais si bien, si confiante, que je marchais les yeux fermés. Près du mur de l'hôpital, je renvoyai mon capuchon en arrière et j'attendis. Il ôta sa casquette, son souffle erra sur mes cheveux et mes paupières, enfin se posa sur la commissure de mes lèvres, tendrement, presque religieusement.

— Voilà ta fille casée, Jeannette, tu vas pouvoir desserrer ton corset ! Tu es fière de tes enfants, mais ce qu'ils sont, ils te le doivent. Qu'a dit Pierre ?

— Tu le connais, Soizic, ce n'est pas l'homme à s'exciter, mais je le sens content. Il aime bien Goulven.

— A quand les fiançailles officielles ?

— Un deuil chez les Coatmeur oblige à les reporter après la corvette d'été.

— Et les noces après le tour du monde, dans deux ans... C'est loin.

— Je ne suis pas pressée de me séparer d'Hélène. Elle n'a que dix-huit ans.

— Et Alice ? Soufflée ?

— Tu penses ! Elle a eu le culot de se proposer pour organiser le lunch de fiançailles, comme si j'avais besoin de ses recettes de canapés à l'économie !

— Dis, Jeannette, tu ne trouves pas que les jeunes de maintenant sont moins... Enfin, de notre temps, on pétait le feu, pas vrai ? A la place d'Hélène...

— Oui. Que veux-tu ? C'est une Cosquer. De bonnes natures, mais faut les secouer.

Goulven était en croisière. Comme toutes les fiancées de la promotion, je recevais des lettres datées de Rotterdam, Le Helder, Bergen... Au retour des avisos de l'Ecole, le temps de lancer nos faire-part et invitations, nous célébrerions nos fiançailles. Goulven m'avait déjà apporté ma bague, un solitaire d'une très belle eau, que je ne me lassais pas d'admirer, mais que, à mon grand regret, je ne portais pas encore en public. Pas plus qu'on n'arbore l'alliance avant le mariage, on ne doit se parer de l'anneau des promesses avant le raout aux petits fours. Goulven ne partageait pas ce point de vue, mais il n'avait pas voulu entrer en conflit avec ma mère, très catégorique sur les usages. L'essentiel, pour lui, était que le bijou me plût. Mon cri et l'élan qui me précipita dans ses bras l'en convainquirent mieux qu'une série de superlatifs. Cher Goulven... Nos derniers baisers avaient eu un goût salé.

— Il l'a posée sur un piédestal, confiait ma mère au ménage Louis.

— Et elle ? s'informa l'oncle, toujours réaliste. Heureuse, Hélène ? Sûre d'aimer pour de bon ?

— Quelles questions !

Si j'étais heureuse ? Mais je ne croyais pas qu'on pût l'être davantage. Ma vie prenait la forme d'une belle allée de parc, soignée, douce au pas. Si j'aimais Goulven ? Si me sentir près de lui mieux que partout ailleurs, c'était l'aimer, si trouver mortelle notre séparation, c'était l'aimer, si aspirer à être à lui pour toujours, c'était l'aimer, alors comme je l'aimais, mon Goulven !

Mon air extatique agaçait ma tante. Elle secoua sa petite tête, aux boucles comptées depuis qu'elle avait renoncé à sa crotte riquiqui dans le cou, avala ses lèvres pour me susurrer :

— Il reste à te souhaiter de « conservai » cet air béat quand ton mari t'aura « transformai » en poule pondeuse, ma chère.

— Je compte bien avoir des enfants, tante Alice.

— Tant mieux, tant mieux. Dans ce milieu, il est bien d'en avoir beaucoup.

— Si c'est le désir de mon mari, nous en aurons beaucoup.

— Bravo ! laissa échapper l'oncle.

Et, dans le dos de son agassin, il éleva son pouce. Tante Alice jouait de malchance : elle avait en vain cherché le crapaud dans mon brillant plus gros que les siens.

L'absence de mon fiancé ne devait pas me condamner à la claustration, Goulven l'avait spécifié à ma mère. Elle ne formula donc pas d'objection, quoi qu'elle en pensât, quand je fus invitée à une réception donnée par les Thibrelle pour fêter les vingt ans de Geneviève. Je mis ma plus jolie robe et passai beaucoup de temps à parfaire ma coiffure.

— Tu es en beauté comme jamais, constata-t-elle. Quel dommage que Goulven soit loin !

Qui plus que moi le regrettait ? Je ne sortais que pour user les heures. L'œil attentif qui glissait sur moi, embué de fierté, se fit soudain soupçonneux sur mon gant gauche. Je retournai ma main. Trop tard !

— Voyez la têtue ! Après tout ce qu'on lui a dit.

— On, c'est toi. Le désir de Goulven était qu'elle ne quitte plus mon doigt. Tu te crois cinquante ans en arrière !

— Personne n'a reçu de faire-part. Donne-moi cette bague, s'il te plaît.

Il ne me plaisait pas, et ce jour moins qu'un autre.

— Maman, tous les amis de Geneviève savent que je vais épouser Goulven.

Elle qui me surprenait à tout instant, émerveillée, mes doigts dansant un ballet de sylphides dans la lumière, ne sentait-elle pas combien il m'en coûterait d'aller à cette réception la main nue ? Mais pour faire céder Jeannette... Tête de mule, tête de pioche, crâne de granit, disait son mari qui y avait en vain épuisé ses velléités de résistance. Une décision prise par elle, c'était la mort plutôt que démordre.

— Donne. Je la rangerai dans son écrin, tu la reverras ce soir.

J'ôtai ma bague à contrecœur et la lui tendis. Elle y glissa son petit doigt. Les feux de mon trésor sur sa chair me firent, un moment, haïr ma mère. Le matriarcat, quel régime ! Je renfilai rageusement mon gant. Elle avait l'habitude de me regarder partir ; pour la punir, je ne me retournai pas. Vivement que je sois mariée ! scandaient mes talons sur le trottoir.

***

Chez les Thibrelle, dans l'atmosphère qui m'enchantait, j'oubliai l'incident. Filles de mon âge, allègres et expertes à renvoyer la balle dans un salon comme sur un court de tennis, sur lesquelles je me façonnais, bordaches, tous Anciens puisque les Fistots couraient les mers, aussi quelques galons et attentes, des officiers du *Turenne,* croiseur commandé par le capitaine de vaisseau de Thibrelle. Une seule silhouette inconnue, celle d'un grand enseigne, désinvolte dans un veston souplement adapté à sa sveltesse. Geneviève nous présenta :

— L'enseigne de vaisseau Landry, du *Turenne.* Mon amie Hélène Cosquer.

— Hélène ? Non, c'est Iseut !

Il riait et ses dents courtes, trop serrées et d'un blanc bleuté, atténuaient la rigueur des traits stricts, presque ascétiques. Geneviève riait aussi.

— Ce superbe militaire se prétend frappé de cécité depuis votre entrée.

— Vraiment ? fis-je bêbête, déjà dans mes petits souliers.

— Puisque vous détenez la position supérieure, je vous abandonne à la cour qu'il ne va pas manquer de vous faire. Quand vous en aurez assez, envoyez un S.O.S., on viendra vous délivrer. Mais de grâce, ne l'aveuglez plus. La vue pour un marin...

Un genre de badinage qui me prenait au dépourvu.

— Mais palsambleu ! s'écria l'enseigne. En 1937, il existe encore une fille qui rougit, c'est trop beau !

— Il fait si chaud dans ce salon... balbutia l'empotée.

— Un beau temps que c'est, par exemple ! s'exclama-t-il, s'efforçant d'imiter l'accent de Brest et désignant une fenêtre proche.

Une brutale averse cinglait les vitres. Au vivifiant printemps breton succédait un début d'été maussade, plus qu'humide. Dehors, les parapluies tanguaient, cherchant le lit d'un vent qui, lui, cherchait à retourner la peau des obstacles. Ma bague m'avait fait oublier de me munir de l'inséparable compagnon des Brestoises.

— C'est trop fort pour durer... me rassurai-je.

— Un p'tit grain avant la pluie, s'pas ? Stop ! Le sujet temps a fait sa force. J'ai connu un Officier des Equipages Cosquer à la Baille. Votre père ?

— Mon oncle.

— Un chic type dont les cours étaient clairs et astucieux. Qu'est-il devenu ?

— Officier principal. Il est à la Direction du Port.

— J'irai lui présenter mes devoirs un de ces matins. Mais comment se fait-il que je ne vous ai jamais vue ? Zéro pour la question. Il y a six ans que je suis sorti de Navale et je reviens seulement fouler le pavé brestois. Quel âge avait Iseut il y a six ans ? Tout s'explique.

Il me regardait intensément. Ma gêne, en voie de disparition, revint au galop. Il s'en avisa, sourit, cligna et dessina un serpent avec son pouce devant mon nez.

— J'aimerais faire votre portrait. Je crois posséder un joli coup de crayon.

— Modeste ?

— Non, lucide.

Je repassais de ma gêne maladive à un semblant d'aisance. Pas pour longtemps.

— Vous vous habillez bien. Vous êtes d'ici ?

— De Brest même, oui.

De Brest même ! Et avec l'accent ! L'expression réprouvée par ma tante avait-elle choqué ? Il n'y paraissait pas.

— Vous allez souvent à Paris ?

Le rouge au front, je m'accusai de n'y avoir jamais mis le pied.

— Pour ce qui est de l'élégance, vous n'avez rien à y apprendre.

Les autres dansaient. Nous poursuivions un bavardage décousu, tantôt anodin, tantôt sérieux, avec de sa part un glissement vers le flirt qui me raidissait de confusion. Je faisais l'expérience de l'aparté de salon. Qu'avais-je cru ? Que Goulven et ses camarades m'eussent délié la langue ne signifiait pas que j'étais graduée de l'université des Belles Manières. La flatteuse perspective de devenir une femme d'officier de marine exigeait une prise de conscience sans concession d'un état de vacuité gros de conséquences. Affolante était l'étendue de mon insuffisance. Je ne savais pas mettre fin à l'indiscrétion d'un impertinent, je n'osais pas, je n'essayais même pas de m'y soustraire ! Etait-ce si difficile ? Pour une nigaude, oui, puisqu'elle répondait à toutes les questions et se laissait inventorier : « Vous habitez ce quartier ? Où ? Un groupe de villas au bout de L'Harteloire ? Je vois : vous dominez la route de Kérinou et le fond de l'arsenal. J'adore les cheveux longs. Encore faut-il qu'ils soient coiffés avec chic. Ah ? Vous-même ? Jamais de coiffeur ? Mes compliments. Votre père est de la Marine ? Grand blessé... Sur quel bateau ? Je connais l'affaire, le second en a écrit une relation saisissante, vous l'avez certainement lue ? Non ? C'est un tort. Fille unique ? Une frère major des chaffustards, félicitations. Pardon, vous permettez que je regarde de plus près ? Non, pas de décoloration, cela se voit aux racines. Une blonde naturelle sans fadeur, mon idéal ! Et jolie... Savez-vous que vous êtes ravissante ?

Sans me demander mon avis, il m'enlaça.

— Qu'attendais-je pour vous faire danser ? M'auriez-vous troublé ? Me faut-il le craindre ou m'en réjouir ?... Vous dansez bien et vous avez la bonne taille. Pour moi, s'entend. En général, je broute des frisettes. Regardez-nous dans cette glace. Du tonnerre !

Il m'étourdissait et me faisait rire. C'est vrai que nous étions assortis, je le constatais à chaque passage devant la glace... Et c'était, chaque fois, le coup de fouet d'une tasse de café fort, suivi aussitôt d'une retombée d'excitation dans une irritation dont je n'aurais pas su dire contre lequel de nous deux elle s'exerçait.

La danse terminée, il me rendit ma liberté. Je retrouvai mes cavaliers habituels avec soulagement. Eux, devant une fille qui n'y entendait pratiquement rien, développaient leurs concepts à perte de vue, certes, mais se gardaient de compliments directs. Tandis que je n'écoutais pas leurs propos, en m'assurant toutefois que ma présence stimulait toujours autant leur éloquence, j'inscrivis mentalement une constatation : eux étaient des garçons et ce M. Landry un homme. Que faisait-il ? Il discutait avec Nanie Le Goff, une fille-garçon blagueuse, toujours la cigarette aux doigts. Son bras sous celui de la jeune fille, ils se parlaient dans le nez avec volubilité. J'étais encore loin de ce charmant laisser-aller des gens du monde. L'acquerrai-je jamais ? L'aisance ne se tête-t-elle pas avec les premiers biberons ? Une Geneviève, une Nanie, renverraient gentiment M. Landry à son sextant, alors qu'Hélène se laissait interroger, puis embarrasser par de banales galanteries. Que pensait-il de moi ? Qu'on ne rencontre pas tous les jours une gourde de cet acabit dans le salon de la femme de son commandant ? N'était-il pas en train de distraire Nanie Le Goff à mes dépens ? Non, il fumait, seul maintenant, et me regardait. La rencontre de nos yeux le fit sourire, puis rire. Je détournai les miens, de crainte que ne lui prît l'envie de venir se moquer de plus près. Mais il semblait décidé à s'en tenir là avec moi. A Nanie Le Goff succédait une petite brune coiffée en lion qu'il conduisit au buffet. Là, ils entreprirent de boire en équilibre sur un pied et chacun dans le verre de l'autre. La différence de taille compliquait le jeu. Pas très drôle... Cependant, quand Daigneaux me proposa de les imiter, j'acceptai. Une voix réclama un disque et l'Ancien de service au phono obtempéra, puis m'invita. Nous n'avions pas fait dix pas qu'un bras nous séparait.

— Au nom de quoi, lieutenant ? protesta mon cavalier.

— Sinus X égale huit... parce que j'ai deux galons, petit !

Pour me faire mieux goûter sa plaisanterie, M. Landry me pressa contre lui. Quand il m'eut bien pressée, il m'écarta un peu et scruta mon visage, penchant la tête à droite, puis à gauche. Je ne riais pas. Si j'étais incapable de le suivre sur son terrain, je désirais montrer que trop de familiarité me déplaisait.

— Vous prenez des repères pour travailler de mémoire ?

— Travailler à quoi, mon enfant ?

— Ne vous êtes-vous pas vanté d'un joli coup de crayon ?

— C'est vrai, où avais-je la tête ? Décidément, vous me troublez. Vous savez, Iseut, par définition le marin a toujours un violon d'Ingres. Le tout est de se le découvrir et d'avoir le temps de s'y consacrer. J'ai eu la révélation du mien tout à l'heure, devant votre charme blond. C'est sérieux : quand je ne serai plus le pauvre enseigne corvéable à merci, je me lancerai dans le portrait. Sauf dérivation de mes dons sur un autre violon d'Ingres, une épouse par exemple. Car, à bientôt vingt-sept ans, je suis encore célibataire. Intéressant pas vrai ?

— Vous ne manquez pas d'aplomb !

— Ni de décision, jamais. Quoi qu'il advienne, je crois que le dessin me décevrait moins que la poésie.

Le piège pour l'idiote.

— Vous avez écrit des vers ?

— J'en ai commis, comme tous les marins, demoiselle. J'avais de bons clichés, la matière première à portée de stylo : la mer jolie, l'océan cruel, les horizons lointains, les feux du ciel, Rigel qui, comme l'indique son initiale est bleue et Betelgeuse rouge. La nuit, je couvrais des feuilles du suc de mon âme et les jetais au matin. Le croirez-vous ? Les gouyots eux-mêmes n'en voulaient pas !

— Il fallait prier la muse, monsieur.

— Elle a bien failli baiser mon front moite, une nuit que les rimes chantaient dans mon rêve. J'entendis son pas ailé descendre l'échelle des chambres. Elle entra, légère, sans se cogner à l'ombre, ce qui tendrait à prouver qu'elle connaissait les lieux, et contempla le jeune marin endormi. « Landry, tu es beau et je t'aime », murmura-t-elle. Je tendis les bras : « Viens ma muse et parle, parle encore... » Elle se pencha sur ma couchette, son haleine m'était familière. J'étais heureux. C'est alors qu'une main rude secoua mon épaule et qu'une voix me hurla dans l'oreille : « Lieut'nant, l'est moins l'quart ! » Enfin vous riez ! Vous n'êtes pas facile à dégeler, vous !

Je me dégelais parce que j'avais saisi les allusions. Par hasard, j'avais lu quelques pages de Loti et un roman de Larrouy. Ceci me remontait dans ma propre estime.

— Et vous, musicienne ? Piano, c'est fatal, pas forcément catastrophique.

Encore confesser des lacunes ? Je prévins un nouvel interrogatoire :

— Ni piano, ni violon, pas même biniou. Pas de tennis ni de cheval. Ignorance totale des rudiments du bridge. Je ne sais pas conduire. Je ne parle pas anglais. Expédition la plus lointaine : les Côtes du Nord. Je nage, mais pas le crawl. Et si je connais un bon nombre de navires de guerre, je n'ai jamais été paf dans un carré, pour la raison que personne ne m'y a encore invitée. En résumé, une éducation très incomplète. Est-ce assez ?

Comme il riait ! Ses dents luisaient comme une porcelaine neuve. Les miennes étaient saines et mieux rangées, mais ne supportaient pas la comparaison pour l'éclat. Un éclat qui attirait, qu'on le voulût ou non.

— Et, à part *Modes et Travaux,* que lisez-vous ?

— La page de Zig et Puce dans *Dimanche illustré !*

Je me serais battue. J'avais répliqué sur un ton qui pouvait lui donner à croire que j'essayais de ressembler aux héroïnes de Gyp (auteur favori de ma mère). Je me sentais du dernier ridicule. Très désagréable.

— Je vous prêterai des livres.

Affirmation, pas offre. Il n'attendit pas mes remerciements et alla porter ses hommages à deux arrivantes. Je tournai le dos au salon, à la fois soulagée et mortifiée, et contemplai le ciel où, sur différents plans, des nuages noirs couraient comme des troupes d'assaut. Plus dense qu'eux était mon indigence intellectuelle. A qui la faute ? La bibliothèque de mon frère, fournie et éclectique, m'était accessible, mais je préférais me plonger dans ce que Soizic continuait d'appeler un « roman à quatre sous », bien que le format et le prix eussent changé, à titre sentimental et couverture évocatrice. Goulven m'avait apporté quelques « bons » livres. A peine ouverts que refermés. Rebutants. L'un par son épaisseur et le resserrement du texte, l'autre parce qu'il comportait de longs paragraphes et peu de dialogues, un troisième parce qu'il commençait par une description et finissait mal. Cependant, ma mémoire gardait titres et noms d'auteurs ; j'ignorais que cela peut faire illusion. De nos jours, la jaquette dit l'essentiel ; le sujet connu, il suffit de replacer une phrase de critique pour être à la page. Plus tard, évoluée, je ferai des expériences concluantes ! « Comment, Hélène, vous n'avez pas lu le dernier Chose ? Un peu didactique, mais puissamment architecturé. Le voulez-vous ? » Je le voudrai, car alors grande sera ma faim, moins toutefois que celle de qui aura avalé l'œuvre sans couper plus de vingt pages. Mais n'anticipons pas. En cet instant, je déplorais une incurie dont j'étais seule responsable. Ce type t'a mis le nez dans ta crotte, c'est pain bénit, blonde Iseut. Par bonheur, il n'était pas trop tard pour réagir. Alourdie de bonnes résolutions, je me disposai à partir. Après une brève éclaircie, il tombait des hallebardes ! Quelques personnes s'étaient résignées à affronter le mauvais temps ; d'autres patientaient.

— Landry ! Puisque vous n'avez pas encore fichu votre char à feu au sec, soyez un double amour : reconduisez Nanie et Laure à Saint-Marc.

— Un triple, Vième : je dois ramener Iseut à L'Harteloire.

« Je dois » ! Refuser ? J'étais sans parapluie, et ne serions-nous pas quatre ?

Nous embarquâmes sous le déluge, dans une Fiat louée pour la durée du séjour du *Turenne* à Brest. En m'asseyant à côté de M. Landry, je précisai que L'Harteloire était plus proche du point de départ que Saint-Marc, mais je ne fus pas déposée la première. Un conducteur décide lui-même de son itinéraire, je ne me permis pas de protester. Les demoiselles Le Goff rapatriées, nous roulâmes en silence, la violence du grain requérant l'attention de mon voisin. Dès que la pluie tambourina moins fort sur le pare-brise et le toit, il reprit la conversation au point où il l'avait interrompue :

— Quand puis-je vous apporter de la substantifique moelle, jeune fille ?

— Je vous remercie, mais...

— Vos parents ? Vous me présenterez.

Il s'agissait de me tirer de là avec tact et politesse.

— Confiez vos livres à Geneviève, elle me les donnera.

— Non, dit-il, gentil mais catégorique, je tiens trop à mes bouquins pour les prêter en chaîne. Ils font des coupes claires dans mon budget d'enseigne. Je vous consens une faveur rare, mais je désire vous remettre directement le choix que je vous destine. Voulez-vous demain cinq heures, porte Tourville ?

— C'est impossible...

— J'oubliais que le bureau de votre père est dans le secteur. Si sévère ?

J'étais loin de mon père qui, d'ailleurs, ne verrait aucun mal dans un prêt de livres. Il planait entre cet officier et moi une équivoque qu'il fallait dissiper. Mais comment ? Jeter à la figure de qui ne disait rien d'inconvenant : « Stop, je suis fiancée ! » friserait la grossièreté et l'outrecuidance. Il aurait beau jeu de se gausser d'une péronelle qui prenait pour argent comptant une cour de bonne compagnie. Au reste, rien ne prouvait son ignorance des liens qui m'unissaient à Goulven. Il ne se privait pas de questionner et, chez les Thibrelle, personne qui ne fût au courant.

— Refusez-vous le lieu ou l'offre ?

Le ton était surpris, la mine franche. De plus en plus ennuyeux.

— C'est que demain... je serai à Recouvrance, chez ma grand-mère.

— Et je ne peux pas me présenter chez votre grand-mère non plus ?

Pendant mes silences, nous faisions du chemin. Encore deux cents mètres... Cent... Moins... Souhaitais-je arriver ?

— En haut de cette rue, la dernière maison.

Il ralentit jusqu'à rouler au pas et posa sa main sur mon genou. J'en ressentis une décharge électrique qui ne lui échappa pas, car il rit de toutes ses dents.

— Doucement, nous sommes pressés ! Demain, en quittant l'arsenal, je traverserai Recouvrance, la rue principale jusqu'à la porte du Conquet. Je souhaite vous rencontrer. C'est oui ?

— Rien n'est moins sûr...

Je ne refusais pas carrément le rendez-vous !

— A demain, affirma-t-il en pressant ma main trop fort.

Je descendis et repoussai la portière. Il baissa aussitôt la glace.

— Ecoutez...

S'il parlait la tête à l'extérieur, ma mère entendrait, je me penchai. Il ne dit rien. Sa main atteignit ma nuque. J'étouffai un cri. Il me montra un cheveu, l'enroula sur un de ses doigts et y porta les lèvres. Avant que mon cerveau pût transmettre à ma langue l'ordre de protester, il repartait pleins gaz.

Comment trouver le sommeil ? Je n'ai rien fait de mal et je me sens coupable. Je me tourne, me retourne, me raisonne : s'il avait arraché un cheveu de la tête de Geneviève, s'en rendrait-elle malade ? Non. Son fiancé en prendrait-il ombrage ? Non. Incident clos. L'ennui est que cheveu m'a été pris sans témoin et que la suite n'avait pas l'air d'une plaisanterie. Je ne sortirai pas demain.

Une meilleure solution m'attend au bout de la nuit quasi blanche : il faut, au contraire, le rencontrer, pour le détromper, afin qu'il ne m'approche plus, jamais plus. En punition d'une imprudence bien involontaire, je n'ouvre pas l'écrin qui contient ma bague. Le sacrifice me rend le parfum de l'honnêteté.

— C'est bien de penser à aller voir Mémé aujourd'hui, approuve ma mère. Triste anniversaire pour elle. Tu la ramèneras, elle dormira ici. Et prends ce bouton pour m'en acheter six pareils. Aux Dames de France, n'oublie pas. Eh bien, te revoilà à califourchon sur un nuage ? Je croyais que ça t'avait passé. Va !

Je pars d'un pied léger et l'âme lourde d'excuses dolosives. Sur le Grand Pont, j'abandonne un moment mon souci. J'aime l'heure des canots-majors pour ce qu'elle apporte de touches chaudes au gris ambiant. J'aime les moustaches lumineuses des vedettes qui piquent sur le pont Gueydon, les pavillons qui claquent, les pompons des hommes de manœuvre, l'acajou et les cuivres miroitants. Le soleil perce le plafond moutonneux de lignes obliques qui déposent des éclats sur la mer. Beau spectacle... mais dont je me lasse plus vite qu'un autre jour. En bas, trop de bouillants enseignes sautent sur le ras sans attendre l'accostage. Suis-je devenue allergique aux enseignes ? Tout à l'heure, je suis venue pour cela, je devrai dire à l'un d'eux, un bien charmant impertinent : « C'est très aimable à vous de me passer de la lecture, mon fiancé vous en remerciera à son retour. »

Je me remets en marche, sans le moindre entrain, derrière deux femmes chargées de provisions. J'écoute leurs propos, pour oublier que M. Landry pourrait manquer de mémoire.

— Dix sous sur une livre de beurre, c'est dix sous, s' pas ? C'est dur d'y arriver avec une solde de second maître. Et encore, il mange aux rations avant de descendre.

Dans Recouvrance, je ne lâche pas leur sillage. Mon malaise augmente.

— A chaque retour, ça ne rate pas, je suis prise !

— Pour moi, il n'y a pas eu de séparation, vu que le mien est sur l'*Armorique*, pourtant, je suis comme toi, ma pauvre !...

Tant pis, je tourne à la prochaine rue. Solution retardatrice, solution de lâcheté, solution Cosquer dirait ma mère. Un tel remue-conscience pour un prêt, au lieu d'accepter avec simplicité. Le tournant. Décide-toi, Hélène : tu embouques à droite ou tu continues ? Je n'ai pas à me contraindre ou à me céder, un petit air de klaxon m'avertit que le danger m'a rattrapée. De nouveau la chaleur irradiante, le coup de fouet...

— Montez vite !

Et moi, écœurante d'hypocrisie :

— Tiens, c'est vous ? Bonjour.

— M'aviez-vous déjà oublié ? s'écrie le danger, incrédule. Votre paquet est à l'arrière. Montez vite, je ne peux pas stationner.

Un timbre s'énerve derrière. Les trams circulent sur voie unique et nous sommes sur l'embranchement qui permet les croisements. Un tram descend, un autre monte.

— Hé, les amoureux, vous vous fichez du monde ?

Je me retourne pour toiser l'insolent ! Un agent ! Je m'engouffre dans la voiture.

— En voilà des façons ! Bon, le flic relève mon numéro.

— Une contravention ?

— Aucune importance. Vous êtes là, aussi jolie, presque plus jolie qu'hier.

— Je vais descendre. Ma grand-mère m'attend.

— Grand-mère attendra encore un peu. Vous me devez une compensation.

— Oui, mais pas plus loin que la porte.

La porte du Conquet est là aussitôt. Et dépassée. Je m'alarme :

— Où allons-nous ?

— Je n'en sais rien et cela m'est égal : vous êtes près de moi.

Puis il me désigne un panneau indicateur :

— Sainte-Anne-du-Portzic, cela vous va ?

— Mais pas du tout. Arrêtez !

— C'est l'affaire de quelques minutes en appuyant sur le champignon. Vous n'aimez pas la vitesse ? Mais vous ferais-je peur, Iseut ? Ou plutôt Hélène. Vous permettez ?

— Puisque c'est fait. Non, je n'ai pas peur de vous, mais...

— Y a-t-il une autre raison que la grand-mère ? Vous serais-je antipathique ?

Il rit, sûr de lui, et ses dents serrées, blanches et mouillées, brillent et m'attirent comme le plus merveilleux des fruits défendus. Au bord du plongeoir, je ne reculerai pas. J'aime Goulven. C'est vrai, j'aime Goulven. J'arrache mon regard de ces dents démoniaques, me mets à écailler le vernis de mon pouce et très vite :

— Peut-être que mon fiancé n'aimerait pas me savoir ici, seule avec vous.

La voiture roule décapotée. Il crie dans le vent de la course :

— Votre fiancé ? C'est une blague, dites ?

Un coup d'œil lui apprend que je ne plaisante pas. Il écrase l'accélérateur, ses mains se crispent sur le volant. De biais, je vois l'expression tendue de son visage maigre, bruni par la mer, sous la casquette portée un peu en arrière. Les lèvres frémissent comme pour retenir des reproches. Le silence s'épaissit entre nous comme une brume de novembre. J'ai beau chercher une phrase passe-partout pour le casser, rien n'est bon à dire. Je n'avais pas pensé qu'il prendrait mon aveu de cette façon muette, presque tragique. Je m'attendais à un persiflage, à une pirouette : « Alors, on ne flirte plus ? Dommage, vous m'amusiez ! » Voire une muflerie : « Dans ce cas, je conserve mes bouquins. Je n'essarte qu'en vue de rendement personnel. »

Aux premières maisons de Sainte-Anne, il ralentit, propose d'un ton froid :

— Puisque nous sommes venus jusqu'ici, un porto ?

Nous descendons devant un restaurant. Je marche comme un automate, la poitrine bloquée. Loin de me soulager, l'indispensable mise au point m'a dévastée. Sans la servante venue au-devant de nous, je fondrais en larmes. C'est fini... Il ne me taquinera plus... Il ne me sourira que la bouche fermée...

— Où pouvons-nous nous asseoir un moment, mademoiselle ?

— Si c'est voir la mer que vous voulez, dans la véranda.

C'est une fille de Recouvrance dont je ne me rappelle pas

le nom, mais qui dira le mien à sa patronne en annonçant notre commande. Elle nous précède dans une salle à manger déserte, où les nappes à carreaux, les vases fraîchement garnis, les petits pots de beurre jaune d'or et le fumet de crustacés parlent de vacances pour gens heureux. Nous nous asseyons l'un près de l'autre. La fille repartie, il secoue la tête.

— Je ne parviens pas à vous croire...

Ma main traîne à sa portée, il l'épouse avec la sienne.

— Toute cette nuit, j'ai construit notre vie...

— Sans rien savoir de moi ?

— J'ai cru en savoir assez. J'ai cru que vous m'attendiez. Mais pourquoi ne m'avoir soufflé mot de ce fiancé ?

— Aucune de vos questions n'a concerné ma vie sentimentale.

— Et l'enfant sage ne parle que si on l'interroge ?

— Je suis très timide...

J'ai envie de poser ma tête sur son épaule et qu'il me console de sa déconvenue. Eperdue, confiante dans cet inconnu d'hier, je livre mon idée fixe :

— Je n'ai pas l'habitude du monde. Il est facile de me faire perdre mes pauvres moyens.

— Vos pauvres moyens ? Ce visage somptueux, cette allure de Diane chasseresse ? Vos pauvres moyens m'ont mis K.O., ma belle timide !

La servante revient d'un pas fatigué. Elle nous sert généreusement et sourit à nos doigts joints. Mon âge, une dent manquante devant, rougeaude, boudinée dans une mauvaise gaine qui lui ouatine la taille. Un morceau de dentelle fixé par deux épingles palpite sur la rigole à pic entre ses gros seins, un petit tablier blanc bien repassé dissimule une partie des taches de sa robe noire. Elle penche sur nous sa permanente raide de frisure, brillantinée par plaques :

— Vous dînerez ? Nous avons des pétoncles farcies, spécialité de la maison.

— Non, mademoiselle, nous ne dînerons pas, je le regrette.

Elle sourit à mon séduisant compagnon et son œil révèle la chance qu'elle m'attribue. Comme elle reste là, à se balancer comme une bouée de corps mort, il se méprend :

— Dois-je régler maintenant ?

Elle s'éloigne, les hanches houleuses, traînant les pieds.

— La fille double des Dieux ont soif ! Pas lu ?

— Bien sûr que non, dis-je, tout amour-propre abdiqué.

Je finis par me demander ce que fait ma main dans celle de l'enseigne de vaisseau Landry, mais je n'ai pas le courage de la reprendre. Je ne souhaite rien que prolonger un état de bonheur triste.

— Et l'heureux mortel, où est-il tandis que je vous parle d'amour ?

— Du côté de Stockholm, je suppose...

— Un fistot ! J'aurais dû deviner. Un gamin. Que vous n'aimez pas !

Je veux dégager ma main pour mieux protester, il m'assène l'évidence :

— Si vous l'aimiez, je ne vous aurais pas trouvée sur ma route ce soir. Ayez le courage d'admettre que vous vous êtes trompée. De bonne foi, sans doute, mais trompée, c'est certain.

— Mais si, je l'aime... dis-je, au phare du Portzic.

— Il n'est pas trop tard, Hélène... Il n'est pas trop tard.

— Oh, si ! Je suis engagée...

— Vous voyez bien que vous ne l'aimez pas...

— Je ne vous permets pas... C'est un être si droit, si bon... Je l'aime beaucoup.

— Ne croirait-on pas que vous alliez donner votre jeunesse à un vieux mari ? Il est si bon, je l'aime beaucoup... La cause est entendue, je n'abandonne pas.

— Cela signifie ?

— Que bientôt, vous direz de moi qui ne suis pas particulièrement bon : « Il est merveilleux, il est unique, je l'aime... » D'ailleurs, vous m'aimez déjà !

— C'est faux ! Je ne veux pas. Ramenez-moi à Brest.

— Oui, mon amour. Dès que vous m'aurez dit bien en face : Georges, je ne vous aime pas, je ne vous aimerai jamais.

Depuis la veille, je cherchais un prénom à mettre sur ce visage extraordinaire.

— Vous n'osez pas !

— Georges, je...

Il lâche ma main, ses bras m'enveloppent, ses dents brillent à quelques centimètres.

— C'est ainsi que la femme de ma vie devait prononcer mon nom, lèvres gonflées et entrouvertes, sans sécheresse ni chuintement. Personne n'avait encore su. Tu es faite pour moi, je te garde.

Le décor bascule. Je sens arriver sa chaleur, son odeur de mer et de tabac blond m'enivre. Le temps d'un n...non, j'appelle honnêtement l'absent. La bouche de Georges n'hésite pas, elle se plaque sur la mienne et l'emprisonne. Je me contracte... et puis je reçois l'Amour comme on reçoit la Communion. Tant pis, tant pis ! Pour la première fois, je suis troublée jusqu'au plus profond de ma chair... et je clos les paupières pour savourer l'irrémédiable. Tant pis, tant pis ! Je ne me contente plus de recevoir et de rendre pudiquement, je participe, je vais au-devant... Je ne m'étonne même pas de savoir sans avoir appris. Tant pis ! Ou plutôt, tant mieux, ! Vive l'amour ! L'amour, c'est une bouche d'homme qui vous fait envie, des bras d'homme qui vous brisent, des mains d'homme qui se font oiseaux. Quand je reprends mon souffle et rouvre les yeux, l'eau court dans le Goulet, comme toujours, les cailloux familiers secouent leur écume, comme toujours, la mer apporte les battements réguliers du cœur d'un bateau qui rentre... Tout est semblable, rien n'est pareil à ce que pensais connaître. Je suis amoureuse. Si vite ? Oui, et je sais que cet amour ne finira qu'avec ma vie. Je suis blottie contre Georges, protégée par lui contre les remords. Je le regarde et le touche, afin d'être sûre de ne pas rêver, sûre que cet être idéal, unique, m'aime aussi et m'appartient. Et me moquant bien de la grosse fille qui, derrière, n'en finit pas de tripoter la verrerie. Puis il parle :

— Il faut clarifier la situation. Attendre un seul jour serait indigne.

— J'écrirai ce soir à...

— Ne dites pas de nom, dit-il en plaquant sa paume sur ma bouche. Jamais. Promettez.

Je promets. Dans la Marine, on embarque un jour où l'autre sur le même bateau.

— Ce jeune homme était-il reçu chez vous en qualité de fiancé ?

— Oui. Mes parents ont de l'affection pour lui. Un beau drame en perspective.

— Peur ?

— Je n'ai plus peur de rien... sauf de vous, peut-être ?

— De moi ?

— Si je vous perdais maintenant...

— Cela ne pourrait arriver que par manque d'amour de votre part.

De ma part ! Ah ! que j'aime ses dents un peu chevauchantes !

— Avis, mon Hélène : je serai jaloux, exclusif, totalitaire.

— Oui, Georges, soyez tout cela, et plus encore.

— Allons tout de suite mettre vos parents au courant. Ils verront qui je suis.

Simple pour mon adorable orgueilleux. Je donnerais n'importe quoi, même cinq années de vie (je suis si jeune !), pour retarder le moment de le quitter, mais la prudence me conseille de temporiser : l'heure de possibles visites passée, ma mère travaille en blouse et pantoufles, inutile d'aggraver mon cas.

— Il vaut mieux me laisser préparer le terrain.

— Je suis de garde demain, cela repousse à quarante-huit heures.

C'est merveilleux d'être l'objet d'une telle impatience. Je ris :

— Après l'explosion de chaudière que ma décision va provoquer, il me faudra bien quarante-huit heures pour remettre en avant lente...

— A tant faire de pousser les feux, annoncez que notre mariage ne doit pas traîner. Le *Turenne* appartient à l'Escadre de la Méditerranée et, quand nous sortirons du bassin, dans une quarantaine de jours, ce ne sera pas pour nous prélasser en rade. Le temps des essais et au-revoir Brest. On a besoin de nous, un besoin qui peut devenir nécessité.

— Pourquoi ?

— L'Espagne, la guerre civile, toutes les marines armées de jumelles sur ses côtes, pas entendu parler de ça ? Et d'un trublion nommé Hitler ?

Je sais, vaguement, qu'on se bat en Espagne. Il m'arrive de voir Hitler gesticuler sur l'écran. Comme toute la salle, je ris de ses transes, de sa mèche, de son carré de poils sous le nez qui ne fait pas vrai, de son bras tendu et du pas de l'oie de ses troupes. L'idée de danger ne m'a pas encore effleurée, c'est si loin du Finistère ! Mais Georges me le fait presque toucher du doigt :

— Nous devons nous dépêcher d'être heureux, mon amour.

— Vous m'emmènerez à Toulon ? (C'est un trop beau jour pour parler de malheur.)

— Vous m'y rejoindrez seule, comme une grande, en passant par Paris.

J'ai beaucoup entendu parler des charmes de Toulon.

— J'aimerais habiter le Mourillon.

Le magicien m'affirme :

— Nous habiterons le Mourillon, près de la mer, en bordure d'une pinède de rêve. Une maison aux tuiles roses, crépie d'ocre chaud comme le teint des filles du pays, avec des volets verts, plusieurs terrasses, un jardin gardé par deux cyprès et partout une débauche de géraniums rouges. Et encore un portail arrondi, flanqué de deux niches, dans l'une la cloche, dans l'autre le saint protecteur des lieux. Elle vous plaît ?

Rien ne m'étonne plus. Je suis comme grise de champagne.

— Elle est à vous ?

— Elle n'est pas à moi, mais je vais faire en sorte qu'elle soit à nous, au moins jusqu'à la fin de mon embarquement. Elle appartient à un officier du *Turenne,* Pascal de Bourloy, un ami. Sa jeune femme vient d'entrer en sanatorium. Il a fermé la villa en attendant un rétablissement qui, malheureusement, n'est pas pour bientôt. Dès mon retour à bord, je lui poserai la question. Je ne doute pas de son acceptation.

Comme tout est facile !

— Il vous louera vide ou garni ?

— Vous voulez dire meublé ? Bien sûr.

J'ai rougi. Déjà une gaffe ! Une location avec mobilier, c'est un garni pour le gradé, mais pour l'officier c'est un appartement meublé. Attention, Hélène. Tu as beaucoup à apprendre, qu'il ne s'en aperçoive pas trop. Ne le déçois pas, à la rigueur, tes silences peuvent s'interpréter à ton avantage, mais ce qui sort de ta bouche te classe. Attention, il n'est pas Breton, ton accent le fait sourire aujourd'hui, l'agacera peut-être demain. O bonheur que j'ai failli manquer, aucun effort ne me coûtera pour te mériter.

— A quoi pense mon Hélène ?

Sa main relève mon menton ou glisse une larme de béatitude. Je prends cette belle main cuivrée, la caresse, la baise. Acceptation, soumission, dévotion, adoration, exaltation. Quand Georges me met sa montre sous le nez, je reviens sur terre. C'est même un atterrissage brutal.

— Oh, mon Dieu !... Vous êtes certain qu'elle marche ?

— Comme un chronomètre suisse qui marque vingt heures sept !

Il hèle la servante et lui tend un billet.

— Un de ces prochains soirs, nous viendrons tâter de vos pétoncles.

— Je vous ferai soigner, promet-elle avec un clin d'œil.

Je n'y avais pris garde, mais la salle s'est remplie. On nous dévisage. Quelqu'un rit. Pourquoi ? Cela se voit donc ? Plutôt me répond une grande glace qui reflète la nouvelle Hélène : chignon croulant, prunelles allumées, plus de maquillage, mais le bas des joues comme frictionnées au papier de verre. C'est moi, cette fille à senteur de péché qu'un grand marin rieur tient par l'épaule ?

— Je suis confus. J'ai la barbe dure. Repoudrez-vous.

Mon poudrier est resté dans un autre sac. Bah ! D'ici à Brest, le grand air calmera ce feu. Mais, avant l'entrée dans Saint-Pierre-Quilbignon qui précède Recouvrance, Georges parachève les dégâts. Je brûle. Qu'importe, encore, encore ! Ah ! Georges... Chaque tour de roue rapproche l'instant où je vais affronter ma mère et les conséquences du sac de ses plans, pourtant je demeure étrangement sereine. Loin est l'angoisse de la nuit, quand je me cherchais un prétexte pour venir au rendez-vous. Je suis amoureuse et forte, au point que la traversée du pont ne me fait ni chaud ni froid.

— Bien sûre de ne pas flancher ? s'inquiète Georges.

— Oui, quoi qu'il se passe.

— Tu m'aimes ?

— Plus que tout, Georges.

— Pour la vie ?

— Pour la vie. Et je viens de naître.

— Puis-je espérer un rapport complet demain avant midi ?

— Sauf mort ou séquestration, je le déposerai à la porte Tourville.

Regard à l'Hélène du rétroviseur. Un portrait parlant. Divers tapotements n'améliorent pas mon aspect. Un chignon ne se rafistole pas, il faut dénouer, peigner, retordre et disposer d'un nombre suffisant d'épingles ; or, à l'instar du Petit Poucet, mais dans un dessein contraire, je les ai semées. J'en ai jalonné la route pour me perdre en compagnie du bel ogre aux dents blanches. Déjà les arbres de L'Harteloire !

— Ma mère doit être folle d'inquiétude, mais dès qu'elle me verra droite sur mes jambes, il y aura du bruit. Il est sage que vous n'approchiez pas. Arrêtez-vous après la gendarmerie.

— Hélène n'a jamais été embrassée devant la maréchaussée ?

— Non, dame !

— Eh bien, dame, voilà une lacune comblée, s' pas ?

— Vous n'aimez pas l'accent de Brest...

— Vous le perdrez, mon ange. N'oubliez pas vos livres.

Embarrassée du paquet et m'efforçant de retenir la masse de mes cheveux, je cours. Comme je m'y attendais, ma mère guette au débouché de notre rue.

— Enfin ! Je me faisais un mauvais sang. Et Mémé ?

— Je ne l'ai pas vue, dis-je, décidée à ne pas tergiverser.

— Elle n'était pas chez elle ?

— Je n'y suis pas allée.

— Ah ?... Et mes boutons ?

— J'irai te les chercher demain matin.

— Mais... d'où viens-tu à pareille heure et dans cet état ?

Nous y sommes. Hop !

— De Sainte-Anne.

— Avec qui étais-tu ?

Ce n'est encore que de la curiosité et un peu d'humeur. Gare la suite !

— Avec un officier du *Turenne.*

— Et qui d'autre ?

— Personne. Lui et moi, c'est tout. Je pense que tu comprends ?

Elle me scrute. L'extrémité de ma torsade qui se balance et mes joues frottées racontent l'affaire aussi bien que de longues phrases. Ses yeux lancent des éclairs.

— Pour une fiancée, c'est du propre !

— Je suis fiancée, mais plus avec Goulven. Je t'expliquerai.

Elle lève la main et la laisse retomber sans me toucher.

— File, on nous épie. Tu ne perds rien pour attendre !

Ses doigts durs poussent mon épaule, comme le jour où elle me surprit avec Yvon Gouriou. Cette fois, je suis plus faraude, mon dos ne s'arrondit pas. Le couvert est mis sur la toile cirée, la soupe ronronne sur le gaz, la radio hurle.

— Où est Papa ?

— Parti chercher des plants de je ne sais quoi. Nous n'avons pas besoin de lui.

— Attendons-le. Autant que vous appreniez ensemble.

L'œil de la voisine ne perçant pas les murs, une gifle magistrale m'arrive.

— Parleras-tu ou dois-je continuer ?

Mon juge est debout devant moi, la coupable qui, sous le choc, suis tombée assise sur un tabouret. Nous gardons ces positions incompatibles avec nos rôles respectifs. Comme l'absence de mon père se prolonge, je dis tout, clairement et en peu de mots.

— Quelle sorte de fille es-tu donc ?

Elle cache ses mains dans les poches de son tablier pour exiger des précisions, les ressort pour sanctionner mes réponses, répète : « Ah, ça alors ! » et « Tiens ! ». Je ne pare pas les coups, je la nargue pour qu'elle frappe plus fort. Car si je n'éprouve pas de scrupules à son égard, la vision de Goulven malheureux, peut-être désespéré, vient régulièrement casser mon erre depuis que Georges ne me masque plus ce qui était avant lui. La porte du jardin claque, mon père va jusqu'à sa cabane, revient gratter soigneusement ses semelles, gravit le perron et descend. Il baisse la radio et :

— Que se passe-t-il, Jeannette ? On t'entend du bout de la rue.

Elle ferme la fenêtre et lui fait face, écarlate.

— Il se passe que ta fille est une... une... une traînée !

— J'aimerais que tu t'expliques sans cris et sans injures.

— S'il te reste un peu de sang dans les veines, tu vas crier aussi, je l'espère !

Il a un geste dubitatif. Elle lui crache mon ignominie :

— Mademoiselle a changé d'avis, figure-toi. Elle ne veut

plus de Goulven. Elle en aimerait un autre. Un qu'elle connaît, je te le donne en mille, depuis hier ! Admire-la.

— Qu'est-ce qu'elle a ? Tes claques ou de l'urticaire ?

— De l'urticaire attrapé au godellic, à Sainte-Anne-du-Portzic !

— Ce que dit ta mère est vrai, Hélène ?

— Evidemment que c'est vrai ! s'époumonne la furie.

— C'est à elle que je m'adresse, tais-toi. Je t'écoute, Hélène.

Il attire une chaise et s'assied près de moi.

— C'est vrai. Mon sentiment pour Goulven n'était pas de l'amour. Je ne le savais pas.

Brisée par son calme, j'éclate en sanglots. Il relève ma tête, sans colère.

— Et maintenant, tu prétends savoir, comme ça, tout d'un coup ?

— Oui. Je suis sûre de ne pas me tromper. Nous nous aimons d'une autre façon, la vraie. Papa, je t'en supplie, aide-moi. Maman ne veut rien entendre. C'est de ma vie qu'il s'agit.

— Tu es sûre ! Et à quoi cette certitude te mènera-t-elle ?

— Georges, il s'appelle Georges, voulait vous demander ma main ce soir même.

— Il serait bien tombé ! Mon jour de lessive ! Du balai !

— Laisse-la parler, Jeannette, ordonne mon père, pâle et le front plissé. Ce jeune homme semble bien impulsif, quel âge a-t-il ? Le tien ?

— Non, il a vingt-sept ans et c'est un...

— Ce qu'il est ne nous intéresse pas. Tu as donné ta parole, tu épouseras Goulven.

— Non. Je vais lui écrire. J'espère qu'il comprendra. Quoi que vous pensiez tous, c'est à Georges que je serai, personne ne me contraindra.

— Alors tu attendras tes vingt et un ans et tu n'auras plus de mère. Attrape !

Sa main s'abat sur mon nez, si fort que le sang va étoiler le mur.

Et ce à quoi je m'attendais le moins se produit.

— Aïe !... Tu me fais mal, Pierre... Lâche-moi... Aïe !

Le nez pincé, les lèvres serrées, il a saisi et ramené en arrière le bras qui se levait encore, et le maintient retourné.

L'autoritaire ressemble à un pantin disloqué. Une scène inédite qu'il ne prolonge pas, mais avertit :

— Tu constates qu'il me reste assez de sang dans les veines pour intervenir quand il le faut. Je t'interdis de la frapper, compris ? Sinon, je recommence.

Nous le regardons médusées, nous oubliant momentanément l'une l'autre.

— Je fais remarquer que, pour le jeune Coatmeur, je n'ai pas été consulté, dit-il, la physionomie écartelée par l'ironie.

— Prétendrais-tu que ce mariage ne te plaisait pas ? proteste ma mère en massant son bras endolori. N'as-tu pas répété que c'est un bon petit et qu'avec lui ta fille aura une vie dorée ? Tu te renies ?

— Non, j'aime beaucoup Goulven, mais c'est Hélène qui se marie, pas nous.

— Elle l'aimait encore hier, même qu'avant de sortir, elle pignait devant sa photo.

— Elle affirme qu'elle ne savait pas.

— Tu la soutiens ! Est-ce normal qu'une fille change d'amour si vite ?

— Tiens, tiens... Laisse-nous, Hélène, je te rappellerai tout à l'heure.

Je gagne le rez-de-chaussée. La maison est sonore, les voix montent.

— Que de précautions pour admettre que j'ai raison !

— Pour te remettre le passé en mémoire, ma Jeannette.

— Comment ?

— En 14, ne fréquentais-tu pas le fils Morvan ?

— Tu ne vas pas comparer ? L'aîné de chez moi avait épousé une Morvan, la famille m'imposait le frère.

— T'imposait ? Avais-tu dit oui de plein gré ou forcée ?

— Avais-je seulement regardé un gars avant qu'on m'amène celui-là à domicile ?

— Je voulais te l'entendre dire. A mon retour de campagne, quand je t'ai exprimé mon regret : « Comme tu es devenue jolie, Jeannette, et comme je t'aimerais pour femme si tu ne t'étais pas promise à Joseph Morvan... », qu'as-tu répondu ? Il n'a pas pesé lourd dans la balance, le Joseph ! Et quand ta belle-sœur est venue plaider la cause de la parole donnée, la date des noces arrêtées, hon ? Et quand une bonne âme t'a avertie qu'il menaçait de se foutre par-dessus le Grand Pont ? Tu n'as pas dit : « Qu'il saute ! », mais tout juste. As-tu donc oublié comme on s'aimait nous deux en ce temps-là ? Comme on a vite flambé ? Même que nous n'avons pas été patients et que nos parents n'ont pas pavoisé quand ils ont su qu'il fallait presser la noce.

— C'est différent. Tu connais mal ta fille. Avec son air un peu bécasson, on lui donnerait la communion sans confession, mais la vérité, c'est que cette petite garce a le feu au derrière et qu'elle ne sait pas dire non à un garçon. N'importe lequel !

— Donne des preuves.

— C'était bien avant Goulven. Je l'ai pincée en train de se faire embrasser par cet affreux rouquin, Yvon Gouriou, et ça y allait ! Que de souci alors...

— Pourquoi ne m'avoir rien dit ?

— A toi ? Qu'aurais-tu fait ?

— Les gros yeux à la petite, d'abord, te rassurer, ensuite. Tiens, je ne suis pas loin de penser qu'il aurait mieux valu la laisser embrasser deux ou trois Gourious, pour faire la différence, avant de fixer son choix sur Goulven, un gosse sincère, mais emprunté, puceau je parie, qui explique à une fiancée, pas très ouverte, convenons-en, comment convertir le temps sidéral en temps moyen, et l'embrasse comme il baiserait une relique de saint Machin ! Non, ces deux-là ne sont pas responsables de ce qui arrive.

— Et c'est la faute à qui, selon toi ?

— Tu m'as compris. Entendons-nous bien : je ne te reproche pas d'avoir poussé tes enfants sur la voix montante, en pédalant sur ta machine à coudre, je t'ai souvent admirée, mais j'ai moins aimé que tu choisisses le mari d'Hélène.

— Moi ? Alors que Goulven est tombé amoureux tout de suite, qu'elle s'en est aussitôt aperçue et qu'elle brûlait des cierges pour qu'il se déclare.

— Allons, tu avais mouillé ton appât dans la seule eau jugée digne. Mais tu t'es prise à ton propre piège, car le premier à mordre a fait ta conquête.

— Et pas la tienne, peut-être ?

— Encore une fois, m'as-tu demandé mon avis avant de l'introduire ici ? Tu tailles, tu vires, tu décides. Et connaître

Goulven, c'est l'aimer. J'ai souhaité qu'il devienne mon gendre, je l'avoue. Le soir où il s'est déclaré, Hélène nous l'a annoncé comme une victoire. J'ai cru qu'elle l'aimait. En fait, elle t'annonçait ta victoire. Ta victoire définitive sur Alice.

— Que vient-elle faire entre nous, celle-là ?

— Celle-là est dans toutes nos affaires, les petites et les grandes. Cette gueule de gratte t'a voué une haine mortelle au premier regard, car tu étais son contraire : bien plantée, ronde, fraîche, désirable quoi ! Et toi, au lieu de jouir de ta belle supériorité physique — ça compte pour une femme, cré nom ! —, te moquer de ses coups d'épingle, tu n'as eu de cesse de l'avoir dépassée dans d'autres domaines. En enviant le prétendu rang social de ce coup pour rien de la nature, tu te rabaissais. Ses sous la faisaient-ils de meilleure race que nous ? Non, elle ne se mésalliait pas en entrant chez les Cosquer, même s'ils n'étaient que de maistrance. Que tous les diables de l'enfer lardent la mère Coroller qui fourra mon frère dans les draps de cette mijaurée malfaisante !

— C'est bien beau de faire l'instituteur aujourd'hui, mais on ne t'a guère entendu depuis des années.

— Une des conséquences du trépan est de redouter le bruit, en particulier les discussions avec les femmes. Eh bien, tu pleures ?

Elle sanglote, nerfs lâchés. Ne me parviennent que des syllabes que les réponses de mon père éclairent.

— Oui, pauvre Goulven. Le coup sera rude, mais je préfère qu'elle ait fait sa découverte avant qu'après. Que dis-tu ? Sa majorité ? Retourne en arrière, ma petite femme.

Trompette dans le mouchoir, bredouillement, rire de mon père.

— Qui ça on ? Tu ferais violence à ta fille pour les voisins ? Quant à Alice, elle fientera ? Elle a toujours fienté, fiche-t-en donc une bonne fois !

Un silence. Encore la trompette, des mots indistincts.

— C'est mon avis. Il faut le recevoir et le plus tôt sera le mieux. Quand nous aurons soupesé ce nouveau prétendant, nous agirons en connaissance de cause. Tu n'espères pas la garder prisonnière ? Ne la pousse pas à faire une bêtise. Le gars va vite en besogne, mais ses intentions sont franches. A propos, j'aimerais savoir d'où sort cet irrésistible et comment il gagne sa vie.

Mon père, je te découvrais bien tard. Tu as accepté mon amour sans savoir qui est Georges.

— Un enseigne à deux galons ? s'ébahit-il. Et moi qui voulais te persuader qu'il faut de tout pour faire un monde. Je croyais que ta fille aimait au-dessous de la caste sacrée, à t'entendre Allons, essuie tes beaux yeux. Comment ?... Je te demande pardon, je les trouve toujours beaux, mais tu ne prends jamais le temps de m'écouter te le dire. Remets-toi et laisse passer la nuit, demain c'est quelque chose qui s'arrange toujours.

— Jésus, Marie, Joseph, ma soupe qui prend au feu !

— Descends, Hélène.

Assise entre eux, j'attends la suite. Elle ne vient qu'après le potage :

— Quel est le nom de famille de ce Georges et sur quel bateau est-il embarqué ?

— Landry. Il est sur le *Turenne.*

— Le *Turenne.* Voilà pourquoi il est si pressé.

— Je vous en prie, recevez-le. Je suis sûre qu'il vous plaira.

— Qu'il vienne, mais cela ne nous engage en rien ta mère et moi.

Nous en restons là. Mon père parle d'une nouvelle grève possible sur un chantier de l'arsenal et commente, sans optimisme, les nouvelles internationales. Pour une fois, nous l'écoutons avec attention. A l'heure du coucher, je l'embrasse comme je ne l'ai jamais fait, mes bras autour de son cou.

— N'écris pas à Goulven, me glisse-t-il. Je m'en charge.

J'inonde son col de ma reconnaissance.

Libre de m'abandonner à ma joie, je m'installe au petit bureau de noyer ciré qui m'a vue pendant tant d'années pâlir sur mes copies et, d'un geste assuré, je décapuchonne mon stylo. Je dessine un bel M... et reste court. Je ne partage pas l'avis de qui a dit que ce que l'on conçoit bien s'énonce clairement : je veux faire savoir que la première manche est gagnée, mais les mots, loin d'arriver, jouent à cache-cache. Rien que l'en-tête me fait gâcher la moitié du bloc de papier. J'essaie toute une gamme, du cérémonieux : « Mon cher Georges » (qui ne plairait pas) à des possessifs passionnés, peut-être trop osés sous la plume d'une jeune fille. Ce n'est pas commode de rédiger une première lettre d'amour qui n'est pas une réponse, je n'ai pas le ton. Quand notre carillon Westminster me chante minuit, je suis aussi sèche que le réservoir de mon stylo. J'abandonne. Je table sur le réveil, souvent propice aux accouchements laborieux, et vais chercher sur mon oreiller un rappel de la bouche aux dents serrées, si furieusement attractive.

Quand la première flèche d'un soleil trop rose pour s'attarder atteint mon lit, je me précipite. Je tiens la bonne formule : « Mission remplie, commandant. Je ne vous annonce pas le Grand Pavois, mais vous ne risquez pas d'être jeté à la mer. Toute à vos ordres et pour la vie. Iseut. »

— En somme, vous voyez Hélène pour la troisième fois et vous nous la demandez, comprenez que nous soyons un peu effrayés, dit ma mère, avec cependant un sourire, car sensible à l'élégance du long corps replié dans l'un de ses fauteuils Louis XV.

— Vous fumez, lieutenant ?

— Trop, dit Georges en puisant dans le paquet que mon père lui tend.

Son assurance gaie a dissipé la solennité de la présentation.

— Le moi est haïssable, mais je me vois contraint d'en user.

Sans préliminaires ni circonlocutions, il dit l'essentiel. J'ignorais encore tout de l'homme que j'aimais, sauf que je l'aimais.

— Situation de famille : presque orphelin. Je suis né à Toulon d'un père provençal et d'une mère pyrénéenne. J'avais six ans quand elle mourut. Rassurez-vous, pas d'une maladie transmissible, des suites d'une chute en montagne. Mon père se remaria l'année suivante. Il était médecin de marine, mais pour complaire à sa nouvelle épouse qui n'aimait pas les déplacements, il vint exercer la médecine civile à Paris après avoir démissionné. Il n'y avait pas de place à ce second foyer pour le petit garçon né du premier mariage. Jusqu'à la sortie de Navale, j'ai été pensionnaire. Pendant ces interminables années qui font de si beaux souvenirs aux enfants choyés, l'affection ne m'est venue que d'un garçon de mon âge encore plus défavorisé. Devenu officier, je ne me suis pas précipité dans le mariage sitôt la sortie de l'Ecole d'Application, comme la plupart de mes camarades. Je me méfiais d'un emballement. J'estimais que la vie me devait un réel dédommagement. Je m'étais forgé un idéal féminin et j'ai pour principe de ne jamais transiger avec moi-même. La mer me donnant en me prenant beaucoup, j'ai attendu sans impatience, jusqu'à ce dimanche où j'ai reconnu l'objet de mes aspirations. Je ne soupçonnais pas qu'il pût éclore une beauté aussi ensoleillée sous le crachin breton. Je reconnais m'être livré à une véritable agression, mais ayez la bienveillance de considérer que je ne suis plus un petit jeune homme. Je sais ce que je fais.

Ce langage ne déplaît pas à mon père, je le vois dans son œil.

— Passons à un côté terre à terre. Je ne vous apprendrai pas que l'Etat ne se montre pas prodigue envers ses serviteurs, mais je serai bientôt lieutenant de vaisseau et j'ai une petite rente héritée de ma mère. Je suis en mesure de faire une vie décente à Hélène.

— Dans votre monde, dit mon père, les filles ont souvent une dot, chez nous elles apportent leur trousseau et leur bonne volonté. Nous ne possédons que cette maison.

Le grand rire de Georges, toutes dents visibles.

— Donnez-moi votre fille sans rien, mais donnez-la tout de suite.

— Comme vous y allez !

Georges cache ses dents et devient plus que sérieux, grave.

— Le *Turenne* quittera Brest dans quelques semaines et le climat international est lourd. Ne nous donnerez-vous pas notre chance de bonheur avant le cataclysme ?

Ma mère ouvre la bouche, mon père lui fait signe de se taire :

— Un solide argument que vous avez là. Vous y croyez, vous aussi ?

— A moins d'imiter l'autruche, comment ne pas voir que la guerre d'Espagne est une répétition générale ?

— Tu n'accepterais tout de même pas de les marier avant

le départ du *Turenne* ? s'écrie ma mère. Ils peuvent attendre... un an. Le temps de voir clair en eux.

— La peau d'un marin, j'en sais quelque chose, ne vaut pas cher en temps de guerre. Si les jours de paix sont comptés, avons-nous le droit de remettre leur bonheur à un an ? Souviens-toi : nous n'en avons pas eu deux mois pleins après nos noces. Aujourd'hui, le temps de bonheur dépend d'un énergumène.

Ah ! le brave Hitler et ses bienheureuses colères hystériques ! Ce nom, qui sonne comme le fer sur l'enclume, aplanit les difficultés. Sans lui, on nous condamnait à l'attente, à la séparation. Saint Hitler, quelle action de grâces déposée à vos pieds bottés ! Trois miracles : enlever le consentement de mes auteurs, presser la félicité et, du fait même de l'excuse absolutoire que sa menace sur la vie des gens entraîne, enfoncer mes remords et les égarer dans les méandres du tréfonds. Ne manque plus que le geste de la maîtresse de maison qui matérialisera son acceptation. Elle pose ses yeux noisette sur le visage aux arêtes vives :

— Restez manger avec nous, que nous fassions mieux connaissance.

Manger ! Expression à proscrire sous cette forme. Je coule un œil. On n'est pas choqué, on dédie à ma mère un fascinant sourire :

— Allons plutôt tous les quatre manger des pétoncles farcies à Sainte-Anne. Nous aurons ainsi le loisir de mettre au point les modalités de transfert de propriété, sans vous occasionner de tracas domestiques.

Si Goulven a le désespoir raisonnable, je n'aurai plus rien à désirer.

J'ai connu Georges dimanche, nous sommes mercredi. Je ne devrais pas croire à ce qui est, j'y crois de toutes mes forces. C'est à l'antérieur, ma vie jusqu'à ce dimanche, que je n'arrive plus à croire. Je dormais. Après le bouton de fièvre, le stade de l'anthrax est dépassé, je suis en plein érésipèle. Merci, la vie !

Il apparut vite qu'il n'existait d'autre ressemblance que l'uniforme entre mon ex-fiancé et le nouveau. Breton comme nous, descendant de marins bretons comme nous, Goulven s'était intégré au noyau familial sans que personne n'eût à faire d'effort d'adaptation. Il était peu démonstratif quoique passionné, pudique et gauche ; sa vaste intelligence ne s'imposait pas d'emblée, mais se révélait peu à peu. Plus âgé, bien parti dans sa carrière, Georges se montrait brillant, communicatif, caustique souvent, conscient de sa valeur toujours. Il étonnait, amusait, dominait, séduisait, mais quand il manifesta un anticonformisme résolu pour ce qui relevait de certains critères provinciaux, il décontenança, puis choqua ma mère. Dès les premières ruades dans ce qu'elle estimait inamovible. Jeannette eût assez aimé rogner les ailes d'une fantaisie dont elle n'avait pas mes raisons de s'enchanter. Dans une famille attachée à ses traditions, mais dispersée par les exigences du métier, la date d'un mariage se choisit en fonction des possibilités de réunion du plus grand nombre de ses membres. Il y avait des Cosquer et des Le Bris à Brest, mais aussi dans d'autres ports. Les trois sœurs de mon père, par exemple, et ma grand-mère Le Bris — que ses enfants se partageaient depuis son veuvage — qui séjournait à Bizerte chez un de ses fils. A l'occasion des mariages, comme des enterrements, on se réconcilie parfois, on se brouille aussi. Au premier lièvre levé, Georges se récria :

— Songiez-vous à battre le rappel de tous vos parents, alors que je me présenterai avec mon témoin, sans plus ?

— Comment, votre père ne viendra pas ? s'effara ma mère.

— Pourquoi le dérangerais-je justement le jour où, le voudrait-il, il ne pourrait plus rien m'apporter ? Considérant sa présence plus utile à ses malades qu'à un bien portant, je me garderai de le prier d'assister à mon mariage.

— Ma mère et mon frère de Bizerte sont trop loin, mais d'autres viendraient de Toulon ou de Cherbourg si nous leur laissons le temps de prendre leurs dispositions. Nous nous fâcherons avec ceux qui...

— N'invitez personne, il n'y aura pas de jaloux.

— Et cela aura l'air de quoi ? D'un mariage à la sauvette ?

— D'un mariage dans l'intimité. Nous ne serons pas les premiers à unir nos destinées sans faire salle comble. Vous enverrez les faire-part après.

— Jésus, Marie, Joseph ! Personne à la messe ?

— Dieu et nous.

— Mais... pour ceux du cortège, voyez quel effet !

— Quel cortège ?

— Eh bien... les demoiselles d'honneur et leurs cavaliers, comme cela se fait. Vos camarades...

— La cousine Edith avec l'enseigne Toutara ? Robes longues et voûte de sabres ? Non.

— Non, répéta ma mère comme on crie aïe !

Etrange manière de voir, pour qui appartient à un monde où il n'est guère courant de se singulariser ! disaient ses prunelles flamboyantes.

— Je vous en supplie, pas de cérémonie conventionnelle qui dépouillerait notre amour de son côté miraculeux, dit Georges avec un sourire angélique.

— Cela ne lui enlèverait rien de se montrer courtois avec le monde !

Georges sourit plus grand et lui tapota la main.

— Voyez-vous, charmante mère de ma bien-aimée, l'état d'abandon moral qui fut le mien a eu ceci de bon, qu'il ne m'a pas fait l'esclave des mille et une petites sujétions familiales, parafamiliales et mondaines. D'autre part, je n'ai pas le cœur assez grand pour aimer par anticipation des inconnus, au point de faire dépendre la date de mon bonheur de leurs arrangements financiers ou de permission. Croyez-moi, l'intimité. Pas de favoritisme, pas de froissements.

— Pas de froissements ! Qui donc accepterez-vous ce jour-là ?

— Il va sans dire les parents de la merveille, son frère, la délicieuse grand-mère de Recouvrance. Et encore le témoin d'Hélène, l'Officier des Equipages Cosquer.

Au tour de Jeannette de rire large :

— Celui-là, je vous le garantis, ne viendra pas sans sa femme !

— Va pour la femme du témoin, accepta Georges. Et, bien entendu, Mme Gueguen.

— Soizic ? Eh bien...

Inviter Soizic et pas la famille ! Elle compta sur ses doigts.

— Dix personnes en tout, triste pour la mariée !

— Elle ne verra que moi, n'est-ce pas Hélène chérie ?

— Et qui tiendra sa traîne ?

— Personne, pour la raison qu'il n'y aura pas de traîne ni de couronne. Oui, je suis contre cela aussi.

— Contre le mariage en blanc ? Jés...

Il stoppa l'habituelle formule invocatoire, rit sans retenue :

— Contre la tenue d'holocauste, oui.

— Mais que ne pensera-t-on pas ? Si méchants que sont les gens d'ici...

Les gens ne sont pas plus méchants, ni moins, à Brest qu'ailleurs. Dans un port de guerre, deux catégories de population se coudoient sans se fondre : les migrateurs qui campent en moyenne huit saisons et ne potinent qu'entre eux, les sédentaires qui s'occupent de tout un chacun, comme partout. Laisser dire, ignorer, ne pas s'en soucier, prônait mon futur époux, avec la complicité tacite et amusée de mon père.

Guillaume, la discrétion même, garda sa surprise, mais me battit froid en raison de son amitié pour Goulven. Mémé Cosquer déplora que Georges ne fût pas de la région et qu'il ne se fût pas trouvé de Landry sur l'*Evangeline,* mais reconnut que c'était « un beau monsieur, pas fier, gentil et tout ». Soizic plaignit le dépossédé, pour la forme ; quand elles ne sont pas lésées, les femmes sont indulgentes aux ravisseurs. Un homme, ce Georges, pas un enfant. Un différence d'âge de quelques mois ne vaut rien, alors qu'une avance de quelques années assure au mari une position de chef.

Bientôt, et sans en penser moins, ma mère renonça à croiser le fer avec Georges au-delà de deux ou trois répliques. Elle n'avait pas d'allié dans la place. Même Soizic la trahissait ! A ses doléances concernant le mariage sans décorum, l'amie rétorquait :

— Cela donnera à réfléchir à celles qui s'enneigent avec un polichinelle sous le tralala !

Et comme elle s'attendrissait sur des noces extraites des annales familiales, son mari lui avait ri au nez :

— Gaudrioles, jabadao et poks, ça ne rime pas avec de vaisseau, ma Jeannette.

Elle regrettait de s'être laissé forcer la main, mais son amertume de tyran détrôné ne sortait qu'en réflexions désabusées à la cantonade. C'était sa faute : un brillant à l'annulaire d'une jeune fille renseigne et décourage un admirateur, même frappé de coup de foudre. Fâcheuse idée que d'avoir dénudé mon doigt ce dimanche, non ?

— Tu comptes être heureuse avec un pareil anarchiste ?

— Je le suis, ma petite mère. Pleinement.

— Cela t'est égal de renoncer à la fleur d'oranger ?

— Puisqu'il n'en veut pas. C'est un détail.

Un détail qui la priverait de la consécration devant les populations rassemblées et me touchait, quoi que j'en eusse. Mais, en état de conscience troublée, je me jouais la comédie du renoncement au traditionnel écrin blanc, en manière de sacrifice offert à Goulven par discrétion, faible indemnisation d'un gros préjudice.

Depuis ma seconde naissance, je déposais dans un tiroir, sans les ouvrir, les lettres de Goulven. Ma dernière protestation d'amour lui était parvenue après que je me fusse reprise, j'en avais grand-honte. Quand le courrier cessa, ce me fut comme un début d'absolution. Au moins, n'y avait-il plus de mensonge entre nous. Les jours passèrent. Puis le journal annonça que les avisos faisaient route sur Brest. Un matin, je revis l'écriture de Goulven. Cette fois, je lus. Bon Goulven, il ne décevait pas mon espoir. Il me rendait ma parole sans l'accompagner de reproches. Les marins sont sentimentaux, je tremblais que la déception ne le poussât à un geste regrettable. Toutefois, sous les phrases dépouillées, perçait la détresse d'avoir vu s'évanouir « un rêve si beau qu'il n'y avait jamais tout à fait cru ». Il répondait aux questions de mon père : lui retourner le bijou, puisque les convenances ne me permettaient pas de le garder, ce qu'il eût aimé, et faire de ses lettres ce que bon me semblerait. Il osait solliciter deux faveurs « peut-être inaccordables ? » : conserver ce que je lui avais écrit et occuper dans mon cœur une place voisine de celle de Guillaume. Georges s'étant dépeint jaloux et exclusif, je m'ouvris à lui du problème de ma correspondance, persuadée qu'il en exigerait la restitution.

— Est-ce l'Hélène que je tiens dans mes bras qui s'essayait aux balbutiements de l'amour avec un fistot aussi peu averti qu'elle ? Non, c'était une autre, mais sincère aussi. A mon sens, les lettres reçues sont des biens inaliénables. Un renvoi ou une demande de renvoi sous-entend toujours un sentiment bas : je n'ai pas lu, je n'ai pas écrit. Plats reniements et offense, a priori gratuite, à l'autre partie. Je réprouve ces pratiques. Faites plutôt confiance à ce jeune homme, le métier qu'il a choisi est garant de sa probité. Sa blessure cicatrisée, il s'empressera de détruire ce qui le reliait à vous, mais laissez-le juge de l'heure, c'est le moins que vous lui deviez.

Tenue par ma promesse de taire le nom, je passai sous silence la seconde requête. Ma réponse accéda aux ultimes souhaits de Goulven, à qui je savais un gré infini de me permettre d'aimer Georges sans parsemer de larmes d'argent l'uni éclatant de ma félicité. J'aimais bien Goulven, je l'aimerais toujours bien.

Dès que l'enseigne de vaisseau Landry eut sollicité, par la voix hiérarchique, l'autorisation de m'épouser, la nouvelle s'en répandit. Mes fiançailles avec Goulven Coatmeur n'ayant pas été officialisées, s'il y eut quelque surprise, l'opinion ne censura pas. Les formes respectées, les visages me gardèrent le même aspect ouvert. Les Thibrelle nous félicitèrent avec beaucoup de chaleur, le fiancé de Geneviève en manqua nettement pour m'offrir ses vœux. Tante Alice eut la surprise ricaneuse :

— Eh, ma bonne Jeannette, pressez l'affaire, de crainte qu'elle ne change encore d'avis.

Mais, en présence de Georges, ses petits cris atteignirent le contre-ut. Enfin quelqu'un de « cultivai » chez les Cosquer, une « personnalitai » attachante, de la race. Et les projets de réunion de pleuvoir sur notre couple, et sur Georges les vanteries à propos de hautes relations et d'érudition ès arts. Mon amour se montra étrangement patient. Accaparé, il ne tenta ni de fuir ni d'endiguer, et parut même prendre plaisir à la conversation de ma tante.

— Hailène a demandé à mon mari de lui servir de témoin, qui sera le vôtre ? M. de Thibrelle ? s'informa-t-elle, n'y tenant plus, avant de prendre congé.

Sur la prière de ma mère, Georges s'était chargé d'aviser Mme Louis Cosquer de la suppression d'apparat. Elle en avait été quelque peu « daiconcertai ». Il était clair, pour elle, que la présence d'un commandant de croiseur eût relevé le caractère par trop intime de la cérémonie.

— Les proches essais du *Turenne* revêtent plus d'importance pour mon pacha que le mariage d'un de ses enseignes, chère madame. Mon camarade et ami Bourloy tiendra fort honorablement ce rôle.

Alice dehors, ma mère risqua une pointe aigrelette :

— Notre Bidel a fait votre conquête, dirait-on ?

— Cette dame m'a plongé, je l'avoue, dans une certaine admiration.

— Et pourquoi donc ?

— Hé... c'est un cas.

— Un cas de quoi ?

— Un sottisier aux profondeurs incommensurables. Je vous demande pardon...

Jeannette pouffa. Avec ce Georges, à quoi ne pouvait-on s'attendre ? A le voir s'empresser auprès d'Alice, comment deviner qu'il poussait l'examen pour se divertir ? Mon fiancé lui en redevenait sympathique. Mise en goût, elle chargea. Il y avait tant à dire et à dauber sur l'insupportable, qu'il n'était point utile de broder. Georges s'égaya fort de quelques traits, moins d'autres, puis fit comprendre qu'il avait assez ri. Mme Louis Cosquer était un personnage de vaudeville : du vent ! Comment ? Cet ustensile de purgatoire faisait tant de remous dans la famille ? Pourquoi ne pas l'écarter ? Plaindre le « pauvre » Louis ? Certainement pas : un homme assez sot pour s'embarrasser à vie d'un squelette prétentieux quoique ignare et virulent comme un sarcopte n'a pas d'excuse. Tant pis pour l'encotillonné et parlons d'autre chose. Ma mère entassa les tasses à thé sur un plateau et descendit ruminer son ressentiment dans la cuisine. Il en avait de bonnes, mon Georges. Supprimer Alice ? Autant se mettre au régime sans sel ! Tandis qu'elle brutalisait son service des grands jours, je revins aux invités :

— Vous nous avez parlé d'un compagnon de jeunesse que vous aimez, ne souhaitez-vous pas qu'il assiste à notre bonheur ?

— C'est impossible... dit-il, rembruni.

— J'aimerais le connaître. Est-il trop loin pour venir ?

— Trop loin, en effet. Il est mort.

— Oh ! pardon, Georges. Je vous ai fait de la peine ? Vous ne nous aviez pas dit...

— L'heure se prêtait mal à une sinistre évocation.

— De quoi est-il mort, si jeune ?

— D'une carence d'état civil.

Et, devant mon air ahuri :

— Nos âges s'exprimaient encore avec un seul chiffre quand mon ami m'expliqua, avec les mots à sa portée, ce qu'est un enfant adultérin. Nos pères assumaient nos frais d'entretien et d'études, mais le mien m'avait donné, au départ, un bien dont je ne soupçonnais pas la valeur, son nom. L'enfant avait été traumatisé par la révélation, l'adolescent en garda une sensibilité à fleur de peau. Mais la vie s'ouvrait, prometteuse pour ce garçon intelligent et travailleur. Elle lui permit d'accéder à la carrière que nous souhaitions tous deux, mais quand il y voulut mêler l'amour, le handicap d'une naissance illégitime, qui n'avait pas joué pour la première — à notre époque, on n'ose tout de même plus —, lui interdit le second. Officiellement, ce fut un accident : un homme à la mer par gros temps. Le rigorisme qui l'avait atteint n'admit point que la blessure fût mortelle par elle-même. L'homme que tu prends hait tout ce qui relève du pharisaïsme et de l'escobarderie, tu t'en apercevras. Mais te voilà bouleversée. Oublie cette navrante histoire, je le veux.

(L'avenir dira si j'avais tort ou raison de prendre ses injonctions au pied de la lettre.)

— Revenons à nous. Plan de vie du ménage Landry. Pas d'obligations gratuites. Ne pas se laisser envahir par ce qui risque de devenir un élément de trouble, de gêne ou de simple ennui. Dans le collimateur les raseurs, les imbéciles, les compliqués, les négatifs et, en règle générale, tout étranger qui chercherait à mettre ses problèmes en consigne chez nous.

— Qui aura droit à un laissez-passer ?

— En premier lieu, ceux que nous aimons, qu'il nous faut accepter tels qu'ils sont, mais ils sont peu. Ensuite, certains individus des deux sexes intelligents et distrayants, admis sur preuves. Enfin ceux avec qui mes fonctions nous obligeront d'avoir commerce, à condition de ne pas se classer dans la catégorie rédhibitoire, je suis ambitieux, mais pas avancitard.

Je faisais miennes, aveuglément, les idées archétypes de mon dieu. Une tournée de visites à la famille, suggérait ma mère, ferait descendre la mauvaise pilule du mariage dans l'intimité. Chimère qu'espérer le voir s'y prêter. C'était vraiment trop de parenté d'un coup pour un orphelin, disait-il. Il fut taxé de morgue. A tort. Lui, mépriser les humbles ? Le lendemain, son accusatrice le rencontrait rue de Siam, bras dessus bras dessous avec mémé Cosquer.

— Je fais un bout de conduite à Mémé, en même temps que la cour, vous voyez !

Il disait Mémé, comme nous, même devant le Bidel qui donnait ostensiblement du Mère depuis l'échec du Bonne-maman de qualité supérieure.

Egoïstement, je ne regrettais pas de couper à la corvée de présentation. Je n'éprouvais qu'un sentiment de commande pour la plupart de mes tantes et cousines. Les jeunes ne me recherchaient plus depuis notre ascension ; quant aux plus âgées, je redoutais les odeurs des logements et de certains jupons qui rappelaient que l'eau courante n'existait encore qu'à la fontaine publique. Des braves femmes, pourtant, méritantes et affectueuses, mais qui ne parlaient que de difficultés de porte-monnaie et de misères de ventre. En ai-je entendu des descriptions de menstrues traînardes, de couches vraies et fausses, de tumeurs, fibromes, métrites, salpingites, décourageantes séquelles de l'amour, propres à en couper l'envie à qui n'aurait pas eu une raison concrète de passer outre. Or, quoi de plus concret que le corps de

Georges ? J'étais bien constituée, j'éclatais de santé et l'homme que j'aimais ne me cachait pas qu'il me désirait. Je découvris le désir.

Nos bans publiés, la férule à mon usage s'alla ranger près du martinet de Laumic. Je venais attendre Georges à dix-sept heures trente et nous partions en voiture, pour une randonnée coupée de leçons de caresses. Le plein été avait ramené les Parisiens sur nos côtes, mais nous découvrions toujours un coin discret. Georges trouvait l'eau trop froide, nous ne nous baignions pas. Assis à l'abri du vent, nos corps se touchant au maximum, nous écoutions la grande voix de la mer répondre à nos ardents silences. Nous étions lumière dans la lumière. J'aurais pu passer à côté de ce bonheur-là !

Un jour que le vent de notre gré nous poussait sur la route du Conquet, Georges prit un chemin qui nous conduisit à un calme hôtel, blanc et fleuri, sous un bouquet de pins, au-dessus d'une petite plage encaissée, défendue par des rochers noirs comme l'enfer, où quelques citadins purgeaient leurs poumons. Les enfants barbotaient, les femmes tricotaient où se doraient, les hommes, déguisés en pêcheurs de Concarneau, mode de cet été, jouaient de l'haveneau. Notre table retenue, nous descendîmes, pieds nus, attendre la cloche du dîner sur la plage. Je m'assis sur une pierre plate à fleur de sable, le dos contre un paravent de roche en demi-cercle, qui nous isola. Georges s'allongea et posa sa tête sur mes genoux. Nous restâmes longtemps sans parler, à nous regarder l'âme. Le bonheur, rythmé par la respiraiton de l'eau, avait un goût d'éternité. La mer descendait. Des monstres sombres émergeaient, l'échine habillée d'une courte fourrure d'un incomparable vert, doux et lumineux, peluche mouvante arrachée du lit de quelque sirène. Le sable blond me jetait les feux de ses micas ; la réserve de galets du flot épargnant séchait à l'alignement contre les murailles aux profondes rides verticales ; l'eau pâle au reflet pers s'ourlait de neige pour venir ravitailler une dernière fois les piscines pour mouches de sable, remises en service jusqu'au flux. Loin, de l'autre côté de l'eau, les Tas de Pois, factionnaires pérennes, pointaient les bateaux retour d'exercices. Les pensionnaires de l'hôtel avaient répondu à l'appel de la cloche, nous ignorions l'heure. Quand nos lèvres se dessoudaient, je voyais les détails de la côte se découper, de plus en plus nets, sur le couchant.

— Regarde, Georges, le château de Berteaume à l'air d'un jouet.

— Un jouet qui recèle en ses flancs de quoi combler les désirs de l'enfant grec !

Je ne savais rien de cet enfant grec, mais je n'eus pas besoin de demander ce qu'il désirait, car moi qui ne savais rien, ou si peu, savais ce que la Marine entreposait là. Mais foin de la mort en poudre et en métal, vive la vie ! Mon amour roulait sa tête sur ma poitrine et mordillait la pointe de mes seins à travers le mince obstacle de mon chemisier d'organdi. Il coupait ses bouleversantes caresses d'aperçus qui me précipitaient dans un délicieux vertige. Oui, nous étions heureux, mais il ne tenait qu'à moi que nous le fussions davantage. Pourquoi attendre ? Le bonheur durera autant que nous-mêmes, mais la Marine, une grosse mangeuse, nous en dévorera une bonne part. Pourquoi s'obliger à attendre ?

— Au nom de quoi ? De l'arbitraire ? Tu acceptes l'arbitraire, toi ?

Pour moi, l'arbitraire c'était ma mère. Je ne l'acceptais plus.

— Militaire, donc discipliné, je respecte les institutions, mais, nuance, je me sens libre de fixer l'heure unique. Dans quinze jours, tu porteras mon nom, nos promesses sont affichées afin que nul n'en ignore. Faudra-t-il attendre que deux indifférents nous aient débité, l'un gratis un article du Code, l'autre des oraisons tarifées ? Maintenant les enfants, consommez ! La Loi et la Religion vous en font un devoir. Cela ne te choque pas ? Moi si, au point de refuser que notre première étreinte soit placée sous le signe administratif. Ce sera avant ou après, mais pas ce jour-là. Choisis.

Je choisis l'immédiat... Avec les lointains Tas de Pois pour témoins.

Du jour où j'ai senti que ma petite fille commençait de lisser ses plumes pour l'envol du nid, j'ai mesuré la cruauté dont je fis preuve envers ma mère. Vienne un inconnu trop bien endenté et s'effacent des années de soins vigilants et de travaux de confection à domicile, effectués en quantité car peu payés, pour que s'épanouisse une jeune vie, dans un confort supérieur aux ressources normales de ses parents. Je prenais un nouveau maître d'enthousiasme, c'était comme si j'avais donné ma démission à l'ancien : j'assurais les affaires courantes, la suite ne me regardait plus. Ma mère ne s'en plaignit pas. Elle cousit pour moi jusqu'aux dernières heures, fière d'un talent que Georges voulait bien lui reconnaître. Sentit-elle que j'étais devenue femme ? J'étais si violemment heureuse que beaucoup moins perspicace eût deviné. Réminiscence ou désormais sérénité quant à une date probatoire, elle se garda de s'apercevoir de ce à quoi elle ne pouvait plus rien.

Il me venait, parfois, de tardifs scrupules : ce que nous faisions n'était pas bien. Georges me traitait de sainte Nitouche, en riant aux éclats. Qui lésions-nous ?

— Euh... la morale.

— Quelle morale ? s'esclaffait-il en s'étirant de bien-être. La garde-barrière qui se prétend habilitée à empêcher le menu peuple de se servir du libre arbitre dévolu à chacun de nous par le Créateur ?

— Le menu peuple ne s'en confessera pas. Tu lui as révélé son libre arbitre.

L'amour me réussissait. Opérée de la cataracte, je voyais. Mon cerveau débarrassé de sa housse, je me découvrais apte à comprendre et courageuse pour apprendre ce qui me rapprocherait davantage de Georges. La pleine satisfaction de la chair me donnait de l'intuition. Etais-je telle qu'on me voulait ? Je témoignais de facultés évolutives poussées me disait-on.

Le mariage fut l'entérinement qui nous permit de nous aimer aussi la nuit. Les nuits que le *Turenne* ne me vola pas.

Le *Turenne* appareillé, je sautai, triomphante, sur mon quadrige. Premier voyage, Première classe, l'alliance au doigt, Madame Georges Landry sur mes bagages, les initiales H.L. sur mon sac à main et la poche poitrine de mon tailleur. Superbe. Gréée de neuf de pied en cap, le cœur en fête et le corps impatient. Georges m'avait conseillé de consacrer au moins deux jours à Paris, mais j'étais plus attirée par la ville où m'attendait ma vie de femme que par la capitale, qu'il me serait donné de visiter, plus tard, avec mon mari pour cicerone. J'y demeurai entre le train du matin qui m'amena de Brest et celui du soir qui m'emporta vers Toulon. Deux nuits de chemin de fer, mais en couchette.

— Entière liberté de manœuvre, m'avait dit Bourloy, en me remettant les clés de l'Embossage. Changez l'agencement, rangez ce qui vous paraîtra inutile. Je veux que vous vous sentiez chez vous dans cette maison qui m'est chère. Cueillez, cueillez, Hélène. Faites provision de bonheur.

J'avais quitté Brest par un temps frais et ensoleillé. Paris mijotait sous un ciel plombé, dans une atmosphère étouffante, poisseuse, qui desséchait les muqueuses du nez et mettait un poids sur l'estomac. Toulon m'agressa, en plein midi, de ses couleurs de carte postale, de son soleil implacable, de sa luminosité intense. Un brutal changement de climat pour la jeune

Bretonne habituée à l'air vif, aux tons fondus, aux nues courantes.

Un porteur en tricot de corps, couvert de tatouages, me choisit parmi les voyageurs qui jouaient les timoniers aux fenêtres, me coula l'œil du sidi entrant au harem, concupiscent et condescendant, prit mes bagages et les transporta avec une sereine lenteur jusqu'à un taxi dont le chauffeur ronflotait, la bouche entrouverte aux mouches, une casquette de yachtman sur le nez, sa panse replète étalée sur la ceinture débouclée de son pantalon. Sur un « ho, collègue ! » sonore, il s'éveilla et s'empressa. La ville brûlait d'une chaleur de four, sans un souffle, qui m'accabla sans diminuer mon exaltation. J'étais heureuse, presque trop, aux larmes. J'aurais volontiers embrassé le porteur tatoué et le joyeux chauffeur, pour embrasser Toulon que j'aimais déjà. Je n'avais pas assez d'yeux pour apprendre ses boulevards et ses ruelles où les lessives brandillaient sous les fenêtres et se rejoignaient au milieu en velum multicolore. Les femmes se promenaient les épaules et le dos nus, il m'allait falloir échancrer profondément le haut de mes robes pour être dans la note ! Mon chauffeur se doublait d'un guide bavard. Son accent frappait mes oreilles comme un gong ; le mien lui avait tout de suite révélé mon origine et, par déduction, mon état de femme de marin. Ma tenue : lainage foncé, bas, chaussures fermées, pour débarquer à Toulon en août, à l'heure où le soleil est au zénith, et que j'aie demandé à passer par le quai Cronstadt — avec le taxi ! — témoignaient que je descendais pour la première fois de mon nord natal. J'entrevis, avec un frémissement de plaisir, un fouillis de bateaux. Mon mari m'avait promis de me les montrer tous.

— L'arsenal du Mourillon... Le littoral, notre belle promenade... Le fort Saint-Louis... Le Lido. C'est là que vous viendrez vous baigner.

Je jouissais de la féerie, mes mains en auvent. Une brise chaude ébouriffait les palmiers, des corps de Tahitiens, coupés de quelques centimètres carrés d'étoffe bariolée, bondissaient d'une mer diamantine. Des vaguelettes d'un éclat aveuglant portaient vers la terre les cris de filles en paréo, qu'une grappe de tritons, accrochée au radeau où elles cuisaient bras en croix, précipitait à l'eau.

— En face, la presqu'île de Saint-Mandrier. Té, regardez le

gros bateau qui rentre et les fadas en périssoire qui vont boire la tasse !

Mon œil exercé reconnaissait la silhouette du *La-Galissonnière,* un croiseur qui j'avais vu lancer à Brest. Bien qu'à distance respectueuse, la flottille de périssoires perdait ses capitaines qui revenait vers la plage, en poussant leur esquif retourné.

— Les snobs préfèrent ce qu'ils appellent la Côte d'Azur. Et alors, ce n'est pas de l'azur ici ? Et plus beau ? Nos couleurs, c'est le secret du mistral. Voilà le fort Lamalgue, nous arrivons.

La voiture tourna, entama une côte. De grands pins se penchèrent et nous firent escorte. Comme le chauffeur cherchait la villa, je l'arrêtai :

— La voici.

Telle que Georges me l'avait décrite, la maison du bonheur était devant moi, avec ses volets verts tranchant sur l'ocre du crépi, son toit rose en festons, sa profusion de géraniums feu, le portail arrondi donnant accès au jardin, le saint dans sa petite chapelle, les cyprès, deux fuseaux sombres et opaques. Le chauffeur déposa mes valises dans l'allée, je déclinai son offre de les porter à l'intérieur.

— La rue Mireille est-elle loin ? m'informai-je en réglant ma course.

— Tout près. Voulez-vous que je vous montre ou que je fasse une commission ?

— Oui. Prévenez Mme Rossi de mon arrivée. Attendez, je cherche le numéro.

— Ce n'est pas l'Angèle Rossi qui est mariée à un maître d'hôtel du *Turenne* ? Je la connais. Une brave petite, vive comme une rascassette.

Par l'intermédiaire du mari, Bourloy m'avait obtenu les services d'une aide habituée à la maison. Je refermai le portail et embrassai mon domaine. Ce n'était qu'un prêt, mais une arrivée comme celle-ci en éternisait la jouissance. Qu'entendais-je ? C'était cela le chant des cigales ? Une vibration continue, une musique à respirer... Des petits lézards dorés filaient entre les cailloux devant mes pas. La chaleur tombait à pic et remontait du sol. Je transpirais comme une gargoulette en essayant les clés.

A tâtons, car le soleil ressortait de mes yeux en taches colorées qui retardaient ma prospection, j'avançai vers une fenêtre, dans la pénombre parfumées à l'antimite, l'ouvris et repoussai les volets, non sans effilocher le luxuriant travail des lares de ce foyer endormi que ma joie réveillait.

Des cuivres, des étains, une collection d'ivoires orientaux sous vitrine. Sur les murs, des marines, des photographies de bateaux. Mobilier provençal, m'avait dit Georges. Très différent du breton surchargé de moulures, de personnages sculptés, ajouré de rouets et de rangées de balustres qui ne pardonnent rien à l'essuyage. Me sachant le goût non formé, je m'en tiendrais à celui des Bourloy, du meilleur. J'aimais les courbes élégantes, les pieds galbés, la simplicité, des coins intimes, les rayonnages de livres. Chaque porte me livrait une surprise, mais j'entamai un hosanna dans la salle de bains. Ma mère s'était préoccupée d'un salon bien avant que d'un cabinet de toilette, encore que le nôtre dut se nom à un paravent qui isolait un lavabo sur le palier des chambres. (La pose de cet appareil moderne se décida moins par souci de confort que pour ridiculiser la table à dessus de marbre et la garniture de porcelaine rose saumon, de la cuvette au pot de chambre, qu'utilisait encore tante Alice.) Une salle de bains de cinéma, entièrement carrelée de blanc, une baignoire que l'on n'enjambait pas, mais où l'on descendait, entourée d'étagères de verre noir et vert de mer, des chromes, des glaces qui renvoyaient à l'infini la même jeune femme qui riait à la merveille, touchait à tout, appuyait sur les boutons, découvrait de savants éclairages indirects qui lui faisaient un teint de fleur et un blond finlandais. Le son tout nouveau de la cloche m'arracha à la contemplation de ma personne sous des angles inconnus.

— Bonjour, madame Landry, me dit une jolie brune d'une vingtaine d'année, petite et ferme, en me souriant d'une large bouche bien maquillée. Je suis Angèle, la femme de Rossi. Pechère, je vous ai fait attendre mais la voisine ne pouvait pas me garder mon petit et j'ai dû le conduire chez ma sœur, en ville, près de la place à l'Huile. Ces trams lambinent... Té, j'en sue d'énervement !

Etourdissante cette Angèle aux yeux noirs et à l'accent ensoleillé. Sympathique.

— Vous pensez que je connais la maison ! C'est moi qui ai tout remis en ordre après le départ de Mme de Bourloy. La pauvre, quand elle s'est mise à cracher rouge, sa bonne l'a quittée, ces gensses n'ont pas de cœur. Comme Rossi entendait M. dc Bourloy raconter ses ennuis au carré, il a proposé que je vienne dépanner. Je n'ai pas besoin de travailler dehors, mais ça me faisait deuil de voir cette gentille dame si maigre et toujours la fièvre aux yeux le soir, si bien que je suis revenue tous les jours, jusqu'à ce que les médecins l'envoient en montagne. Té, c'est pas tout de bavarder, je vous installe. Je me mets le tablier et zou ! Par où je commence ? La chambre.

Elle faisait les demandes et les réponses, pensait ses gestes tout haut :

— Tu te prends la tête de loup et tu chasses l'araignée. Une giclée de fly-tox !

Elle ouvrait les placards et les armoires, sortait les tapis, la literie.

— Demain, je passerai la cire sur les mallons.

— Les mallons ?

Elle riait de mes airs surpris, constatait :

— Vé, que vous l'assent breton !

« Vé, que je vais me le perdre ! » me jurai-je *in petto.*

— Vous savez quand il rentre le yak ? J'ai oublié comment c'est fait un mari. Soixante et onze nuits, dites. Que le matelas commence à pencher tout de mon bord !

— En principe, jeudi.

— Nous avons une drôle de vie, nous autres, dit-elle dans un rire complice, mais les femmes de ceusses de terre ne connaissent pas la grande chance des retours.

Il est là, ce jeudi tant attendu. Deux matelots m'apportent « les affaires du lieut'nant », cantine, valises, caisses. J'aime la tenue d'été des marins, le blanc fait gai, tropical. A Brest, ils sortaient en bleu toute l'année.

— M. Landry vous fait dire qu'il vient déjeuner et qu'il est en permission : dix jours, m'annonce-t-on avec un sourire que je rends sans réserve.

Lors de notre mariage, en raison des essais, le commandant n'avait pu se montrer libéral. Il tenait une promesse qu'il m'avait faite personnellement.

— Avez-vous un tournevis, madame ? On va vous ouvrir les caisses.

Merci, inutile de retarder ces braves gars, je sais me servir d'un tournevis. La leçon prise dans le nid de pie a été enregistrée : le tournevis fait partie de la panoplie de la parfaite femme de marin. Levée avec le jour, je suis fin prête, ma maison luisante comme une vedette d'amiral. Pourtant, je ne suis pas satisfaite. Quelque chose cloche, mais quoi ? Je m'oblige à un tour de jardin, dans l'espoir de recevoir, en rentrant, le choc qui m'éclairera. Rien. C'est agaçant. Angèle arrive avec le marché, le rire dans la gorge. Son petit corps bien dessiné chante l'amour et l'été méditerranéen, sa bouche brille, ses cheveux bouclent sur son corsage rouge. Elle vide ses cabas en protégeant ses ongles carminés de frais, me rejoint dans la pièce principale, ensemble salon, salle à manger, bibliothèque (on ne disait pas encore living), et s'exclame :

— Les jolis napperons ! Je disais toujours à Mme de Bourloy d'en mettre sur les meubles, elle n'aimait pas. Je trouve aussi que vous disposez mieux les choses.

Précieuse Angèle. Ce qui n'allait pas ? Mais, justement, mes broderies et dentelles répandues sur les bois cirés, sous les cuivres et les étains. Mon aide repartie vers ses propres préparatifs, je me hâte de réparer les erreurs des miens. Je fais une prompte cueillette de blancheurs amidonnées et m'ingénie à détruire ce qui m'a été enseigné comme règle fondamentale de l'ordre : la symétrie. Et j'attends bravement la critique.

Georges arrive, amoureux. Il ne voit que moi.

Plus tard, en servant une sorte de déjeuner dînatoire, je m'inquiète de son avis sur mes talents domestiques.

— Mais, mon amour, quand je ne dis rien, c'est que tout est parfait.

Il s'étire voluptueusement.

— Dix jours sans voir personne. J'ai renvoyé les invitations après ma permission.

— Mais Mme de Thibrelle est à Toulon, ne dois-je pas... ?

— La femme de mon pacha n'est pas conventionnelle et Toulon n'est pas Brest. Quand tu devras te montrer, je te le dirai. En attendant, je te garde pour mon usage exclusif. Nous hissons le pavillon N. Sais-tu ce qu'il signifie ?

— Oui, commandant : Repos et dîner des équipages. Je suggère, pour plus de sûreté, le pavillon Q : Maladie contagieuse à bord. A défaut de grec, ton matelot à fait ses classes de timonier.

Je ne sais rien qui coule plus vite qu'une permission entre un retour de mer et un appareillage. Pourtant, on vit double, triple, et chaque instant compte. Je ne répéterai jamais assez que Georges m'a rendue heureuse.

Le onzième jour, il reprit son service et, après une courte absence du *Turenne,* ma nouvelle existence s'organisa. Visites protocolaires et d'amitié, invitations à terre et sur rade, à la table du commandant et aux deux carrés d'officiers (supérieurs et subalternes). Je reçus — avec quelle appréhension ! — des camarades de mon mari et leurs épouses. Je ne m'en tirais pas mal pour une débutante. Georges détestait les réceptions avec carton reçu ou envoyé dans les délais d'usage ; en revanche, il adorait l'imprévu, m'amenait des invités à l'heure du dîner, parfois plusieurs couples. Au début, je frisais la crise cardiaque et j'ébréchais pas mal d'assiettes. Mon mari me conseillait de recevoir simplement dans ces cas-là, de me contenter d'ouvrir des boîtes de conserve et de sortir quelques bonnes bouteilles de ma soute.

— Ainsi, tu pourras piquer la soupe avant qu'on ait déploré ton absence.

C'est mon amour-propre qui se piqua. Je me refusai à imiter la simplicité insouciante que, bien qu'observatrice de fraîche date, je constatais chez certaines jeunes femmes de notre entourage. Prévoir l'imprévu me parut une sage formule. Des provisions bien étudiées, un peu d'originalité dans la présentation, le tour de main pour aller vite, je me taillai rapidement une réputation de maîtresse de maison à la page qui flatta mon mari. M'étais-je sous-estimée ?

Comme tous les officiers embarqués, Georges déjeunait à bord. Au mouillage, son tour de garde revenait tous les trois jours. Perdre une nuit sur trois, c'était beaucoup ! Les soirs libres, je me préparais avec ferveur et j'allais l'attendre sur le quai, à la descente du canot-major. Il aimait me trouver différente de la veille. Le jour où je lui fis la surprise de relever mes cheveux sur la nuque, ma coiffure 1900 lui plut tellement qu'il me demanda de n'en plus changer.

Ses camarades me faisaient une cour gentille dont il ne prenait pas ombrage. Parfois, inopinément, une angoisse le prenait. Il me serrait et :

— Ne t'avise jamais de m'aimer moins. Je ne supporterais pas la moindre altération. Et je suis sensible ! Tu es tout, je dois être tout.

A propos de totalitarisme, Hitler donnait de plus en plus de la voix et du poing. Anschluss, Sudètes, noms attrapés pendant les entractes d'amour, que je m'empressais d'oublier.

Si je m'intéressais peu au contenu des journaux, je bouquinais avec conscience et, j'ose le dire, avec fruit. Mon vocabulaire s'enrichissait, mes connaissances s'élargissaient, le temps si sottement perdu se rattrapait lentement. Je m'exerçais à parler moins vite, ma voix ne chantait presque plus à la fin des phrases. En progrès.

Réunis, nous vivions en égoïstes. J'avais adopté les concepts de mon mari : ne pas s'obliger en vain, ne pas se contrarier pour des riens, sabrer quand la somme des inconvénients dépasse celle des avantages et, surtout, jouir pleinement de l'heure présente.

Le tocsin sonnait en Europe. Je ne l'entendais pas, parce que Georges ne me parlait qu'amour et service. Cependant, autour de nous, et si loin que la Marine, par tradition, se tient hors de la politique, personne qui ne pensât qu'on courait à la guerre. Mais croire à la guerre, quand on est une jeune femme gorgée d'amour, de soleil et des plaisirs que lui dispensait la vie mondaine si brillante pour ses yeux neufs ? Je me mettais en souci pour un soufflé que j'avais l'intention de servir où un ensemble à combiner en vue d'un déjeuner sur un navire de l'escadre, pas, je m'en accuse, pour le sort de Teruel. A ma décharge, je venais d'avoir dix-neuf ans et j'étais heureuse. De semaine en semaine, ma collection d'insignes de bateaux, épinglée sur un ruban de bonnet du *Turenne,* s'allongeait. Je voulais connaître toutes nos unités, et pas seulement par les carrés — qu'au reste, j'appréciais, et où je tombais ma jec sans mollesse —, je sollicitais toujours une visite aussi complète qu'il était permis. Et Georges aimait me voir aimer ce qu'il aimait, et aussi savoir que ce n'était jamais une corvée pour mon pilote, car pas tout à fait néophyte, je ne posais pas de questions d'éléphante. Il m'aimait comme j'étais, enfant et très femme, réservée en public, hardie pour lui seul, toujours de bonne humeur, toujours de son avis, toujours parée à bondir dans une tenue de sortie, jamais plus enthousiaste que s'il défendait notre intimité :

— Non, mes amis. Dimanche, lève-rames ! J'ai l'intention de me lover en glène et de mettre mon esclave au poste d'admiration pour la journée.

Les menaces de guerre ? Un bon truc pour faire vendre les journaux !

⁂

Georges fut promu lieutenant de vaisseau. Comme il est de règle, il reçut une nouvelle affectation : officier en second de la *Pénélope,* un petit torpilleur de 600 tonnes.

— Métier intéressant, poste à responsabilités. Et pour ma femme qui aime Toulon et l'Embossage, rien de changé. Que demander de plus ?

Le pacha était « un vieux corvettard à bout de bord », lui avait-on dit.

Dès son entrée en fonction, il déchanta :

— Première impression : quelle hourque !

— Un bateau récent ? Cela tient à quoi ou à qui ?

— A qui veux-tu, sinon au commandant ?

— Il te déplaît ?

— Plutôt ! Sympathique comme un boa constrictor, puant comme un lérot, franc comme un tangon pourri. Juge si nous sommes faits pour nous entendre !

De ce jour, l'humeur de mon mari changea. Il rentrait sourcils froncés, nerveux. Mes caresses ne le déridaient qu'après qu'il se fût soulagé d'une diatribe :

— Sa personne est négligée, forcément le bateau est sale et l'équipage mal tenu. Il est incapable de prendre une décision, forcément ses officiers n'ont pas le moral. On compte sur moi pour que cela change, je m'y emploie. Les gars sont de bons éléments, mais comme ils ont pris de mauvais plis, je dois les souquer, et le bonhomme s'en formalise. Un exemple entre dix : ce matin, en arrivant à bord, j'ai poussé une rutante à propos d'estrasses qui pendaient à l'extérieur. Le commandant, présent, a marqué sa surprise : le désordre n'accroche pas son œil torve ! Il est clair que je ne suis pas le second qu'il se souhaitait. Je le fatigue. Il devra s'y faire, car moi, je ne me ferai jamais à un bateau foutoir !

Mais son dynamisme se heurta à la force d'inertie, et s'il n'y eut pas d'accrochages à étincelles, c'est que le plus élevé en grade mettait, apparemment, les pouces. Le subordonné se contenait à longueur de journée et explosait chez lui. En bonne épouse, je m'indignais. Contrairement à l'usage, je ne rencontrai pas le chef de mon mari.

— Il désirait t'avoir à déjeuner samedi : tu as la grippe. La prochaine fois, tu souffriras des dents ou de troubles ovariens. Nous n'aurons pas de relations privées avec ce zèbre.

— Mais n'as-tu pas été présenté à sa femme ?

— Si. Une pendeloque à tête de cheval, insatisfaite de la carrière de son mari et qui a avalé la Bible : tu lui lances un nom, elle te sort l'année de promotion et le rang ou les raisons du piétinement. Avec ça, sans-gêne. Quand elle vient à bord, l'arrière se transforme en nursery, les gosses courent dans la coursive, en sortant de chez soi on bute sur un pot...

— Oh ! N'exagères-tu pas un peu ? (Un tel spectacle sur un navire de guerre !)

— A peine, sourit-il enfin. Un petit bonhomme est venu pleurer sur le seuil de ma chambre, la culotte sur les talons. Je l'ai rajusté tant bien que mal et ramené à sa mère. Conviens que cela n'entre pas dans les attributions du second de la *Pénélope !*

Pendant ce temps, Hitler grignotait un cuissot de chevreuil, la Tchécoslovaquie, et l'appétit lui venait en mangeant.

Début de septembre 1938. L'escadre vient de terminer son année d'entraînement. En cohortes bruyantes, mais disciplinées, les permissionnaires envahissent la gare de Toulon, sous la férule bienveillante des officiers et gradés de corvée. Beaucoup se rendent en Bretagne jouir d'une détente méritée, c'est-à-dire promener leur coquet uniforme dans la grand-rue du bourg, en gonflant les pectoraux, car fiers, sans jamais l'avouer, d'appartenir à une arme savante et bien au point. Puisque les sombres nuées de l'Est, qui ont si fort excité le matériel à tuer cet été, n'ont pas torpillé les permissions, combien de Maryvonne sauront résister au gai prestige d'un col bleu ? Le ménage Landry part aussi, pour trente jours, mais en direction des Alpes. La vie est belle !

Trente jours sur le papier. Quatre ne se sont pas écoulés, que le garde champêtre de l'idyllique village, choisi pour y enfouir notre béatitude, court d'hôtels en pensions de famille. Rappel de spécialistes, renforcement de la ligne Maginot. Je ne peux plus ignorer le danger, Georges refuse de l'installer entre nous :

— Nous n'y pouvons rien, n'est-ce pas ? Alors profitons de ce que nous tenons. Vois, il y a de l'omble chevalier en supplément. Au diable l'avarice !

La salle à manger de notre hôtel tient du forum et du confessionnal. L'on s'y salue avec cérémonie, politesse, cordialité ou froideur. Le touriste blond ou roux est considéré avec méfiance. L'opinion claironnée ou chuchotée est fonction de l'âge de l'émetteur. Le mobilisable se déclare pour le respect inconditionnel de l'idéal des populations qui ambitionnent de devenir ou redevenir allemandes ; le libéré des obligations militaires préconise plutôt la punition immédiate du prétentieux caporal. La guerre est de toutes les conversations, rapprochant, séparant, néfaste à la digestion et au sommeil. Seuls, les hôteliers y trouvent leur compte, l'actualité assoiffant avant, pendant et après les repas. On nous suppose en voyage de noces ; personne n'ose s'immiscer dans un tendre isolement que, d'ailleurs, Georges saurait défendre. Mais les controverses et les clichés jaillis des bouches pleines le divertissent.

— En 14, on a fait la guerre pour beaucoup moins, vous n'avez rien là où vos pères étaient fournis ! clame un monsieur décoré, au ratelier agressif.

Hitler bluffe. Poker. Il canera si... C'était aussi sûr que le dégagement du mont Blanc, que personne n'avait encore aperçu, l'était pour le lendemain. Et en quoi nous regarde cette histoire de Sudètes ? Nous n'avons pas de frontière commune avec eux. Enfin, ce coup-ci, on ne nous prendrait pas sans vert ! Ah, ce défilé du 14 juillet ! Quelle aviation et quel matériel ! Les souverains anglais en ont eu plein la vue. *Si vis pacem, para bellum,* mon cher, les canons et les tanks impressionnent davantage que la fleur au fusil ! Mais non, mais non, monsieur, la ligne Maginot ne peut pas être tournée ! La Belgique ? Gamelin y a pensé avant les stratèges en chambre et en vacances !

Délicieuse est la chair de l'omble chevalier. Afin de me la faire encore mieux apprécier, Georges serre mes genoux entre les siens. Nous parlons de sieste quand le garde champêtre entre et brandit un papier :

— Monsieur le lieutenant de vaisseau Landry !

Le pli est concis : Ralliez immédiatement votre unité.

Chaude alerte, dont Munich battit la breloque. Je sus un gré infini à M. Chamberlain et à son parapluie rameau d'olivier.

Retour de manœuvres. Bourloy, qui a son étui à serviette chez nous, s'invite à dîner. L'œil narquois, il s'informe :

— Que foutait la *Pénélope* sur la route de l'*Algérie ?* On ne parle que d'elle. Ton pacha se serait fait houspiller en clair ?

— Encore s'il était bon marin, on lui pardonnerait de manquer d'équation personnelle, mais ce fin manœuvrier a simplement failli nous faire couper en deux. Je passe ? Je ne passe pas ? Après réflexion, je passe quand même ! C'est alors qu'un capdeveau furibard, obligé de battre en arrière toute pour éviter à nos 600 tonnes de prendre ses 10 000 par le travers, a empoigné le gueulard et lui a dit brièvement son fait.

— Il a dû être catastrophé !

— Lui ? Après s'être entendu traiter de con, ce qui, à ma connaissance, n'a déplu à personne, il a branloché du chef et m'a demandé de rentrer le bateau. Et tiens-toi bien : quand je suis descendu lui rendre compte de l'accostage, je l'ai trouvé en bras de chemise, les bretelles flasques et la braguette basse, en train d'éplucher le carnet du cuisinier ! Me faudra-t-il faire la guerre avec cette ganache ?

Il ne se passait plus de semaine sereine. Un soir ou l'autre, devant les traits ramassés de mon mari, je risquais : « Encore lui ? » C'était lui, bien sûr, mais à quoi bon m'ennuyer avec ces histoires ? J'assurais vouloir tout partager et j'entendais « la meilleure » :

— Lundi, il me convoque et me charge, toutes affaires cessantes, d'étudier un problème de service intérieur dont je te fais grâce. Par extraordinaire, serait-il pressé d'agir ? J'enquête aux sources et lui ponds un papier que je fais déposer sur son bureau. La semaine passe, pas d'allusion à mes suggestions. Tout à l'heure, comme j'allais quitter le bord, on me prévient que le commandant veut me voir. La raison ? Me faire part du fruit abortif de cinq jours de méditation : pour ne pas risquer de contrevenir à un principe qui, d'ailleurs, reste à définir, on ne changera rien. Or, il s'agissait d'une amélioration à l'échelle du bateau, propre à faciliter le travail du personnel. Et s'il y a la guerre ? Dieu merci, le jeanfoutre est l'exception, chez nous, malheureusement pour lui, ton mari subit l'exception.

Un soir, Georges rentra changé, guilleret :

— La *Pénélope* est indisponible pour une semaine. Je prends quatre jours de permission. Nous les passerons à Paris.

Paris ! Restaurants, théâtres, cadeaux... Chic !

En sortant de la gare de Lyon, j'émis le vœu que ces quatre jours fussent vraiment quatre, sans rappel coupe-plaisir. A l'hôtel, Georges se doucha et s'habilla aussitôt.

— Nous sortons déjà ?

— Moi : je vais voir quelqu'un rue Royale.

— A neuf heures du matin ? Est-ce si pressé ?

— Oui. Après, je te passe le commandement, promis.

Il me donna rendez-vous dans une brasserie proche du Ministère et s'en fut sans me donner plus d'éclaircissements. Je le retrouvai rieur, comme au temps du *Turenne*.

— Bonnes nouvelles, chérie. Tu reverras bientôt ton vieux Brest.

— Mais... un embarquement ne dure-t-il pas deux ans ?

— En principe, mais il est des arrangements avec le Ciel. En l'occurrence, un de mes anciens chefs qui est au Bureau du Personnel. En période normale, je n'aurais rien demandé, mais...

J'eus un peu de peine : il avait tu la raison de ce voyage.

— Tu m'aimes moins, me plaignis-je sur l'oreiller.
— Où as-tu pris cette idée absurde ?
— Je ne te suffis plus. Tes pensées sont ailleurs...
— Tu as épousé un militaire de carrière, ma petite folle chérie. Par définition, la Marine de guerre est destinée à la faire. Je ne la souhaite pas, mais si nous l'avons, j'aimerais y participer dans de meilleures conditions que les présentes : sous les ordres d'un commandant digne de ce nom et contre un ennemi qui se déclarera tout de suite officiellement tel. Non, pas cet air, tu me décevrais. Souris !

Pourquoi la femme, amoureuse s'entend, du guerrier, sourirait-elle à la guerre ? Je haïssais la guerre, ce monstrueux trouble-fête.

Les cieux s'assombrissaient de nouveau. A Toulon, la foule assiégeait les salles de dépêches. Après les Sudètes, l'Albanie...

Dans la Marine, les rites s'accomplissaient avec régularité, y compris le départ des permissionnaires de Pâques, suivi du rappel immédiat et de la reprise intensive de l'entraînement. Hitler hurlait à se casser la voix, battait ses propres records de bras tendu. Messie du Mal, il levait des légions de fanatiques, dopait ses multitudes. Matador rageur, il agitait sa muleta sous le nez des Premiers européens qui, taureau ou pas, hésitaient à foncer, tapaient du pied ou temporisaient, espérant en commun la découverte in extremis d'un ellébore magique. La peur était désormais en moi. Georges se montrait irritable, car le changement qu'on lui avait laissé espérer tardait. Il refusait de parler de la *Pénélope,* il goûtait à peine à mes petits plats et il lui arrivait de s'endormir sans avoir fait l'amour. Je me mis à souhaiter l'embarquement sur un bâtiment de l'Atlantique, pour le voir redevenir lui-même. En périodes paisibles, les changements de port pimentent l'existence monotone des femmes dont les joies conjugales sont hachées par les séparations. L'angoisse qui me serrait la gorge m'interdisait les projets et jusqu'à me réjouir de revoir mes parents. Je sentais précaire la félicité jetée deux ans plus tôt par un sort faste. N'allait-il pas me la réclamer ? C'était une erreur, rembourse ! La guerre, la mort, comme en Espagne et en plus grand. Pas cela ! Un autre Munich n'était-il pas possible ? Mussolini offrait sa médiation. Qui mieux que son ami saurait convaincre Hitler de laisser les peuples vivre en paix ? Georges répondait par monosyllabes à mes essais de voyance. Ce qui le tenait au ventre, c'était la hantise de devoir aborder cette guerre dans de mauvaises conditions. Le jour de la déclaration de Daladier, il ne fit que cette réflexion amère :

— Et, comme prévu, l'Italie se tient sur une prudente réserve !

Quelques mornes jours. Puis, un soir, avant que la vedette n'ait accosté, je vois qu'il y a du nouveau : Georges me montre toutes ses dents.

— C'est fait. On va fêter ça !

Nous retrouvons un couple ami, les Falch, et Bourloy à la terrasse du café de la Rade.

— Mes amis, je taille à Brest ! J'embarque sur le *Furieux.* Qu'en dites-vous ?

— Que tu es plutôt verni ! s'écrie le lieutenant de vaisseau Falch.

— Et qu'on ne te savait pas fils d'archevêque ! ajoute Bourloy.

Les deux officiers félicitent leur camarade et l'envient sans périphrases. Le Travailler et Attendre du Duce a fortement déçu l'Escadre de la Méditerranée qui, bien entraînée, représente un potentiel de combat important et se voit cantonnée dans un rôle de surveillance. On ne s'attendait pas — peut-être le regrettait-on ? — à de spectaculaires batailles au grand soleil et au canon, vaisseaux de ligne contre vaisseaux de lignes, contre-torpilleurs et torpilleurs opposés à des adversaires aussi manœuvrants, les mots d'ordre étaient Blocus et Convois ; missions néanmoins intéressantes, pour le présent dévolues aux seules Forces de l'Atlantique.

— Le *Furieux,* un contre-torpilleur ? demande Simone Falch.

— Un torpilleur d'escadre. Un 1 500 tonnes, des derniers sortis, dis-je.

— Hélène est drôlement cartahu ! apprécie Falch.

— Si la femme de mon futur ex-pacha a avalé la Liste navale, la mienne est un petit Balincourt [1]. Et elle a l'œil : au vu d'une

1. Du nom de l'auteur. Aujourd'hui *Flottes de Combat,* ouvrage comportant silhouettes et caractéristiques des navires de toutes les marines de guerre.

silhouette, il lui arrive de me battre en rapidité d'identification, dit Georges, satisfait, en m'entourant de son bras.

N'ayant pas tellement de connaissances à étaler, je suis assez fière de celle-là. Tout le mérite en revient au pépé qui m'apprit à reconnaître les bateaux avant de savoir lire les noms sur les coques.

— Et ton soliveau, quelle réaction ? s'informe Bourloy en riant.

— Aucune. Calme et non inodore, comme toujours. Je suppose qu'il est ravi d'être débarrassé d'un second allogène, dont la voix troublait ses méditations absconses, mais que, tout de même vexé, s'il a l'occasion de me faire un croche-patte, il s'en fera un devoir. J'aimerais voir mes notes.

— D'après ce que je sais de lui, dit Falch, il est bien trop prudent pour ne pas te couvrir de fleurs. Pour le croche-patte, c'est différent, mais il sera H.S. avant d'en avoir l'occasion. Quand pars-tu ?

— Je passe mes fonctions demain matin. Je prendrai le train du soir. Si ma femme est capable d'être parée pour la maison et les bagages, je l'emmène. Sinon, elle me rejoindra dans un jour ou deux.

— Je serai parée.

— J'y comptais bien. Ne perdons rien de ce qui peut encore être pris.

— Et vous loger à Brest ? La ville regorge de rappelés.

— Mes parents ont une maison. En attendant...

— Pas question, coupe Georges. Nous irons à l'hôtel le temps qu'il faudra.

Les Falch se consultent du regard et s'approuvent en souriant. Simone s'explique :

— Nous nous étions promis de ne jamais confier notre appartement de Brest, mais ce que Bourloy a fait, nous pouvons le faire. Je vous livre mon nid d'amour les yeux fermés, Hélène. Car c'en est un, demandez à Bourloy.

Bourloy approuve et me décrit l'appartement bijou de nos amis. Je vais vivre comme au Grand Siècle, dans le bois de rose, le velours et le satin. Une seconde chance rare, si je m'en rapporte aux nombreuses doléances exprimées devant moi par des sous-locataires.

— L'immeuble appartient à la mère de Simone. Je vais la prévenir. Elle vous remettra les clés et vous réglerez ensemble les détails prosaïques. Voici l'adresse.

Je lis et j'éclate de rire.

— Georges, une chance supplémentaire : tante Alice pour vis-à-vis !

— Mme Cosquer née Le Canidec ? demande Simone, avec une moue bizarre.

— Vous connaissez la divine ? s'exclame Georges sans sourire.

— C'est une amie de ma mère, dit Simone qui craint d'avoir gaffé.

— S'il ne tient qu'à moi, elle ne viendra pas souvent briquer vos fauteuils !

— Décidément, Landry, vous n'avez pas la fibre familiale !

— Chez moi, l'instinct grégaire se limite à ma femme, je ne me disperse pas.

— Elle aura tout de même le droit de voir sa famille, accapareur ?

— A l'expresse condition qu'on ne me vole rien d'elle, je consentirai à la prêter pendant les sorties du *Furieux*.

C'est dit sur un ton plaisant, mais le bon entendeur doit saisir que tout déviationnisme relèverait du crime de lèse-amour.

Après une rude journée, je referme le portail de L'Embossage et remets les clés à Angèle tout émue :

— Avant, on partait, on revenait, c'était notre vie... Que va-t-il arriver ? Fera-t-on mourir nos hommes pour un corridor qu'on ne sait même pas où il est ? Je vous aime bien, madame Landry. Vous m'écrirez ?

Les pins s'agitent dans notre dos. Je donne un dernier regard au hâvre coiffé de rose. Je tourne avec mélancolie une belle page. Une rafale nous trousse, balaie l'allée, défleure des géraniums qui demeurent tout bêtes, comme des squelettes de parapluies brestois. Ces pétales vivants que le vent chasse, mon bonheur emporté par l'ouragan de la guerre ? J'embrasse Angèle, qui compte parmi mes regrets, et me jette dans mon taxi.

La gare est bondée de militaires, de civils qui, leur feuille de route en main, ne le sont déjà plus, d'autres, ceux et celles qui s'en retourneront avec leur peine le train parti. Valises, musettes, masques à gaz. Georges revient de la consigne, précédé du porteur tatoué au regard d'anthracite qui a perdu sa gaieté et constate que « cette fois, le cœur y est pas », en nous frayant un passage parmi les femmes en pleurs, les hommes renfrognés, les enfants trop sages. Devant, le quai avale lentement sa ration de numéros matricules.

— Haut les cœurs ! me chuchote Georges. Tu es une privilégiée. Tu accompagnes ton homme au lieu de le quitter avant le contrôle. Apprécie.

— Fatiguée ? demande Georges, comme nous longeons la banlieue parisienne.

De toute évidence, lui qui a passé la nuit à fumer dans le couloir ne l'est pas. Je m'empresse de me trouver en point. Pour être supportable en voyage, la femme du guerrier ne doit pas s'apparenter à une cantine qui ferme mal.

— Dans ce cas, nous reprendrons le train à Montparnasse, après déjeuner.

Gares de guerre, uniformes, contrôles, recontrôles, passeports pour l'inconnu. Selon l'expression d'un de nos distingués dirigeants, nous sommes les gendarmes de l'Europe, mais ceux qu'on embrigade dans cette maréchaussée à grosse voix — loin pourtant de se douter qu'elle est équipée de sabres de bois et de pistolets à amorces — endossent la tenue kaki avec plus de résignation que de conviction. Non, le cœur n'y est pas, la dernière est encore trop fraîche.

Déjeuner dans la bousculade d'un buffet. Le train de Brest, bourré de réservistes à l'accent breton. Le ciel est bouché. La nuit tombe tôt. Black-out. Les arrêts coupent ma somnolence. Appels dans l'obscurité, galop de matelots vers la buvette. Georges fume, toujours debout, devant la porte de mon compartiment, déjà embarqué. Personne n'a pu lui donner de précisions sur son nouveau bateau, pas même le nom du commandant, sauf que la nomination de celui-ci est récente. L'air natal dilate mes poumons, l'humidité baise mes joues. La rade respire fort, sous une lune qui vagabonde derrière des voiles gris. Un taxi aux coussins moites nous dépose devant un immeuble bourgeois, ventru de vérandas à vitraux. Le premier coup de canon du heurtoir de bronze, propre à décourager les doigts de dame Fantaisie, demeure sans effet. Le second fait s'ouvrir une fenêtre. La propriétaire loge au deuxième étage, nous dit-on. Un déclic, nous voici dans la place. J'avais oublié l'odeur de cette catégorie d'habitations, moitié cire moitié moisi.

Tirée de son lit par notre coup de sonnette, Mme Kegeliou entrebâille sa porte que retient une chaîne de sûreté. Georges se nomme. La dame s'exclame : elle ne nous attendait que le lendemain. La chaîne tombe. Le chiche éclairage du vestibule me découvre une des minaudières du jour de tante Alice, une coquette sur le retour, exercée dans l'art de ne pas être grand-mère, à principes criés sur les toits, qui cache mal le déplaisir de se montrer dans l'appareil d'une beauté arrachée au sommeil : le chef hérissé d'épingles à onduler prolongées de bigoudis rageurs et les rides colmatées d'un cold-cream jaunâtre. Un type de concitoyenne pratiquement inconnu d'où nous venions. Une mère sans ressemblance avec sa fille.

— C'est prêt, juste au-dessus, dit-elle en nous tendant les clés. L'inventaire est sur la cheminée du salon. J'ai enlevé les objets fragiles. Vous préfériez ?

Nous préférions. Rien de plus diabolique que le bibelot d'autrui. Nous montons. Georges ouvre, trouve le commutateur, rentre les valises, dit gaiement :

— Puisque nid d'amour nous est promis, faisons-en le tour, madame.

Il pousse une porte à double battant et c'est l'ébahissement.

— Nom de... commence-t-il.

Devant nos yeux incrédules, deux pièces communicantes à peu près nues, dont la tapisserie, très jolie, garde l'empreinte des « objets fragiles » prudemment déménagés. Leurs remplaçants ? Des vieilleries laides à faire fuir un chiffonnier. Comment avoir le cœur à rire de la note exotique introduite dans le Dufayel par une collection de têtes de sauvages sculptées dans des noix de coco ? Les installations sanitaires étant à postes fixes, on nous en a laissé l'usage. Deux chambres, l'une ouverte, l'autre fermée clé ôtée, sans doute le garde-meubles. Georges sort le répertoire étendu du marin en colère, les cannibales en saluent d'émotion. Je suis affreusement déçue. Les circonstances ne sont pas encore assez dramatiques pour faire passer les conditions d'habitat sur un plan secondaire et je viens de quitter une maison mieux que confortable, mais, devant la fureur montante de mon mari, je tais ma déconvenue. Il menace de descendre coiffer Mme Kegeliou avec ce que son inventaire nomme « le nécessaire », découvert comme une offense dans la niche doublée de zinc de la table de nuit, quand on sonne. Un coup de semonce ? On ne crie pas, surtout la nuit, dans un immeuble bourgeois. Georges va ouvrir, l'œil mauvais.

— Que signifie ce chahut de Saint-Polycarpe à une heure où les honnêtes gens reposent ? demande gravement un type d'une trentaine d'années, en robe de chambre.

Georges va le renvoyer vertement se coucher, lorsqu'il aperçoit le col doré d'une bouteille sous le bras du quidam, lequel entre, un doigt sur les lèvres, suivi d'une jeune femme qui glousse dans son mouchoir.

— Prolier, médecin de la 22e D.T., embarqué sur le *Furieux*. Mon épouse. Nous occupons l'appartement du dessus. Autant vous dire que nous avions prévu votre... surprise, sans toutefois espérer qu'elle s'exprimerait dans le pur langage des passerelles par vent force 6. Vous avez du sang et un bel organe, mon cher capitaine, vous plairez à notre pacha.

Le couple avait assisté à la descente du grenier des antiquailles destinées à la recomposition des lieux, « pour rendre service au jeune ménage Landry ».

— Comme vous menaciez de trucider notre propriétaire avec une arme de porcelaine, j'ai jugé que ce nervosisme relevait de mon ministère. A appliquer *loco dolenti,* dit Prolier en me tendant la bouteille.

Nous trouvons l'équivalent d'un service de verres, en pièces dépareillées, dans le buffet faux Henri II, et nous installons dans quatre fauteuils qui dissimulent leur non-parenté sous des housses passées, mais très propres. Depuis l'entrée des Prolier, tout est prétexte à éclater de rire. C'est ma première expérience décevante ? On m'en promet d'autres.

— Les Falch sont hors de cause, explique Georges. Dans leur esprit, l'appartement devait nous être remis tel qu'ils l'ont habité. C'est cette rombière avaricieuse...

— Chut ! Georges, je t'en prie...

— Trop tard ! s'esclaffe le médecin. Mme Kegeliou n'a rien pu perdre du discours inaugural prononcé par votre mari, l'acoustique de cette honorable maison est parfaite.

— Nos relations avec cette dame commencent mal...

— Elles commencent bien, au contraire, Hélène : sans hypocrisie.

— Avez-vous des draps pour ce soir ? s'inquiète Mme Prolier.

Georges se désintéresse des détails domestiques.

— Mon cher toubib, j'arrive sur le *Furieux* non informé. Tuyautez-moi : bon bateau ?

— Mieux que ça ! Et nous venons de toucher un nouveau commandant qui est en même temps le chef de la division [1], le capitaine de frégate de Kerhae, un type épatant.

— Je le connais. Voilà qui me plaît tout à fait. L'ambiance ?

— La meilleure. On navigue pas mal. Nous n'avons pas encore rencontré de sous-marin, mais rien n'est perdu.

Nous nous couchons à deux heures du matin. Georges jubile.

De Paris, entre nos trains, j'avais télégraphié à mes parents, sans préciser d'heure d'arrivée. Georges parti, je vais courir à L'Harteloire. Mais avant de quitter l'immeuble, je dois, c'est un ordre, sonner chez Mme Kegeliou.

— Et montre que tu es Mme Landry, et plus la petite Cosquer. Par le prix porté sur l'inventaire, tu constates qu'elle ne nous fait pas de cadeau. Je désire que tu lui dises que le mobilier ne correspond en rien à ce qui nous a été décrit. Si elle veut que je répète ce qu'elle a pu entendre, je serai à sa disposition à l'heure du dîner, sauf garde ou appareillage.

J'ai horreur de la situation où Georges m'a mise. Le langage direct n'est pas encore dans mes moyens. (Sur ce point, je me félicite d'avoir vieilli !)

L'œil rond de la sonnette me défie. Je l'aveugle d'un doigt, le

1. Une division comprend trois unités.

pousse. Sans marquer d'intervalles, je compte jusqu'à cinq et je descends, furtive, la culpabilité au niveau de l'estomac. Est-ce l'air de Brest qui réveille mes complexes ? En revoyant les rues vivantes, les boutiques achalandées, les coiffes en bonnet ou en ailes d'oiseau de mer, la joie me jette en avant.

— Coucou !

J'ai crié, comme naguère, pliée, le nez sur la vitre de la cuisine. Le temps qu'elle manœuvre l'espagnolette et que je dégringole le marchepied, je suis dans les bras de ma mère. Et je m'avise que c'est bon d'embrasser sa mère après deux ans d'absence, et que si je l'ai quittée si facilement, c'est que j'étais sûre de la retrouver toute pareille à mon retour. Nous n'en finissons pas de tâter nos chairs.

— Quand donc êtes-vous arrivés ? Nous étions au train, ce matin.

— Hier soir, dis-je, en songeant que mon anticonformiste n'aurait pas aimé les embrassades de gare.

— J'avais préparé votre chambre, mais ton mari préfère l'hôtel, s'pas ?

— Des amis nous ont sous-loué leur appartement.

— Où ? En ville ? questionne-t-elle, soulagée d'une peine.

— Dans la maison de Mme Kegeliou, en face de...

— Je sais. En face et plus cossu. Alice va encore bisquer, tiens !

Rien de changé ici. Elle m'attrape par un bras, me palpe, tire ma peau sous un œil et admet que je parais en bonne santé.

— Pourquoi t'en étonner ?

— Que veux-tu ? Ce mariage coup de tête ne me disait rien de bon. Et aussi le caractère de ton mari, un garçon si peu sociable...

— Tu le connais mal, Georges est un mari adorable. Tu ne croyais pas mes lettres, tu me vois. Rassurée ? Vite des nouvelles de tous.

— Ton père m'inquiète, ses maux de tête le prennent plus souvent. Laumic vient d'embarquer sur la *Bretagne*, un poste au choix ! La pauvre Mémé donne de la bande, les jambes ne répondent pas plus que la mémoire. Nous la prendrions chez nous si elle consentait à quitter Recouvrance. Toujours le cimetière où son homme lui chauffe sa place...

— Et l'oncle Louis ?

— Il est à Cherbourg. Alice l'avait suivi, mais elle est vite revenue. Madame s'ennuyait de sa mère et de ses relations. L'hôtel était trop cher, tu penses ! Quant aux autres, qu'ils soient Cosquer ou de chez moi, ils continuent à me faire le museau. Si je n'avais pas Soizic pour parler...

Je monte reconnaître la maison qui me paraît petite, petite... Mais que j'ai de plaisir à revoir la salle à manger encaustiquée jusqu'au vernis par des mains frictionneuses et le salon Louis XV acquis pour tant se prouver ! Au premier, je suis plus émue encore devant ma chambre transformée, repeinte, où un large divan recouvert d'un chatoyant tissu pékiné rose et gris a remplacé mon lit de jeune fille. Les yeux me piquent. J'embrasse ma mère qui a le sourire fataliste de celles qu'une déception ne saurait surprendre si elle vient du gendre. L'hortensia, encore élargi et monté, cache la cabane isoloir de mon père.

— Il n'y bricole presque plus. Il ne s'intéresse qu'aux journaux et à la radio. Viens boire une tasse de rousic, j'en ai du frais passé.

Toujours sur le coin du fourneau, la cafetière d'émail gris à bouquets de roses. Ma mère l'incline sur mon bol de faïence où me sourit une Fouesnantaise. Je ne résiste pas à l'envie de tremper une beurrée. Georges ne « trempe » pas, j'en ai perdu l'habitude. Je m'étire. Je fus ravie de partir, j'aimerais revenir vivre là, au moins quelques temps. Moi qui m'ouvrais si peu devant ma mère, j'ai tant à lui dire que j'oublie l'heure. Sans plaisir, je regagne mon bel appartement bourgeois, dépouillé de ses douillets agréments et renippé, à mon intention, des reliefs de Kegeliou disparus. J'y trouve un mot de Georges : nous dînons au restaurant avec des camarades du *Furieux*. Je dispose de trente minutes pour m'habiller, c'est trop peu pour en distraire une visite à l'étage du dessous. Je descends sans poser mes talons sur les marches. Pleutre femelle, comment ton seigneur prendra-t-il ta carence ? Demi-tour, quitte à être en retard. Je remonte et sonne, une, deux, trois fois. Personne. Ouf ! Car mon attitude aurait été le pis du pis. J'affronterai donc Georges, je confesserai que l'arrivée à Brest a produit en moi un phénomène de rajeunissement, que mon assurance de Toulon est ébranlée. Mieux me vaudra d'avoir flanché ce matin, que la reconnaissance d'un laxisme qui serait allé jusqu'à faire des excuses, « jusqu'à tendre les fesses », dirait mon mari.

Georges me présente nos hôtes. L'humeur est euphorique. Le *Furieux* est un bateau du tonnerre, son pacha un vrai marin, c'est tout dire. Entre deux Noilly, je me débarrasse de ce qui me gêne, à mi-voix et sans reprendre haleine, comme un collégien avoue sa première colle. Le *Furieux* m'épargne le blâme :

— Tu as cané, petite fille ? Bah ! Comme tu le disais hier soir, du moment que c'est propre...

Il y vivrait si peu...

*
**

Période des convois. En gros, trois semaines sans lui, trois nuits à nous. La Marine se révélait plus que jamais mangeuse de bonheur...

— Femme de marin, femme de chagrin... me répétait mémé Cosquer.

Pendant la « drôle de guerre », alors que le pays somnolait derrière son imprenable ligne Maginot, les torpilleurs, chiens de berger de troupeaux qui comprenaient jusqu'à cinquante unités, firent un métier d'autant plus pénible que, lévriers de la mer selon la formule consacrée, ils s'arrangeaient mal de vitesses qui, parfois, ne dépassaient pas six nœuds, le convoi devant se régler sur le navire le plus lent. Toutes les nationalités, rassemblements hétéroclites, du moderne paquebot rapide au rafiot extrait d'un fond d'arsenal, en passant par les lourds cargos poussifs. Par tous les temps et tous les dangers, au rythme du capital confié à leur garde, les torpilleurs veillaient, interrogeaient les traînards, fulminant quand la pagaille se mettait dans le troupeau, aboyant aux chausses des indisciplinés, et appelant, entre soi, de vraies actions de guerre qui permettraient aux possesseurs d'engins de course de ne plus se mouvoir au train d'une diligence et, la chance aidant, d'avoir de temps en temps un U à se mettre sous le grenadeur. Georges rentrait de ces interminables va-et-vient de bonne humeur, mais très las, le service se compliquant du fait qu'il fallait être constamment en alerte, l'équipage aux postes de combat réduits, les quarts d'officier doublés. Il s'allongeait à peine arrivé.

— Juste cinq minutes pour récupérer, sans le pas du factionnaire sur ma tête...

Je le déchaussais, le recouvrais d'un édredon, le regardais dormir, lui caressais les cheveux, baisais son front. Les cinq minutes eussent duré jusqu'au matin, si je n'avais usé du seul moyen de réanimation immédiate :

— Cap'tain', l'est moins l'quart !

Il se dressait, battait des paupières, regardait sa montre et me découvrait, grelottante sous ma robe de chambre. Il riait en m'attirant, soudain parfaitement dispos, et m'aimait avec frénésie. J'étais le délassement du guerrier. Après l'amour, il s'installait à la romaine et dévorait le dîner réchauffé, en me détaillant la remontée du dernier convoi-limaçon. Alertes, beau ou sale temps, mauvais vouloir de quelque capitaine marchand, incident cocasse. Puis il m'interrogeait. J'avais peu à dire. Rirait-il d'une réflexion d'Alice : « C'est très correct pour du " meublai ". Vous êtes inouïes ta mère et toi, moins on a eu au départ, plus on se montre difficile ! » ? Peut-être se fâcherait-il et exigerait-il que notre porte lui fût condamnée ? Or le besoin maladif d'Alice n'avait pas passé à ma mère. On se distillait toujours des vacheries, on ne se brouillait pas. Au reste, il préférait reparler de son bateau plutôt qu'entendre courir la vie provinciale à pas de tortue.

Quand le *Furieux* était à Brest, et que mon mari n'était pas de garde, le canot-major me ramenait un bonheur de temps de paix en fin d'après-midi. Et j'essayais d'oublier qu'un nouveau convoi se préparait. Pendant les missions, je prenais mes repas à l'Harteloire, mais je ralliais mon domicile le soir, non par goût, parce que l'imprévu est toujours possible avec les bateaux. Georges n'eût pas aimé trouver le gîte vide.

Les incidents qui jalonnaient la vie du *Furieux* entraient dans la mienne, à retardement, par les récits de mon mari. Je les revivais dans ma solitude. Jusqu'au sinistre abandon de Brest, Georges m'entretiendra surtout de son bâtiment. Mes angoisses iront croissant. Elles prendront corps un soir de janvier 1940. Cette fois, j'aurai droit à la relation de l'événement avant l'acompte sur la nuit :

— Nous remontions la côte du Portugal avec un convoi, petit en nombre, important par le tonnage : de gros cargos chargés jusqu'au pont supérieur, par un temps mou et doux, une mer plate, une visibilité parfaite. L'eau lisse incitait à la rêverie. Je pensais à toi, vers qui le *Furieux* me portait. La veille, sur cette mer d'huile, était simplifiée. Le second venait de s'exclamer du pont vers la passerelle : « Admirez cette escadre ! », en montrant nos navires marchands qui défilaient, impeccablement, disposés en quinconce sur trois lignes parallèles. Soudain, sans qu'aucun veilleur n'ait vu de périscope ou de sillage de torpille, boum ! Une colonne d'eau, haute de trente mètres, monte au flanc d'une des plus belles unités, qui prend aussitôt une pointe caractéristique : la blessure est mortelle, l'agonie sera brève. Aux drisses du *Furieux* monte le signal Dérobement, à l'intention des autres capitaines, tandis que son projecteur de signalisation donne l'ordre à un chalutier réquisitionné qui fait partie de l'escorte de s'occuper du sauvetage. Nos machines au maximum de puissance, nous fonçons sur la position présumée de l'agresseur. Bientôt, nos grenades tombent à l'eau, à la cadence prescrite, servies par un personnel qui n'a pas mis trente secondes à rallier ses postes et manœuvre comme à l'exercice. Explosions sous-marines, mer crevée, jeux d'eau, c'est tout. Les indices ont été trop vagues et le *Furieux* n'est pas équipé pour l'écoute sous-marine. On ne peut retourner toute la mer comme une salade et le salaud ne va pas sortir son périscope pour nous guider ! On revient, on fouille. L'ennemi est quelque part au fond, hors d'atteinte. Néanmoins, nos grenades ont limité les dégâts : le convoi s'est dispersé et a pris une bonne avance, il ne sera plus attaqué. Reste ce beau cargo, chargé de richesses si précieuses pour la métropole, sur le point de s'engloutir par l'avant. Le chalutier a déjà repêché l'équipage qui s'était jeté à l'eau de l'impressionnant tobogan et s'en était éloigné à force de muscles pour ne pas être aspiré à sa suite. L'hélice sort de l'eau, tournant encore, et c'est fini. Un peu d'écume et des épaves sur un tapis de mazout. Dernière vision, pour illustration en couleur : le pavillon, déployé dans l'air, couché sur l'eau, flou entre deux eaux. Conclusion : tant qu'on ne se décidera pas à équiper tous les navires convoyeurs de l'asdic, nous perdrons des bateaux et nous ne pourrons compter que sur le hasard pour mettre l'attaquant à mal. Le commandant a reçu l'assurance que la pose de cet appareil se fera en même temps que la démagnétisation.

Car il y avait ce danger nouveau : les mines magnétiques !

J'avais de bonnes matières premières pour mes cauchemars. Je ne dormais plus d'un sommeil serein, visité de rêves sensuels. Je m'éveillais brusquement, le cœur déchaîné, ma peur projetée sur mes ténèbres internes : la mer, base d'un triangle surmonté d'un pavillon, quelques points autour. Ramassée comme un foetus, je me disais que, ce jour-là, il faisait exceptionnellement beau...

Georges parlait beaucoup de son commandant. Savoir que cet homme avait une santé de fer, la décision prompte et sûre, qu'il apportait un soin méticuleux à la préparation de ses missions, que ses subordonnés le suivaient avec une confiance sans réserve, m'apaisait un peu. De cet homme dépendaient plus de cent vies sur le *Furieux*, un nombre variable, mais toujours important sur les escortés... et la mienne, la pauvre petite mienne, de valeur nulle pour le pays, bien sûr, mais j'y tenais. Elle ne serait plus sans Georges. J'aimais ma patrie, pas assez puisque je n'acceptais pas sans révolte l'éventualité de faire une veuve de vingt et un ans. Je préférais vivre et le commandant de Kerhae concrétisait l'espoir de vivre. Dans le cas du cargo coulé en quelques minutes et dans une position qui ne permettait pas d'utiliser ses canots, si le drame n'avait pas été envisagé par le chef de convoi, pendant la conférence qui réunissait les capitaines avant le départ, l'affaire se fût soldée, malgré la clémence des éléments, par une panique et de nombreux noyés. Un seul homme avait été porté disparu et l'enquête avait abouti à sa présence dans le compartiment directement atteint. Quand je rencontrai M. de Kerhae — au restaurant : plus de femmes à bord ! — la confiance que Georges m'avait communiquée se mua en foi. Haut et droit, un profil royal à nez aquilin et menton fortement sabré, des cheveux souples prématurément blanchis, des yeux d'acier qui s'azuraient en présence de charmes féminins, il irradiait de ce fort beau marin une telle force et une telle sûreté de soi, que s'implanta en moi une certitude : sous son règne, le *Furieux* était insubmersible. Timide comme je l'étais, je ne perdis cependant pas pied devant cette imposante personnalité habillée d'une remarquable enveloppe. La raison en est simple : avant ce dîner, un officier du *Furieux* avait dit, un jour en riant, que le pacha qui venait de croiser Mme Landry place du Château avait fait « la tourelle de 380 ».

Les convois se succédaient, avec des alertes plus fréquentes. Un torpilleur d'une autre division, le *Siroco,* ouvrit la série des succès. Le *Furieux* rongeait son frein, le cargo torpillé réclamait vengeance. Mais parfois, souvent même, le temps était si mauvais, la mer si dure, que le danger sous-marin cédait le pas aux risques d'abordage dans la brume et la navigation de nuit tous feux éteints.

— Huit jours à cinq nœuds, secoués comme des pruniers, décrivait Georges de sa voix brève. Pour finir, on écope d'un ouragan de suroît. La mer nous attaque par la hanche arrière, on roule de trente degrés sur chaque bord, on embarque des tonnes d'eau. La situation personnelle de chacun est dangereuse. La nuit tombe, on n'y voit plus rien et le vent force encore. Kerhae fait interdire la circulation sur le pont. Le convoi ? Il lutte dans la tempête. On le sent, puis on ne le sent plus assez. Comme une attaque est rien moins que probable par ce temps de cornecul, Kerhae décide de faire allumer quelques feux de position. Il a eu du nez, une catastrophe est évitée de justesse. Un empétardage en série par gros temps, tu vois cela ?

Je voyais ! Déjà, il riait :

— Quel type ! Huit jours et huit nuits sans pratiquement quitter sa passerelle, et sans être marqué par la fatigue !

— Comment tient-il cette forme ?

— Avec des sardines à l'huile, d'énormes biftecks et des quantités de café, qu'il se fait monter, à n'importe quelle heure, parfois dans des conditions difficiles. Comme l'autre nuit où le cuisinier, après deux essais ratés, lui a apporté le chateaubriand dans un papier, à même sa poche. « Un peu pané aux grains de tabac, mais délicieux ! », nous a-t-il dit en rigolant. Au petit jour, quand il a compté ses bateaux, il s'enferme dix minutes dans la chambre de veille et ressort rasé, frais comme l'œil, dans du linge net, affamé et de belle humeur. Un exemple qui ôte toute velléité de laisser-aller à ceux qui pourraient se croire autorisés par les circonstances à se montrer un rien crassounets. Il me botte de plus en plus. Pour moi, tu le sais, la netteté physique va de pair avec la clarté mentale. Le second nous a conté une petite histoire qui date du temps où notre Kerhae, jeune corvettard, commandait un des « Japonais » que tu as bien connus. Sur ces fiots, on se faisait copieusement laver la gueule dès qu'il y avait du creux. Une nuit que personne sur la passerelle n'avait plus un poil de sec, l'officier de quart, un enseigne fils-de-papa-l'amiral, attire l'attention du pacha en se penchant sur le compas : « Monsieur X... refaites le point, il n'est pas l'heure du lever de Phébé ! » Une main renseignée, mais qui se veut hésitante, tâte l'entre-fesson : « C'est un accident, commandant. Je vous présente mes excuses. » La puissante voix de Kerhae : « Eh bien, descendez changer de pantalon, je vous remplace. » — « C'est que, commandant, je n'ai plus que mon numéro un et par ce temps... » — « Je ne veux pas le savoir. Ce qui m'importe, c'est qu'il soit fermé côté face et côté pile ! » L'enseigne rit, jaune, et obtempère. Il remonte culotté dc neuf et, dans la minute suivante, reçoit une baleine par le col. Il secoue, un peu trop ostensiblement, les jambes de son meilleur pantalon, par où l'eau s'écoule, et s'attire : « Le temps n'est pas si loin où les officiers prenaient leur quart en redingote, jeune homme. Félicitons-nous que le Règlement se soit assoupli, sans toutefois perdre de vue qu'il n'autorise pas encore à montrer son cul en service ! »

On me rapportait du linge et des serviettes-éponges trempés qui répandaient une odeur de saumure ! mon Georges avait reçu... quelques baleines.

Avec un énorme soupir de soulagement, j'introduis le matelot porteur de la valise. L'absence, prolongée au-delà des estimations, a été une rude épreuve. Me voilà tranquille pour dix ou quinze jours, le *Furieux* devant entrer dans l'arsenal pour une réparation. Le matelot Kerdonkuff, un petit Plougastel déjà rougeaud de nature, flamboie.

— On en a eu un, madame !

— C'est officiel ?

— Homologué et tout ! Même que c'est Kerdonkuff en personne qui lui a servi sa grenade. Faut dire que l'Vieux manœuvre comme ça ! Pardon, l' commandant.

Je ne suis pas choquée. Les officiers disent le pacha et

l'équipage le Vieux, quelque soit son âge (j'ai encore plus souvent entendu dire le Vieux que le pacha).

Pressé de m'en apprendre davantage, Kerdonkuff ne se fait pas prier :

— Quand l'officier de veille sur la passerelle supérieure a crié : « Sillage en vue tribord avant », on n'a pas osé croire tout de suite à un périscope. Encore un de ces foutus marsouins, probable ! Ceux-là, nous en ont-ils fait des fausses joies ! Mais nous avions *La Prompte* avec nous. Elle est équipée pour l'écoute, ça changeait tout. Elle a confirmé. Et tout a marché au poil ! Presque trop vite, s' pas ? J'avais souvent imaginé la destruction d'un sous-marin, mais je voyais l'attaque se dérouler plus lentement. J'oublierai jamais... Un drôle de truc que c'est !

Un peu plus tard, j'entendrai le même récit, avec d'autres mots car Georges sera plus technique, mais je sentirai la même monstrueuse joie tempérée de gêne.

— Sous-marin par tribord ! Le commandant met à vingt nœuds, rappel aux postes de combat, ordre au convoi de se dérober de 90 degrés sur la gauche. Le galop pile le pont. « 230 tours », dit Kerhae, excité comme un bar mais qui joue l'impassibilité. « Demandez l'azimut ». Un timonier de *La Prompte* nous répond à bras : 130. « Cap au nord ! » Nous effectuons une brusque évolution. Tu me suis ? Regarde.

Il a dégagé un coin de la nappe et utilise les pièces du couvert pour me situer les positions respectives du convoi, de *La Prompte,* du sous-marin, le *Furieux* étant figuré par son stylo. Je mets toujours mon point d'honneur à piger vite.

— *La Prompte* a remis en marche dès le repérage — oui, il faut stopper pour écouter ce qui présente un danger —, le flair de Kerhae lui suggère que, pour attaquer le convoi, l'ennemi — qui a rentré son périscope — va se placer là, sur l'arrière de ce bâtiment. Tu vois ? Attention pour le grenadage... Feu ! On observe d'énormes choux-fleurs qui, après de sourds grondements, s'épanouissent. Dans notre sillage, la mer entre en éruption. Rien de caractéristique : nous sommes passés sur le but, nous l'avons dépassé. Une courte boucle nous ramène dessus... Feu ! De nouveau, la mer se boursoufle, frappée de l'intérieur par un poing de géant qui fait saillir des coupoles, des bouquets...

Au rappel du ballet nautique, les yeux de Georges brillent,

comme ont brillé ceux de Kerdonkuff pour me livrer les impressions des exécutants :

— On s' disait, l' commandant à l' compas dans l'œil, baisé et tout qu'il est le U ! Et on lui en foutait, on lui en refoutait ! Attention d' tomber, mon Fritz ! Et c'lui-ci, c'est-y du poulet ? Saute de là, Kerdonk, que m'criait l'enseigne torpilleur, on trouve tes battoirs partout ! N'empêche qu'il en a eu bien besoin de mes battoirs quand la dernière fois, oui madame, la dernière et la bonne, le moteur du grenadeur n'a pas démarré, et qu'il a fallu pousser les grenades à bras sur les glissières !

— Les gorges humaines, l'eau violentée, la symphonie fantastique des explosions, le jeu de mort : lui ou nous. Tout dépendait de Kerhae. Soudain... (Georges.)

— Tout d'un coup... gast ! (Kerdonkuff.)

Leur puissance d'évocation m'a fait voir deux fois l'engagement et percevoir deux fois l'odeur de curée. Des paires d'yeux dardées sur l'eau, des bouches sans salive qu'un même cri ouvre, le vieil instinct de l'affût qui fait cogner les cœurs à la même folle cadence. L'ennemi est là, invisible, mais on le hume. Il pourrait être ailleurs ? Avoir fui ? Non, il ne peut se trouver que là où on le traque. Et il y était ! Au milieu des geysers, une masse ovale crève la mer, s'en arrache, la domine une fraction de temps immesurable, mais à jamais fixée, hoquetante, ruisselante, sibilante, puis, comme abattue en pleine chevauchée, elle bascule et disparaît dans le maelstrom que les grenades fouaillent. Le *Furieux* manœuvre pour revenir sur le point qu'une tache d'huile précise. *La Prompte* stoppe, écoute, annonce qu'elle n'entend plus rien. Fini ? Déjà ? Le commandant ordonne qu'on fasse taire « les loustics sur l'aileron et le pont », et prie l'homme de barre de fermer sa grande gueule, car lui-même ne s'entend plus. Le *Furieux* court autour de la tache qui s'étire maintenant sur trois cents mètres. Sur le pont, rompant le silence revenu, une voix clame : « Z'ont vidé leur bourrier, commandant ! » On approche. En effet, la pellicule irisée se couvre de détritus. Alors que la mer a ravalé ses hernies, un point de la surface frise. Et ce ne sont pas seulement des épluchures qui émergent, mais des légumes entiers, qu'on identifie, d'abord en rigolant, puis avec un émoi grandissant : la pénible impression de piétiner une tombe.

— Heureusement qu'il s'est ouvert tout de suite, les vivres remontés en sont la preuve, m'a assuré Kerdonkuff, la bouche en arc elliptique.

Et Georges :

— N'étaient la nappe d'huile et ces damnés légumes, je doutais de mes yeux : le mirage, la fameuse intumescence provoquée en surface par les explosions, qui a abusé d'autres bâtiments et, de ce fait, amené Paris à exiger des preuves irréfutables pour l'homologation. C'est cela la guerre, Hélène. En moins de temps qu'il ne m'en a fallu pour te décrire l'opération, une quarantaine d'hommes, des marins, passés de l'état précaire de vie à celui définitif de mort. Espérons que la voie d'eau...

Pour le guerrier, comme pour le médecin, les premiers morts ont une grande importance. Après, il se cuirasse et s'habitue.

Faire l'amour étant un normal aboutissement de l'excitation, je bénéficie avec largesse de l'ardeur allumée par Mars.

Ce succès valut au *Furieux* les honneurs de l'actualité. Depuis que les lettres d'or des bonnets produisaient leur effet en ville, plus de mèches sorties pour préserver l'anonymat, même dans les bistrots à bordées. Le cahier de punitions, inutilisé depuis l'événement, allait-il se rouvrir en l'honneur, ou plutôt pour le déshonneur de l'un des plus actifs participants de l'action, déjà proposé pour la croix de guerre ?

Ce dimanche, peu avant midi, M. de Kerhae revenait d'un tour d'inspection à bord. Il remontait la rue de Siam. Gêné par l'étroitesse du trottoir où, en dépit d'un crachin pénétrant, les femmes se rattrapaient du silence forcé de la messe, il profita du dégagement momentané de la chaussée pour y descendre. La vue élargie et en diagonale lui permit d'identifier d'assez loin une silhouette à l'allure suspecte : un matelot qui venait de déboucher des pittoresques Escaliers du Commandant — qui ne sont plus qu'un souvenir, mais du haut desquels alors les honnêtes promeneuses de la rue principale avaient loisir, le temps de quelques pas menus et en gardant les yeux baissés, de satisfaire une antique curiosité — et s'infiltrait dans la foule en zigzaguant et prenant appui sur les passants. « Kerdonkuff ! Et fin rond ! » Après une périlleuse manœuvre qui l'éjecta du trottoir et une volte-face, le gars, emporté par son élan incontrôlé, vint choir dans les bras de son commandant, lequel avait allongé le pas dès qu'il eut découvert que le vent soufflait avec force dans les voiles de ses équipages victorieux. La bouche décrochée du malheureux, son œil affolé : « L' Vieux, j' suis bon ! »

— Eh bien, Kerdonkuff ? Tu en tiens une soignée qui te fera un beau souvenir !

L'autre bégayait, dégrisé. M. de Kerhae regarda sa montre et siffla :

— Compliments. Tu as fait le plein en un temps record. Et même déjà présenté tes hommages à ces dames ! constata-t-il en désignant du pouce les Escaliers.

— J'en v'nais pas, j' m'étais trompé d' rue, larmoyait le château branlant.

— Tiens-toi droit, s'il te plaît. Où t'es-tu saoulé la gueule ?

— Au Pont de Bordeaux. J'étais entré boire un coup d' muscadet, mais j'ai rencontré des pays qui m'ont fait raconter l'affaire du sous-marin et...

— Et résultat : M. Kerdonkuff fait des bouthakoffs [1] dans la rue de Siam ! Tu vas rentrer par la première embarcation, poivrot, en marchant le long des maisons, sans bousculer personne ni souffler ta vinasse dans le nez des filles. Si tu te fais ramasser par la patrouille, je t'applique le maximum. Vu ?

Kerdonkuff avait rallié « par la poste aux choux, sans histoire, imbibé à mort ».

— Il pleurait comme un veau, commandant, et braillait : « Un du *Furieux* saoul perdu, saoul comme une vache, et avant midi ! Foutez-moi au gnouf ! » Il a fallu le coucher et le maintenir dans son hamac, rendit compte le maître de service.

— Assez de ruminants, dit M. de Kerhae. Envoyez-moi ce cochon-là.

Quand Kerdonkuff souleva la portière de broché rouge du bureau du commandant, la nuque dans les épaules, l'œil oblique et la lèvre supérieure en passe d'avaler le menton, le maître du *Furieux* donnait des signatures. Il termina sans un regard au coupable, puis renvoya le secrétaire qui s'attardait dans l'espoir

1. Manœuvre navale en 8.

d'assister au lavage de tête « du malabar qui va gueuler partout que c'est lui tout seul qui a eu le Fritz ».

— Approche, Kerdonkuff, Dessoulé ? Bon. Mon ami, j'ai plus pressé à régler que ton histoire de pochard. En deux mots : la prochaine fois que tu te piques le nez, je te débarque. Aperçu ?

— Merci, commandant, j' boirai plus qu' des bolées.

— Je ne t'en demande pas tant. File à ton travail et fais-toi oublier... héros !

Kerdonkuff fila, prêt à mourir pour le Vieux à la première occasion. Et autant de fois qu'il s'en présenterait.

Peu à signaler sur le front. Le bouteillon poursuivait sa carrière de vedette, le tracé des barbes se fignolait. A Brest, des troupes anglaises et canadiennes débarquaient et, en attendant de rejoindre un théâtre d'opérations où ne se jouaient encore que des scènes de camping, partaient allégrement à la conquête des filles sensibles à l'uniforme. La rade regorgeait de bateaux, le port de commerce refusait du monde. Je contemplais le *Furieux* de loin. On lui avait peint de ridicules moustaches sur sa coque. Pour tromper sur sa vitesse, m'avait-on dit.

L'attaque éclair d'Hitler sur le Danemark et la Norvège tira le pays de sa torpeur. Il se passait enfin quelque chose, qui allait tourner à la déconfiture de l'Allemand, puisque nous étions les plus forts. L'animation de Brest s'accrut encore. On retrouva l'élan de 14 pour applaudir les chasseurs alpins, les légionnaires, les Polonais, venus s'embarquer sur les croiseurs auxiliaires à destination de Narvik. Pendant le transit de ces vaillantes troupes, une qui s'en donna à bouche-joie fut la « fille double », témoin indiscret de mon éveil à la vraie vie à Sainte-Anne-du-Portzic, qui travaillait maintenant dans un café brestois fréquenté par les militaires, et faisait son profit d'un champ d'expériences en constant renouvellement. Ses affinités avec les Gallois ne pouvaient surprendre ; plus subtil était qu'elle s'en découvrît avec les Polonais.

Fin avril 1940. Deux torpilleurs de la division se préparent à reprendre la mer en direction du Maroc, le troisième est attendu avec son convoi. Une routine, mais non exempte d'imprévu. Comme si souvent, le projecteur de la vigie du Parc au Duc clignote, puis transmet un message au *Furieux,* différent des précédents celui-là : « Ordre aux bâtiments de la 22e D.T. de procéder à un ravitaillement rapide. Prendre le maximum de vêtements chauds. Le chef de division est convoqué d'urgence chez l'amiral. » Grand branle-bas, corvées à l'appel, demande de remorqueurs et de chalands à la D.P.

Et Georges vient en coup de vent :

— Sors mes lainages. Tous, les grosses chaussettes aussi. Presse-toi.

C'est le printemps, il fait doux. Le *Furieux* part-il pour le Grand Nord ? J'ai tort de frissonner :

— Je croyais que l'expédition de Norvège t'enthousiasmait ?

Je devrais sauter de joie puisqu'il est content. Mais je ne suis qu'une pauvre petite femme qui pressent, pour l'homme qu'elle aime, des dangers encore plus grands que ceux des derniers mois. Georges marche de long en large, pressé de me quitter.

— Pense que je pourrais être encore sur la *Pénélope !* Non, Hélène, pas de larmes. Du cran, nom d'une pipe !

La femme du guerrier doit attendre d'être seule pour pleurer. La peur de lui déplaire l'emportant, je souris, bravement.

Peu après le départ, alors que l'opération de Norvège battait son plein et que nous tenions une victoire, les armées d'Hitler envahissaient la Hollande et la Belgique. Les torpilleurs reçurent l'ordre de faire demi-tour et de se joindre aux Forces maritimes du Nord, dont l'Amirauté venait de décider un renforcement des moyens.

La radio annonça un nouveau succès du *Furieux*. En mer du Nord.

Avant la coupure — définitive, hélas ! — de la route du Fer, j'avais appris des noms : Namsos, Trondhjem, Narvik. Je me familiarisai avec d'autres : Walcheren, Hoek van Holland, Bergen-op-Zoom, Zeebrugge. On parlait de l'Escaut, de la Meuse. Puis de la Somme. La confiance dans nos imprenables défenses et notre armement moderne s'était « détériorée ». Une psychose de défaitisme commençait de pourrir la situation. J'étais immunisée par le moral du *Furieux*, exalté dans les lettres de Georges : deux sous-marins et deux avions au palmarès du torpilleur, plus une sensationnelle remontée de l'Escaut pour venir vider ses soutes sur l'envahisseur. De quoi ne pas douter de l'avenir, malgré les revers présents.

Et ce fut Dunkerque...

A Brest, des bruits alarmants couraient sur nos pertes navales, que les communiqués minimisaient. Des noms se transmettaient sous le manteau. Je priais. Que faire d'autre ? Interdiction formelle d'écouter Stuttgart, m'avait écrit Georges. L'obéissance m'épargna un choc terrible. Un matin, la vieille Mme Le Canidec traversa la rue pour venir à moi, me prit les mains comme après un service funèbre et :

— As-tu des nouvelles officielles, ma pauvre enfant ? soupira la voix grise.

— Des plus officielles, à l'instant et de la main de mon mari ! Ceux qui prétendent que nos communications sont coupées ou incertaines mentent. Voyez-vous-même : elle est datée de jeudi.

— Mais... n'as-tu pas écouté Stuttgart mercredi soir ?

— Je ne l'écoute jamais, dis-je, pas fâchée de montrer l'exemple du civisme.

Outre que je n'enfreignais pas les recommandations maritales, mon père refusait de se laisser intoxiquer. Si bien que personne de chez nous n'avait entendu le « traître de Stuttgart » annoncer que la Luftwaffe avait coulé le torpilleur français *Furieux* dans le Pas-de-Calais.

Des jours longs et difficiles. Mai finissait.

Le 31, à six heures du matin, un officier, arrivé de Cherbourg dans la nuit sur un transport, m'apporte une lettre de Georges. Le *Furieux* est immobilisé dans l'arsenal de ce port. Les Constructions navales s'activent à le guérir d'une blessure de guerre qui aurait pu être mortelle, mais n'était que bénigne. « Après les heures que nous venons de vivre, j'éprouve l'intense besoin de te serrer dans mes bras. Débrouille-toi et viens sans perdre un jour, notre indisponibilité sera courte. » Cherbourg est inclus dans la zone des armées, me dit le messager. En principe, il faut un laissez-passer pour s'y rendre. Comme tout est secret, archisecret, je dois motiver ma demande d'une raison familiale et me garder de parler de mon mari, surtout de prononcer le nom du bateau.

Je me prépare. Je cours au commissariat où j'attends deux heures pour apprendre qu'un laissez-passer ne se délivre pas sur le vu de la carte d'identité et de la bonne mine. L'espionnite sévit. On épluche les demandes, on renvoie au lendemain, à huitaine, aux calendes. C'est ainsi ? Je cours à la gare : faut-il présenter une autorisation pour acheter un billet pour Cherbourg ? Non, les contrôles sont affaires de gendarmes, pas de cheminots. Où ? On n'en sait rien. Je prends mon billet. Il me reste une heure pour prévenir ma mère, repasser chez moi prendre ma valise et revenir à la gare. Au trot et à la grâce de Dieu !

Déjà compliqué en temps normal, à cause des changements de train, le voyage Brest-Cherbourg se révéla téméraire. J'allais à contre-courant. Les horaires ne signifiaient plus rien. Priorité aux convois militaires, longues attentes sur des voies secondaires. Les buvettes de gare n'avaient plus rien à vendre, mais ce laissez-passer que je ne possédais pas me faisait oublier d'avoir faim et même soif.

Depuis Dol-de-Bretagne, je désespérais d'atteindre jamais Lison, gare de ma dernière correspondance. Le convoi se traînait. Ce que racontaient mes compagnons, pour la plupart des réfugiés qui avaient fait un détour pour revenir sur le Cotentin, m'ahurissait : les Allemands beaucoup plus avancés qu'on ne nous l'avouait, nos troupes en pleine débandade, Paris menacé, la guerre perdue. Ces gens étaient aussi fous que couards. Ils évoquaient d'atroces bombardements, affirmaient que nous n'avions pas d'aviation de chasse, verdissaient dès qu'un oiseau apparaissait dans le ciel ou que le train stoppait dans la campagne. Bien qu'épuisés, ils retrouvaient du nerf pour injurier les convois anglais que nous croisions, assurant qu'ils nous abandonnaient.

Il faisait très chaud. Je ne tranchais plus sur mes voisins, car j'avais, depuis longtemps, renoncé à délayer les escarbilles dans la sueur de mon visage et de mon cou. Mijotante entre des corps bouillis, je voyais défiler des gares aux barrières blanches, aux noms fleuris. J'apercevais parfois un képi de gendarme sur un quai ; aucun ne montait dans le train, au demeurant complet. Personne ne parlait de laissez-passer. Où commençait la zone des armées ? Je n'osais m'en enquérir.

Lison, enfin ! Foule, cris, fournaise, convois de militaires, de matériel, salles d'attente et quais grouillants d'humains exténués qui gisaient sans réflexe ou bousculaient sans vergogne. Le Paris-Cherbourg avait un gros retard. En jouant des coudes, j'atteignis le tableau d'affichage au moment même où un employé remplaçait un deux par un trois. Trois heures de retard ! Mon air déconfit apitoya le cheminot, un homme lent de geste et de parler, qui me conseilla de ne pas tenter l'assaut du buffet et d'aller me restaurer au village.

— Vous mangerez le temps par la même occasion, ma petite dame.

Mais, comme tous ceux qui attendaient là, je répugnais à m'éloigner. Un retard, aujourd'hui, me dit-il, s'allongerait plutôt qu'il ne se rattraperait. J'allai boire une bouteille de cidre frais à deux cents mètres, sous une tonnelle tapissée de volubilis, insolite de calme après le hourvari. Le soleil descendant dorait la riche campagne normande. Quelle paix ! Ce début de juin était cruellement beau.. Désaltérée, je revins vers la gare en folie, pressant inutilement le pas. La demi-heure mangée à l'auberge était reportée sur le tableau de retard.

Je débarquai dans un port inconnu, muet, la nuit collée sur son visage comme un loup de velours. Presque tous les voyageurs civils étaient descendus en cours de route. Quelqu'un m'indiqua le chemin de mon hôtel et je m'enfonçai dans l'obscurité, tout aise de respirer la même brise tiède que mon mari. Mais, tellement soulagée d'être sortie de la gare sans encombre, j'avais mal écouté les explications : je me perdis. Je butais sur des rails, des caisses. Parfois, une porte s'ouvrait, libérait une bouffée de musique, des rires, une lueur vite disparue, un pas d'homme ivre. Le quartier où je tournais ne pouvait être celui où une chambre m'était réservée : il l'était lui-même... réservé ! Georges rira quand je lui conterai ma mésaventure nocturne. Demain, pas avant demain, impossible de le faire prévenir à cette heure. J'avais bien pensé à télégraphier de Lison, la crainte de m'entendre réclamer le fameux laissez-passer m'en avait dissuadée : il fallait certainement faire viser les télégrammes par la gendarmerie. Je regrettais ma prudence, on ne m'aurait sans doute rien demandé. Entre Lison et Cherbourg, j'avais tremblé à chaque arrêt. Pour rien, il n'y avait pas eu de contrôle. J'avais appréhendé à en vomir la sortie de la gare : l'autorité ne s'était intéressée qu'aux militaires. A quoi rimait le zèle de la police brestoise ? A me faire manquer Georges, si l'appel de l'amour n'avait été plus fort que la peur du gendarme. Comment trouver mon hôtel seule, dans le noir ? Hors de question de m'adresser à un ivrogne. Je cheminais, inquiète. L'homme à la démarche assurée que je me décidai à aborder ne se méprit pas, peut-être à cause de ma valise. Après quelques mots, il s'offrit à me conduire et rit avec moi de l'erreur d'aiguillage.

Un de mes plus chauds souvenirs. Je pousse une porte doublée de rideaux sombres. La réception est éclairée par une lampe voilée. Dommage d'arriver de nuit ! Si près de Georges, après une séparation fertile en émotions, devoir attendre le lendemain ! Je donne mon nom à la dame replète qui a levé son nez d'un livre. Elle s'exclame et va ouvrir une porte au fond du hall. L'instant d'après, je suis dans les bras de Georges.

— Je n'osais plus t'espérer...

— Je n'ai pas perdu de temps, mais le voyage m'a pris trente-six heures !

— Viens te reposer... dit-il en m'entraînant.

— Je ne peux pas entrer là dans cet état ! Regarde-moi.

— Je ne fais que cela. Viens, mon petit soutier !...

Il me pousse dans une grande salle à manger pleine d'uniformes, étourdie, aveuglée comme une chouette dans le faisceau d'une torche.

— La voilà, commandant. Je savais qu'elle viendrait.

— Avancez, débrouillarde. Vous permettez, Landry ?

Je proteste de mes joues fardées à la suie. M. de Kerhae ne m'en applique pas moins les trois baisers rituels des Bretons, puis sourit de voir le couple Landry se manger des yeux, puis éclate d'un rire sonore quand je confesse que mon estomac, rendu muet par la peur du gendarme, reprend du poil de la bête à la vue de mon mari en si belle forme. Je veux aller me laver, on m'objecte que proche est l'heure où, en vertu des règlements de guerre, il ne sera plus permis de me servir. Pas de toilette, je suis jolie quand même, m'affirme-t-on. Mes mains ?

— Bah ! En raison des circonstances, et comme dirait notre ami Kerdonkuff, il est permis, pour une fois, d'avoir les mains comme on a les pieds, madame !

Je suis heureuse comme jamais (et j'ai de belles références !). Après le démoralisant voyage, je jouis de tous mes sens de l'ambiance extraordinaire qui règne en ce lieu. Une ambiance de victoire, je ne trouve pas d'expression plus juste. En juin 1940 ? Oui. Ces hommes reviennent de Dunkerque et, pour beaucoup, ce sera tout à l'heure un nouveau départ vers le port investi par la terre. Plus tard, on nous dira que ce tour de force a sorti 338 000 hommes du brasier, ce n'est pas rien. Les participants qu'il m'est donné de rencontrer œuvrent pour la phase revanche, pas pour une cause considérée perdue, et leur conviction engendre la chaleur. Nombreux sont les rescapés de bâtiments coulés, revenus à Cherbourg via l'Angleterre. Ils sont reconnaissables : au lieu de la blanche à col dur, ils portent une chemise kaki. Chacun rapporte des anecdotes relatives à des actes de courage collectif ou individuel. C'est excitant, pour une jeune femme qui n'a encore senti la guerre que passivement, en souffrant mille angoisses, de côtoyer des officiers de tous âges, heureux de leur performance, d'un bonheur d'homme, qu'exceptionnellement ils l'admettent à partager.

Oui, nous perdons des bateaux. Trop : l'ennemi a la maîtrise du ciel. On les remplace. Ils ne seront pas tous coulés ! Nous descendons des avions, nous détruisons des sous-marins, nous interdisons la mer aux navires de surface, Hitler oublie d'en parler. L'un des trois frères de la division n'est plus, les deux autres, touchés, sont en traitement accéléré. La baraka du *Furieux* est incontestable. La mienne aussi : c'est à un miracle que je dois de pouvoir, ce soir, contempler les dents de mon époux. J'écoute l'incroyable, un tragique coupé de comique.

Dans le clair matin d'une journée qui s'annonçait aussi radieuse que la précédente, hélas, car les avions auraient encore le sérieux avantage d'attaquer dans le soleil, le *Furieux* croisait devant Boulogne, en attendant l'heure de commencer un tir prescrit par le commandant en chef. Les guetteurs épluchaient le ciel. Alerte ! En avant toute ! C'est la méthode du commandant de Kerhae : un navire qui manœuvre vite est beaucoup moins vulnérable. Apparaissent les avions, une dizaine. Ils dédaignent le *Furieux* pour des cibles plus importantes. Malgré la forte D.C.A. qui les encadre, ils piquent. Un contre-torpilleur sursaute et se couvre de fumée. Un de plus ! enragent les témoins. Une voix sur l'aileron de passerelle : « Ah, toi mon salaud ! » C'est le servant d'un fusil mitrailleur : il braque son arme à la verticale, où vient de surgir un appareil en piqué. Juste avant le sifflement crescendo du chapelet destiné au *Furieux,* le gars crie : « Je l'aurai ! » Et le torpilleur est entouré de gerbes, isolé par un mur d'eau. Une drôle de danse. Mais l'un des grains ne déplace pas de liquide : à la seconde où le mitrailleur hurle : « Je l'ai eu ! », il traverse le pont à l'aplomb de la passerelle. Les respirations s'arrêtent. Alors que les bruits s'atténuent et que l'eau projetée à bord s'écoule, une explosion étouffée secoue le bateau. « A poste ! » estiment ceux qui ont vu la bombe pénétrer. A quelques milles, l'avion tombe à la mer. Seul, le mitrailleur garde le masque du rire, figé, car il vient de comprendre. Instants mortels. On écoute, on sent, comme on éprouverait ses propres organes, ceux du *Furieux* qui vibrent, vibrent... Le trou bée à tribord, à hauteur d'une pièce de 130 apparemment intacte. Sur l'ordre du commandant, le second abandonne son poste de combat (sur le pont) et s'engouffre dans une descente. En attendant, Kerhae tâte son bâtiment. Les machines ne sont pas stoppées, il peut encore manœuvrer. Dans un silence de plomb, il dégage à petite vitesse. L'inquiétante vibration ne s'atténue pas, mais chacun a repris son travail. Sur la passerelle, l'officier de quart examine les instruments de navigation, annonce que le compas gyroscopique est hors d'usage. Près de lui, un peu pâle mais la main sûre, le maître pilote note en prévision du rapport, à condition que... rapport il y ait. La radio ne fonctionne plus.

— A droite dix, dit le commndant.

— La barre est à droite dix, dit l'homme de barre, la pomme d'Adam en transe.

Ce que chacun pense pendant l'absence de M. Vaulcheret, officier en second ? Que le trou est drôlement placé, que c'est déjà prodigieux d'être encore là à le contempler, mais qu'on a tous les plus grandes chances, d'une seconde à l'autre, d'avoir le billet de passage. Enfin, Vaulcheret remonte et aussitôt, sur le pont, c'est la détente, car il n'y a pas à s'y tromper : le second se fend la pipe ! Il ne dit rien, mais fonce sur la passerelle en agitant une main apaisante qui rejette la mort à la mer. S'aidant à peine des mains courantes, il escalade l'échelle en quelques bonds sportifs.

— Nous avons un de ces pots, commandant ! La bombe a traversé le poste des seconds maîtres, poursuivi son chemin *à travers la soute à munitions* et percé une seconde fois la coque pour aller exploser dans l'eau !

On a eu des sueurs froides, elles sont chaudes.

— Des blessés ?

— Non. Deux seconds maîtres qui venaient de quitter le quart faisaient trempette dans leur café au lait quand la chose est passée entre eux ! Ils n'en sont pas encore revenus. On les ramène au rhum !

— Les avaries ?

— Rien de mortel, mais toute une tranche noyée, des fuites dues à des rivets sautés, des cloisons à épontiller à cause d'une soute qui prend du ventre. Les équipes de sécurité sont à l'ouvrage.

— Mais la soute à obus et le sas d'accès aux munitions ?

— Aucun dommage, commandant. Et accessible, ajoute Vaulcheret qui a compris.

— Parfait. Attendons le diagnostic du chaffustard.

L'ingénieur mécanicien se montre assez rassurant : fuites aux chaudières, joints ébranlés, goujons à remplacer. Le commandant peut y aller, mais tout doux, tout doux. Le commandant y va. Le bateau s'alourdit à l'avant, il pique du nez, penche sur tribord, il manœuvre, poussivement mais il manœuvre. En bas, on ne perd pas de temps : le commandant va pouvoir donner dix nœuds, mais pas un poil de plus, sinon... Le maître radio ne tarde pas à faire dire qu'il est paré. L'angoisse de l'équipage, qui n'entend rien, mais sent tout, s'est dissipée : la radio réparée permet de demander du secours, le *Furieux* sera convoyé jusqu'à Cherbourg. C'est là que réside l'erreur. L'affaire prend un tour qui, d'abord, est loin de plaire à tous. On s'étonne :

— Qu'est-ce qu'on fout là à glander, puisque la chaffuste donne ?

Puis stupéfection : on tourne. On tourne le dos à Cherbourg ! Un futé a son idée :

— C'est les tonnes d'eau embarquées qui rendent le yak ardent sur tribord, donc !

Mais force est de se rendre à l'évidence : le *Furieux* revient sur Boulogne. Lentement, mais il y revient ! Un matelot dégringole l'échelle :

— Les gars, faites votre prière, conseille-t-il toujours courant. Le commandant ne demande pas de secours, il réclame le concours de l'aviation pour accomplir sa mission !

Tollé. Le Vieux est dingue ou quoi ? N'a pas assez de frettes sur les bras, sans doute ? Aussi sec, on va se faire laver les yeux ! A l'arrière, Kerdonkuff chapitre ses voisins :

— La ferme ! Vous avez fouetté quand on a r'monté l'Escaut, pas vrai ? Et pavoisé après ! Allez, l' commandant va encore montrer c' qu'il sait faire !

— Ho, vous autres ! Ecoutez l' Kerdonk qui ramène sa stratégie !

— C' qui s' passe ? intervient un gradé ? Ces dames sont nerveuses ? Veulent descendre en marche ?

— C'est Kerdonkuff, chef. Depuis qu'il se fait border par le commandant quand il est saoul, Mossieur ne se sent plus !

— Bon ! Vos gueules, dit le gradé, aimable. L' premier que j' vois en bande et en désordre, j' lui fais un r'lèv'ment avec mon 45. Et rassurez-vous, mes enfants, si c'est nécessaire, d' beaux morts qu' vous f'rez !

Le commandant a pris le pouls de son bâtiment. Il peine le brave, mais il ne refuse pas. On va bientôt l'alléger, mais il va mettre plus d'une heure pour gagner son emplacement de tir. Il en faudra moins aux groumeurs pour prendre leur parti du culot du Vieux. N'a-t-il pas mené le *Furieux* au combat sans perdre une seule vie ? Par les temps qui courent, les yaks qui n'ont eu que des blessés par éclats sont rares. Un avion est décelé qui efface les sourires renaissants. Mais... non ? Eh si ! L'avion se fait reconnaître, le Vieux a obtenu satisfaction. Hourra ! Les premiers coups, dits de remerciements, partent dans l'enthousiasme. « Tir encadrant », signale l'appareil observateur. Les pièces crachent, pas toutes : il est exclu de faire tirer celles de l'avant qui risqueraient d'ébranler les cloisons épontillées. Le *Furieux* frémit de toutes ses tôles, mais résiste, même la cheminée « en crêpe dentelle » depuis l'avant-dernière attaque. « Beau travail. Tanks en l'air ! » jubile l'avion. Les culasses fument. De l'aileron, le commandant apprécie les gestes des pourvoyeurs des pièces qui aboient. Joueurs de rugby et boulanger devant le four. Une passe d'une trentaine de kilos. Les mains et les avant-bras protégés par de gros gants, un homme saisit un obus, le passe à un collègue qui repasse à un troisième, lequel enfourne. Feu ! Un éclair, une nouvelle fumée sur terre. On voit mal les visages sous les pare-souffle, mais bien les muscles qui roulent sous les tricots. Une cadence de tirs d'honneur. L'avion : « Pagaille dans une colonne. Bravo ! » Les coups ont été rendus au centuple, les soutes sont vides. Terminé ! Maintenant, on peut demander l'aide d'un convoyeur.

Et ce fayot de Kerdonkuff interpelle le gradé de tout à l'heure :

— Ecoutez-les, chef. D'ici qu'ils prétendent avoir envoyé une pétition au commandant pour qu'on r'vienne, y aurait pas l' temps d' boire une bouteille de r'taillé !

J'admire M. de Kerhae. J'ai envie de lui sauter au cou pour le remercier de me ramener mon mari sain, sauf et vainqueur. S'en aperçoit-il ? Il me fait un clin d'œil.

— Landry, il faut que votre femme assiste à la cérémonie de demain.

— J'aimerais bien... mais c'est maintenant la croix et la baleinière pour faire entrer un civil dans l'arsenal, objecte Georges.

— Demain, à la première heure, vous irez chercher une autorisation à la Préfecture maritime, j'aurai fait porter un mot à l'amiral. Mais il est temps de rentrer à bord.

Georges est déjà debout.

— Pas vous, Landry, je ne suis pas un tortionnaire. Bonne nuit, mes petits.

Nous remercions. Le commandant parti, je m'informe : de quelle cérémonie s'agit-il ?

— Le Préfet maritime vient remettre la croix de guerre au bateau.

Je refoule des larmes qui ne seraient point de mise dans cette atmosphère.

— Nous n'avons pas de nouvelles de l'oncle Louis, ne l'aurais-tu pas aperçu ?

— Si, à Dunkerque. Il a rajeuni de dix ans. Foin de ses quatre ficelles et de son ancienneté, il a insisté pour qu'on le laisse réarmer un vieux tramp à peu près pourri, et il fait le passeur entre la côte française et Douvres.

Un médecin, accompagné d'un officier supérieur, tape sur l'épaule de Georges :

— Landry, racontez au commandant l'échange de messages marrants entre votre pacha et celui du torpilleur anglais.

— La quatrième fois ce soir ! rit Georges. Donc, un torpilleur anglais nous avait été adjoint pour aller bombarder une position allemande. Nous revenions, mission remplie, après avoir essuyé trois attaques aériennes. On nous avait ratés de peu, le pont et la passerelle étaient jonchés d'éclats, mais, toujours la baraka, nous n'avions que des blessés légers. Quatrième alerte. Deux Heinkel se pésentent et nous sucrent. Une bombe tombe exactement entre nous et l'Anglais qui suit. D.C.A. Les avions n'insistent pas. Pas de mal chez nous et notre coéquipier continue. O.K. Dix minutes plus tard, le voilà qui appelle au projecteur. Aurait-il besoin d'aide ? Le timonier épelle : Monotone. Auriez-vous la collection de *la Vie parisienne ?* » On se tord. « Ils sont en retard d'une guerre, constate le pacha qui, humour pour humour, fait répondre : « Sorry. Voulez-vous celle du *Journal officiel ?* »

Ah, que les marins savent rester enfants ! Ils s'étranglent de rire en répétant les messages. Puis le plus âgé demande :

— Votre jeune intrépide est-il toujours à bord ?

— Non, commandant, nous l'avons débarqué. Il est aussitôt reparti sur un chalutier. Tiens, écoute celle-ci, Hélène, et tu comprendras que tant que la France a des enfants de cette trempe pour faire la guerre, il n'est pas question qu'elle la perde. Une nuit, nous recueillons plusieurs hommes et un enseigne à un galon, dont le bâtiment a coulé, tous plus ou moins blessés et épuisés par un bain prolongé. On leur donne des vêtements secs, on les soigne, on les réconforte. Au matin, l'enseigne se déclare en forme et demande à servir. Un de nos officiers assurait son service avec un éclat dans l'épaule, le commandant l'envoie au lit et le rescapé prend sa place. Une rude journée se préparait. Notre division, amputée devant Dunkerque, venait d'être reconstituée. Avec le jour, les attaques aériennes se succèdent, appareils toujours plus nombreux, un cauchemar. A différentes reprises, des éclats percent notre coque, mais n'atteignent que des œuvres mortes. Malheureusement, notre baraka ne s'étend pas aux deux autres torpilleurs. L'un prend la route de Cherbourg avec une voie d'eau, des morts et des blessés. Quant à notre nouvelle recrue, l'*Eclair,* elle brûle. Dès la fin de l'attaque, nous mettons le cap dessus. De grandes flammes s'élèvent de sa passerelle. Un feu violent qui s'enfle de minute en minute et prend des proportions telles que l'ordre d'évacuation est donné. Quand nous arrivons sur les lieux, les hommes sont à la mer, nageant ou accrochés à des radeaux. On les hisse dans nos embarcations et celles d'autres bateaux venues à la rescousse. L'opération est rondement menée, il est plus sain de ne pas trop s'attarder. Le bilan sera lourd. A l'infirmerie, Prolier, notre toubib, ne sait plus où donner du stéthoscope. Parmi les blessés, il y a un lieutenant de vaisseau dont c'est le troisième naufrage en quarante-huit heures ! Et à bord de l'*Eclair* ? Impossible d'approcher, rend compte l'officier chargé de l'opération de sauvetage. Les jumelles de Kerhae fouillent la mer, reviennent au brasier. « Il me faut un officier volontaire pour aller s'assurer seul qu'il ne reste personne à secourir. » Il n'a pas fini de parler que le jeune enseigne repêché la nuit précédente s'est porté en avant.

A ce point de son récit, Georges se frappe le front :

— Au fait, tu le connais, il m'a demandé de tes nouvelles : le petit Coatmeur.

Il y a comme de la tendresse dans sa voix. Je sors mon mouchoir et tamponne mes joues envahies par une subite rougeur. J'ai promis de ne jamais révéler le nom de mon premier fiancé. Je bredouille :

— Oui, je le connais, depuis longtemps. Un brave garçon...

— Un garçon brave, rectifie Georges sans remarquer mon trouble.

Le jeune enseigne sans visage a maintenant les traits du bon Goulven, que je n'ai jamais revu.

— Le pacha accepte : « Bien, mon petit. Prenez le youyou et allez faire le tour de l'épave, mais pas d'imprudence sans raison sérieuse : n'approchez que si vous entendez un appel et ne vous éternisez pas à proximité, l'explosion peut se produire d'un instant à l'autre, j'insiste sur ce point. Compris ? » Une nouvelle alerte est déclenchée comme la frêle embarcation vient de déborder. Nous dégageons. La lutte est chaude, une fois de plus. Dès la fin de l'engagement, qui nous a permis d'inscrire un avion supplémentaire à notre tableau de chasse, nous revenons sur la fournaise. Du temps s'est écoulé, nous nous étonnons de ne pas apercevoir le youyou. La face visible de l'*Eclair* n'est que feu et fumée. Le *Furieux,* pourtant blasé, n'a pas encore vu du fer brûler si fort. Le sort de Coatmeur inquiète. Kerhae s'énerve, perd son flegme : « Ce petit couillon a voulu trop en faire, il a gagné ! » Les minutes paraissent longues. Le pacha repousse la suggestion de mettre une deuxième embarcation à l'eau et il ne peut courir le risque d'approcher davantage. Au moment où il décide de prendre du tour pour aller inspecter l'autre face, un point apparaît, qui double l'arrière du brasier, en prenant lui aussi du tour pour ne pas se faire lécher par les tourbillons rouges. Youyou en vue ! Aux avirons, notre Coatmeur souque dans un style impeccable. « Mission remplie, commandant. Je rapporte la certitude qu'il ne reste que des morts sur l'*Eclair*. — Il vous a fallu bien du temps pour acquérir cette certitude », constate Kerhae. Alors, avec la plus grande sérénité, Coatmeur explique que, le vent rabattant les flammes sur tribord, il a réussi à grimper par bâbord, qu'il a inspecté les postes accessibles, qu'il a appelé et écouté dans les descentes, et n'a entendu que les ronflements de l'incendie, qu'il fait sur l'épave une température de four, que la passerelle n'existe plus, qu'il a essayé sans succès de dégager des restes carbonisés et caetera. Le youyou hissé, le commandant a remis en route. Nous augmentons de vitesse quand une formidable explosion nous ébranle. Dans un dernier embrasement, l'*Eclair* chavire et s'abîme. Le calme revenu, Kerhae se tourne vers Coatmeur qui a repris sa veille : « Vous venez de faire preuve d'un total mépris du danger. Je joindrai à mon rapport une proposition de récompense pour cet exploit. » Coatmeur serre la main tendue, balbutiant et cramoisi, et se fait doucher aussitôt : « Toutefois, mon jeune ami, comme vous avez outrepassé mes ordres, je me dois de vous infliger une punition. » Tête du gosse qui passe du rouge au blanc. Et le pacha qui lui a tourné le dos : « Prévenez vous-même le président de carré : vous êtes privé de dessert ! »

Et, tout joyeux, Georges m'entoure les épaules de son bras :

— Pouce ! Assez parlé. Au lit !

Nous gagnons notre chambre. Nos lèvres, jointes dès la porte refermée, ne se sont pas séparées que les sirènes hurlent en même temps que la D.C.A. Brest n'avait encore connu que des alertes blanches, c'est mon baptême du feu. Un bruit infernal. Les explosions font trembler le sol et les murs, des éclats s'abattent sur la verrière des cuisines, brisent la vaisselle, jettent bas les ustensiles. On nous a logés dans l'annexe, un bâtiment d'un seul étage. Le toit va nous tomber sur la tête ! Des portes s'ouvrent, des marches gémissent, mais Georges tient à se coucher. Je l'aime, je le désire, mais comment s'adonner à l'amour sous un déluge de fer ? Il a pitié, se laisse circonvenir. Nous allons nous asseoir dans le hall de l'hôtel. Personne ne songe à utiliser la cave, tant pis ! Les conversations ont repris. Près de moi, un homme gras et roux écoute sans participer, le menton sur ses mains croisées. Un boum proche me fait pencher sur lui. Je demande pardon, nous échangeons quelques mots et il reprend sa pose.

— Ce type a l'accent allemand, dis-je à Georges un peu plus tard.

— Toi aussi, tu en vois partout ? Rassure-toi, c'est un capitaine marchand hollandais, arrivé ce matin de Dunkerque avec une cargaison de fantassins français. Son bateau est dans l'arsenal. Petite avarie.

Fin d'alerte. Nous remontons. Va-t-on nous ficher la paix ? Peut-être une demi-heure plus tard, alors que nous voguons loin de la guerre, insatiables l'un de l'autre, un poing cogne à toutes les portes. « Police. Ouvrez ! » Georges saute dans son pantalon et je m'entortille dans le drap. La porte ouverte, mon mari revient à moi dont la frayeur dépasse celle éprouvée pendant la valse des casseroles, me fait signe que les policiers opèrent dans la chambre voisine et se moque :

— Eh quoi, madame ? Que pourriez-vous craindre de la police de votre pays ?

— Tu sais bien que je n'ai pas de laissez-passer.

Il a beau rire, je suis rien moins que tranquille. Deux individus poussent la porte touchent d'un doigt le bord de leur chapeau, sans l'ôter. Je tire le drap jusqu'à mon nez.

— Contrôle d'identité. Papiers.

Georges présente sa carte d'officier qu'ils examinent l'un après l'autre, avec une attention hors de propos. L'uniforme ne leur crève-t-il pas les yeux ?

— Et cette dame ?

— Ma femme, précise Georges.

Je suis nue sous le drap. Georges ouvre mon sac et sort ma carte d'identité. L'un des hommes la prend, s'approche du lit et, sans me demander la permission, rabat le drap pour comparer l'original à la photographie.

— Un brin de délicatesse ne nuirait pas au bon exercice de

votre métier, inspecteur, dit Georges en retenant le drap à la hauteur de mon cou.

L'autre dédaigne de répondre, habitué qu'il est à violer les intimités et à interpeller des dames couchées. Il s'assied pour prendre des notes sur la chaise où j'ai étalé ma chemise de nuit, se contentant de la repousser vers le dossier. C'est odieux. Et ce ton soupçonneux pour s'adresser à un officier :

— Sur quel bateau étiez-vous embarqué ?

— Mais je suis embarqué, dit Georges en insistant sur le présent. J'ai été autorisé à rester à terre parce que mon bâtiment est indisponible : le *Furieux*.

Un changement à vue s'opère. Considération. Sourires. Gêne.

— Il fallait nous dire tout de suite que vous êtes du *Furieux*. Excusez cette intrusion. Les ordres stricts... Encore pardon. Bonne nuit, capitaine. Bonne nuit, madame.

— Calme-toi, sourit Georges comme j'émerge indignée de mon linceul. Il est normal de s'assurer de la situation des gens qui reviennent isolément. Et on ne peut exiger de cette catégorie de serviteurs de l'Etat un tact de diplomate. Voilà qui t'aura persuadée que, dans ce secteur au moins, les espions sont bien traqués.

Si Georges m'obtient un sésame pour entrer dans l'arsenal, Kerdonkuff me l'apportera. J'attends, impatiente, sur le seuil de l'hôtel. Surprise : l'oncle Louis !

— Quelle chance ! Quand es-tu arrivé ?

— Cette nuit. Je viens de rencontrer ton mari à la Majorité. Je vais te convoyer jusqu'au *Furieux*. On ne badine pas avec le règlement ici : deux amiraux qu'il a fallu déranger pour toi ! En forme, ma goélette ? Bien dormi ?

Je conte la visite trouble-fête des policiers. Il rit de bon cœur.

— Que cette chemise kaki va donc mal avec le bleu marine ! Tu viens d'Angleterre ?

— Oui.

— Cela veut dire que ton vieux tramp...

— A consenti, achève-t-il. Mais après avoir honnêtement fait sa force et en gentleman : à un demi-mille de la côte anglaise. Je l'avais trop chargé. La demande !

— Des victimes ?

— Pas une. J'avais raflé les bouées d'un établissement de bains. Il y a eu pas mal de pétoche quand l'eau a commencé de monter, mais tout s'est bien terminé.

En sa compagnie, je fais connaissance avec l'extérieur. La nuit ne m'avait rien appris, sauf qu'il existe, non loin de la gare, un quartier réservé assez étendu. J'avais souvent entendu les femmes redouter un séjour dans ce port brumeux, venteux, beaucoup moins vivant que Brest. Une de mes tantes affirmait que, huit mois durant, elle n'avait pas vu la mer, seulement de la grisaille et, devant le rideau de brouillard résolument fermé, Napoléon s'assurant de la continuité de la pluie [1]. Je découvre un port radieux, brûlant, coloré, méditerranéen, et la main de l'empereur ne prête pas à équivoque. Juin 1940, le monde à l'envers.

— Si tu as un peu de temps libre, pense à m'acheter du linge. C'est toujours ta tante qui s'occupe de ces détails, tu sauras mieux que moi. J'ai tout perdu, même ma montre. Le bracelet ne tenait plus, je l'avais mise dans une poche, elle en est ressortie dans la flotte. (Il rit.) Un cadeau de ma femme, je n'ai pas fini d'en entendre parler. Enfin, je pense qu'elle aimera tout de même mieux revoir le bonhomme sans la montre, que recevoir la montre en souvenir du bonhomme ! Ces dames supportent la guerre ?

Il accueille sans chaleur les nouvelles que je lui donne. Pour le tonton Guinaouec, la guerre c'est l'exeat providentiel, le bain de jouvence. Loin des pions qui le brimaient, il dépense son ardeur retrouvée, mange et boit comme un marin qui a bon foie et bon estomac, et rit sans retenue de ce qui l'amuse, lui.

Le poste de garde a été prévenu de mon passage. Un gendarme maritime m'attend pour me conduire à destination. La présence d'un répondant à quatre galons ne change rien aux dispositions prises. Service service, jugulaire, jugulaire. Après nous être égayés du surcroît de précaution, nous essayons d'oublier mon ange gardien, mais celui-ci, tel un taon, me harcèle de piqûres de rappel des consignes : interdiction de s'approcher, de regarder. Pour

1. Statue équestre de l'Empereur montrant du doigt l'Angleterre.

le plaisir de le voir souffrir des sourcils, je fais des réflexions sur ce que nous longeons : « Regarde, mon oncle, tous ces trous dans la coque du *Mistral* ! », alors que je ne devrais pas reconnaître, puisque les noms sont cachés. L'oncle se tord :

— Un bandeau pour les yeux n'était donc pas prévu, gendarme ?

— Fichez-vous de moi, M. l'Officier, si vous étiez à ma place...

— A votre place, mon vieux, j'aurais obtempéré, comme vous, un ordre est un ordre, mais je rigolerais, comme moi !

Je ne ris plus. Le *Furieux* est devant nous. On me réceptionne et le garde s'en va, sans tout de même demander la décharge suggérée par l'oncle. J'escalade la coupée. Georges nous conduit aussitôt sur l'aileron de passerelle qui domine le quai où va se dérouler la prise d'armes. J'aime les sifflets, le clairon, le faste dépouillé des cérémonies maritimes. Ils m'ont toujours donné le frisson, ce matin je claque des dents. Lecture des citations, remise de la croix de guerre au bâtiment. La brise emporte mes larmes, mes ongles griffent le pavois de fer. L'amiral décore le commandant de Kerhae et, ce qui met le comble à mon émotion, le lieutenant de vaisseau Landry qui, si généreux d'épisodes frappants hier, en omit un d'importance : son retour à la tête d'une équipe de volontaires dans Boulogne abandonné, pour y parfaire le sabotage. Et d'autres, dont le jeune mitrailleur qui riait sous les bombes en abattant son avion.

— Ils ont fait du bon travail... murmure l'oncle tout remué.

Et lui, n'en a-t-il pas fait sa part ? Ces hommes de guerre pleins de flamme pour l'action d'éclat d'un camarade sont bien modestes pour la leur. Je presse son bras, il caresse ma joue. En bas, c'est déjà fini. L'amiral prend congé. Le travail, suspendu pendant la cérémonie, va reprendre. Mêlé aux ouvriers qui se disposent à remonter à bord, je reconnais le capitaine de cargo, gras, roux et hollandais, injustement suspecté la veille. Mon regard, dirigé sur lui de haut en bas, l'attire. Je lui souris, il me salue, le cou raide. Mes yeux reviennent au pont, sous moi, à ce rectangle de tôle neuve qu'il me fallait voir pour bien saisir et bien trembler. On nous appelle : nous sommes conviés à vider une coupe de champagne chez le commandant. Nous en vidons plusieurs. On m'offre un « superbe » éclat biseauté, ramassé aux pieds de mon mari, avec des plaisanteries et des rires, et M. de Kerhae me met en main l'empennage de la bombe, arraché pendant la traversée du poste des seconds maîtres. Je me fais violence pour toucher le caillou de mort et dissimuler l'horreur que m'inspire cette ferraille d'un vert jaunasse et toute chiffonnée, qui les divertit si fort.

— Landry, j'ai bonne envie de garder votre femme et votre oncle à déjeuner.

— Pour l'officier des Equipages Cosquer, pas de problème, mais pour ce civil du sexe qui appartient peut-être à la Cinquième Colonne ? Les ordres, commandant...

— Soyons logiques. Nous avons assisté à l'arrivée de Mme Landry flanquée d'un gendarme, lequel l'a remise à l'officier de garde. Comme il est hors de question, si peu dégourdi que soit notre homme, qu'il ait cru qu'on nous l'envoyait en complément d'effectif, puis-je autoriser cette jeune femme à quitter mon bord sans son gendarme ?

— Non, commandant, m'épanouis-je. Gendarme à l'aller, gendarme au retour !

— Mon devoir est donc de vous garder sous surveillance ici. Mais aucun règlement ne prescrit de laisser jeûner un suspect. Maître d'hôtel, ajoute deux couverts.

Rare privilège. Souvenir ineffaçable. Que de gratitude vous ai-je, homme sensible qui avez deviné mon désir de m'imprégner de la vie du navire qui porte mon mari...

Gendarme, gendarme, ayez la bonté de laisser la Cinquième Colonne déjeuner en paix !

Aucune visite de bateau ne m'apporta autant. Un bateau de guerre en guerre, qui en porte les traces un peu partout. Dans la chambre de Georges, je pose mes mains où il met les siennes ; je soulève un coin du dessus de couchette de reps rouge et j'enfouis ma tête dans l'oreiller. Je laisse un peu de moi, j'emporte le lieu en moi.

En l'honneur de la mise à l'honneur du *Furieux,* l'état-major a été invité à la table du commandant. Chacun va veiller de si près à l'entretien du moral de la suspecte, qu'elle sera un peu pompette quand on la libérera, après le café. Logique : pendant le retour, je porterai mes regards où il me plaira, aucun gendarme ne revient me prendre en charge.

D'après les estimations les plus optimistes, le *Furieux* ne sera pas utilisable avant une bonne semaine. Je m'attache à rendre cet avenir aussi nébuleux que possible, en jouissant intensément du présent. Les camarades de Georges ont décidé de le remplacer à la garde tant que serai à Cherbourg. Je connais le prix du bonheur, je n'en perds rien.

Deux jours et Dunkerque tombe. Les transports en provenance de la ville martyre ne repartent pas. La Marine a payé un lourd tribut à la bataille, environ le cinquième des unités engagées, mais ceux qui ont participé au sauvetage des encerclés n'admettent pas que l'abandon du camp retranché puisse être le prélude à une défaite totale ; l'esprit chagrin qui émet un propos paniquard se le fait rentrer dans la gorge.

Les bombardements répétés m'aguerrissent. Georges peste contre la lenteur des travaux, mais ne parle pas de me renvoyer. Les nouvelles ne sont pas bonnes, mais je partage la confiance des marins : le vent va tourner. Les troupes évacuées affluent et, grâce aux convoyeurs, les traversées Angleterre-France s'effectuent presque sans pertes.

9 juin. Georges fait irruption dans la salle à manger où je déjeune.

— Fais ta valise et prends le premier train.

Je proteste. Est-ce à cause du gros bombardement de la dernière nuit ? Je n'ai plus peur, il l'a bien vu : nous n'avons pas quitté notre lit.

— J'ai trop tardé à prendre la décision. Dieu sait comment tu vas voyager !

— Je m'en moque. Garde-moi, Georges... Encore une nuit ?

Il hésite à peine (il est nécessaire que je comprenne) et me presse :

— Les Constructions navales doublent nos équipes d'ouvriers pour nous permettre d'appareiller. Nous achèverons nos réparations à Brest. J'y serai avant toi.

C'était grave à ce point ? Oui, à ce point.

De nouveau la gare de Cherbourg, mais plus agitée que lors de mon arrivée. C'est l'exode. Femmes, enfants, animaux, valises, ballots, paniers. Je me hisse dans un wagon bondé qui se désencombrera vite : les familles cherbourgeoises quittent leur cité bombardée pour les campagnes du Cotentin aux noms rassurants. Que pourrait-il arriver à Sainte-Mère-Eglise ou à Saint-Sauveur ? Avant Lison, j'occupe seule un compartiment. Il fait beau, j'ai mes aises et je crois à l'imminence d'un second miracle de la Marne. Ce train va à Paris et le Paris-Brest est rapide. J'arriverai plus vite qu'en prenant plusieurs tortillards. Quand je demande au contrôleur de modifier mon itinéraire, il en tombe assis sur la banquette :

— Passer par Paris pour aller à Brest ? Vous vous sentez bien ? D'où sortez-vous ?

J'avais fermé mes oreilles aux mauvais bruits, un peu trop. Cet homme ne ment pas quand il dit que si j'arrive à Paris, il est à peu près sûr que j'en repartirai à pied. Je descends à Lison.

Trois jours pour rentrer à Brest ! Dans la chaleur et la poussière, pressée contre des insociables, des braves gens devenus méchants à force de peur et de fatigue, qui raflent les rares vivres lors des haltes et grondent comme des chiens sauvages quand leur prochain aspire à manger ou à boire. Le pain desséché et la limonade tiède s'enlèvent de haute lutte et entre mâles. Chez moi, la soif prime la faim. Une soif à perdre la raison, qui me pousse à entrer en lice et distribuer des bourrades pour accéder à un robinet. L'eau n'est pas potable ? Les gosiers en feu n'en ont cure. Si ce liquide est impropre à la consommation, l'avenir le dira. Mais comme d'ici là on mourra peut-être d'autre chose, collons nos bouches au ruban saumâtre et éclaboussant. Car ce n'était pas assez d'avoir les Allemands aux fesses, les Italiens, tonitruants de vaillance, viennent leur prêter main-forte, la nouvelle est officielle. Abrutie, il m'arrive de sombrer, soudée à des bras et des cuisses moites, dans un couloir de wagon ou sur un quai. A Dol, pas de correspondance avant le lendemain. Un train pour Rennes est annoncé. J'y monte, rouler est moins pénible qu'attendre. Que de haltes entre ces deux points ! On nous crie de ne pas descendre, qu'il n'y a rien à acheter, qu'un ravitaillement est prévu en gare de Rennes. La soif torture. Les enfants pleurent, les parents se disputent, les voisins s'injurient pour des colis gênants. A Rennes, le ravitaillement est une distribution de coco par les soins de la Croix-Rouge. Je la bénis. Frais, doux, parfumé, ce coco qui coule des brocs d'émail dans des quarts militaires que ceux, dont je suis, qui ne possèdent pas de récipient personnel se repassent sans vaine préoccupation d'hygiène, est le plus grand bienfait que j'aie reçu de la Société. J'allais mourir de soif, j'aurais volé, blessé, pour l'apaiser. Elle est trop intense pour se suffire d'une seule ration. Ce n'est guère honnête, mais je me présente devant trois bras verseurs. J'en chercherais un quatrième, les sirènes ne m'en laissent pas le temps. C'est le sauve-qui-peut, avec appels, bousculades, pertes d'enfants et de bagages.

Le train de Paris a un confortable retard, qui s'en étonnerait ? Mais si je parviens à y monter, je n'en descendrai qu'à Brest. Je campe sur le quai, la tête vide, la langue déjà épaisse. Je ne sais pas combien d'heures j'ai attendu, quand l'espérance devient réalité. Le convoi apparaît, bourré d'une humanité ivre de désespoir et d'épuisement. Il n'en finit pas de s'immobiliser, mais lors de la secousse finale, j'ai la chance de me trouver devant un accès. Pour conserver cette place de choix, je dois bander mes muscles, enfoncer des côtes de mes coudes écartés, écacher les pieds des pousseurs. Je reçois des coups de soulier et des coins de valise par-devant, des horions par-derrière, on me houspille : « Otez-vous de là ! Laissez descendre ! » Plus souvent que je m'écarterais, pour qu'un autre s'y mette ! Je rue pour faire de la place aux voyageurs arrivés, mais tiens bon la mienne. La ruée de la montée m'envoie donner du menton sur la plus haute marche. Ma valise m'échappe. Il est heureux qu'elle se soit coincée entre des hanches. J'aurais déploré sa perte, mais plutôt que redescendre, je la sacrifiais. Redressée, je suis projetée dans le soufflet, suivie de près par d'autres bolides. Je laisse glisser ma valise sur le sol instable pendant que c'est possible : la matière humaine est compressible, il n'en va pas de même pour les objets rigides. Jusqu'à Lamballe, je tressaute sur le chevauchement des deux plaques métalliques, freinant avec mes abdominaux, le nez sous l'aisselle d'un capitaine géant. Les permissions seraient-elles rétablies ? J'ai une féroce envie de le lui demander, alors que nous sommes si intimement rapprochés que je ne perds rien de ses mâles effluves. A droite et à gauche du soufflet, lamentations et échanges verts d'aménités : les toilettes sont des compartiments d'appoint ! Cela depuis Paris !

Le train s'allège à chaque station. Je peux enfin m'abandonner sur une banquette rembourrée, douce à mon postérieur talé et à mon dos moulu. J'ai trop soif pour bien profiter du confort. Aux arrêts, je surveille l'évacuation, j'explore ensuite les compartiments vides. Mes recherches aboutissent après la descente de Landivisiau : un reste de liquide dans une bouteille. Sans dégoût, je coiffe le goulot de mes lèvres. Pouah ! C'est un sirop poisseux, écœurant. Jusqu'au terminus, ma salive essaie de se débarrasser d'un affreux goût de bonbon anglais. Je débarque fourbue, faite comme une vagabonde, ma valise au bout d'un bras, ma main libre pressant un mouchoir sale sur mon menton éclaté à Rennes, refermé en route et rouvert à l'arrivée par un contact violent avec mon bagage arraché du filet avant l'arrêt complet. Je rêve de café chaud qui emportera la colle sucrée de mon palais et décapera ma gorge. Pourquoi ne pas monter en demander une tasse à tante Alice ? Elle me fera du « thai », car le « cafai » entre les repas ne se boit que chez les petites gens. Bah ! Je le prendrai sans lait ni sucre, ce qui sera apprécié. En contrepartie, je lui donnerai des nouvelles de son mari.

Il y a des brins de paille dans l'escalier, la porte de l'appartement est seulement poussée. Je signale mon entrée par un bonjour clair que ma tante n'entend pas. Elle criaille, narines palpitantes et mains modératrices, devant un homme agenouillé, visiblement à bout de patience, qui ressort d'une caisse des objets que cette difficile clientèle décrète mal rangés.

— Tu déménages, tante Alice ?

— Ah ! te voilà, toi ? Mme Kegeliou est très mécontente. (Baisers distraits.)

— Pourquoi ? Dois-je lui rendre compte de mes déplacements ?

— Tu oublies que les meubles de sa fille sont dans une chambre de ton appartement. En partant sans laisser tes clés, tu as manqué de tact à l'égard de cette honnête dame.

— Les Landry, amis de sa fille, sont d'aussi bon aloi. Pourtant, elle a fermé une pièce où leur délicatesse les aurait retenus d'entrer, même clé sur la porte. Mais que se passe-t-il ? Auriez-vous été bombardés ?

— Pas encore, mais cela ne saurait tarder. Hé vous, doucement ! Remettez de la paille, sans appuyer. (Soupir de l'emballeur.) Mais d'où viens-tu ? On dirait une « raifugiai » !

— De Cherbourg, où mon mari m'avait demandé de venir. J'y ai vu aussi le tien.

— Ah ? Comment va-t-il ? Il écrit rarement, et des lettres d'un laconisme...

Je dis ce que je sais des aventures de l'oncle. Elle écoute, sans cesser de tarabuster l'emballeur. Je parle du vieux tramp, réarmé et utilisé jusqu'à ce que la mort l'ait tiré par la quille. Elle ne se montre pas curieuse de détails, plus préoccupée par une japonaiserie de bazar qu'elle se résigne à confier, d'un geste retenu, aux pattes étrangères. Elle m'agace. Oh ! comme elle m'agace !

— Bref, comme tous ceux qui y étaient, mon oncle a vécu dangereusement.

Elle se retourne, la lèvre ourlée de mépris :

— Qu'allait-il faire dans cette galère, nanti d'un commandement de premier maître ?

Entrée de Mme Le Canidec qui porte une potiche comme le Saint Sacrement. Rugby au ralenti : elle passe à sa fille qui repasse à l'homme. Comme tout à l'heure avec la tante nous échangeons des frottements de joues, tandis que nos bouches baisent l'air. Et la voilà qui encense comme une jument de cirque :

— Tu as raison, ma fille. Le pauvre Louis ne saura jamais tenir son rang.

L'indignation me fouette. Cependant, j'ai vu si souvent ma mère triompher de ces femmes que, d'instinct, je touche le point vulnérable :

— Quoi que tu penses, ma tante, réjouis-toi : ton mari est vivant alors qu'il devrait être mort, il a l'estime de tous et te rapportera une belle citation... à défaut de sa cantine !

— Comment ? ulule le duo.

— Convenez qu'il y avait mieux à sauver que des caleçons et des chaussettes.

Je ris sous cape. Je vais faire mal et m'en délecte :

— Il y a même laissé sa montre !

C'est à payer sa place. Là, les précisions s'imposent :

— Que s'est-il passé ? Elle s'est détachée de son poignet ?

— Elle est sortie de sa poche pendant le bain. De toute façon, l'eau de mer pour une montre...

— Mais elle était en or ! gémit Mme Le Canidec. Que faisait-elle dans sa poche ?

— J'ai cru comprendre que le bracelet s'était cassé...

— Toujours cette négligence pour ses affaires ! Je ne voulais pas qu'il l'emporte.

— Surtout que l'ancienne marche très bien. La Marine rembourse ? s'inquiète la mère.

— Aura-t-il seulement pensé à faire une déclaration de perte ? grogne la fille.

— Pour l'établir, encore faudra-t-il savoir ce qu'on avait dans sa cantine. Tu me verrais bien étonné si ton mari... ricane Mme Le Canidec.

— Il n'a qu'à consulter la liste des objets et effets remboursables, et mettre le maximum, tranche Alice. Je vais lui écrire dans ce sens. Les lettres passent ?

C'est l'envie de rire qui me passe. On ne m'a pas offert de siège. Trois jours sans vivres ni repos m'ont amenée à la limite de ma résistance. Seule, la colère me tient droite, mais elle emporte mon reliquat de patience :

— J'ai la fâcheuse impression que si je t'annonçais que ton mari est mourant, tu t'inquiéterais d'abord du montant de ta pension de veuve, et s'il manquait quelques annuités pour qu'on t'applique le taux maximum, c'est à lui que tu t'en prendrais. J'en ai la nausée !

Les deux faces se pétrifient. Sur ma lancée, je libère vingt années d'aversion :

— Tu me dégoûtes, tante Alice ! Vous me dégoûtez, madame Le Canidec ! Ridicules pimbêches gonflées de vent, qui avez cru vous fabriquer de la grandeur en accumulant les petitesses !

Tandis que la mère mâche son dentier et que l'emballeur glousse dans sa paille, la tante, verte de rage, me montre la porte d'un geste théâtral :

— Hors d'ici, impudente créature ! Comment les bourgeoises que nous sommes ont-elles pu se flatter que, par la vertu de leur exemple, une fille d'un milieu ordinaire ne retomberait plus dans sa vulgarité naturelle ? La caque sent toujours le hareng !

Depuis l'annonce de la perte de la montre en or, elle oublie son accent « distinguai » et aboie comme une femme du commun. J'ai gagné l'antichambre. Désarmée par sa suffisance, je me retourne et, m'inspirant de mon frère, quand un goûter chez ces dames nous avait gâché notre jeudi et que, après des remerciements hypocrites, nous nous envolions, mais avec la notable différence que Laumic s'adressait à une porte refermée, je mets mes mains en porte-voix et :

— Hou ! Les bourgeois à la carabousse ! Hou !

L'homme explose. Vingt sur vingt, Hélène, dirait Georges. Un regret, l'oncle. Notre camaraderie a vécu. Vaillant devant l'ennemi, il n'osera pas braver ses tourmenteuses pour la gloire de me dire encore sa nièce.

Enfin chez moi, à boire verre d'eau sur verre d'eau. Puis m'ébahissant devant mon image. Le beau masque de guerre ! Cernes et virgules de suie, traînées de sang séché, coiffure d'agitatrice, de quoi effaroucher les dames de « qualitai ». Je me répare et vais rassurer ma mère. Pauvre Jeannette que je prive de son condiment vital...

Elle prend fort bien ma sortie, se scandalise du manque de cœur des deux chipies et, quand je mime la scène finale, pâme de joie à la résurgence de son Laumic polisson. Puis s'en veut d'avoir ri : les bruits, de sources incontrôlables, sont franchement alarmants, les communiqués en rien rassurants.

— Ton père est à Recouvrance, il déménage Mémé d'autorité. On mettra son lit clos et ses quatre meubles dans la chambre de Laumic, elle se sentira chez elle. Ne t'attarde pas, le *Furieux* est dans l'arsenal. Que Georges te trouve chez toi s'il descend.

Je suis à peine rentrée que Kerdonkuff sonne :

— L'cap'tain' était bien inquiet d'vous, madame. Descendra vers six heures, sauf alerte. Oui, bonne traversée. Juste une attaque sans résultat. Oui, tout va bien à bord. Faut garder l'moral, s'pas ? Et pas croire c'qu'on entend à terre. Des défaitistes, y en a toujours eu, même qu'en 17 on les fusillait. Et qu'on d'vrait bien faire pareil ! Ah ! très important : on n'a pas eu l'temps de r'prendre le linge chez la blanchisseuse de Cherbourg, l'cap'tain' va manquer d'cols.

Ces fleuves, dont chacun devait marquer l'extrême limite de l'avance allemande, se franchissaient sans coup férir. On parlait de réduit breton. La lippe des pessimistes s'allongeait. Réduit breton ? Tcht ! Et Brest ? leur rétorquait-on. Les canons de ses forts pointés sur le large, Brest était imprenable par mer, évidemment, mais tout bêtement par la terre ? Oser imaginer Brest pris, avec ou sans combat ? Occupé, souillé, Brest l'inviolé ? Alors que sa Marine veillait, puissante, prête à défaire l'ennemi ?

Pourtant, une voix qualifiée disait à la France hébétée qu'il fallait cesser le combat. Cesser le combat ! Jeter ses cartes quand on possède de tels atouts pour contrer ? Du porteur d'étoiles à l'humble matelot sans spécialité, une stupeur incrédule frappa les marins, suivie d'une immense rancœur. La rade grouillait de navires de guerre et de commerce, la ville de troupes. Revenus, les bataillons de l'expédition de Norvège. Comme les marins, avec juste raison, ceux-là non plus ne se sentaient pas vaincus. On nageait dans la honte. Humiliation insupportable, peine étouffante.

Brest assiste à la fuite d'alliés hantés par le précédent de Dunkerque, d'abord en ordre, puis chacun pour soi, avec abandon d'armes et de matériel. Après les formations importantes, des petits groupes, des isolés, qui courent aux embarcadères comme si les blindés allemands traversaient déjà Lambézellec. Les avions à svastika rasent les toits. Ils dédaignent les casernes vides et les bâtiments administratifs, et réservent leurs crottes pour les cibles flottantes qui leur mènent la vie dure de leurs D.C.A. conjuguées. C'est le matin du 18 juin. Je désespère de revoir Georges. Il vient avant midi.

— Nous sommes à quatre heures d'appareillage. Comme il n'y a rien de plus à faire qu'attendre d'être parés, le commandant envoie à terre, par bordée, ceux qui ont leur famille à Brest. Le commissaire a fait des avances : voilà qui te permettra de voir venir.

— Où allez-vous ?

— Les commandants recevront les ordres en mer.

— Continuerez-vous la lutte malgré la demande d'armistice ?

— Je l'espère bien ! Quoi qu'il arrive, ne quitte pas Brest. Les campagnes ne sont pas plus sûres que les villes et aller sur les route est démentiel. Demande l'hospitalité à tes parents et attends.

Un long silence nous unit.

— Ma femme chérie, mon seul bien... Qu'il me soit permis de me battre pour que tu vives libre et heureuse. Sois courageuse, ma pensée ne te quittera pas.

Quand il s'arrache de moi, un cri de femelle m'échappe. Il me malaxe l'épaule :

— Pas cela. Sois digne, mon amour.

Je cherche une phrase digne en serrant mes paupières sur les larmes prêtes :

— Les cols neufs sont dans la poche gauche de la valise.

Piètre phrase pour une telle heure, c'est néanmoins une façon de me dominer. Je me sens vieillir. Il refuse l'attendrissement, s'empare de la valise et part très vite. Je le suis d'une fenêtre, il ne se retourne qu'une fois. Un avion passe si bas que, s'il s'était trouvé être de mes relations, j'aurais pu dire bonjour au pilote. Déchaînements des armes automatiques. Georges continue du même pas vif.

Le silence de l'immeuble me tombe sur les épaules. J'y suis seule, les autres ont fui. Georges disparu, j'exhale mon mal. Calmée, je remplis une valise et j'attends. Non parce que le chant des sirènes a accompagné mes préparatifs — avec ou sans sirènes, l'alerte est permanente —, mais parce que je ne veux pas gagner l'Harteloire sans avoir vu d'abord partir le *Furieux*. Et tous les autres ! Sainte Anne, protégez les bateaux. Ils sont à quatre heures d'appareillage, immobiles. Quatre heures d'attaques incessantes !

Ils sont là, aussi nombreux que la veille. Une intense activité règne en rade et sur la Penfeld. Les cheminées fument, mais la plupart des coupées sont encore en place, et des embarcations chargées à couler bas peinent vers elles. Des militaires accourent toujours, des Français, encore quelques Anglais. Ailleurs que vers l'eau, de quelque côté que je me tourne, d'épaisses fumées barrent l'horizon. Les dépôts d'essence et les tanks à mazout brûlent, les parcs à munitions sautent, le sol ne cesse de frémir. Partout, du matériel abandonné. Débris calcinés, richesses récupérables. Un camion achève de se consumer, un autre n'attend qu'un chauffeur pour repartir. Les soldats descendent les mains vides, les civils montent pliant sous le faix. Devant, la rade en fièvre. Derrière, des volets clos. Au-dessus, un nuage âcre et sombre. Brest le 18 juin, trois heures de l'après-midi. Et une grande fille seule, très malheureuse, qui prie, appuyée au garde-fou, ses yeux sur le *Richelieu* — notre plus beau fleuron, pas encore entré en service, qui n'a même pas terminé ses essais — et ses gardes du corps, les torpilleurs qui vont le convoyer. O douleur, c'est bien la première fois que j'appelle de tous mes vœux un appareillage ! Si souvent, de cet endroit précis, j'ai surveillé la rade, dans l'espoir, pas toujours déçu de voir le *Furieux* prendre son coffre, isolée des promeneurs, comme un repère, « Mon arbre du Dourduff », disait Georges. Suis-je, cette fois encore, emprisonnée dans ses jumelles ? Georges, mon amour, va-t-en, va-t-en...

— Hep ! Madame !... Ne restez pas là, c'est interdit.

Tout est interdit, en principe. Je recule. Le gendarme s'en va, sans plus s'assurer de mon obéissance. Ma veille reprend. Le va-et-vient des canots entre les quais de la Penfeld et la rade, entre le port de commerce et la rade, ne cesse pas. Toujours des soldats arrivent, qui hèlent, cherchent, repèrent, dévalent. Encore les sirènes ! A peine ai-je levé la tête que les avions fondent sur moi dans l'affolant miaulement des piqués. Un soldat se jette à terre, me crie de l'imiter. J'obéis et demeure crispée, la tête dans mes bras, le dos offert, assourdie par le crépitement des mitrailleuses lourdes et la ronde infernale, avec une seule pensée : les bateaux. Survient le calme. Je me relève. Aucun navire ne semble souffrir. Beaucoup de bruit pour rien. Cette fois, mais la prochaine ?

— Mais qu'attendent-ils pour partir ? ne puis-je m'empêcher de crier à la rade.

— Vous êtes bien pressée, et nous ? me rétorque le soldat. Regardez ça !

Il s'avance à la rencontre de deux hommes sans arme et tête nue, qui semblent sur le point de s'écrouler. Sans un mot, il se place entre eux et les prend par la taille pour leur faciliter la descente. Deux Britanniques qui portent une caisse longue et étroite m'appellent. Mes connaissances de leur langue sont toujours aussi rudimentaires, mais un geste suffit pour leur indiquer un escalier. *Thank you.* Ils se consultent et repartent au galop, abandonnant leur caisse à mes pieds. Je suis curieuse, j'ouvre : elle contient une belle chose à tuer, absolument neuve, luisante de crême de beauté. Je fais l'article à ceux qui passent : ils me rabrouent.

Encore un avion, qui bourdonne comme une guêpe. Un tir nourri l'accueille. Il traverse en direction de la base aéronavale du Poulmic. Mais... le voilà qui joue aux montagnes russes au-dessus de la presqu'île de Crozon ? Touché ! Il bascule et tombe derrière.

— Un de moins ! s'écrie un bonhomme chenu que je n'ai pas vu arriver. Que faites-vous ici, ma petite ?

— Et vous ? Etes-vous gendarme ?

Il ne relève pas mon manque d'aménité. Ses paupières sont rouges.

— Mon petit-fils est sur le *Vauquois,* mon gendre sur le *Frondeur.*

— Mon mari est sur le *Furieux.* Excusez-moi. Voyez ce qu'il y a dans cette caisse dont deux Anglais m'ont fait cadeau.

Il soulève le couvercle, hoche la tête. Je m'exclame : le *Richelieu* appareille.

— Plus de cent cinquante à sortir... Et quelques-uns en remorque. Ou sabordés, malheur ! Rentrez chez vous. Votre mari n'aimerait pas vous savoir ici.

Comme pour lui donner raison, la D.C.A. redonne de la voix. Nous nous allongeons à nous toucher. Des éclats rebondissent...

Long, long temps. Quand nous reprenons la station verticale, le cuirassé à changé de forme. Il s'est ramassé, arrondi et, sur son arrière, l'eau se fouette en neige. Lequel des torpilleurs qui lui ouvrent la route est le *Furieux ?* Une grosse fumée neuve monte du quai de Lanninon. Bombe ou destruction volontaire ? Les premiers appareillés prennent de la vitesse, d'autres larguent leurs aussières, des coupées remontent. Ce soir, l'abandon de Brest sera consommé.

— Soyez raisonnable, rentrez, insiste mon compagnon.

Je suis le conseil, à regret, il reste tant de bateaux ! Quand je me retourne une dernière fois, le vieil homme s'en va aussi. Il traîne la caisse au bout d'une amarre de fortune. La peur me saisit pendant le trajet. J'ai peur dans ma rue déserte et enfumée, peur dans l'entrée de l'immeuble, plus encore dans l'escalier : quelqu'un s'est introduit dans l'appartement du premier, la porte est grande ouverte, l'intérieur non éclairé. Demi-tour.

— Ne craignez rien, madame. Je ne suis pas un cambrioleur.

Je reconnais le fils des locataires, un lieutenant d'une quarantaine d'années, croisé lors de ses permissions. Il achève de revêtir un complet civil, son uniforme gît à terre. Il croit me devoir des explications, bien inutiles, j'ai compris.

— Les Allemands approchent. Nous avons reçu l'ordre de nous égailler.

— Mais, monsieur, il y a encore des bateaux qui évacuent les militaires.

Mon renseignement n'intéresse pas cet officier qui, redevenu civil, repousse ses galons du pied, tire la porte sur lui et referme à clé.

— Je ne suis pas de carrière... s'excuse-t-il en tendant la main.

Je ne la prends pas. Il dévale l'étage et je monte, écœurée. Dernière inspection des robinets et compteurs et je redescends avec ma valise. Je n'ai pas atteint le rez-de-chaussée que des coups de boutoirs ébranlent la porte. Celui qui manipule le heurtoir paraît aussi pressé d'entrer que le lieutenant l'a été de sortir. Avant d'ouvrir, je m'informe. Une voix d'homme oppressée me répond :

— Il faudrait dire au lieutenant de se magner, c'est trop long !

J'ouvre. Trois soldats explorent la pénombre derrière moi.

Une voiture de l'armée attend, moteur en marche. Le chauffeur se penche pour entendre.

— Ne l'attendez plus. Il est parti depuis quelques minutes. En civil.

Exclamations. Fureur. Voilà pourquoi ce salopard leur a dit d'attendre après le tournant ! Leur unité doit s'embarquer. Le lieutenant s'est fait déposer chez lui pour « prendre un lot de cartes de la région qui ne doivent pas tomber aux mains de l'ennemi ». Jurons. Gros mots.

— Les gars, foutons le feu à sa baraque avec le bidon de réserve !

— Il n'en est ni le propriétaire ni le seul occupant, avertis-je.

— Cette ordure n'est pas de votre famille ?

— Je m'en flatte.

— C'est marre ! intervient le chauffeur. On le retrouvera un jour et on lui fera la peau. Taillons voir s'il n'est pas trop tard pour foutre le camp.

— Il n'est pas trop tard, mais pressez-vous.

J'indique les points d'embarquement. Bonne chance. Pauvres gars. Pauvre France.

Ma mère me voit arriver avec soulagement :

— Je suis allée chez toi. L'immeuble est vide. J'ai attendu un moment dans la rue. Tu as voulu les voir partir, folle ?

— Oui. Où est Papa ?

— A son travail. Les services à terre n'évacuent pas. Il est furieux.

— Ma doué, ma doué... répète Mémé d'une voix cassée, son chapelet aux doigts.

— Ton père est venu me chercher hier, me dit Soizic en m'embrassant. Comme si vous n'étiez pas assez nombreux !

— Comme si nous allions te laisser seule à Recouvrance ! lui renvoie son amie. Figure-toi, Hélène, qu'elle ne veut pas dormir au rez-de-chaussée.

— Ce n'est pas parce que les Boches arrivent qu'il faut mettre un lit-cage dans ton salon. A la cuisine, je suis plus près du rousic.

Morne repas familial. Le chagrin défigure mon père, lui tire les traits en biais. N'ayant plus de mots à leur disposition, les femmes soupirent. Personne n'a faim. Soizic débarrasse en un tournemain. On n'a de goût à rien, mais le silence et l'inaction pèsent. Chacune louche vers la radio sans oser y toucher.

— Je vais prendre Londres, décide enfin mon père.

Hé oui, nous sommes de ceux qui l'ont entendu ! La France n'est pas morte, ce n'était qu'une syncope. Quelqu'un relève le flambeau. Une voix persuasive, merveilleusement régénératrice, qui fait se chercher nos mains, briller nos yeux, qui impose sa foi dans le sous-sol.

Brest ville ouverte ! Précédés d'une solide réputation de reîtres violeurs et pillards, les Allemands, partout signalés, vont nous occuper.

— Il faudrait cacher Hélène. Et toi aussi, Jeannette, fraîche comme tu es !

Toujours belle femme, Soizic s'oublie-t-elle ?

— Tu acceptes de soutenir seule l'assaut ? lance ma mère d'un ton acidulé.

— Pour moi qui n'ai pas de mari, c'est moins grave.

Sa pension de veuve de l'autre guerre et son travail lui ont permis de vivre sans s'embarrasser d'un second époux, ce qui ne signifie pas qu'elle ait fait vœu de continence. Ma mère l'aime comme une sœur, mais ne rate pas une occasion de lui rappeler qu'elle n'ignore rien et qu'elle réprouve.

— Si c'est nécessaire, Hélène ira dans la cabane.

Avec les souris ? Jamais. Mon père entre comme elles énumèrent les moyens antihygiéniques de se rendre décourageantes. Au lieu d'en sourire, il se fâche :

— Depuis quand les souillons rebutent-elles la troupe ? Taisez-vous donc, idiotes !

Plusieurs jours d'une attente plus pénible qu'une invasion brutale. Les avions volent bas. Les fumées stagnent et c'est comme si l'on avait oublié ce qu'elles cachent, l'imagination ne va pas au-delà. Personne ne s'aventure loin de sa demeure, mais on rapporte chez soi d'extravagantes nouvelles, apprises chez les commerçants de renseignés qui ne viennent pas de plus de deux cents mètres. Mon père qui, sur ordre, continue de se rendre à son bureau, exécute les on-dit avec humeur :

— Non, le commandant du *Richelieu* ne s'est pas suicidé, pourquoi l'aurait-il fait ? Non, aucun second maître n'a fait sauter la cervelle de son chef ! Non, ni Truc, ni Machin, ni Chose n'ont été fusillés sur la place du Champ-de-Bataille. Non, les Anglais n'ont pas déjà redébarqué au Conquet ! Et il n'y a pas eu d'hécatombe de bateaux à la sortie du Goulet le 18. Un seul a sauté, le *Vauquois,* sur une mine magnétique.

Je pense au vieil homme qui appelait avec moi le départ des bateaux, son petit-fils était sur le *Vauquois...*

— On dit qu'il reste des bateaux sur rade, des pas sabordés, critique Soizic.

— L'*Armorique ?* Sûr que les Allemands feront des croisières sur un ponton de bois !

— On parle d'un cuirassé, Pierre !

— Ah, le vieux *Waldeck-Rousseau ?* Une carcasse.

— S'il ne valait rien, pourquoi est-on allé le rechercher à Landévennec ?

— Pour que les aviateurs allemands le prennent pour le *Richelieu,* dit Jeannette.

— Un six tuyaux ?

— Si vous l'aviez regardé, vous auriez vu qu'on lui en a rogné plusieurs ! On l'avait sorti de la ferraille pour qu'il serve de but à nos propres aviateurs.

— Paraît qu'ils vont ramasser les radios, dit Mémé.

— Et aussi les moulins à café ! grogne mon père.

— Alors, ça vous serait égal qu'on ne sache plus rien ? proteste Soizic.

— Foutez-moi la paix, je pense pour vous. Le poste de Laumic est en lieu sûr.

Le dégoût de l'heure, l'amertume d'appartenir à un service non évacué et la compagnie de quatre femmes qui usent leur angoisse en propos inutiles ont raison de sa placidité. Nous ne le reconnaissons pas. Il ne sort d'un mutisme affiché que pour nous rabrouer. Si l'une de nous s'en plaint, il répond :

— J'ai mal à la tête. Vous ne comprenez pas ? Mal-à-la-tête !

Une mauvaise nuit, à tendre l'oreille. Je descends tôt. Ma mère me rejoint. Ses paupières fripées témoignent qu'elle n'a pas dormi. Le lit-cage est déjà replié et recouvert de sa housse pompadour, le sol de la cuisine lavé. La batterie de cuisine de cuivre rouge étincelle. Dehors, les oiseaux chantent. Paix de la nature et des choses, détresse des cœurs. Ce matin, il ne fait pas bon vivre.

— Soizic doit être à la boulangerie, on va savoir... soupire ma mère.

— N'as-tu pas entendu le crissement des chenilles et les motos ?

— Parce que j'écoutais, ton père a fermé les fenêtres et les doubles rideaux. Le pauvre homme est comme un crin. Tant d'aspirine le rendra malade. Ah, Soizic.

Les gros mollets de Soizic barrent la fenêtre. Elle se baisse et tend le pain.

— On est occupé, mais ils n'entrent pas dans les maisons. Vous voulez en voir un ?

Nous voulons voir comment est fait le fils de l'hydre au casque pointu, mais de loin. Chacune un pied sur le même barreau de l'escabeau, nous sortons la tête. Soizic montre la fontaine publique. C'est cela, un nazi ? Un jeune gars au poil clair, qui s'ébroue torse nu et rit à des mioches ébaubis.

— Par ici, il y en a peu, mais en ville c'en est plein, paraît-il.

— Pierre est parti avant six heures. Qu'auront-ils fait de lui ?

— Une femme de gendarme m'a dit qu'ils ont pris les militaires et que le personnel de l'arsenal est réquisitionné. L'heure allemande est déjà instituée. J'ai appris aussi que les paysannes reviennent vendre leur beurre. Je vais monter aux halles du Pilier-Rouge, peut-être que Marie-Jeanne Jestin, du village de ma sœur, y sera.

— C'est vrai, ta sœur... s'apitoie Jeannette.

— Elle a choisi la bonne date pour son septième lancement, celle-là !

Nous décidons d'accompagner Soizic. Les vainqueurs n'ont pas tous l'air bon enfant. Nous croisons un convoi mené par des automates. Aux principaux carrefours stationne un monstre d'acier monté par une statue noire, sans regard. Brrr ! Surprenantes mécaniques à forme humaine. Les motos tournent, tournent, à grand bruit, emportant un casque et une courte cape camouflés aux couleurs de la lande. Etourdissant, impressionnant. Mais le petit marché du Pilier-Rouge, tout en haut de la ville, présente un aspect très différent, pittoresque, nullement terrifiant, malgré la grosse pièce de D.C.A. en place au centre de la cour. Là, des occupants du genre campeurs débraillés exposent jusqu'à la taille des hâles « jambon de Paris ». Sur la remorque de la pièce, un adolescent blond et rose vif, calot sur l'œil et bottes écartées, étire nonchalamment un accordéon.

— Beaux et tout qu'ils sont ! constate Soizic, remuée par l'étalage de chair.

— Tu n'as pas honte ? fulmine ma mère.

Honte, Soizic ? Ravie d'avoir choquée la prude Jeannette, elle rit en cherchant Marie-Jeanne Jestin, parmi les femmes en coiffe qui présentent leurs paniers, où transpirent dans la mousseline les pains de beurre joliment décorés au moule.

— Voyez le toupet de la Marie-Jeanne !

Pour dominer la clientèle, Marie-Jeanne n'a rien trouvé de mieux que la plate-forme de la pièce de 88. Imprévu. De là, sans gêne, elle appelle, tend son couteau de bois :

— Six francs, mes derniers ! On goûte. Une crème. Hé, Soizic ! Tu as un neveu de plus depuis hier, un Yannick. Tu veux du beurre ? Cinq soixante-quinze pour toi.

— Donne m'en un kilo.

Marie-Jeanne choisit deux pains dans son panier.

— Je veux celui que tu caches, ordonne Soizic, méfiante.

— Il est vendu, mon cœur, je regrette. Ecoute... ajoute-t-elle pliée et baissant la voix : à leur chef, le gros sous-off qui a trois plis dans le cou et une médaille.

— Pour eux le meilleur ? Eh bien, dis donc...

— Le plus lourd, ma Soizic. Je l'ai fortifié avec une épingle à cheveux !

A table, plus que jamais d'humeur morose, mon père peste :

— Si je n'avais pas quatre bonnes femmes à charge de conscience, comment que j'aurais foutu mon camp la nuit dernière, sur le bateau des Le Bihan !

On espéra l'impossible, un retour en force des Anglais, le départ des Allemands. Les premiers reviennent, mais par la voie des airs, et la D.C.A. des seconds, sporadique au début, devient vite rageuse et efficace.

Dès qu'apparaît un uniforme français en liberté, on l'entoure, mais celui qui le porte, marin D.P., officier de Direction de Travaux, gradé du Service de Santé, montre son brassard blanc frappé du sceau de l'occupant et n'a rien à dire, sauf que ceux qui sont partis ont bien de la chance. Les familles réfugiées dans les villages rentrent, la vie reprend, on revoit des dames voilettées rue de Siam. Mais le flux de militaires en fin de journée a changé de nuance, une nuance qui n'accroche pas. Des malchanceux faits prisonniers sont enfermés dans le château, vieille forteresse renforcée par Vauban, qui domine le paysage marin. Un cousin de Soizic a fait savoir qu'il s'y trouve. Nous lui portons de la nourriture et du vin. Il n'y a pas à discuter avec les geôliers : on suspend le colis à l'une des cordes qui pendent à cet effet le long de la muraille, on crie le nom du bénéficiaire et on suit la remontée jusqu'au sommet, d'où retombent les remerciements. Une captivité sans rigueur, qui rassure. D'aucuns y voient un simple contrôle avant démobilisation et déconseillent l'évasion.

Consignes de dignité : ne pas voir l'occupant, opposer l'incompréhension à ses demandes. Il n'est pas dans la nature de Soizic de marcher les yeux perdus dans l'abstrait. Tout l'intéresse et excite sa verve, du maniement d'armes saccadé des factionnaires au collier de chien du gendarme de la circulation. Elle compte les véhicules, entre où c'est « verboten », sort en s'excusant avec un rire désarmant. Au grand scandale des passants il lui arrive de s'arrêter pour écouter le concert qu'on nous offre. Elle ne refuse pas d'obliger un égaré, mais l'expédie dans la direction contraire. Ma mère lui promet qu'elle se fera fusiller. Elle ne peut s'empêcher d'admirer les beaux spécimens d'humanité que nous délègue le Grand Reich, mais prêche la résistance en petit comité et s'enflamme pour les actes d'indiscipline qui se colportent :

— Paraît que celles de la rue Guyot ne voulaient pas y aller avec, les forcer qu'il a fallu ! Alors que certains commerçants les servent avec des sourires mielleux...

— En somme, ce sont les putains qui montrent l'exemple du patriotisme ? maugrée mon père, toujours plus hargneux. Vous avez vos entrées au bordel ? Alors, taisez-vous !

Le paquet qui remonte la muraille du château ne ressemble pas aux autres.

— Oh ! Tu as oublié le vin, Soizic.

— Exprès, pour lui apprendre ! Je n'ai parlé de rien car, avec ton père maintenant, il vaut mieux tourner sept fois sa langue ! Hier soir, comme je rentrais, j'entends dire qu'une corvée de prisonniers va passer. J'attends, la larme prête. Les gars arrivent, la pelle sur l'épaule, à bout de forces, escortés par deux bouviers, l'un devant, l'autre derrière, raides sur leur vélo. Au milieu d'une rangée, le cousin tient à peine sur ses jambes. Comme les Fritz laissent avancer, je vais pour l'embrasser. La fatigue ? Il puait la vinasse ! Et ses copains pareil ! Bus devant les Allemands ! Oh, regarde le gros lard avec son coupe-papier qui lui bat les fesses, qu'est-ce qu'il est pas rouquin, Jésus !

Mais... mais ce corvettard allemand n'est autre que notre brave commandant de cargo hollandais, venu débarquer à Cherbourg des soldats français arrachés au sol brûlant de Dunkerque et s'y faire « réparer » ! J'explique à Soizic que l'individu logeait à l'hôtel la nuit où les policiers réveillaient les clients et épluchaient les identités, et que, le lendemain, alors que les galons de mon oncle ne me dispensaient pas de la surveillance d'un gendarme, l'ennemi musait à sa guise dans l'arsenal. C'est si drôle, en même temps que passablement amer, que je pars d'un rire nerveux. Le marin roux se retourne, me dévisage. Nos yeux se mesurent. « Marin et espion », disent les miens. Il m'a reconnue, car son teint fonce.

Nous n'osions l'espérer, mais le courrier arrive. Le *Furieux* est à Casablanca, la *Bretagne* à Mers-el-Kébir. Mêmes mots lourds sous les plumes de Georges et de Guillaume : clause d'armistice, désarmement, démobilisation. Mais aussi des indices de l'état d'esprit : la Marine est anglophile, rien n'est joué. La lettre de Georges est pressante : « Regagne Toulon au plus vite et va vivre en camp volant à l'Embossage. Angèle Rossi te remettra les clés. Télégraphie dès ton arrivée. J'ai demandé, pour toi, l'autorisation de me rejoindre au Maroc, tu n'attendras pas longtemps. » Ma mère jette les hauts cris :

— Ton égoïste de mari ne peut-il attendre que les trains soient désencombrés ? D'ailleurs, tu n'obtiendras pas du jour au lendemain un laissez-passer pour sortir de la zone occupée, on dit que la Marine est fort mal vue des Allemands.

— Je partirai avec ou sans leur permission, dis-je, forte du précédent de Cherbourg.

— Georges a bien changé ta fille, constate mon père, un peu déridé.

Il ne m'a pas assez changée puisque, pour sécher les yeux de ma mère, je n'obtempère pas sur-le-champ, comme il le veut. Et c'est le cours de ma vie qui sera changé.

3 juillet 1940. Un jour pas comme les autres, atroce pour la Marine française. Un nom à jamais gravé : Mers el-Kébir. Celui d'un ami terni : Winston Churchill. L'Angleterre, pour qui nos cœurs battaient en ces heures douloureuses où elle luttait seule, donnant à ses marins l'ordre d'assassiner, de sang-froid et sans merci, leurs frères de combat, vaincus certes, mais sur le papier, qui attendaient une erreur de l'ennemi, l'approche sournoise des bateaux par exemple, pour rompre l'odieux armistice sans accroître les malheurs de la métropole. Avant que l'horreur ne l'emporte, nous nous regardons, effarés, incrédules. Bientôt, les ondes livrent des noms. Le *Dunkerque* durement touché, la *Provence* échouée, le *Mogador* coupé en deux... Des victimes, des victimes. Et vient un autre nom, la *Bretagne*. Incendiée, elle a chaviré avec son équipage. Un cuirassé, beaucoup de morts !

— Mon Laumic ! hurle ma mère.

— C'est de la propagande allemande, Londres va démentir, affirme Soizic.

La B.B.C. ne dément pas. Ses explications, en forme de plaidoyer *pro domo,* nous indignent. Mon père ferme le poste, si brutalement que le bouton lui reste dans la main.

— Crois-tu qu'on saura vite ? gémit ma mère.

Il ne répond pas. Il se triture le crâne à deux mains, comme pour le remettre dans de bons plis, puis il s'abat sur le fichu de Mémé, l'air égaré :

— M'man, dis-moi que c'est un cauchemar, qu'ils n'ont pas fait ça...

Redressé, il exige que chacune aille souffrir dans ses murs respectifs.

Au matin, il est calme. Il ne reste rien de son acrimonie des jours précédents.

— Ne restez pas à pleurer, mes femmes, nous dit-il gentiment. Occupez-vous. Les Boches doivent se frotter les mains de l'acte criminel qui va retourner une opinion favorable aux Anglais, ils ne retarderont pas nos communications. Toi, Hélène, quand tu seras passée à la Kommandantur, va chez toi préparer ton départ.

Il a raison. A défaut de sa tête, il est bon d'occuper ses membres. Jeannette et Soizic se mettent au ménage, Mémé sort son chapelet, et je pars pour la Kommandantur. Ces messieurs ne reçoivent pas ce jour-là. Je passe la matinée dans l'appartement, où je n'ai pas remis les pieds depuis le 18 juin, à replacer les objets où l'inventaire les a situés, à séparer ce que j'emporterai de ce qui restera à l'Harteloire. Mme Kegeliou est absente. Je dépose un mot pour l'avertir de mon départ imminent.

La journée se traîne sans apporter de précision sur le sort de mon frère.

Albion... On avait pardonné Rouen et Sainte-Hélène, c'était du passé, presque de la légende, on avait oublié tous les Fachoda de l'Histoire... Malheur aux vaincus ! Pour le seul cuirassé *Bretagne,* la radio parle d'un millier de victimes, puis de douze et de quinze cents. Chiffres réels ou gonflés ? Chacun garde ses réflexions. De toute façon, les mécaniciens...

Tôt le lendemain, je retourne à la Kommandantur. On me renvoie à l'après-midi. Je vais terminer mes rangements et emballages. Je remplis mes malles, d'abord avec méthode, puis au hasard des tiroirs. Une photo de Guillaume rieur sur le pont de la *Bretagne,* sa casquette un soupçon inclinée sur la droite, un doigt sentencieux en l'air, me cause un malaise, décourage mes efforts. Que pense de ce crime celui en qui nous avons mis notre foi ? Nous ne le saurons pas. Mon père a décrété qu'on n'écouterait plus la B.B.C.

La sonnette me fait sursauter. C'est Soizic, haletante :

— Viens vite, ton père a eu une attaque !

Je la rattrape au bas de l'escalier. Nous courons. Elle dit, par saccades :

— Il a vomi en fusée... puis il est tombé à la renverse... Avant, il se tenait la tête... comme s'il voulait se l'arracher.

— On l'a ramené de l'arsenal ?

— Il est rentré seul. Comment a-t-il pu faire le chemin ? Il se plaignait sans cesse de la tête, ces temps derniers... Et les émotions, pour un trépané...

— Soizic, ne me cache rien : il n'est pas... ?

— Non, parole. Je suis allée chercher votre médecin. C'est lui qui m'a envoyée chez toi, car les deux autres sont hors d'état de se rendre utiles. Pas beau à voir !

Jeannette incapable de soigner son mari ?

— Laumic ? Parle, mais parle donc !

— Ce n'est pas en courant qu'on devrait apprendre un malheur...

— Il est mort ?

— Disparu.

J'avale l'affreuse nouvelle. Par le fond, mon petit frère, et du fait de la Royal Navy ! Amer champ d'honneur... Soizic n'a rien exagéré, ce qui m'attend n'est pas beau. Sur son lit ravagé, mon père brûle, frissonne et râle, le visage marqué de vilaines plaques rouges, le rythme respiratoire désordonné. Près de la fenêtre aux persiennes closes, un tas de chair affalé sur un pouf, ma mère. Entre les deux, Mémé à genoux, sa coiffe dans son fichu, qui prie comme on geint. Le médecin remonte du sous-sol où il a fait lui-même bouillir sa seringue.

— Où peut-on étendre votre mère ? Je vais lui faire une piqûre.

J'indique ma chambre. Il lime une ampoule, emplit la seringue, m'apostrophe :

— Hé là, vous n'allez pas vous évanouir, Hélène ? Ce n'est pas le moment !

J'avais besoin d'être galvanisée. Je me reprends. En quoi puis-je me rendre utile ?

— Pour l'instant, tenez ceci, dit-il en me tendant la seringue. Mme Gueguen va m'aider à coucher ces deux-là. Si votre père était transportable, je le ferais hospitaliser. Comme il n'y faut pas songer, nous agirons au mieux. Tout d'abord, le calme ici.

Il saisit Mémé aux aisselles et la soulève. La pauvre vieille ne pèse pas lourd, il refuse l'aide de Soizic et va la déposer dans son lit clos, où elle reste immobile, sur le dos, ses yeux décolorés sur le crucifix, entre deux mondes. Soizic tamponne le front de ma mère. Sur un signe du médecin, elle la prend par les jambes. Je les suis, encore sans larmes. Il marche à reculons, le buste de ma mère contre lui. Un léger balancement et le corps est au milieu du lit, calé par les oreillers.

Ma mère pousse un cri quand l'aiguille s'enfonce. Un hurlement me précipite dans la chambre voisine. Les yeux de mon père brillent d'un éclat trouble, des yeux de loup. Il ne me reconnaît pas. Il lance ses poings dans tous les sens, se frappe la tête, grimace, s'arque, effrayant, et brusquement s'immobilise dans un râle. Il meurt ! Non, c'est la fin de la crise, me dit le médecin en me poussant hors de la pièce.

— Descendons, ajoute-t-il bas. Nous serons plus tranquilles pour parler.

Il remplit une ordonnance, nous la lit en donnant des explications, puis :

— Je n'ai pas le choix, j'abrutirai votre mère aussi longtemps qu'il sera nécessaire. L'affolement, les sanglots et les éclats de voix sont prohibés. Vous avez vu ce qu'un cri produit. Consacrez-vous au malade. Pendant les crises, il tentera de se lever, de se blesser.

— Nous sommes deux pour l'en empêcher, dit Soizic.

— Ce ne sera pas trop. Si vous évitez tout bruit, les crises s'espaceront.

Il referme sa trousse, promet de repasser après sa tournée. Soizic le raccompagne. Ils chuchotent un moment devant la porte du jardin. Elle revient, les larmes aux yeux.

— Papa est perdu ? Parle net, je suis forte. Que t'a-t-il dit ?

— Il ne peut encore se prononcer. Il me parlait de sa propre peine. Son fils était sur le *Rigault-de-Genouilly,* un rescapé de la tuerie du 3, qui avait pu s'échapper. Le lendemain, un sous-marin anglais l'a coulé devant Alger.

Pas de quartier !

Nous luttons jour et nuit contre le mal, contre notre malade. La température se tient au-dessus de 40, avec des pointes autour de 41. La souffrance et les hallucinations dressent le malheureux sur son séant. Nous le maintenons à grand-peine dans son lit. Il se défend des pieds et des mains, nous meurtrit, hurle à notre contact. La lumière et le bruit interdits, nous nous déplaçons sur nos bas, dans la pénombre. Un craquement de parquet, un tintement de cuiller, une toux suffisent pour déclencher une crise, plus ou moins longue, suivie d'une apparence de mort plus bouleversante encore que ce qui a précédé. Le médecin ne craint pas le pire, ne rassure pas non plus. Il continue de droguer ma mère, que nous alimentons et soignons comme un bébé. Il faut aussi faire manger Mémé et veiller à sa literie car, depuis le choc, elle ne se contrôle plus ! Prise par mes multiples tâches, j'ai perdu la notion du temps. La fatigue n'influe pas sur la ponctualité des soins, elle retient mon esprit de s'évader hors de l'étage aux lourdes odeurs, à l'angoisse tue, aux crises attendues et subies. Nous redoutons la nuit qui ramène les avions et le vacarme. Nous n'écoutons pas la radio, nous ne lisons pas de journaux et, pendant ses rapides expéditions à la pharmacie et chez les commerçants proches, Soizic n'entend pas ce qui se dit. Nous ne savons plus rien. Nous n'ouvrons la bouche que pour nous exhorter mutuellement à avaler un bol de bouillon ou de café, ou à prendre un peu de repos dans un fauteuil, sur le palier où nous tenons poste de garde sans relève. Le quatrième jour, Soizic m'alerte : il est urgent de prévenir mon mari, qui doit me croire en route. J'ai quelque excuse à avoir tardé, mais je m'en veux. Je vais prendre de quoi écrire dans ma chambre où le souffle de ma mère s'entend à peine. L'autoritaire, l'impétueuse, dépendante aujourd'hui, m'inspire une tendresse nouvelle, importante. J'appréhende le retour à la conscience. D'un jet, je remplis deux feuilles recto et verso ; sans le couvre-feu sévère, j'irais les poster aussitôt. Georges comprendra que, tant que j'y suis à ce point indispensable, je ne peux songer à abandonner mon poste.

A l'aube du sixième jour, Soizic m'appelle du doigt. Mon père repose, tranquille. La rougeur du visage a disparu. Il semble que la fièvre soit tombée, mais nous n'osons tâter le dormeur. Toutes les dix minutes, en prenant garde aux lattes vicieuses, responsables de tant de cris, nous observons par l'entrebâillement de la porte. A neuf heures, la position n'a pas varié, mais les yeux sont ouverts. Je m'approche à petits pas glissés. Mon père ne crie pas. Son front a pris une teinte marmoréenne et son regard, qui n'est plus vague, exprime une sorte de terreur. Je lui souris et pose ma main sur la sienne, par-dessus le drap. Il ne se contracte pas, ne s'écarte pas. Je murmure : « Mon petit papa. » Je vois qu'il me reconnaît, mais sa bouche demeure fermée. Soizic heurte le bord de la table de nuit en prenant le « pistolet », aucune réaction. Même quand je le découvre. Soizic lui touche l'épaule, il ne se détourne pas en ruant, n'essaie pas de se redresser, de nous bousculer. Il n'a pas de réflexe de recul, pas de réflexe d'aucune sorte : il est paralysé ! Soizic court chercher le médecin.

La décision d'hospitalisation immédiate est prise. Brancard, ambulance, admission, attente du verdict. Une amélioration est possible dans les jours qui viennent, la guérison viendra peut-être, mais lentement.

Nous laissons ma mère revenir progressivement à la réalité. Son chagrin fait mal.

— Mon fils mort, mon mari qui ne vaut guère mieux, ma fille qui devra partir...

Elle s'accroche à moi comme un enfant malade à sa mère, m'oblige à dormir près d'elle, sa main dans la mienne, sa tête dans mon cou, nos jambes mêlées comme des jambes d'amants.

Rien de Georges.

Un matin, Soizic rapporte du marché une fâcheuse nouvelle : les communications postales entre les deux zones sont suspendues. Je me rassérène en me disant que j'ai écrit à temps. Ma lettre me revient dans la journée. Soizic qui me voit blêmir s'emporte :

— Ton mari a sûrement appris la mort de Guillaume, il comprendra !

— S'il ignore la suite, il ne comprendra pas.

Ma mère pleure : vais-je l'abandonner, déjà ?

— On dit que l'arrêt de courrier est provisoire, minimise Soizic.

Le sort est contre moi. On a tué mon frère, je vois mon père dans le pire état qui soit et je risque, à cause de ce crime et de ses prolongements qu'il ignore, de décevoir un époux adorable, mais exclusif, mon deuil ne justifiant pas, à lui seul, un tel délai d'obéissance. Je suis déchirée. J'aime Georges plus que tout, mais partir sans savoir ce qu'il adviendra de mon père ?

Les semaines s'écoulent, avec des montées d'espoir en flèche, suivies de redescentes au fond du découragement. Nous avons assisté à un début de guérison : une main s'ouvrait et se fermait, la bouche s'essayait à des sons faciles. Une rechute remet tout en question. On nous rend un corps où seuls les yeux vivent : les Allemands ont besoin de lits ! Le courrier n'est pas rétabli. J'ai confié une lettre à un passeur, moyennant rétribution, une autre à un voyageur inconnu qui n'a rien voulu accepter. Sont-elles parvenues ? Je cache mon inquiétude à ma mère, me laisse aller devant Soizic :

— Il m'appelait, sûr que je volerais vers lui...

— S'il n'admet pas tes raisons, c'est un monstre !

— C'est un amant, Soizic. J'étais prévenue qu'il ne supporterait pas que je ne sois pas entièrement à sa dévotion. Lui, moi, le reste du monde loin. Tu vois ?

— Mal. Les parents, ça compte, tout de même !

— Pas pour lui qui n'a pas compté pour les siens.

— C'est juste. Tu ne peux plus rien pour ton père, il faut que ta mère accepte ton départ. Je te soutiendrai. As-tu enfin liquidé ton appartement ?

— Je ne parviens pas à joindre Mme Kegeliou pour l'inventaire. Je lui ai écrit, elle ne m'a pas répondu. J'ignore si elle est à Brest.

— Elle y est. Je l'ai aperçue qui faisait la rue de Siam avec Alice. Celle-là, que son mari soit prisonnier ne l'éprouve guère.

Par Mémé, à qui il écrit, nous avons su que Louis a été pris à Cherbourg.

— Que la pâtisserie soit pleine de verdure ne la retient pas d'entrer s'envoyer une ventrée de gâteaux ! Pendant ce temps, le Guinaouec mange des rutabagas. Et ça m'étonnerait qu'elle lui envoie des colis, radin comme elle est !

— Ce n'est pas comme toi, mauvaise langue !

Les prisonniers du Château sont partis se faire démobiliser en Allemagne. Depuis, Soizic se ruine en conserves et douceurs pour l'infortuné cousin soiffard. Elle ne relève pas l'allusion. Volontiers bavarde sur autrui, elle se montre discrète pour ce qui la concerne, qu'il s'agisse de philanthropie ou d'affaire galante. Depuis quelque temps, elle a de mystérieux rendez-vous dont elle revient excitée, mais bouche cousue. Ma mère conjecture, sans indulgence, « qu'il y a encore un coquin par-là ».

Moi aussi, j'ai aperçu ma tante en ville, à l'heure sacrée, un minuscule paquet au bout du gant de chevreau et la queue de renard en poupe. Les « factice » et « pas de réassortiment » sont apparus dans les vitrines, mais pour ce qu'on trouve encore, Mme Louis Cosquer ne renonce pas à la pratique de la « comparaison », qui pimente si agréablement le plus futile achat. Elle entre, fait déballer, repart sans acheter : elle va réfléchir. Pourquoi la défaite, l'occupation et la captivité d'un mari feraient-elles renoncer à des rites que le mariage, la guerre et la séparation n'avaient pas dévalués ? Chacun naît avec une liste d'épreuves et de contrariétés à épuiser. A chacun son karma. Si, par la suite,

Alice a autant souffert de la disparition des puits d'amour que d'autres de l'absence d'un époux, le compte y est.

J'ai réussi à rencontrer Mme Kegeliou, je commençais à croire qu'elle me fuyait. A Soizic qui m'attendait dans l'appartement, je résume l'entretien, très aimable au départ. J'étais tout excusée pour les malles demeurées sur place, la mort de mon frère (condoléances), la maladie de mon père (incurable, hélas ! et de citer des cas), triste, triste. Pour ce qui me préoccupe ? C'est simple, je dois les mois de juillet, août et septembre. Ce dernier commence aujourd'hui ? C'est l'usage. Tant d'argent pour des lieux qui ne sauraient être reloués ? Ma proposition de règlement direct à sa fille, accueillie avec gêne, a été repoussée : ma bonne foi n'est pas en cause, mais, la France, coupée en deux, les dettes contractées d'un côté ne peuvent s'acquitter de l'autre. Comme le jour de mon retour de Cherbourg, où je bousculai si rudement la psychologie des dames Le Canidec, une furieuse envie de dire son fait à leur digne amie me démange, que je contiens pour l'avenir de mes relations avec les Falch. Le Service de la Solde a repris ses versements aux familles. Je viens de toucher ma délégation d'août ; les exigences de Mme Kegeliou l'ont absorbée, avec une partie de mes réserves. Je ne dispose plus d'une somme suffisante pour traverser la France et vivre en attendant le contact avec Georges. Nous descendons. Soizic crache sur le paillasson de la dame.

— Ne parle pas de cette histoire sordide à ta mère, ça la retournerait. J'ai mes petites économies à la Caisse d'Epargne, je te donnerai ce dont tu as besoin.

— Comment te rembourser si la poste ne fonctionne pas ?

— Tu me rendras après qu'on les aura foutus dehors, ça viendra ! Ou au paradis.

Désolante est la rue de Siam à l'heure allemande. Comble de l'humiliation, les trottoirs sont à sens unique. C'est peut-être logique, vu leur largeur, mais sûrement insupportable. Le moyen de protester ? Traverser, retraverser. Soizic n'arrête pas de couper la marée montante, qui submerge la chaussée, de sa forte poitrine en bouclier. Je n'ai pas le cœur à l'imiter. Une main se pose sur mon bras. Je reconnais une jeune femme dont le mari est sur le *Furieux.*

— Alors ? me dit-elle, éclairée par une complicité joyeuse. Vous aussi ?

— De quoi s'agit-il ?

— J'ai reçu une lettre, postée à Paris, comme la dernière. Le bateau est à Toulon. Je pars avec la femme du maître commis. Les maris nous ont dit de nous presser.

— A Toulon ? Vous êtes sûre ?

J'en ai les jambes coupées.

— La lettre est dans mon sac, voulez-vous la voir ? Mais pas en pleine rue...

— Entrons ici. Tu viens, Soizic ?

Ce n'est pas le salon de thé de ma tante, fréquenté par d'élégants officiers allemands, mais une boulangerie-pâtisserie-café, où la troupe se régale de brioches et de beurre. Une tablée salue l'arrivée d'un saladier de crème Chantilly par des rauquements satisfaits. Aucun Allemand ne se tourne vers nous quand la jeune femme s'écrie :

— Le petit dernier de ma sœur est encore malade, lisez !...

Je lis : « Ma petite femme chérie... » Ce qui m'intéresse : « Nous ne resterons pas longtemps en France, fais vite. » C'est signé Jean Le Bar, quartier-maître mécanicien, à bord du torpilleur *Furieux.* Toulon. La date ? 28 août.

L'heureuse Mme Le Bar s'étonne qu'une dame d'officier n'ait rien reçu.

— Cela prouve que le quartier-maître Le Bar est plus débrouillard que le lieutenant de vaisseau Landry, dis-je avec un sourire forcé (car je n'en crois rien et le coup est rude !). Obtiendrez-vous rapidement un laissez-passer ?

— Ma demande est faite. Vous savez, ils sont beaucoup moins durs avec les familles de la Marine depuis Mers el-Kébir. Si vous leur dites que votre frère était sur la *Bretagne,* vous partirez avant nous.

— Quelle raison avez-vous donnée ?

— Ma carte d'identité a été établie à Toulon : je rentre chez moi.

La mienne aussi. Mme Le Bar nous quitte. Je ne suis plus en représentation.

— Que te disais-je, Soizic ? Il est fâché.

— Oui, dit-elle gravement, il doit être fâché. Passons à la Kommandantur.

Ma mère comptait-elle sur la paperasserie allemande pour me garder encore ? C'est probable, mais, chapitrée par Soizic, elle ne pleure pas quand, le surlendemain, j'exhibe l'ausweis qui permet de franchir le mur du silence. J'ai vu trop tard qu'il porte Chalon comme point de franchissement de la Ligne, je passerai donc par Paris. Il m'en coûterait de retourner le faire rectifier. J'ai honte d'avoir joué de la mort de mon frère et d'avoir dû accepter les condoléances d'un officier allemand.

Mon train part tôt. Comme un branle-bas de l'aube risquerait de troubler la maison, Soizic me suggère d'aller dormir dans l'appartement dont j'ai payé la jouissance. Autre avantage : je serai plus près de la gare.

Adieux obligatoirement silencieux. Je dis bonsoir à Mémé, comme à l'accoutumée, après l'avoir préparée pour la nuit et attendu qu'elle ait baisé la croix de son chapelet. Demain, ma mère lui dira que je suis absente pour quelques jours, elle m'oubliera vite. Mon père dort. Je pose mes lèvres sur sa chevelure rude, que nous élaguons nous-mêmes à la tondeuse : je caresse la main cireuse et insensible. Grabataire à vie ? Ma mère qui m'entend soupirer me rappelle, d'une mimique suppliante, qu'il est dangereux de m'attarder. S'il allait s'éveiller ? Elle me happe sur le palier, me serre.

— Maman... Pardon de t'abandonner.

— Tu as fait plus que ton devoir, ma chérie. J'espère que ton mari aura assez de cœur pour ne pas t'en tenir rigueur.

En bas, Soizic presse la séparation :

— Viens, Hélène. J'ai quelqu'un à voir, je t'accompagne un bout...

— Tu crois que c'est une heure pour aller courir ? proteste Jeannette. Les avions...

— Je serai là avant eux, ne t'inquiète pas.

Dernière étreinte. Je quitte ma mère. Nous n'avons jamais été si proches. On se découvre toujours trop tard... Une de mes caractéristiques est que je réalise avec décalage. Je n'ai été rapide que pour l'amour.

— Pars tranquille, je reste avec eux.

— Merci, Soizic, pour tout. Mais tu devrais rentrer remonter le moral de Maman. Ton rendez-vous ne peut-il se remettre ?

Le ton taquin mis dans ma question la cabre :

— Je n'aime pas ce que tu penses. Moi, faire passer la bagatelle avant mes affections ? Je préfère te confier un secret : je vais prévenir un Parisien que je lui ai trouvé une place sur un bateau.

— Un bateau qui...

— Qui met les voiles, c'est le cas de le dire ! Pas un paquebot, un sardinier, celui de ton cousin Jo Le Bris. Il a l'autorisation de pêcher, il pêche. En Manche, de préférence. Cette année, le poisson se tient assez loin. Il a déjà conduit au large quelques amateurs de grand air. Comme il a, lui aussi, envie de respirer, cette fois il ne reviendra pas. Pourvu que mon gars soit bon nageur... Un Parisien, tu penses ! Messieurs les passagers n'embarquent pas à quai, ça complique.

— Comment as-tu connu ce Parisien ?

— Il m'a été envoyé par un parent qui tient un café à Montparnasse. Maintenant, je peux bien t'avouer que ce n'est pas le premier. Ni le dernier, mais sans Jo, ça va devenir plus difficile.

— Où est-il ?

— Où veux-tu qu'il soit ? A l'hôtel ? Mon logement de Recouvrance est plus sûr, bien qu'il faille se méfier des voisins. Je te laisse. Bonne chance, mon cœur.

Cette Soizic que nous soupçonnions de salaces distractions...

L'air est doux, avec à peine de vent et un ciel semi-dégagé, idéal pour la R.A.F. ! Comme je passe devant un débit aux épais rideaux tirés sur une godailleuse ambiance, s'en échappe une servante qui se faufile dans le corridor adjacent. Je reconnais les hanches poulinières et le rire fêlé qui répond à des « Oh, la la ! » tout aises. Notre « fille double » tâte du feldwebel.

Etendue sur le lit sans draps, je cherche en vain le sommeil, tiraillée, partagée... Mon réveil de voyage tictaque dans le silence, bientôt troublé celui-ci par le tapage nocturne. Sirènes, D.C.A., sifflets, explosions, pompiers, ambulances... Je me lève, non pour descendre profiter de la sécurité (relative) de la cave, parce que la position couchée m'est désagréable. J'ai assez vu Mme Kegeliou, de qui j'ai pris congé après un éprouvant inventaire et l'arrondissement des diverses redevances à son net avantage. Soizic m'a blâmée :

— Et toi, grande bête, qui acceptes de passer une lettre !

— Je le fais pour la fille, pas pour la mère.

— Ouais ! Mais quand on confie une lettre à quelqu'un qui n'est pas une domestique, on ne doit pas coller l'enveloppe. Vu les circonstances, c'est l'a b c du tact !

Je repousse les volets. Un nuage rougeoie au-dessus de l'arsenal. La D.C.A. s'énerve. Je n'ai pas peur de ce concert tonitruant, mon inquiétude est autre. Un point d'interrogation me taraude le cerveau. Le ciel me propose un exposé géométrique en tirets de feu... mais je suis toujours nulle en mathématiques.

Mon passage dans le « nid d'amour » effacé, mes bagages à main fermés, je suis prête bien avant l'heure. Ding ! font les clés jetées dans la boîte aux lettres. Baoum ! la lourde porte tirée sur moi. Le rideau tombe sur un acte sinistre.

Pardon, mes parents, si partir n'est pas mourir un peu, ce matin, mais renaître. Ceux que j'ai quittés hier se sont figés, chaque kilomètre de rail les statufie davantage. Suis-je coupable d'avoir si fort envie de vivre ?

Montparnasse, le métro, la gare de Lyon. Plus de quatre heures à occuper avant la formation de mon train. Je mets mes bagages en consigne et vais renouer avec le centre de la capitale. Les vainqueurs veulent impressionner et séduire Paris, mais, pas plus qu'à Brest, ne parviennent à se rendre matériels, malgré la hauteur des casquettes et la longueur des manteaux, directement proportionnelle à la finesse des cuirs. Je me lasse vite de déambuler dans la foule, sollicitée par des hommes toujours aussi prompts à changer leur cap. Mieux pourvue, je m'offrirais une de ces fantaisies qui ne sont que de Paris, pour plaire à mon mari. Je regarde les jolies choses, intéressée mais résignée, en constatant que les femmes font face au malheur en soignant plus que jamais leur aspect. De nombreuses vitrines portent un placard haineux, qui ne retient pas la clientèle d'entrer et d'acheter, nonobstant l'avis sur jaune vif qui engage implicitement à attendre qu'une nouvelle raison sociale présente les articles sur une généalogie de certificats de baptême.

L'impatience et une sourde appréhension m'éloignent du terre à terre. Cependant, l'arrivée à Toulon se situant le lendemain en mi-journée, il est raisonnable d'absorber un peu de nourriture avant le départ. Je choisis un restaurant modeste, d'aspect familial derrière des ifs poussiéreux en caisses délavées. La salle est vide, les clients se tiennent à côté, autour d'un comptoir. Mon dîner commandé à une serveuse aimable, j'écoute ce qui se dit au bar, qu'une cloison mi-bois mi-verre dépoli, à hauteur d'homme, sépare de la salle à manger. C'est instructif et distrayant. Les secrets de la stratégie anglaise rebondissent allègrement sur le zinc et les plus gros bobards s'avalent aussi prestement que le p'tit blanc du patron. En moi s'attaque une légende : le Parisien beaucoup moins crédule que le Breton.

— Vous savez la nouvelle ? Les plages de la Manche sont couvertes de cadavres : des Fritz qui ont tenté de débarquer en Angleterre et que la marée ramène à la côte. Paraît qu'ils arrivent debout, à cause de leurs brassières de sauvetage et de l'eau qui remplit leurs bottes. Des morts debout, vous vous rendez compte ?

S'ils se rendent compte ? Pas une voix n'émet un doute. Le tableau plaît. Et puis, dans le Finistère, les Anglais se promènent comme chez eux, ils attendent le moment. On parle aussi d'un marché clandestin et de mirifiques découvertes personnelles :

— Rien que des grands crus. Chez une concierge de Neuilly. Les Fridolins ont vidé un appartement juif en oubliant la cave à pinard. La bonne femme a liquidé à des prix tout ce qu'il y a de raisonnables. Hein ? Non, j'ai eu les dernières bouteilles.

Soudain, le ton monte :

— Non, j'admets pas : si on est pour Pétain, on est pour Hitler !

— Tu dis ça en face à un ancien de Verdun ?

— Verdun ! De l'histoire ancienne ! Depuis, ce vieil ambitieux nous a vendus !

— Monsieur oublie qu'en juin, il aurait donné le Nord et l'Est aux uns et le Midi aux autres, pourvu qu'on lui permette de rappliquer faire un enfant à sa femme et reprendre son apéro ici tous les jours ! A présent, parce que quelques gars gonflés en veulent encore, il se sent la tripe tricolore ! Si tu as changé d'avis, retourne à la riflette, mon gars, on demande du monde !

— Allons, ici il n'y a que de bons Français. Videz vos verres. C'est la tournée du patron.

Je me force à avaler des nouilles gluantes, arrosées de bouillon. La qualité de la cuisine justifie l'absence de clients d'outre-Rhin. Il n'en vient jamais, me dit la serveuse. Je suis tombée sur un petit restaurant d'habitués, où les pensionnaires dînent tard après avoir souventefois trinqué avec les copains du quartier ; une jalouse petite portion d'air libre, où l'on s'engueule gentiment, entre soi, comme avant l'arrivée de la verdure, sans devoir baisser la voix ni mesurer ses paroles. Pas de mouchards ici. Je suis tout à fait déridée, quand une voix laryngiteuse lance un nom :

— Mers el-Kébir, t'as que ça à la bouche ! C'est pas marrant, d'accord, mais si les officiers voulaient rendre leurs bateaux aux Allemands, faut comprendre les Anglais !

Déjà, la conversation dévie :

— Officier de marine, j' te crois un chouette métier. Pas fatigant, toujours sa maison avec soi, nourri comme un pape et des femmes en veux-tu ? En voilà !

— Dis, Robert, on en a connu un en vacances en 38, rappelle une voix de femme.

— Ce freluquet qui te parlait de « Bombaye » ?

— Oui, gros jaloux, même qu'il en parlait bien. Il était sur un paquebot, un gros. Son grade, c'était pas capitaine de vaisseau ? Combien que ça fait de galons ?

— Quatre, dit un renseigné. Ils en ont toujours un de plus que dans l'Armée.

J'ai assez ri. Bonsoir.

La gare est noire, mon train déjà formé, tous rideaux tirés sur l'éclairage bleu. Le contrôleur me trouve une place dans un compartiment occupé par une famille et un amoncellement de bagages. Je pourrais exiger un coin de filet pour mes valises, mais ces gens ont l'air si accablés que je les laisse dehors. Le père me remercie d'un sourire endeuillé et rejoint sa femme à la portière. Sur le quai, un couple leur crie des recommandations et des encouragements. Cela sent l'expatriation, pourtant les garde-places portent Lyon. L'étanchéité de cette frontière autoritaire élonge les distances, repousse Lyon à l'antipode. Le train s'ébranle. Le couple du quai crie : « Adieu ! », un mot qui prend sa valeur quand le rassurant télégramme d'arrivée ne peut se promettre. Les parents reviennent s'asseoir, muets et mornes.

L'ambiance abaisse ma petite flamme interne, soufflée par les aperçus de comptoir, rallumée par la forte respiration de la locomotive. Je n'aime pas ce silence et que les yeux ne se ferment pas, même ceux du plus jeune, un garçonnet de six ou sept ans à qui la veilleuse donne un teint maladif. Je clos les paupières, j'appelle des visions de lumière : nos bateaux sur une rade ensoleillée, des rues pleines de matelots sans ruban dans le cou, les pentes bleutées de la Sainte-Baume, les blessures rouges du Faron, les tuiles roses de l'Embossage, les dents de Georges. En vain. Le hasard m'a donné des compagnons qui suent la peur et leur peur pompe mon exaltation à peine provoquée, me ramène à mon deuil, à mon père mort-vivant, à Mémé qui n'est plus qu'un reflet, à ma mère bien vivante pour pleinement endurer. Mon lendemain n'est plus clair, mais menaçant. Je suis toute angoisse.

Après Dijon, les allées et venues du couloir cessent. Que les puissants du jour décident de suspendre les passages et nous restons dans l'étouffoir. Est-ce cette redoutable éventualité qui bouleverse mes voisins ? Devant moi, deux jeunes filles encadrent la mère. Toutes trois échangent leurs transes en se massant les mains. Le père :

— Voyons, mes chéries, cette personne n'avait aucun intérêt à me tromper...

Le train s'est arrêté. Ils ne sont pas en règle, c'est la raison ! Mais le suis-je moi-même ? Ne me manque-t-il pas quelque coup de tampon ? Un lourd silence plane sur le convoi, seulement habité par le halètement de la locomotive. Mes compagnons se retiennent de respirer, je les imite. C'est pénible. Et long.

— Vous avez un ausweis ? me chuchote la mère.

J'incline la tête. Elle soupire. Tous soupirent.

Bruit de bottes, lointain... vite amplifié. Des voix hurlent des commandements. Les portières sont ouvertes de l'extérieur et un soldat armé longe les compartiments : « Laizé-bazé... Laizé-bazé... » Je déplie le mien, les yeux de la famille convergent dessus. Le contrôle semble s'opérer rapidement : un froissement de papier suivi d'un merci. C'est notre tour. Un gradé paraît, prend ma feuille, l'examine, la passe à un soldat derrière lui, me dit merci, tend la main vers les autres. Le père s'est composé un visage joie de vivre, pitoyable :

— Je suis M. Mouton. La Kommandantur de Puteaux a dû téléphoner à mon sujet. Et voici ma famille, dit-il, parcouru de tics, le geste arrondi.

L'Allemand le considère avec surprise et vite avec humeur :

— Vos laissez-passer, s'il vous plaît. Vous n'avez pas ?

Alors, le pauvre M. Mouton se lance dans une invraisemblable histoire de dossier enfermé dans le bureau d'un officier absent, de multiples visites à la Kommandantur et d'une demoiselle secrétaire, allemande et compatissante, qui, désolée de ne pouvoir remettre l'ausweis de la famille, laquelle avait loué ses places, a promis de prévenir ces messieurs de Chalon. En rien désarmé par tant de candeur, l'Allemand crie :

— Descendez. Vous vous expliquerez au bureau !

— J'y vais, dit M. Mouton. Ils sont sûrement au courant.

— Tout le monde. Avec les bagages. *Schnell !*

Un soldat prend les Mouton en charge. J'aide au rassemblement des colis. Quand je veux lui mettre son manteau, le petit garçon fond en larmes. Il faut le porter dehors. Je suis à peine retombée sur la banquette, secouée par la scène, qu'un officier se présente, salue et s'assied devant moi.

— Combien emportez-vous d'argent français, madame ? Pas de marks ?

Je lui tends mon sac qu'il repousse, l'air offensé. Je sors mon viatique.

— Dois-je ouvrir mes valises ?

— Inutile. Mes hommages, madame. Bon voyage.

Il s'incline, passe à côté. Les cris de l'enfant s'entendent encore, mais on croirait que le wagon s'est vidé de tous ses voyageurs. Pas un bruit, pas une toux. Que se passe-t-il ? Je sors la tête. Des lueurs volettent comme des papillons, des bottes, dont je vois les semelles, dépassent d'un compartiment qui subit une inspection complète. Quand les bottes se dressent, une voix coléreuse tonne et l'aimable officier de tout à l'heure pousse dans le couloir une vieille dame décomposée : il tient une pelote de laine. L'infortunée famille Mouton m'avait fait oublier la lettre de Mme Kegeliou. Elle est là, entre les pages d'un roman. Un geste indiscret de l'Allemand, je descendais aussi.

Plus d'une heure s'écoule avant que le train ne s'ébranle... pour s'immobiliser peu après dans un fracas. Des bottes remontent. J'ai rentré mes valises et posé la plus lourde sur le livre. Deux militaires passent en courant devant mon compartiment. Les portières claquent, le train repart, ne s'arrête plus. Le couloir reprend vie, je me mêle à ceux qui échangent leurs impressions. Au mieux, la famille Mouton cirera des bottes toute la nuit et reprendra un train en sens inverse. La tricoteuse passait des lettres, une infraction qui va lui coûter cher.

A Lyon, un couple pénètre dans mon compartiment, des jeunes mariés aux gestes possesseurs. Il y a encore des gens heureux. La malchance de la vieille dame et la naïveté de M. Mouton me retenaient encore à la frontière, je ferme les yeux sur le spectacle réconfortant et ne les rouvre qu'au jour. Après la nuit allemande, la lumière éclatante de la campagne provençale. En revoyant les doux oliviers et leurs bras en offrande, je me sens muer. Nous passons au ralenti devant une station qui, avec ses banderoles tricolores et ses guirlandes de feuillage dévitalisé, évoque un lendemain de fête nationale. Un long calicot : *Bienvenue au père de la patrie.* La jeune femme regarde distraitement, son mari lui mordille l'oreille. Le Maréchal est bien le cadet des soucis de ces deux-là. Et la zone occupée doit leur être aussi étrangère que le Kamtchatka ! Je vais faire un semblant de toilette et une remise en beauté, mais je reste ensuite dans le couloir pour permettre aux amoureux de s'embrasser en paix. A Marseille, je ne tiens plus en place. Les derniers kilomètres, d'Ollioules à Toulon, se traînent. Aux premières maisons de Pont-du-Las, ma main s'énerve sur la poignée de la portière. Mon porteur tatoué est là.

— Vous voilà de retour ? Qué pastis là-haut, hé ?

Je lui confie mes bagages et m'élance. En vue de la porte Castigneau, je ne sais si j'ai un point de côté ou si c'est la joie qui m'étouffe.

— Voudriez-vous prévenir le lieutenant de vaisseau Landry, sur le *Furieux,* que sa femme arrive de Brest à l'instant et l'attend ici.

Attendrissement de la maréchaussée maritime. On m'invite à entrer, à m'asseoir. On cherche le poste du *Furieux.* Téléphone. Allô !... Allô !... Alors ? Alors ?

— Chef, ça ne marche pas.

— Allez-y, mon vieux. Une nouvelle comme celle-là n'attend pas.

Le messager parti, le chef de poste, un Brestois, m'interviewe. Je réponds en évaluant le temps et la distance, plus impatiente de minute en minute. Trop tôt, je vais surveiller la large et longue rue bordée de bâtiments administratifs, au bout de laquelle Georges va paraître. J'ai oublié ma famille, la zone occupée. Je suis libérée de l'angoisse des Mouton. Georges va accourir, heureux, trop heureux pour m'adresser des reproches. Les mâts des navires se haussent par-dessus les toits. Plus tard, mes amis. Pour l'instant, Georges, rien que lui...

Tout arrive. Le gendarme revient, de son pas de gendarme, réfléchi et régulier. Il est seul. Je guette au-delà de sa massive personne. Rien.

— M. Landry est de garde, il ne descendra pas aujourd'hui. Voici vos clés.

L'homme cache mal sa gêne d'avoir à transmettre pareil message à une épouse fardée du bonheur des retrouvailles. A une heure où tout l'état-major est à bord, même de garde, un officier demande à un camarade de le remplacer, le temps de venir embrasser sa femme à la porte de l'arsenal ! Je réagis à l'humiliation d'un raidissement du buste et du cou. Je remercie et vais digérer ma déconvenue plus loin. « Tu arrives à ton heure ? Mille regrets, je ne suis pas disponible. J'ai attendu, tu attendras. » M'infliger une si cruelle punition, n'est-ce pas se punir lui-même ? Remettre au lendemain explication ou blâme ne lui ressemble pas. Faut-il qu'il soit fâché !... J'étais en situation de m'attendre à un accueil retenu, voire à quelques sarcasmes proférés avec sa « voix de bord », pellicule verglacée qui devait fondre bien plus au contact de nos corps que par la grâce de mes justes excuses. Il me reste à déposer, momentanément, mes armes d'amante.

Je suis le quai. Revoir des bateaux ne me console pas. Par crainte d'être reconnue et abordée, j'allonge le pas. Les clés s'échauffent dans ma main. L'Embossage me rassurera peut-être. Le tram du Mourillon arrive en même temps que moi au bas du cours La Fayette, une grappe humaine collée à son flanc droit. Mystère des transports toulonnais d'alors, on était « esquiché », mais on montait. Le trajet défile sans me donner de joie.

Je longe la pinède, le cœur gros. L'Embossage m'attend, pimpant et fleuri. J'entre et je hume. On n'a pas fumé ici depuis longtemps. Georges consomme plus d'un paquet par jour, les lieux où il vit s'imprègnent de l'odeur de tabac blond. Les scellés apposés par les araignées de jardin attestent que les fenêtres n'ont pas été ouvertes récemment. Il ne m'attendait pas. Il vivait à bord et cela non plus ne lui ressemblait pas. Cependant, les clés étaient en sa possession et un verre, retourné rincé sur l'évier, indiquait qu'il était venu, au moins une fois.

La nuit se grignote, lente et blanche... Puis une longue journée. A l'heure habituelle, je vois des uniformes pénétrer dans les villas voisines. Six heures du soir... Sept... Les yeux de sœur Anne roulent d'irritantes poussières, mais ne quittent pas la route. A huit heures, j'en ai fini d'espérer. Je rentre.

Un quart d'heure de désespoir et la porte s'ouvre. C'est lui, en civil, une valise à la main, pâle, marqué. Je cours l'étreindre.

— Toi enfin... Je ne savais plus que penser.

Il me détache de lui d'une main ferme.

— Tu ne m'embrasses pas ?

Sa bouche effleure mon front, refuse la mienne. Il va déposer sa valise et son imperméable, revient et s'assied, glacial, impénétrable. Je ne retiens pas mes larmes.

— Pas de mélo, je t'en prie !

— Mais Georges, n'as-tu pas reçu ce que je t'ai écrit depuis la coupure ?

— Tu as pris cette peine ? Première nouvelle.

Mes messagers avaient jeté mes lettres ou avaient été pris ?

— Ainsi, tu ignores tout ?

— Je sais que ton frère est mort à Mers el-Kébir. J'en ai éprouvé beaucoup de peine, crois-le bien. J'ai parfaitement admis que le devoir filial te retienne à Brest, mais quelques jours, pas deux mois.

Je parle. Il m'écoute. Ses doigts pianotent sur le bras du fauteuil. Il croise et décroise ses jambes, éteint la cigarette qu'il vient d'allumer, en reprend une autre qu'il écrase rageusement dans le cendrier après deux bouffées, puis se martèle les tempes de ses poings serrés. Il semble que, loin de le radoucir, ce que je lui apprends le mette hors de lui :

— Si j'avais pu te poser la question, m'aurais-tu dit de rester ou de partir ?

— D'après les dates, il te fut possible, non de poser une question ridicule et d'en attendre la réponse, mais de me prévenir de ce nouveau drame.

Ma seule faute, ce petit retard...

— C'était si affreux cette maisonnée de douleur, tu ne peux savoir...

— Je sais que, prise par d'autres affections, ce que, vu les circonstances, je ne te reproche pas, tu as un moment oublié mon existence.

— C'est faux ! Tu étais en moi. J'ai été trahie par le temps et cette mesure.

— Va, l'ennemi sait ce qu'il fait en coupant ce pays en deux ! Pour les petites âmes, le silence rend les vivants de l'autre côté aussi imprécis que des morts enfouis.

Ce mépris, cette amertume... Ai-je à ce point démérité ?

— Tu ignores ce qu'ont été ma vie et mes pensées durant l'éclipse. Tu t'es satisfaite d'un cliché accroché dans un coin de mémoire. Je veux bien croire que, de temps en temps, tu brûlais de l'encens devant. Ton arrivée, pensais-tu, serait le lève-toi et marche qui ranimerait le Georges en sommeil, tout semblable, à ton gré, à ton heure. Il se trouve que le temps a marché pour moi comme pour toi. J'ai vécu, souffert, imaginé.

— Mais maintenant, je suis là...

— Tu n'étais pas près de moi quand j'ai eu le plus grand besoin de ta présence, même sur du papier. Tu viens bien tard, Hélène... Oui, bien tard.

Ce teint bilieux, ces yeux enfoncés, cette lassitude de tout l'être...

— Tu as été malade !

— Assez, oui. Mais, rassure-toi, la machine a repris son rythme.

— Ne m'en diras-tu pas davantage ?

— Un jour, peut-être, te conterai-je cela, dit-il dans un ricanement bizarre. Certainement pas ce soir. Donne-moi un verre d'eau, veux-tu ?

Je m'empresse et propose de passer à table.

— Pas faim. Tu m'excuseras de te laisser dîner seule. Je suis vidé.

— Je vais préparer le lit...

— Ne te dérange pas, je dormirai ici, sur ce divan.

— Mais pourquoi ? Oh, Georges... tu ne vas pas m'infliger...

— T'infliger quoi ? Qu'espères-tu ?

— Mais que tu m'aimes encore, autant que je t'aime...

— Et tu comptes sur le lit pour tout arranger ? Pauvre petite !

— Tu m'en veux à ce point ?

— Je n'en veux qu'à moi-même... Et à celui qui tire les ficelles !

Il va reprendre sa valise et s'enferme dans la salle de bains. La douche coule longtemps. L'heure est lourde, mais j'ai les moyens d'en changer le climat. Tu es fâché, mon exclusif, mais tu es là, avec une valise rassurante, dont tu t'es chargé au lieu d'envoyer Kerdonkuff, pour que je sois punie jusqu'au soir. Tu veux que je te regagne, je vais te regagner. Je m'humilierai jusqu'à ce que tu te sentes obligé de me prendre dans tes bras. Une fois dans tes bras...

Il revient, en pyjama, les cheveux humides, le front toujours plissé. Je m'approche, avec un sourire contrit qui devrait le désarmer.

— Embrasse-moi, mon chéri. Je n'en peux plus de ne pas te reconnaître...

Il m'éloigne comme on chasse une mouche, d'une main retournée.

— Je suis las, Hélène. Laisse-moi.

— Décidément, dis-je, froissée plus encore par le geste que par le ton, il semble que j'arrive bien mal à propos.

Il part d'un rire grinçant qu'il a du mal à juguler.

— Tu ne peux savoir combien tu dis vrai !

— Qu'est-ce que cela signifie ?

— Rien. Je salue au passage une coquetterie du sort.

— J'aimerais comprendre.

— Rien, te dis-je. Une coïncidence drolatique. A se taper les fesses par terre !

J'y suis ! Mon mari a un ennui de service, et comme ce sacré métier, pardon, ce métier sacré, prime le reste, mes peines familiales, venues en surcroît, l'irritent au lieu de l'attendrir. C'est ainsi ? Eh bien, qu'il boude, qu'il ressasse, qu'il cuve sa rogne, nous ne sommes plus au temps de la *Pénelope !* Moi aussi, je suis lasse. Et ulcérée par tant d'injustice et d'incompréhension. Comme dit Soizic, « les parents ça compte ». Bonsoir, égoïste, que la nuit te porte conseil. Extinction des feux. A s' coucher qui n'est d' quart ! Et zut, zut, zut ! Je m'enfuis, la bouche serrée sur ma rancune.

Trente minutes plus tard (sans doute beaucoup moins), dans la tenue du bourgeois de Calais j'apporte mon amour-propre roulé en boule dans mon mouchoir. Je colle mon oreille à la porte. Le cruel ne dort pas, il remue. La poignée est souple et silencieuse, j'appuie et, d'un bond, je m'abats sur sa poitrine. Il se défend. Nous luttons, sans un mot, lui avec sa vigueur masculine, moi avec une force dont je ne me savais pas capable. Je veux qu'il cède. Je baise ce que ma bouche rencontre, son cou, une main, le revers du pyjama. Il me bascule d'un brutal coup de rein et se retourne. Je n'ai pas lâché prise : nous demeurons, immobiles, ma joue sur son dos, mes bras autour de sa taille, mes genoux dans ses jarrets, à écouter nos souffles s'affronter sur un rythme syncopé, alors qu'ils s'accordent si bien dans l'amour. Il tremble de nervosité, mais ne tente plus de se dégager. Encouragée par son abandon, j'ose :

— Aime-moi, Georges...

Sa ruade fait glisser mes doigts plus bas que sa taille, sur son ventre houleux.

— Qu'exiges-tu pour ne plus être fâché ?

Pas de réponse. Me jeter à ses pieds ? C'est là qu'il pourrait parler de mélo ! Un sacrifice ? Un abominable sacrifice ? Je le lui offre, avec l'affreuse conscience du sacrilège :

— Si tu le veux... je ne reverrai plus mes parents.

Je provoque un sursaut capable de casser les ressorts du sommier. Sa respiration se précipite, puis s'apaise. Et c'est sans colère qu'il ordonne :

— Calme-toi et essaie de dormir. Surtout, ne profère plus d'énormités !

Son corps s'est décrispé. Il ne me fuit pas. La force me manque pour le violenter, mais j'ai un aimant au bout des doigts et des mots d'appel à ma disposition, des mots lus, encore jamais prononcés. Résistera-t-il à mes caresses et à la cantilène qui les accompagne ?

— Tu vois bien que tu m'aimes...

Il se rue sur moi, me crie dans la bouche, avec une sorte de sanglot :

— Idiote, idiote... Mon idiote...

Jamais il ne m'a aimée avec cette violence, cette insatiabilité...

Je m'engourdis, il continue de me serrer, par saccades, comme s'il craignait que je ne lui sois enlevée. Eternel anxieux bien-aimé...

L'idiote n'a-t-elle pas eu raison de faire confiance au lit ?

*
**

Le train glisse, silencieusement, sans me balancer, dans un interminable tunnel. La clochette du wagon-restaurant s'éloigne. J'ai froid dans ce train qui me ramène à Chalon, où il me faut, question de vie ou de mort, remettre la main sur M. Mouton à qui j'ai eu l'imprudence de prêter mon ausweis.

Aïe ! Mon coude vient de rencontrer la cloison. J'ouvre un œil sur un rectangle de ténèbres ourlé d'un mince trait pâle. Je frissonne, me tâte. Je voyage nue à même une banquette ? Une banquette bien large. Un réflexe m'en jette à bas. Encore mal réveillée, je pousse les contrevents, juste pour passer ma tête. Dehors, c'est l'aube chauve-souris, sans reliefs, seulement troublée par le frémissement mourant de la cloche dérangée par le vantail tiré sec et un pas qui décroît. Je hèle, Georges est déjà trop loin. Les anciennes habitudes se reprennent : quand son service l'appelle tôt, mon mari respecte mon sommeil. C'est bon de reprendre des habitudes de couple, mais je déplore sa discrétion : j'arrive de la zone sous boisseau et j'ignore tout du mode de vie de la Flotte, sauf que des bâtiments ont été remis en service, en même temps que le système des convois, pour répondre aux nombreux arraisonnements de navires marchands par la Navy. Nous n'avons pas eu le loisir de parler du *Furieux !*

Du passage de Georges dans la salle de bains ne demeurent qu'un parfum de cigarettes et des cendres ; plus de pyjama, de rasoir, de brosse à dents. Un départ matinal veut dire appareillage et la disparition des objets de toilette que l'absence dépassera la journée. Qu'il ait repris la valise, d'assez grande taille, me fait tiquer. Dépourvu d'un contenant léger, je l'ai vu souvent utiliser ses poches pour l'indispensable. Une courte réflexion, l'énigme de la valise est résolue : L'Embossage trop vaste pour un homme seul, il avait pris une chambre à l'hôtel, qu'il avait vidée hier soir, ce qui expliquait son arrivée tardive, et cette valise contenait du linge et des vêtements destinés au bord. Je cherche un billet qui confirmerait mes suppositions, c'était aussi dans nos habitudes : même sans prétexte d'oubli ou de recommandation, il laissait un peu de tendresse écrite derrière lui. Rien. Réveil en catastrophe ? Rarissime, mais vraisemblable après notre nuit. Je me couvre et me recouche.

Vers dix heures, je paresse sur la terrasse. Il fait un temps à bonheur. Une légère brise souffle sur la pinède, la mer scintille, éblouissante, jusqu'aux contours flous de Saint-Mandrier. Bonne mer pour le *Furieux*. Je suis bien. L'amour me réussit toujours autant. Un bruit de roues monte. Le laitier ? La Provence n'est pas la Bretagne, ai-je droit à du lait ? On va me le dire. J'ouvre le portail. Ce n'est pas la carriole du laitier, mais un charreton qu'un matelot hale, qu'un autre pousse. Je reconnais la cantine et la malle à coins de cuivre, mais pas les hommes. De nouveaux embarqués ? Georges aurait dû penser que la bonne figure rougeaude de Kerdonkuff manquerait à ma reprise de courant. Un peu essoufflés, les gars s'arrêtent, constatent avec satisfaction « qu'il y a quelqu'un dans la villa », me disent bonjour.

— Ce sont les affaires du lieutenant de vaisseau Landry. Il faudrait les entreposer dans un endroit abrité... C'est possible ?

— Evidemment ! (Je ris.) Mon mari débarque ?

Ils commençaient de défaire les demi-clés du filin qui retient les bagages, ils s'interrompent et me dévisagent, stupéfaits. Puis, celui qui n'a encore rien dit s'exclame :

— Vous n'êtes pas Mme de Bourloy ? Vous êtes Mme Landry ?

Sur ma réponse affirmative, l'autre grommelle à l'intention de son camarade :

— Nous, on ne sait rien.

— Mon mari ne vous a pas donné de message pour moi ?

Ensemble, ils font non de la tête. Les marins sont parfois avares de paroles, ceux-là exagèrent : il faut les leur arracher !

— C'est tout de même bien lui qui vous envoie ?

Le garçon auquel je m'adresse détourne les yeux et cherche ceux de son camarade. Tous deux ont pris la pose du matelot perplexe, mains aux hanches, paumes vers l'extérieur. Le temps de réflexion suggère une réponse normande :

— Nous, on exécute les ordres, c'est tout.

Leur circonspection me cause un désagréable chatouillement dans la gorge. Tandis que mon imagination s'affole, je surveille machinalement le désarrimage. Un petit paquet glisse que je rattrape, reconnaissant au toucher le cadre d'acajou qui entoure une Hélène radieuse, épousée de la veille.

— C'était sur le bureau, me dit l'un.

— Avec rien dedans, précise l'autre.

— Avez-vous les clés des bagages ?

— On ne les a pas trouvées. Le cap... enfin, tout est là.

— Serait-il arrivé un accident ?

— Non, madame. Un de ces messieurs serait venu vous prévenir.

C'est l'évidence. Mais alors ? Une pensée me traverse comme un coup de courant. Ce n'est pas possible ! Pourtant, ce matin, devant le vide de la salle de bains, n'ai-je pas refoulé la même ? Les gars en ont terminé. Après un au-revoir poli, ils traversent le jardin comme si le sol leur brûlait les pieds. Un corset de fer m'enserre. La crainte de l'ancêtre gaulois s'est réalisée : le ciel m'est tombé sur la tête ! Près du charreton, les matelots, si peu loquaces tout à l'heure, discutent en lovant le filin. Quand c'est fini, ils ne partent pas. L'un se gratte la nuque en branlant la tête, l'autre lui tape sur l'avant-bras, comme pour le convaincre de faire quelque chose, qui me concerne car, en même temps, ils se tournent vers la terrasse. Ma vue les met d'accord : celui qui argumentait rouvre le portail et revient en courant, une main en l'air :

— Ne vous en faites pas pour le capitaine, madame. L'affaire se présente bien : retardée au maximum. Mais si vous ignorez tout, peut-être que vous feriez bien de voir le commandant. Nous, on ne vous a rien dit, achève-t-il, un doigt sur les lèvres.

Assise à l'extrémité d'une terrasse du quai, je suis la ronde des embarcations. Une écharpe de mousseline noire nouée sous le menton, des lunettes bleues et un journal déployé me soustraient au rite bruyant des rencontres après une absence prolongée. L'heure n'est pas aux mondanités. J'attends de M. de Kerhae l'explication des faits étranges de la matinée. Pas si étranges quand on a saisi un bout de l'écheveau et que le reste ne demande qu'à se démêler. Non loin, des tricoteuses échangent des propos de temps de paix d'une table à l'autre, en guettant l'arrivée des maris. Pour qui vient de Brest, il est surprenant d'entendre parler de réceptions, bridges, tennis au Club sportif. Simone Falch, qui fait les cent pas devant le débarcadère, m'oblige à changer fréquemment mon angle de visée. La lettre de sa mère est dans mon sac, mais je n'ai pas le courage d'entamer une conversation avec qui que ce soit d'autre que celui que j'espère. La Vieille Darse n'a jamais fait danser tant de vedettes. Le canot-major du *Furieux* accoste. En débarquent le second, un enseigne, le commissaire et le médecin, des amis, mais je me tasse derrière mon journal, me félicitant que M. de Kerhae ait choisi de faire armer sa vedette personnelle. Je préfère le voir seul.

A dix-huit heures, personne n'attend plus de ce côté du quai. Sur ma gauche, les longues chaloupes de permissionnaires déversent une floraison de coquelicots sur le Carré du port, mais je ne suis plus en état de goûter un plaisir escompté. Mes chances de rencontrer le commandant ce soir diminuent. Descendu plus tôt ? En permission ? Pas en permission, les gars de ce matin me l'auraient dit. Pourquoi m'être cachée ? Les camarades de Georges m'auraient appris ce que je dois savoir, l'équipage lui-même n'en ignorant rien. Mais M. de Kerhae me fut si propice à Cherbourg, qu'un besoin de protection me porte vers lui. De temps en temps, une vedette aborde encore, jette à terre un retardataire qui se dirige à grands pas vers la rue d'Alger. J'ai abandonné la terrasse pour marcher au bord de l'eau. Encore une et ce sera la dernière. Elle vient, je reste. Je me donne jusqu'à la demie, jusqu'à l'heure...

J'ai eu raison. Une vedette grossit. Je reconnais les hommes de l'armement, une casquette à cinq galons panachés ondule à l'arrière. Je m'avance, déjà soulagée d'un poids, lequel me retombe dessus aussitôt : un capitaine de frégate de taille moyenne, corpulent, les traits burinés, me regarde venir en plissant les paupières. Nous ne nous connaissons pas.

— Excusez-moi, commandant, pouvez-vous me dire si M. de Kerhae est descendu ?

— Le commandant de Kerhae a débarqué du *Furieux,* madame. Je suis son successeur.

Il s'est découvert, souriant. Mon désappointement est grand, mais je me reprends, bien obligée, c'est avec cet inconnu que j'ai affaire.

— Je suis Mme Landry.

— Ah !... fait-il, en même temps que son sourire s'efface pour attendre la suite.

— Je ne sais rien de précis, commandant. Où est mon mari ?

— Ne vous en doutez-vous pas ?

— Autant dire que le stade du doute est dépassé. Mais comprenez-moi : j'arrive de Brest, sans avoir pu le prévenir, et je découvre qu'il avait choisi ce jour-là pour...

— Landry a choisi... l'aventure. Oui, madame.

— Le désapprouvez-vous ?

— Absolument ! Avant le 3 juillet, ma réponse eût été autre. 3 juillet, une date à ne pas oublier si vite !

Je riposte, d'un ton sec, en désignant mes vêtements de deuil :

— Le 3 juillet, mon frère était sur la *Bretagne,* monsieur !

— Je suis confus, j'ignorais. Pardonnez-moi. Que puis-je pour vous ?

— Si vous avez le droit de parler et si vous estimez que j'ai celui de savoir, dites-moi comment cela s'est fait.

— Je n'a rien à vous cacher. Avant-hier matin, Landry m'a demandé de le recevoir. C'était pour me faire part, je le cite « d'une décision mûrement réfléchie et irrévocable : s'évader de ce pays pénitent pour se mettre aux ordres de qui veut lui rendre une dignité qui ne soit pas de déconfit ». Déclaration qui ne me surprit pas. Il tenait au carré des propos passionnés et subversifs qui traversaient les cloisons. Comme l'exige mon rôle, j'ai tenté de le ramener à une conception plus saine du devoir d'un officier envers le gouvernement légal de son pays. Sa conscience exigeait l'acte, m'affirma-t-il. Il avait l'honnêteté de me prévenir, bien qu'il sût que ma bénédiction lui serait refusée, je l'en remerciai. A partir du moment où il optait pour la désobéissance, rien ne l'y obligeait. Si, me dit-il, son respect pour ma fonction et notre estime réciproque. Je l'envoyai dans sa chambre, aux fins de réflexion, sans faire placer de factionnaire devant sa porte. Peu après le déjeuner, absorbé de bon appétit, m'a-t-on dit, un garde maritime demanda à lui parler. Cette visite sembla l'avoir fortement troublé, mais personne n'en sut le motif. Le soir, il refusa de dîner. Le lendemain, donc hier, à ma grande surprise, il était toujours à bord. Je n'osais croire que mes arguments l'avaient touché. Vers vingt heures, l'officier de garde s'aperçut que Landry n'était plus dans sa chambre et que de gros bagages étaient préparés et fermés, mais il ne jugea pas nécessaire d'envoyer un planton chez moi, si bien que la disparition ne m'a été signalée que ce matin, à mon arrivée à bord. Enquête faite, personne n'avait vu le lieutenant de vaisseau Landry dans les coursives. Pas davantage le maître de service et les factionnaires de coupée. A les en croire, il n'avait pris place dans aucune embarcation. Il est donc probable qu'il s'est volatilisé d'une façon inexplicable et rematérialisé dans un train du soir.

Une bouffée d'orgueil et de tendresse traverse ma détresse. Avant-hier, quand il informa son chef de son intention, Georges me croyait à Brest, alors que je roulais vers lui ! Quand le gendarme se présenta, il était aux arrêts ! Et hier soir, après trente heures de délibération solitaire, alors qu'il venait de quitter le *Furieux,* grâce à des complicités faciles à établir, pour peu qu'on le voulût, au lieu de fuir Toulon devenu brûlant, il venait à l'Embossage et restait jusqu'à l'aube !

— Son départ est connu, on va l'arrêter ! Si ce n'est déjà fait ?

— Vous n'êtes pas sans savoir que, dans le cas d'une disparition sur un bateau, c'est d'abord l'accident qu'il faut envisager, dit mon interlocuteur, ostensiblement détaché. J'ai donc prescrit une minutieuse exploration du bord. Les recherches se sont poursuivies toute la matinée et une bonne partie de l'après-midi. D'autre part, il se pose à un commandant un certain nombre de problèmes au cours d'une journée. Je n'ai pas trouvé le temps de rédiger un rapport officiel sur cette affaire avant le départ du courrier.

Et demain est un samedi ! Je murmure un merci fervent, qu'on feint de ne pas entendre. Et, comme nous n'avons plus rien à nous dire, je prends congé.

— Armez-vous de patience et de courage, ma pauvre enfant, me dit-il, paternel, en gardant ma main. Je vous plains. Si je peux vous être utile, n'hésitez pas.

Je remercie encore. En quoi pourrait-il m'être utile ? Seule, je suis seule. Jusqu'à la fin de la guerre ! Pour toujours, peut-être ? L'époux si présent, si envahissant, le célébrant si ardent d'une ultime nuit, envolé. A la lueur de la connaissance, comme s'éclairaient les attitudes de la veille ! Sa dureté, sa colère, l'allusion rageuse à « celui qui tire les ficelles », la coïncidence « à se taper les fesses par terre ! »... Certes, j'arrivais mal à propos, bien tard ou trop tôt. Sa frénésie ensuite : il allait m'abandonner, il ne pouvait demeurer sans risquer l'arrestation. Mais pourquoi n'avoir rien dit ? S'être sauvé sans un mot d'adieu ? N'allais-je pas me trouver vite en mesure de décrypter le plus sibyllin des messages ?

Malgré l'enrichissement de l'expérience conjugale réussie, la guerre, la défaite et mes récentes épreuves, j'étais encore une enfant. J'avais toujours été protégée, par ma mère, par mon mari, hier encore par Soizic. Le libre arbitre que Georges me laissait en guise de p.p.c. m'accablait. Le souci de sincérité m'oblige à confier à ce cahier que je n'eus pas le bel élan d'allocentrisme attendu d'une femme de héros.

Je pleure d'abondance la nuit entière et toute la journée qui suit, derrière les volets clos, à plat ventre sur mon lit et tout habillée, provoquant des crises nerveuses en articulant le passe-partout pour l'entrée en désespérance : jusqu'à la fin de la guerre ! La fin de la guerre, en septembre 1940, ne l'auguraient proche que les tenants de l'effondrement de l'Angleterre. Georges prouvait sa confiance dans un dénouement différent. Retourner à Brest ? Je n'ai pas assez d'argent, pas d'autorisation.

Une deuxième nuit tombe, je pleure toujours. En avais-je des larmes en ce temps-là ! Je continue de tremper draps et mouchoirs, quand j'entends marcher dans le jardin. J'ai négligé de fermer le portail à clé. Qui vient ? Pas Angèle Rossi qui irait droit à la porte de la villa, sur le côté, alors que les pas hésitent sur la terrasse.

— Madame Landry ?... Madame Landry !...

Cette voix... Où l'ai-je entendue ? Elle vient de loin, de très loin...

— Y a-t-il quelqu'un ?

Un poing frappe le volet de ma chambre. La voix se charge d'anxiété :

— Je vois de la lumière, vous êtes là. Ouvrez, Hélène, c'est Goulven Coatmeur.

Seule, on ne s'évanouit pas, j'avais vainement essayé, mais je perds pour tout de bon connaissance dans les bras de mon premier fiancé. Je reviens à moi sur le divan du salon où il m'a allongée. Il bassine mes tempes avec un mouchoir mouillé, son geste est doux et tendre le regard que je rencontre. Il me reste des larmes, je l'en fais profiter.

— Goulven... Oh, Goulven, si vous saviez...

— Mais je sais, Hélène, sinon je ne serais pas là. Heureuse, vous n'aviez pas besoin de votre ami frère, aujourd'hui peut-être que si ?

Je l'avais presque oublié, pourtant sa présence m'étonne à peine. Mon subconscient devait savoir que le bon Goulven reparaîtrait au moment opportun. Lui, veut savoir de quand date mon dernier repas, dit que je dois changer de vêtements et d'air, qu'il va m'emmener au restaurant. Je refuse. Il insiste. Quelqu'un m'aurait-il déjà conseillée ? Non ? C'est indispensable. Ne pouvons-nous parler ici ? Non, il faut me décontracter, rentrer tout de suite dans la vie, pas demain. Dans un lieu public, on redevient soi-même. Je finis par me rendre à ses raisons. Dans la salle de bains, je comprends que ma peau usée, mon nez semblable à un radis, mes yeux rapetissés, ma jupe et mon chemisier informes, et mes bas en accordéon, signes d'avachissement, aient donné l'idée de me sortir de chez moi. Je me répare. Goulven accueille mon aspect plus frais d'une exclamation approbatrice et propose un restaurant du Littoral. Que m'importe ! J'ai consenti, mais je ne mangerai pas.

Notre entrée provoque un mouvement de curiosité. On nous salue, on chuchote... Une inconnue m'adresse un sourire complice, une relation un compatissant.

— Les nouvelles vont vite ! dis-je, ennuyée, en prenant place.

— La Marine est une grande famille, Hélène.

— Espérons que l'affaire ne sortira pas trop vite de la famille...

— Nous vivons en vase clos et, à cette heure, Landry est en sécurité.

— Ou en prison.

— Non. Landry n'est pas l'homme des improvisations fantaisistes. Je le connais assez pour affirmer qu'il a préparé avec soin sa sortie de France. N'est-il pas d'origine pyrénéenne ?

— Si, mais il n'entretenait plus de relations avec les membres de la famille de sa mère, qui vivent encore en Bigorre. Cependant, il m'a souvent parlé de vacances chez eux, quand il était enfant.

— Vous voyez. Quand c'est nécessaire, les relations se renouent.

— J'ai de bonnes raisons de penser qu'il avait arrêté une date, mais il ne s'y est pas tenu. Il est resté vingt-quatre heures de trop à bord et n'a quitté Toulon qu'hier matin, et non la veille, comme le croit le commandant du *Furieux*. Il a donc perdu un jour et deux nuits.

— Si je comprends bien, vous avez vu votre mari ? s'étonne Goulven.

— Oui, je l'ai vu, mais il ne m'a rien dit.

Je laisse Goulven commander, puis je narre les événements qui retardèrent mon arrivée. Je dis la mauvaise chance de mes lettres. Il me sert, je grignote sans y prendre garde, le vin ranime ma carcasse affaiblie par le jeûne prolongé : je n'ai absorbé, depuis les nouilles du restaurant-bistrot parisien, qu'un peu de café. Je parle de mon entretien avec le nouveau maître du *Furieux*.

— Il ne m'a appris que l'essentiel : la décision dont mon mari a cru devoir lui faire part, ce qui l'a touché, et que la date coïncidait très exactement avec celle de ma réapparition. En savez-vous davantage ? L'avez-vous revu depuis Cherbourg ?

— J'ai embarqué pour la seconde fois sur le *Furieux,* avec d'autres sans bateau, le 18 juin à Brest. La situation était sombre, mais nous espérions que l'ordre attendu en mer serait liberté de manœuvre, auquel cas, nous ne doutions pas que Kerhae mettrait le cap sur un port anglais. Les conditions de l'armistice firent s'effondrer notre baromètre. Pas un de nous qui n'ait souhaité la rencontre d'un navire allemand pour engager un combat à mort. Il ne s'en montra pas. Une même rage nous tenait que, pour l'équipage, il ne fallait pas extérioriser. Refouler la vapeur transformait les caractères. Landry, si ouvert pendant la campagne, se montrait taciturne, à un point tel qu'une nuit, me trouvant être son second de quart, il ne m'adressa la parole que pour la navigation. A Casa, on me fit mettre mon sac sur un chasseur. L'espoir d'un revirement nous avait peu à peu repris. Juin se termina dans l'impatience. Puis il y eut Mers el-Kébir et l'optique des marins changea. Quand je lus le nom de mon ami Guillaume sur la longue liste des morts et disparus de la *Bretagne,* j'ai haï nos alliés plus que nos ennemis. Je voulus apporter mes condoléances à votre mari, il venait d'être hospitalisé. Une forte fièvre persistante dont il était urgent de découvrir la cause, me dit le toubib du *Furieux.* J'allai le voir plusieurs fois à l'hôpital. Malgré son état, Landry riait d'être « le cas ». Diverses affections malignes furent envisagées, que les analyses ne confirmaient pas, ce qui interdisait tout traitement. Au bout d'un mois d'observation, la fièvre tomba. L'aréopage médical y avait perdu son latin. Des amis hébergèrent Landry pendant sa convalescence. Entre-temps, mon bateau avait été rappelé à Toulon.

— Et ici, l'avez-vous rencontré ?

— Le jour même de l'arrivée du *Furieux,* nous avons pris un pot sur le quai. Côté santé, tout était rentré dans l'ordre, me dit-il. Je m'informai de vous : vous étiez toujours à Brest, répondit-il. Puis il passa à un autre sujet, la nomination de son pacha au grade supérieur. Il ironisa sur l'opportunité de la reprise des promotions et conclut : « Le bord ne pavoise pas. » Je le sentis nerveux et déprimé. Le jour suivant, je fis une visite de courtoisie au commandant de Kerhae qui me reçut avec sa cordialité habituelle, mais ne me cacha pas que cet avancement, en d'autres temps suite logique d'une mise au tableau pour faits de guerre, arrivait, vu les circonstances, comme un cheveu dans le potage, et le plaçait dans la position paradoxale de puni parce que récompensé. Qu'étaient ces galons pleins au regard de la dépossession du *Furieux* ? Landry avait raison, quelques mots échangés sur le pont me donnèrent le ton. Un exemple entre dix ?

Kerdonkuff tirait un présage funeste de la noyade du chat du bord le jour même de l'annonce du changement de commandant. Au carré, où les officiers m'avaient gardé à déjeuner, plus d'homogénéité. Le remplaçant arrivait avec un sérieux handicap, bien que personne ne lui contestât la qualité de « type bien ». Vous savez ce que cette expression signifie chez nous. Mais emmancher une tête nouvelle sur un corps si bien fait à l'ancienne ne va pas sans trouble pour l'organisme, surtout en période dépressive. Bref, les machines ne balançaient plus. A table, un rebroussé déclara qu'il allait rédiger une demande de mise en congé, Landry répliqua qu'il y avait mieux à faire, pour qui ne s'accommodait pas de l'ersatz temps de paix, et que prolonger le *wait and see* était une attitude de Jean-foutre. La discussion s'envenima. « Vous avez vraiment la mémoire courte, Landry ! » « Et vous, un cerveau de femme, mon cher ! Vous raisonnez sentimentalement. Il ne s'agit ni d'oubli ni de pardon, mais de classement momentané commandé par un intérêt supérieur. Elevez-vous, que diantre ! Croyez-vous que de Gaulle raisonne autrement ? » Quelqu'un demanda ironiquement combien d'officiers de marine de carrière servaient de l'autre côté. Des noms « discutés » furent lancés. Landry en lança d'autres incontestablement « purs ». « Pourquoi êtes-vous encore ici, Landry ? » « Il m'a fallu surmonter ma rancœur contre Churchill, ce qui n'a pas été facile. Aujourd'hui, la mise en ordre de mes sentiments est chose faite. Je suis sûr que l'Allemagne perdra la guerre et je vous annonce que je n'ai pas l'intention de rester passif. » Je n'ai donc pas été surpris quand la nouvelle de sa disparition, après avoir fait le tour de la rade, a touché le Petit-Rang où mon mouille-cul est amarré, mais jugez de mon émotion quand, tout à l'heure, le commissaire du *Furieux* m'a appris que Mme Landry venait d'arriver et que, selon toute probabilité, elle n'avait pas revu son mari ! Il m'a donné votre adresse, vous connaissez la suite.

— Merci d'être venu aussitôt, Goulven.

Ses yeux clairs fuient les miens. Il dit que les manifestations de sympathie ne me manqueront pas, qu'on me plaint. Ce qui m'intéresse, c'est comment « on » juge mon mari.

— Les avis sont forcément partagés, ils s'accordent sur son patriotisme.

— Et vous, que pensez-vous de lui ?

Les forts sourcils à la pousse anarchique bombent sur les prunelles couleur de fjord. Pour cet officier de vingt-deux ans, au courage indéniable — l'exploration d'un navire sur le point de sauter —, le dilemme est cruel.

— Mais je l'admire, n'en doutez pas.

— Sans l'imiter ?

Il passe sa main sur son front mal équarri et me livre sa pensée :

— Je ne sais pas désobéir, Hélène. Je suis prisonnier de ce qu'on m'a enseigné. Mais parlons plutôt de vous. Les Allemands apprendront tôt ou tard le départ de Landry et votre existence, ce qui exclut un retour à Brest, qui équivaudrait à vous jeter dans la gueule du loup, en y entraînant peut-être votre famille.

— Je serais bien utile à ma mère, pourtant... Que faire ?

— Rester ici, mais pas seule dans cette grande maison. Demandez asile à quelque parent. J'ai rencontré récemment le premier maître Le Bris, un frère de votre mère.

— Je suis en froid avec les Le Bris et avec les Cosquer.

Je dis pourquoi. Non, ce n'est pas une fâcherie « à mort », on m'accueillerait pour peu que je fasse un pas, mais cette solution ne plairait ni à Georges ni à moi qui ai pris d'autres habitudes. Goulven déplore que mon mari soit parti sans avoir réglé mon sort. C'est la seule critique qu'il se permet et se permettra, mais je ne supporte pas que mon mari soit l'objet d'une critique, même légère. Je rappelle que mon arrivée n'était pas prévue, qu'il ne savait rien de moi depuis deux mois, et je déclare admettre que l'enjeu l'emporte de loin sur ma personne. Goulven a le tact de ne pas rappeler l'état de déliquescence où il m'a découverte, qui ne laissait pas espérer un si digne revirement. Certaines affirmations, prononcées devant qui ne sait pas tricher, engagent. Mes épaules s'étaient refusées à la pitié d'un gendarme, elles s'élargissent pour que bute celle de Goulven. Il me préfère orgueilleuse. Nous discutons de dispositions à prendre et tombons d'accord sur la nécessité d'un toit plus modeste que l'Embossage. J'ignore où est Bourloy, mais sa femme est toujours au sanatorium. Je vais la mettre au courant. Goulven me raccompagne esprit et corps réconfortés.

Geneviève de Thibrelle, devenue Mme Daigneaux, apparaît la première chez moi. J'aime cette jeune femme claire et sûre, pour qui le mot amie n'est pas une banale expression mondaine. Nos relations viennent m'assurer de leur attachement. Seuls, les Falch montrent quelque tiédeur. Les protestations de Georges lors de l'inauguration du « nid d'amour » ont dû leur être rapportées, sans précision quant au motif. Goulven s'est beaucoup diverti de ce petit drame au parfum d'avant la défaite. Quel changement chez lui ! Sa réserve ne peut plus être confondue avec de la timidité, il paraît plus que son âge, parle net, use du langage imagé, pas toujours prude ni académique, auquel Georges m'a habituée, surtout il rit davantage, bien que les sujets gais se fassent rares. Ce soir, il est soucieux. Il attend que nous soyons seuls pour aborder un sujet demeuré dans l'ombre : mes ressources.

— J'ai ma délégation, c'est suffisant.

Je tais que, pour attendre le prochain mandat, je me livre à des prouesses de trésorerie avec le reste du prêt de Soizic (dont je n'ai pas eu le temps de parler à Georges !).

— Avez-vous saisi le Service de la Solde du problème de votre délégation ?

— Je l'ai avisé, par écrit, de ma présence à Toulon.

— Il serait sage d'aller voir ce qu'il en est.

Je planais encore, le conseil me ramène au terre à terre.

— On va me couper les vivres ?

— Je viens d'apprendre qu'il y a des précédents.

Il cite un nom.

— Comment vit-elle ?

— Sa fortune personnelle lui permet d'accepter les représailles avec sérénité.

Cette épouse de « déserteur » avait été « une demoiselle à pedigree », comme disait l'oncle Louis. Ce n'est pas mon cas.

— Si on me coupe les vivres, je travaillerai !

Au Service de la Solde, j'ai droit à un accueil frais. Bien entendu, et j'aurais tort de protester, ma délégation est suspendue. Toutefois, Vichy se penche sur le sort critique des « femmes de déserteur ». La décision, s'il y en a une, me sera communiquée.

Travailler. Beau programme de futur vague. Comment l'appliquer à un présent pressant ? Que sais-je faire ? Tenir ma maison, cuisiner, coudre et me servir d'un porte-plume sans trop ajouter ou omettre. Sans être commerciale, mon écriture témoigne du rassurant cycle primaire de mes études. Exclue la mise en rentabilité de mes talents domestiques, restent les travaux de bureau. Bien décevante, la lecture des annonces. Les rares offres s'adressent aux secrétaires, dactylos, comptables « expérimentées », pas aux jeunes femmes sans connaissances spéciales.

J'ai tout de même de la chance. D'abord, le logement. Par retour de courrier, ce point important est résolu. Mme de Bourloy approuve Georges et elle aime sa maison. Si je consens à continuer d'occuper l'Embossage, je le mets à l'abri d'une réquisition, et, ses propriétaires devenus mes obligés, il n'est plus question pour moi d'acquitter un loyer. Ensuite, le travail. Mme de Thibrelle a rencontré un membre de la municipalité, gaulliste affirmé, qui a promis de s'occuper de moi. Deux jours plus tard, j'entre au Ravitaillement. Point d'aptitudes particulières exigées, seulement une certaine souplesse de poignet et un peu de mémoire. La rémunération est en rapport, mais, logée à titre gracieux, je m'en tirerai. Mon apprentissage se termine avec ma première journée de salariée. Quand je quitte la grande salle poussiéreuse, déjà habituée au remugle, les divers âges de la vie humaine sont gravés en majuscules dans ma petite tête, avec les avantages et privations inhérents à chacun. Et, ce qui estomaquerait la brave sœur qui désespéra de me voir retenir une formule, je réponds sans hésiter aux questions pièges :

— Valeur de DK ?

— 150 grammes de chevreau. Toutes catégories, sauf E et V.

— BQ ?

— Annulé. Remplacé par FM. 72 grammes sans os, supplément pour J2 et J3.

A Goulven qui s'inquiète de mes impressions avec des inflexions désolées, je dis que je supporterai très bien ce travail ni passionnant ni désagréable. Je devine une admiration disproportionnée à mes mérites. Je tiens petitement mon rôle de femme de héros, ou de traître à la solde de l'étranger, c'est selon. Tête droite en public. Sans témoin, épuisant mes réserves salines.

*
**

Je travaillais depuis deux mois. L'attente s'était organisée. Achevée ma journée dans le temple des tickets, où j'officiais assise devant une clientèle debout, résignée ou revendicative, je retrouvais l'agrément d'un salon ami ou la solitude capitonnée de l'Embossage, celle-ci coupée de fréquentes visites de Goulven. C'était bon de pouvoir parler des miens à quelqu'un qui les connaissait autant. Une Brestoise m'avait apporté des nouvelles : l'état de mon père demeurait stationnaire, les membres de Mémé paressaient, comme son cerveau, Soyic continuait d'aider, de soutenir, d'aimer, de faire rire quand on avait envie de pleurer. Un colis accompagnait la lettre : beurre salé, lard, farines de froment et de sarrazin. Une aubaine par ces temps de vaches maigres, et souvent sans vaches. Un ami d'Angèle Rossi, cheminot de son état, achemina ma réponse. Je tus le plus important. Ma mère ignorait le départ de Georges, elle l'apprendrait fatalement un jour ou l'autre par les familles de démobilisés qui rentraient à Brest, le plus tard possible, espérais-je. Goulven me réapprenait la géographie, en me commentant les opérations sur un atlas. J'étais fière de mon mari et je m'estimais davantage depuis que, première victime de son engagement courageux, je me découvrais courageuse à ma modeste manière. Ma foi grandissait. Et plus j'avais la foi dans l'heureuse issue du conflit, mieux j'acceptais la perspective d'une guerre longue.

J'étais en état de grâce, état précaire s'il en est.

Ce jour-là, j'étais invitée chez une jeune femme récemment sortie de la maternité de Saint-Anne, qui réunissait ses amis pour leur montrer combien, en dépit des restrictions toujours accrues, le Ciel lui avait fait bonne mesure : des jumeaux.

J'arrive tard. La réception culmine. Après avoir serré une vingtaine de mains, je m'assieds près d'une personne sans âge et sans beauté, à qui l'on m'a présentée, mais dont je n'ai pas saisi le nom.

— Nous ne nous sommes jamais rencontrées, me dit-elle dans un sourire à longues dents. Mon mari a eu le vôtre sous ses ordres en de meilleurs temps.

Je vais m'enquérir du nom du bateau qui réunit nos époux, mais la maîtresse de maison apporte ses bébés. Sensible à ma convoitise, elle m'en confie un, et je refais, à sa suite, le tour de l'assistance. Les poupons admirés, elle dit que c'est l'heure de la tétée. Je sollicite la faveur d'assister au plus touchant spectacle de ce monde. Que n'ai-je ce bonheur... La jeune mère dit qu'il est mieux de ne pas me trouver enceinte ou maman d'un jeune enfant, car l'absence priverait mon mari de l'adorable pousse, ce que je pourrais conter ne remplaçant pas les souvenirs personnels du père et celui-ci découvrant un être inconnu qui ne l'accepterait peut-être pas d'emblée entre lui et sa mère. J'avais la vie devant moi pour avoir un enfant dans un climat plus serein. Sur cette souriante considération, je quitte la nursery et me dirige vers un groupe, où la dame à longues dents, cavalièrement abandonnée tout à l'heure, tient la vedette. Elle ne me voit pas approcher, son auditoire me tourne le dos. Elle parle fort, avec véhémence et autorité, en brandissant un poing de tribun :

— Non, je ne vous suis pas ! Je vous répète que mon mari l'a eu comme second sur la *Pénélope*. Je vous donne son opinion : un agité, d'esprit pas toujours militaire. C'est très beau de s'envelopper dans les plis du drapeau, mais quand la patrie est seule en cause. Pour Landry, nous savons ce qu'il en est !

J'entends encore, m'arrivant de plusieurs bouches comme des projectiles : « C'est exact, une maîtresse. Vous l'ignoriez ?... Oui, connue à Casablanca... Anglophile forcenée... Une maîtresse... Retrouver sa maîtresse... »

Et je n'entends plus rien, filée à l'anglaise sous l'anesthésie du choc.

Comme mes centres nerveux se réveillent et que je vais hurler mon mal aux palmiers du Littoral, tout soudain Goulven est devant moi, à croire qu'il possède des antennes. Ivre de douleur, sans même lui tendre la main, je l'entreprends :

— Pourquoi ne m'avoir dit qu'une partie de ce que vous savez de mon mari ?

— Je ne comprends pas. Que vous arrive-t-il ?

— Je vais vous le dire. Accompagnez-moi.

Il me suit, perplexe. Le chemin est court. J'ouvre rageusement le portail et me libère à peine le seuil franchi :

— Je vous en veux, Goulven ! Vous avez préféré que j'apprenne par d'autres que mon mari a déserté pour une femme ! Bravo pour la restriction mentale !

— Qui s'est permis ? fulmine-t-il, sans feindre l'ignorance.

— Des voix, un chœur. Je suis la dernière informée, c'est classique !

— Calmez-vous. Je vous dirai ensuite ce que je sais. Vous errez, Hélène.

— Parlez donc ! Qui est-ce ? Comment est-ce arrivé ? N'essayez pas de me faire croire qu'il y a eu fumée sans feu, sinon je cours sommer les initiés de préciser.

— Bien. Mais je vous interdis certaines expressions, désertion par exemple.

Nous sommes dans le salon. Il plante ses yeux devenus durs dans les miens :

— Me ferez-vous la grâce d'admettre que je n'ai aucune raison personnelle de vous mentir pour défendre l'homme que vous avez épousé ?

J'admets d'un signe de tête. Il m'oblige à m'asseoir.

— Donc, si je vous affirme qu'il a été poussé par le plus noble des mobiles, et par ce seul mobile, il semble que vous puissiez me croire. Oui ou non ?

L'argument m'ébranle. Depuis que nous nous revoyons, souvent seuls, il n'a pas fait une allusion au passé. Rien d'équivoque entre nous. Il ne me fait pas la cour, il n'y a jamais de lueurs suspectes dans ses yeux et il s'est gardé de gestes consolateurs enveloppants. Mais il ne s'est pas marié et je sens qu'il n'y a personne dans sa vie. Est-il guéri de moi ? Probablement pas... Oui, s'il est quelqu'un que je puisse croire ce soir, c'est Goulven.

— Mais cette femme existe. Et il s'est forcément compromis avec elle !

Du bout du doigt, il fait tourner une petite jatte d'étain, le geste et le ton dénient toute importance à la femme :

— Si c'est allé jusque-là, et je ne le pense pas, une simple aventure. Sans suite.

— La connaissez-vous ?

— Je l'ai rencontrée à l'hôpital de Casa, dans la chambre de votre mari. Le sien était là également.

— Car elle est mariée, elle aussi ? Qui est le mari ? De chez nous ?

— Non. Un as de l'aviation, m'a dit Landry qui l'a connu à Dunkerque. J'ajoute que l'homme est sympathique, bien de sa personne et d'esprit fin. Bref, il n'a pas la tête de l'emploi, ce qui ne prouve rien, mais je vous le dis quand même.

— Ce sont ces gens qui l'ont hébergé pendant sa convalescence ?

— Oui. De là sont venues les médisances.

— Comment est-elle ? fais-je âpre, dévorée de curiosité.

— Au physique ? Beaucoup moins jolie que vous. Moins jeune aussi, dans les trente-cinq ans, déjà marquée.

— Et très intelligente !

— Je n'ai eu que trente minutes pour en juger. C'est une personne cultivée, affirmée, à l'aise dans une conversation masculine.

— Je vois : provocante !

— Nullement. Plutôt copain et maternelle qu'allumeuse.

— Et farouchement anglophile ?

— Comme la majorité des Français du Maroc.

— Pourquoi les mauvaises langues prétendent-elles que Georges a... fait ce qu'il a fait pour elle ?

— Parce que le couple a quitté Casa et serait en Angleterre.

— Vous voyez bien !

— Mais non ! Le bruit venimeux, selon lequel Landry se serait laissé endoctriner par une égérie facile du cuisson, ne trouve créance que chez ceux qui ne le connaissent pas, ou qui préfèrent, pour leur confort interne, que l'engagé ne soit pas un archange. Ce chœur, comme vous dites, n'était pas composé de voix anonymes ?

— Non. Et il était dirigé par la femme d'un ancien commandant de Georges.

— Je parie pour celui de la *Pénélope !* Vous m'en direz tant ! Il est notoire que ce monsieur n'a pas digéré que Landry ait demandé à débarquer de sa chiotte. Que ce soit sa femme, une redoutable virago, qui mène le branle, n'avère-t-il pas qu'il y a, pour le moins, exagération ? Il faut dissocier les deux faits : la décision de Landry et ses courtes relations avec ce ménage. Je puis témoigner que, depuis Brest, il vitupérait sans sourdine le promoteur de l'Armistice. S'il n'est pas parti en juin, de Casa, c'est qu'il voulait, d'abord, vous sortir de France. La femme en cause n'a pu avoir d'influence déterminante sur une façon de voir bien antérieure à son passage, éphémère et peu marquant, soyez-en sûre, dans la vie de votre mari.

Comme je voudrais le croire ! Il propose d'aller dîner, je refuse, mais l'appréhension de la soirée solitaire me fait changer d'avis. Pendant et après le repas, Goulven s'efforce de me persuader de la fragilité de l'accusation, de la ramener au dénigrement systématique des « rebelles » : X... est un aventurier, une tête brûlée, Y... avait des dettes, Z... une femme insupportable, l'avant-dernier une carrière compromise et le dernier en date, Landry, une maîtresse à Londres ! Je reconnais que Georges n'a pas besoin pour agir qu'une femme lui force la conscience, et que la phrase incriminée m'a été dictée par une fureur jalouse. Je me croyais à l'abri de ce danger-là, la découverte du contraire m'a fait choir de haut, qu'on me comprenne.

— En mettant les choses au pis : un flirt de marin à l'étranger.

Ah, non ! Qu'il ne me demande pas d'accepter d'un cœur léger l'éventualité d'une infidélité, aventure consommée dans un hôtel à l'heure ou même simple flirt.

— Vous souffririez d'une petite entorse ? sourit Goulven.

Comme il y va ! Il est vrai qu'entre hommes l'indulgence est de mise.

— Je sais, dis-je d'un ton déclamatoire, qu'une femme de marin, plus qu'une autre, passé le mauvais quart d'heure de la mauvaise surprise, se doit de pardonner une faiblesse qui trouve son excuse dans une longue continence. Je sais que de multiples occasions s'offrent à l'officier de la Royale, dès qu'il met le pied dans un port qui n'est pas celui où drogue sa Pénélope, et que son uniforme symbolise l'aventure cent pour cent exotique, avec garantie de discrétion. Qu'il succombe aux coquetteries d'une belle insatisfaite, qui se permet un extra parce que la mer remportera le péché demain, ne constitue pas une faute si grave qu'elle puisse désunir un ménage.

— Je préfère cette philosophie.

— Il me souvient d'avoir tenu ce langage, et j'étais sincère. Mais, figurez-vous, l'époux volage n'était pas le mien. Quand le soupçon ne vous a jamais effleurée, apprendre brutalement que les voisines ne sont plus apanagistes du cocuage, quelle douche ! Et comme aussitôt on manque d'humour et de compréhension ! Voilà deux fois que le ciel me tombe sur la tête, pardonnez-moi de voir noir : aller vivre chez sa maîtresse, je n'appelle pas cela une coucherie, mais une liaison. Et vous ?

— Faut-il répéter que je ne crois pas plus à une passade qu'à la catéchisation ? Je penche pour un besoin de chaleur. Il sortait d'un lit d'hôpital et ne savait rien de vous. Ce foyer qu'on lui ouvrait était celui d'un homme pour qui il éprouvait une vive sympathie et dont il admirait le cran, ne l'oubliez pas.

— C'est si différent de lui d'accepter l'hospitalité de presque inconnus...

— Qu'il ait accepté prouve son innocence, Hélène. Et les temps n'étaient-ils pas différents ? La Marine a été déclarée vaincue alors qu'elle venait de démontrer sa force. Le *Furieux* tout entier a été choqué et Landry parmi les plus choqués. Un individu, même de nature très indépendante, n'a-t-il pu être tenté par une transition entre la contrainte et l'ennui de l'hospitalisation, et l'humeur en dents de scie de sa boîte de fer ?

C'est mon moral qui sera en dents de scie désormais.

Cruelle comme une guichetière de poste restante, la B.B.C. me renvoyait aux distributions suivantes. Rien pour moi, pas un clin d'œil. Les jours, les semaines, les mois passaient. Toujours rien que je puisse m'attribuer dans la profusion de messages.

On m'avait fait savoir assez vite que je pouvais prétendre à un « secours mensuel ». Bien que déserteur se fût atténué en dissident, puis en simple D, je me dis que « l'officier D » n'aimerait pas que sa femme sollicite une aumône. Contre l'avis de Goulven, je m'abstins. Qu'importait, disait-il, la dénomination ? M'attendais-je à voir mon nom figurer sur un état titré en belle ronde « Versements à Mmes les Epouses des Marins de la France combattante » ? Mon mari comptait bien sur la Marine pour me faire vivre, plus ou moins ouvertement. J'eus quelque mérite à ne pas pactiser avec ma dignité, mon salaire ne correspondant pas à ce qu'on appelle, de nos jours, le minimum vital. Il est vrai qu'il y avait peu à acheter.

Hitler avait attaqué la Russie. C'est là qu'il se cassera les dents, affirmait le famélique moyen dans la queue aux topinambours. Goulven aussi disait le morceau trop gros. En attendant, je cochais des noms sur la carte, dans le mauvais sens ! Si je nageais dans le pessimisme à son arrivée, Goulven me quittait convaincue que la régurgitation serait encore plus rapide que l'avalement. Dans mon infortune, j'avais Goulven, qui m'insufflait sa confiance dans l'avenir, celui de la France et le mien, qui traquait et neutralisait le poison absorbé çà et là. Je souffrais de jalousie par intermittence. Plus ou moins aiguës, les crises s'espaçaient. Elles ne cèderaient définitivement qu'à une thérapeutique maritale, mais, à force d'antidote, vint le jour où je cessai d'imaginer Georges vautré sur sa vieille maîtresse (trente-cinq ans, qu'on y songe !) et où je pus m'appesantir sur ses « amis », sans que l'aviateur fût un cocu complaisant, sans me satisfaire, pour la femme « cultivée et à l'aise dans les conversations masculines », de ces expressions ordurières qui montent naturellement aux lèvres des bafouées, même puristes.

Le maréchal cantonnait les Français dans les géorgiques et la repopulation. Alors qu'il nous prêchait l'austérité « en juste punition de nos fautes », il encourageait, par ailleurs, la consommation sans frein du dernier plaisir physique non contingenté, d'une faramineuse promesse : la double carte d'alimentation. Toutes celles qui possédaient, à portée pratique, un homme en bon état de fonctionnement, s'empressèrent d'en apporter la preuve écrite au Ravitaillement. En échange, nous leur remettions des feuilles à manger et enrichissions leur état civil d'une mention magique : Priorité. Il fallait les voir traverser la salle, le front altier, les fesses rentrées pour faire saillir un ventre pas encore convexe et des seins pointés en belle ou à refus, leur certificat de pondeuse d'Etat à la main, suivies par l'envie assassine des défavorisées pour raisons diverses : captivité ou service outre-mer du mari, célibat, stérilité, limite d'âge, et sous les quolibets et considérations salées des mémères du cru, que n'attendrissaient plus l'usinage des marmots, devenu synonyme de tickets à gogo et rafles devant toutes les queues.

J'avais acquis un remarquable coup de ciseau. Indifférente aux soupirs qui m'arrivaient des deux files, les prioritaires et le tout-venant, j'atteignais sans coup férir le ticket d'échange, toujours élu par les théoriciens en fonction de sa difficulté d'approche, mettant mon point d'honneur à la perfection du découpage en slalom. Au début, par souci du temps de mes semblables perdu là, je me pressais ; il m'arrivait de mutiler la feuille ou d'empiéter sur d'autres lettres, ce qui m'attirait l'aigreur de ceux que je voulais obliger. Je ne m'énervais plus, mais, comme personne ne m'attendait, je servais volontiers après la fermeture les retardataires que mes collègues renvoyaient. Je préférais l'affluence, les coups de feu qui faisaient courir le temps. Les jours creux, la salle était grise et triste comme des halles le lundi. L'eau, répandue en zigzags par un seau troué sur le plancher culotté, levait des relents de taudis qui paralysaient la pendule murale. En période de « renouvellement », dès l'ouverture, c'était la foire. On se disputait pour une place, on riait d'un trait à l'emporte-pièce d'une mocote colorée d'accent et de harnachement, on se passait des recettes pour rendre mangeables les sardines en saumure et accommoder les feuilles de radis promues comestibles, on jetait d'acerbes réflexions aux Travailleurs de Force et Régimes, catégories de mangeurs qui, avec les engrossées, battaient, sur le terrain de l'impopularité, les Affectés spéciaux de la drôle de guerre. On criait au passe-droit, on dénonçait plus bas de louches accointances, des ristournes de tickets en échange de certificats. « Travailleur de force, le Toussaint ? Même pas au lit, pechère, que c'est le voisin qui fatigue sa femme ! » « Si celle-là a le diabète, foi de Torine, j'ai la goutte militaire ! » L'évocation de régions privilégiées — toutes l'étaient comparées à ce Midi de malheur ! — déclenchait un concert de griefs, car ces tickets, valorisés au compte-gouttes et toujours avec retard, n'étaient trop souvent qu'en partie honorés et parfois pas du tout, faute d'approvisionnement. Nous répétions qu'ils n'étaient pas périmés, qu'il fallait les conserver, mais thésauriser de la nourriture de papier n'emplissait pas les estomacs, on ne nous l'envoyait pas dire. Les tickets d'une certaine matière grasse — le nom ne se prononçait plus de mon côté de la barricade —, reportés de mois en mois, s'apparentaient aux billets de la Sainte-Farce. A quoi pensaient donc les gros bonnets du Ravitaillement général ? Qu'attendaient-ils pour débloquer une matière grasse moins grasse, ce qui serait mieux que rien ? Alors, vous autres, vous ne répondez pas ? Les airs sous-entendaient : « Vous autres qui tripotez les tickets toute la journée, vous vous moquez bien de notre misère, et pour cause ! A vous, les commerçants délivrent sans inscription ! » Avec mes pommettes saillantes et mon menton pointu, je n'étais pas une illustration de la suralimentation, mais une collègue conservait un embonpoint suspect, une autre se bouffissait depuis une ablation d'organes, un quinquagénaire, assis derrière un bureau en retrait, fleurissait d'un eczéma ardent qui, de loin et pour des yeux méchamment prévenus, lui conférait l'aspect d'un gastronome... Non, nous ne savions rien de plus. Nous attendions aussi qu' « ils » sortent. Pour les réclamations, s'adresser à Vichy.

Chaque soir déçu, l'espoir d'entendre la voix de Georges me reprenait le lendemain. Car ils parlaient ceux qui, comme lui, n'avaient pas jeté le manche après la cognée. Ils se faisaient reconnaître par un détail, un petit nom familier. Ils n'oubliaient personne, les amis avaient un bonjour, le chien une caresse. Iseut de l'Harteloire — voilà qui n'aurait pas situé la correspondante pour l'oreille ennemie —, esclave désenchaînée, laissée derrière soi sans un mot d'encouragement, désespérait lors de l'indicatif final. Je ressassais les raisons possibles du silence persistant. Arrestation avant le passage en Espagne ? A moins qu'il n'ait été remis aussitôt aux occupants, je l'aurais su. Remettait-on les évadés aux Allemands ? A cette question posée à un officier de police connu au ravitaillement, celui-ci s'était bellement indigné. Arrestation sur le sol étranger ? On disait les prisons espagnoles pleines de Français en situation illégale, et qu'ils n'y étaient pas bien traités. Malade, ou ? Non, je le sentais vivant et libre, actif et heureux. Interdiction de se manifester sur les ondes ? Prudence excessive pour ma sécurité ? Il existait d'autres moyens de communication que la B.B.C. Une consœur d'angoisse avait trouvé dans sa boîte aux lettres un billet d'une écriture inconnue, mais dont la teneur était indubitablement signée. Pourquoi pas moi ?

L'attaque japonaise sur Pearl Harbor n'était point, en dépit d'un enthousiasme bien orchestré, un événement dont Hitler dût tant se féliciter. Un ours s'avale moins aisément qu'un coq et, pendant une ingestion laborieuse, la neutralité inamicale d'un géant observateur est plus souhaitable que son inimitié déclarée.

Aux rodomontades de la propagande, qui voulaient persuader que proche était l'heure où les compères allemands et japonais se donneraient l'accolade au milieu des immenses territoires conquis, il ne manquait pas d'objections. Hitler était en retard sur son programme : prise de Moscou reportée après l'hiver, difficultés de l'Afrikakorps en Cyrénaïque. Je suivais l'ongle carré de Goulven qui soulignait le dangereux éparpillement des forces allemandes. Et c'était un pont d'espérance entre Georges et moi.

Avec le temps, le cas de « la pauvre petite femme de Landry » avait perdu son actualité, au profit d'autres aussi émouvants, mais plus orthodoxes. Je m'étais écartée du milieu maritime. L'agrément de l'ambiance, si remontant fût-il après une journée de travaux mécaniques, m'exposait à rencontrer les détractrices de mon mari, et je n'avais rien à faire d'une compassion qui s'adressait autant à ma difficile situation de femme de dissident qu'à mon état d'épouse trompée. On se fit à ma solitude, peu la forcèrent, peu me restèrent, mais des cœurs sûrs : Goulven, Geneviève, Angèle Rossi.

Mes collègues et le public pour une bonne part connaissaient la raison de ma présence à la distribution des chèques à provision aléatoire. Je recevais en direct une totale approbation ou une condamnation sans appel. Je me taisais, le lieu me commandait de feindre un flegme que j'étais loin de posséder, surtout quand les réprobateurs, à cette époque les plus nombreux, me giflaient d'un nom : Mers el-Kébir ! De l'olla podrida de l'opposition : partisans crédules d'une collaboration honnête qui ferait revenir les prisonniers, intransigeants assermentés de la Légion, qui ne se contentaient pas de suivre le chef vénéré, mais le précédaient, maréchaleux perroquets et moutons, sévères dames patronnesses : « Le bon Jésus se détourne de qui n'est pas derrière le Maréchal », redoutables vieillards admirateurs de la force allemande et délateurs à l'occasion, prudents du côté du manche... qui revenaient sans cesse sur Mers el-Kébir pour s'afficher bons penseurs, les ultras affectant de croire les gaullistes d'accord avec les Anglais pour l'attentat, je ne souffrais que de rage impuissante, mais il était de braves gens qui, pour justifier leur attitude, sans me vouloir de mal m'en faisaient beaucoup.

— Vous êtes Mme Landry ? J'ai bien connu votre mari. S'ils sont tous comme lui aux F.N.F.L., je salue, mais, pour moi, plus question de fraterniser avec les Anglais. Pourtant, je les estimais bien quand on en bavait ensemble en mer du Nord, de chics compagnons alors... Mais j'étais à Mers quand ils se sont pointés le 3 juillet. On les croyait en exercice, on les regardait avec amitié, alors qu'ils ajustaient nos bateaux coincés le cul à la jetée et les pièces tournées vers la terre ! Ma bordée était à la baignade, c'est dire si on se méfiait. Pourquoi ce massacre ? Parce que les vainqueurs pourraient venir prendre livraison de la Flotte ? En rade d'Oran ? Avec la Navy maîtresse de la Méditerranée dans les parages ? Et on aurait accepté de rendre nos bateaux sans combattre, peut-être ? Pourquoi pas avec le mode d'emploi ? Pour qui nous prenaient-ils ? Ou plutôt, faisaient semblant de nous prendre ? Il est clair qu'ils avaient l'ordre de nous assassiner, quoi qu'on dise ou qu'on fasse en dehors de leur remettre purement et simplement nos unités. Et ils ont obéi. Du travail soigné, tant pour le matériel que pour les bonshommes ! Ah, les pauvres gars qu'on tentait de repêcher quand la *Bretagne* a coulé... Toute ma vie, je les reverrai. Comme des frites, qu'ils cuisaient dans le mazout... Oui, madame, comme des frites !

Il était peu probable que mon frère fût mort en surface, rissolé. Pour les mécaniciens, c'est plutôt le jet de vapeur. Laumic si fort, si gai, si attaché à l'enrichissement de l'esprit qu'il n'avait pas encore pris le temps d'aimer... Mort pour rien... Victime d'un malentendu, disent les uns ; copenhagué, disent les autres, ceux qui ont repris la devise des vétérans de 70 : Oublier ? Jamais !

— Moi, m'expliquait un rapatrié d'Angleterre, rendu à la vie civile et venu se faire établir une carte d'alimentation, le 3 juillet, je n'étais pas à Mers el-Kébir, mais dans un port anglais où mon bateau s'était réfugié après l'évacuation de Cherbourg. Sur le coup de quatre heures du matin, un officier anglais vient dire au factionnaire — nous étions à quai — qu'il doit parler d'urgence au commandant. Le gars, qui a déjà vu cette tête-là à bord, ne flaire rien de louche. Comme il est seul sur le pont — chez des amis, on n'avait pas jugé utile de doubler la veille —, il descend lui-même réveiller le commandant. L'autre, qui n'attendait que ça, fait signe à des types dissimulés sur le quai, et hop ! Avant que le commandant ne soit sorti de ses toiles, toutes les issues sont occupées. Le Vieux saute de sa couchette et qu'est-ce qu'il voit ? Deux officiers de la Navy, reçus la veille à sa table, revolver au poing. Pendant ce temps, on nous sonne la diane à coups de baïonnette dans les fesses et on nous expulse du yak. On se retrouve sur le quai tels que dans nos hamacs : nous n'avons pas été autorisés à emporter nos vêtements. Même tabac pour nos officiers, ils sont en pyjama ! Plus tard, on nous permet de remonter à bord pour y prendre nos affaires personnelles. Je ne sais pas si c'est vrai que les Pruscots de 70 étaient amateurs de pendules, mais je peux affirmer que les Rosbifs d'aujourd'hui ne crachent pas sur les montres, appareils à photo et autres babioles. Après, c'est le camp de prisonniers, séparés de nos officiers, traités en ennemis. Sur les autres yaks français, même scénario, à la même heure. Certains avaient eu des morts et des blessés, on se le racontait pour passer le temps. Aussi, quand ils nous ont délégué des endoctrineurs pour nous enrôler dans ceci ou cela, c'était trop tard. Les types, dont je suis, qui auraient marché de bon cœur avant le coup en vache, les ont envoyés se faire foutre ! Après un séjour sous la tente, dans la boue, mal nourris, sans nouvelles, on nous rapatrie. Un accord entre les belligérants devait nous permettre de traverser sans dommage. Drôle d'accord : nous sommes mitraillés et coulés. Je m'en tire, j'arrive ici pour apprendre que mon frère est mort des suites de blessures reçues sur le *Dunkerque,* lors de la seconde attaque de Mers, la première n'ayant pas été jugée assez meurtrière. Une veuve et quatre orphelins de plus au palmarès de Churchill. Alors, comprenne qui peut, je ne suis pas germanophile — ça non ! — et pourtant me voilà pour longtemps anglophobe !

Goulven, lui aussi, était profondément atteint dans ses sentiments pour les camarades d'heures rudes et exaltantes :

— Je ne leur fais pas l'injure de penser qu'ils ont exécuté d'un cœur serein l'ordre abominable, il est, d'ailleurs, prouvé que certains attaquants ont utilisé des projectiles désamorcés, mais les morts entre nous sont trop frais.

Frais et présents, et gênants, ces morts le resteront longtemps. Avec tant d'années de recul, la « douloureuse affaire » est encore en bonne place au chapitre noir d'amours tourmentées, mais néanmoins, il faut s'en féliciter, durables. Un terrible drame de famille, en vérité.

Jamais Toulon n'avait eu à demeure une telle concentration de navires de haute mer. La clause de l'Armistice qui concernait la Flotte : désarmement et mise en gardiennage avec équipages d'entretien, revue et corrigée après l'attentat, permit le réarmement d'un nombre important d'unités. Ce qui résolvait des problèmes vitaux, tant pour le matériel que pour le personnel. Depuis, grossie des rescapés de Mers el-Kébir, la Flotte attendait, les tapes de bouche de ses canons enlevées, parée contre une agression d'où qu'elle vînt, le matériel peaufiné, car appelé à resservir un jour contre ceux qui dictaient présentement leur loi. Les états-majors s'efforçaient de garder les équipages en bonne forme physique et morale, mais c'était une parodie du métier, dans une sorte de temps de paix chagrin, comme en période de crise économique quand l'Etat n'est pas assez riche pour faire appareiller ses escadres. Heureux les escorteurs, le royaume de la mer leur appartenait encore de façon régulière. Quand le *Chasseur 30,* qui portait mon ami Goulven, quittait le Petit-Rang et défilait sous le nez des grands à l'attache, que de mélancolies à le suivre !

A terre, pléthore de drapeaux et d'uniformes. Depuis qu'on avait prétendu le lui interdire, le Français s'était repris d'engouement pour l'appareil militaire. Il marchait au pas avec un martial entrain, pour une fois de son plein gré. Calots, bérets basques, médailles, francisques, fanfares, saluts aux couleurs, serments, discours, battements de coulpe publics, défilés, Maréchal nous voilà ! Honte sur moi qui étais sensible au parfum cocardier que plus tard, après l'auloffée, presque tous se défendront d'avoir répandu. Malgré le fossé, chaque jour plus profond, entre gaullistes et pétainistes, et bien que classée de droit parmi les premiers, mon cœur naïf (O Hélène-Bécassine !) refusait de faire une discrimination, sur le plan de l'amour de la patrie, entre la flamme du 18 juin et le vainqueur de la plus grande bataille de notre Histoire. J'eusse misé mon âme sur l'existence d'une secrète intelligence : le départ de l'un avec la bénédiction de l'autre, l'anathème assorti de condamnation à mort et de dégradation représentant le bicarbonate de Hitler. Toujours lente d'esprit, ai détenu le record de l'obscurcissement. Le podium pour moi seule ! Depuis, je m'en flatte, mes méninges, suractivées par un abominable spectacle, preuve au centuple de mon erreur, et mes propres épreuves, ont jugulé les tendances attrapées des bonnes sœurs : le préjugé favorable systématique et « le laxisme qui va jusqu'à tendre les fesses » qui, selon son humeur, attendrissaient ou agaçaient Georges. Je me méfie de tous, premièrement de moi. A force de me contrer, j'ai dépuré mon cerveau. Avec mes cellules usées sont tombées la crédulité et l'indulgence. Je cherche le ver derrière l'apparence lisse et le trouve. Qu'il m'arrive, un jour, de voir un gars se jeter dans une maison en feu pour soi-disant sauver ce qui peut l'être, pendant qu'un autre enfourche une bicyclette pour soi-disant aller quérir du secours, méfiance : cet individu a peut-être l'intention de disparaître avec le vélo, tandis que le courageux se fait dorer comme un chapon, ou cette abnégation dissimule le dessein de visiter les tiroirs, pendant que le camarade force ses jarrets et sa voix pour rassembler une équipe. L'évidence : mus par un même désintéressement, on entre ensemble dans la fournaise ou on part en tandem chercher les pompiers.

Quatre fois par jour, du sommet de la montée Lamalgue, je contemplais les bateaux. Sans fâcheux pressentiment. Les beaux arbres de Versailles éveillent-ils l'idée de cognée ? Fuseaux clairs, presque blancs dans le poudroiement de lumière blonde, un ciel couvert les fonçait jusqu'au gris anthracite. Selon l'éclairage, les silhouettes se détachaient ou se confondaient. Souvent, autour, l'air vibrait, comme dans les marines de Brenet. De l'Embossage, je découvrais la rade des Vignettes, pas la rade-abri ; je pouvais surveiller les entrées et sorties, pas les mouillages. Les jours de repos, je me munissais des puissantes jumelles trouvées dans les bagages revenus du *Furieux* et, de l'observatoire public, je me promenais sur les ponts et passerelles jusqu'à épuisement de mes bras. Tous, ou presque, je les avais parcourus, touchés, humés. Je connaissais leurs aventures, le caractère souple ou rétif de chacun, l'heur ou la malchance, cadeau de naissance ou de baptême, car il est des bateaux guignards et des noms qui attirent les pépins. Eux, Georges et moi, nous avions des souvenirs communs. Amarrés à leur coffre ou alignés en dortoirs aux appontements et quais, je les comptais, toujours émerveillée de nous savoir si riches. Les blessés de Mers el-Kébir, guéris de l'intérieur, s'attardaient dans l'arsenal, plaies et bosses d'épiderme entretenues pour justifier la présence de nombreux infirmiers. Toulon gardait dans son giron une centaine de navires, dont beaucoup étaient jeunes, que personne ne songeait à mettre à mort.

Autre distraction quotidienne, les élèves de Navale. Evacuée de Brest le 18 juin par le *Richelieu,* l'Ecole, après un périple, était venue crocher ses hamacs dans le fort Lamalgue. Les voix des garçons animaient la pinède, mais l'on n'y sentait plus vibrer l'impatience du « Midship-ça ! » de leurs aînés. Pour eux, pas de tour du monde, l'Ecole d'Application se faisant sur des unités tout juste autorisées à mettre le nez hors de la passe, même pas sur la *Jeanne* qui était ailleurs. Au début, la touloulou blonde dont les vingt et un ans ne s'accusaient pas malgré la dureté de l'heure, et qui ne craignait pas de laisser tomber un œil amusé dans l'enclos des lionceaux en passant sur les glacis, s'attira les normales outrances des timides en nombre. Mon identité connue, un délégué m'adressa de bas en haut des excuses galamment rimées, auxquelles je répondis par l'offre de me charger des petits achats urgents en ville.

Sombres temps, où l'on nous saturait des progrès de l'offensive allemande à l'est. Sébastopol, Novorossisk... Victoires claironnées par des speakers collabos sur fond de *Chevauchée des Walkyries.* L'Afrikakorps gagnait la bataille de Marmarique, M. Churchill pleurait Tobrouk, Bir Hachein était arraché aux F.F.L. Pour les Anglais, c'était maintenant la fuite en Egypte... On nous promettait qu'ils seraient bientôt chassés d'Alexandrie, où une importante force navale française était immobilisée.

De Brest me parvenaient des cartes interzones à cadence régulière et, de temps en temps, un vrai journal acheminé par un canal clandestin : mon père toujours grabataire, Mémé, vieux bébé à doux caractère, avec d'imprévisibles flambées de conscience qui faisaient souhaiter la retombée en léthargie, blagues de Soizic, bonté et dévouement de Soizic, bombardements, familles endeuillées, arrestations. On ne parlait plus d'Alice, elle était d'une autre ère. De Georges, ma mère savait l'essentiel : son départ, pas les fioritures. Au courant des médisances, sans indulgence pour son gendre, elle m'eût tâtée. Elle ignorait que je gagnais ma pitance et que, peu à peu, sous le poids de l'attente jamais réconfortée d'un signe ravivant, de vigie je devenais cariatide.

La famine sévissait. Les revendeuses régnaient en maîtresses absolues, ne sortaient plus sans une escorte de courtisans qui s'attelaient aux charretons, coltinaient sacs et cageots. Que l'une d'elles voulût bien laisser tomber d'une bouche condescendante que ce pourrait « être son jour », la file se formait, s'allongeait. Une matinée perdue ? On revenait l'après-midi, avec des pliants et de la lecture ou du bagou. Je continuais de délivrer des leurres, des « trompe-couillons » me disait-on en guise de merci, et de recevoir des plaintes :

— X... affiche une distribution de poireaux pour neuf heures. J'étais là à sept et je me suis usée jusqu'à midi passé. Pour quoi ? Regardez : rien que du vert ! Est-il vrai que le blanc doive désormais rester en terre pour la repousse ? Si oui, a-t-on le droit de faire payer des épluchures au prix du légume entier ?

Le droit ! En période de disette, le droit est du côté de qui détient ce qui se mange. Ce haut de poireau si décrié, combien l'ont refusé ? Il n'y a même plus de honte à ramasser sous la table les fanes et trognons, quand la priorité de dernière minute vient souffler la dernière part sous le nez de qui allait l'avoir ! Si cette difficile n'en voulait pas, que ne l'a-t-elle laissé à d'autres ! En tout cas, personne ici qui ne soit prêt à lui racheter sa verdure, tout de même plus « goûtée » que des feuilles de radis, et avec une étrenne pour sa peine ! Oui, oui, le Ravitaillement débloque vingt grammes de beurre. Non, non, ce n'est pas une galéjade : VINGT GRAMMES. Mais le ticket validé a trois mois d'âge et beaucoup d'ayants droit ne l'ont plus, soit qu'il ait chu de fatigue de sa feuille, soit qu'un commerçant l'ait détaché, par erreur ou prévoyance. N'aurait-il pas été plus logique de sortir un des nombreux tickets du mois qui ne serviront pas ? La logique et M. Lebureau ! « Tous des fondus, au Ravitaillement ! », nous criait-on.

*
* *

Automne 1942. Tout va nettement mieux. Echec à Hitler. Stalingrad tient, Rommel ne parvient pas à faire sauter le verrou d'El-Alamein et l'ouverture d'un second front semble imminente. Toujours rien de Georges. J'ai entamé une troisième année sous mon orme défeuillé.

Goulven rentre d'une mission d'escorte, la mine renfrognée sous son hâle neuf :

— Terminé pour la machine, on nous met au bassin demain ! Révision des organes, carénage, le grand jeu, c'est bien le moment !

Jusqu'à ce jour, lui qui prenait souvent la mer, tout en plaignant ceux qui voyaient leur embarquement gâché par un long séjour en cale sèche, estimait sage de la part des Constructions navales de veiller au plein emploi d'une main-d'œuvre hautement qualifiée, que l'ennemi convoitait. Je taquine : le démontage du *CH.30* serait une aberration ?

— Il serait rageant de contempler ce qui se prépare en position d'impuissance !

— Ne devriez-vous pas avoir déjà débarqué du *CH.30 ?*

— En principe, mais je n'ai été officiellement désigné comme second que plusieurs mois après y avoir embarqué en complément provisoire. Je ne regrette pas cette prolongation, je m'entends parfaitement avec mon pacha et nous avons exprimé tous deux le vœu que l'heure de la revanche nous trouve amatelotés. Un chic type, Chaperon, ancien de votre mari qu'il tient en haute estime et l'a roidement proclamé devant le zèbre ex-commandant de la *Pénélope.* Vous vous êtes rencontrés à Cherbourg, m'a-t-il dit. N'aimeriez-vous pas le revoir ? Il a une femme charmante.

— Non, Goulven, Viève et vous suffisez à mon besoin d'échanges. Vis-à-vis des autres, de tous les autres, je me sens... comment dire ? Voilà : je me sens décalée.

— Si le bateau de Daigneaux reste au Maroc, Viève partira.

— Vous me resterez, puisqu'on vous immobilise.

Début novembre. Les forces de haute mer appareillent pour exercices. Un prélude ?

Certains insomniaques comptent des moutons, j'ai un truc personnel : je compte nos bateaux. Je les aligne en respectant l'ordre de rangement. Quand j'en ai oublié un, je recommence. Tout au début, je sombrais bien avant de les avoir tous passés en revue ; maintenant — peut-être les sais-je trop par cœur ? — je termine sans résultat. Une nuit que le sommeil se refusait, j'ai mis un autre truc au point, qui a l'avantage d'une longue durée.

Je pense à un bateau — en suivant, cette fois, l'ordre alphabétique —, je refais point par point la visite, puis je cherche les visages et les noms, jusqu'à reconstituer l'état-major de l'époque. Ainsi, à défaut de mon cerveau, j'endors le désappointement quotidien. Ma mémoire fourmille d'anecdotes. Si j'en tiens une marquante, sérieuse ou amusante, je l'éternise. Au fil des nuits, l'amélioration est constante. C'est net, comme si j'avais le pouvoir de me dédoubler et de rentrer dans un passé où Georges m'accueille avec amour, tendresse, fierté. L'illusion est parfaite. J'entends, je vois, je sens, je goûte. Il m'arrive de faire parler et rire des morts, puisque mes films datent presque tous de l'avant-guerre : je me transporte rajeunie avec eux, nous existons tous. J'ai entamé la série des noms qui commencent par F. Je suis encore loin du *Furieux* qui sera mon plus beau voyage dans le temps. Hier, un torpilleur m'a donné du plaisir et je me suis endormie réchauffée dans mon lit trop large. Le bâtiment qui le suit sur la liste ne m'apporte que son nom, un joli nom de déesse, qui inspirerait un poète, pas moi dont l'imagination veut qu'il y ait eu contact. Au suivant : un croiseur. Le film de ce soir ne manquera pas d'effets comiques. Le ménage Landry est invité au carré des O.S. Est également convié un autre couple, étranger au milieu celui-ci : un industriel parisien, large monsieur qui sue la réussite financière, et sa femme, très jolie, exquisement habillée, tous carats sortis, qui rit beaucoup, d'une bouche bien meublée, et abuse des adjectifs formidable et sensationnel dès le commencement de la visite. Sur la passerelle, le côté ménager prévaut, c'est tout juste si elle ne demande pas le nom de la pâte à métaux. Plus techniquement intéressé, le mari s'attarde devant les instruments de navigation et pose des questions. On descend. Baissez la tête et levez le pied, belle dame ! Mais il ne manque pas de poings tendus pour prévenir les accidents de parcours. Voulez-vous consulter le menu de l'équipage ? Pâté, salade de tomates, steak frites, fromage, crème vanille. Hé non, cher monsieur, ici ce n'est pas la soupe et le bœuf ! Cuisinier, offre un échantillon de tes talents à Madame. Ah, que c'est drôle ! Et bon, les frites mangées avec les doigts ! Puis, tout le monde se retrouve sur la plage arrière. La belle babille, excitée par tant de galons à sa dévotion. Je vais m'asseoir sur un banc, bientôt rejointe par un officier. Un enseigne veut expliquer l'utilité et le fonctionnement d'une tourelle à l'invitée qui se récuse : ces gros machins qui lancent la mort l'impressionnent trop, elle préfère, si ce n'est pas indiscret, qu'on lui montre une chambre d'officier. Je dis à mon voisin que le gros machin ne me fait pas peur et que j'aimerais y grimper, si c'était permis. La porte m'est aussitôt ouverte. J'attrape les crampons à peines mains. Ce n'est pas très haut, mais l'écartement des barreaux de l'échelle n'a pas été calculée en fonction de la largeur d'une jupe. A moins de me retrousser jusqu'à mi-cuisses, ce qui n'est pas à faire, je vais devoir renoncer, alors que ma tête affleure le sol à claire-voie de la tourelle. A ce moment, deux mains m'empoignent par le séant et me hissent. Sous la prise cavalière, je me raidis et grimace. Fou rire de celui qui me tenait compagnie.

— Fichtre, Landry ! Viendrais-je de passer pour un opportuniste ?

Je croyais Georges occupé de la belle visiteuse, il avait un œil sur moi.

Je jouis seule d'un domaine très réservé, où deux énormes culasses tiennent presque toute la place. L'odeur d'huile est entêtante, je ne suis pas mordue pour les armes, mais j'aime le côté laboratoire de ce lieu perché, la propreté chirurgicale des volants, manettes, boutons, la vue en plongée sur le pont, la mer dominée. Je me glisse sur le siège du pointeur, à peine plus large qu'une selle de bicyclette, et je colle mon œil à la lunette : rien. J'oriente l'appareil, me tortille : toujours rien. Deux rires en bas. Mme Landry a le pied marin et sait reconnaître la classe d'un bateau, mais elle n'a pas vu que la lunette est aveuglée par son protecteur ! Georges me tend les bras, je m'y laisse couler. Au carré, déjà installée sur la confortable banquette de cuir, un coussin sous chaque bras et verre embué en main, la dame pâme. Les cristaux et l'argenterie de l'Etat étincellent sur la nappe neigeuse à ancres en damassure ; un maître d'hôtel à la chemisette impeccablement repassée redresse des fleurs d'un doigt ganté de blanc ; dans l'espace libre, les galons évoluent. Même pour des habitués d'établissements de luxe, l'ensemble a une classe incomparable. Le plateau d'amuse-bouche est digne d'un grand traiteur : des dominos à la taille, chaque pièce, sous sa valeur pointée de truffe, surprend par une composition originale. Qui est l'auteur de ces délices ? Le cuisinier des officiers supérieurs. Lui seul ? Il œuvre depuis l'aube. Mais oui, les invités pourront le féliciter, nous le ferons comparaître au dessert. Non, non, cher monsieur, des compliments, rien de plus. Il existe donc encore des gens qui travaillent pour la gloire ? Au deuxième cocktail, nous sommes en plein romantisme maritime, la dame sera bientôt mûre pour monter à l'échelle de Beaufort. De son tableau équestre, le célèbre maréchal, dont le bâtiment porte le nom, regarde, d'un œil froid et sans sourire dans sa moustache, les « éléphants » réagir, au-delà des espérances, aux sournoises incitations de pince-sans-rire ravis de l'aubaine. Le peintre, manque de place ou volonté de dépouillement, a coupé le cheval au ras de la croupe, privant ainsi le bel animal d'un ornement naturel des plus décoratifs. Je ne suis jamais venue sur ce bateau, j'ignore qu'un ingénieux dispositif permet, quand l'humeur est joyeuse, de remédier à une absence discutable. L'ordonnance des places à table me situe face au tableau que le couple, du côté opposé, ne peut plus voir. J'ai quelque mérite à ne pas broncher quand, à peine l'invitée, qui a bu trois « roses », commence-t-elle de s'attendrir sur la vie tellement poétique, bien qu'un peu monacale, du marin en mer, une queue impertinente surgit de l'arrière du cadre, s'agite frénétiquement et disparaît. Elle va ressortir, avec des variantes. L'ignorance (classique) des grades, la confusion (non moins classique) des marines de guerre et de commerce, certains mots terriens tels que corde, barque, drapeau, provoquent une semi-apparition avec léger frémissement. Les lieux communs : plaisirs exotiques du marin, femme dans chaque port, tirage sur le bambou, Tahiti et caetera, font monter la queue à l'horizontale et entrer en danse. C'est un peu irrespectueux pour le grand soldat et assez rosse à l'égard d'hôtes dépaysés, mais les marins, même et surtout officiers supérieurs, le service déposé avec les casquettes, redeviennent des enfants et le carré est leur cour de récréation. Au reste, ignorantes du petit ballet caudal exécuté au-dessus d'eux, les victimes sont reparties enchantées de ce déjeuner à bord d'une des plus belles unités de la République, elle surtout, « tout enfle et gonfle » sous tant de galants empressements, qui lui ont permis de ne pas s'agacer de la présence d'une autre femme, pas si mal dans sa robe de petite couturière et séduisante sans bijoux signés Cartier.

Devenue difficile à égayer, j'en ris encore.

7 novembre 1942. Les bateaux rentrent, ragaillardis par l'air des Salins d'Hyères. J'entends filer et tomber des chaînes. C'est un glas. Je ne peux le deviner, mais je n'éprouve pas de plaisir devant les postes réoccupés. J'avais osé espérer autre chose.

Que ne sont-ils restés dehors un jour de plus, me dirai-je demain. Oh, cela n'aurait pas changé le destin de tous, puisque leur chef ne croyait pas au double jeu, mais nul doute que la nouvelle apprise en eaux libres aurait provoqué des initiatives.

8 novembre. Les Alliés débarquent en Afrique du Nord. Allégresse.

Une ombre sur le tableau : le sang français coule.

Les informations sont confuses et, d'une heure à l'autre, contradictoires. Le successeur désigné du chef de l'Etat est à Alger. Prévenu ? Non, appelé au chevet de son fils gravement malade. Un hasard profitable. Cet homme a le pouvoir d'arrêter des combats meurtriers, inutilement meurtriers. La Flotte de Toulon, celle d'Alexandrie et les diverses forces navales stationnées dans nos possessions d'outre-mer lui obéiront. Pas si simple. A peine vient-on d'apprendre qu'il négocie un cessez-le-feu, que le Maréchal le désavoue. Vindicte apparente à l'intention de l'Allemagne ? Mais pourquoi aller aussi loin dans la mise en scène que cet ordre enjoignant à l'Armée d'Afrique de reprendre la lutte contre les Alliés ?

Rien ne va plus. Jusque-là en harmonie de pensée, Pétain et Darlan semblent vraiment ne plus l'être. Et il semble aussi que, de l'autre côté de l'eau, à peine franchi le premier degré des temps meilleurs, l'on se déchire au lieu de s'unir. On règle des comptes. Les orgueils s'affrontent, soutenus qui par les Anglais, qui par les Américains. Est-il nécessaire d'ajouter que, dans mon entendement, la barre ne devait revenir qu'à l'homme du 18 juin ? Un grand absent.

Les marins sont consignés. Je n'ai pas revu mon directeur de conscience quand les panzers franchissent la ligne de démarcation. Enfin une situation nette. L'Allemagne rompant l'Armistice, la France n'est plus tenue de le respecter. On va enfin nous dire que l'heure est venue de renverser la vapeur. Mon œil ! La réaction est une pâle protestation du Maréchal. Mon raisonnement a une fois de plus fourché : l'envahissement de la zone déclarée non occupée n'entraîne pas la dénonciation de conditions acceptées le couteau sur la gorge.

Et ne va pas te fourrer dans la tête, toi qui te trompes toujours, que le Führer vise à une mainmise sur la Flotte !

Apparemment, je ne suis pas seule à penser noir. Toulon s'est pris de fièvre. On y voit arriver d'importantes fractions de l'Armée d'Armistice, équipées d'un matériel flambant neuf, restreint mais moderne, écumantes de colère, pressées d'en découdre. Sur les places où se sont rangés les véhicules, civils et militaires discutent. On ne s'explique pas pourquoi la Flotte n'est pas déjà sortie, mais chacun a son idée. En ce qui me concerne, je ne vois qu'une alternative : elle luttera pour conserver Toulon, base idéale, ou, s'il est trop tôt pour un débarquement en France, elle appareillera. Tous ici, même ceux qui hier encore étaient enclins à grogner contre « cette pute de Marine », éprouvent un sentiment profond pour les bateaux, je le constate. En ces heures nerveuses, où l'on s'attend à un siège suivi d'une bataille rue par rue en direction des arsenaux, Toulon d'un seul élan se mobiliserait.

Car le verbe saborder ne se conjugue pas encore.

Sur le quai Cronstadt, des femmes guettent les embarcations qui amènent à terre des marins en service commandé. D'autres stationnent devant la porte Castigneau, retrouvent pour quelques instants un mari au front soucieux ou qui cache son exaltation derrière un sourire énigmatique. Economie de paroles, mais tendresse du geste. J'ai envie d'entendre Goulven, mais à quel titre le faire appeler ? On me demande seulement, pour simplifier le travail du standardiste, si je connais le poste du *CH.30*. Je donne le nom du bassin. Il n'y a pas de ligne à bord, l'appareil est sur le quai. Celui qui décroche entend mal, le téléphoniste hurle : « L'enseigne de vaisseau Coatmeur est attendu à Castigneau. Comment ? Sa femme ! » Je rougis. Trop tard pour rectifier. Personne de connaissance n'a pu entendre. Goulven ne met pas longtemps à parcourir la distance qui nous sépare. Je le vois arriver, coudes au corps, à bonnes foulées. Il sourit en pressant mes mains, ne fait pas d'allusion au quiproquo.

— Quelle bonne idée, Hélène. Je guettais l'occasion de vous faire porter un mot avant ce soir. Il faut quitter l'Embossage. Le fort Lamalgue devient le P.C. du Préfet maritime. Il sera des premiers visés, vous en êtes trop près.

— Mais je ne veux pas... D'ailleurs, ou irais-je ?

— Mon pacha a résolu la question, chez lui. Sa femme vous attend.

— Je ne la connais pas !

— Vous la connaîtrez et je suis sûr qu'elle vous plaira. Ne discutez pas. En sa qualité d'Ancien de Landry et en l'absence de ce dernier, Chaperon vous en donne l'ordre. Exécution immédiate.

Pour qu'il libère mes mains, j'acquiesce. Etre venue à lui qui ne pouvait venir à moi le récompense de deux ans d'assistance discrète.

— Que pensez-vous, Goulven ? Que pense Chaperon ?

— Mais que nous allons nous battre. Pour le *CH. 30,* pas de départ possible, mais soyez sûre qu'il fera chèrement payer sa peau.

— Goulven... pourquoi les autres ne sont-ils pas déjà dehors ?

— La question me dépasse. Ici, un seul pourrait y répondre.

— La passe n'est pas le Goulet de Brest, il me semble...

— Il vous semble, chère stratège, il m'a semblé aussi... mais, ajoute-t-il tout sourire disparu, il semblerait que, dans le saint des saints, il ne semble pas. Pour le moment.

— Eh bien, dis-je entre les dents, espérons qu'il semblera vite qu'il faut sortir de la nasse avant la bagarre. Pardonnez-moi, je ne suis guère qualifiée pour juger de la tactique navale, mais j'ai entendu des voix compétentes dire qu'un navire qui manœuvre est beaucoup moins vulnérable qu'une cible immobile. Aussi, bien que femme, je me permets de trembler pour nos atouts maîtres encaqués, à la merci d'une attaque aérienne massive.

Ma véhémence ne ramène pas le sourire de Goulven. Je vois bien qu'il n'ose pas anticiper sur des décisions de sommet, mais d'être discipliné n'implique pas l'annihilation du sens critique. J'espérais qu'il chasserait mes craintes, il s'est figé. Je le connais, s'il tait sa pensée, c'est qu'elle n'est pas éloignée de la mienne. Tant de mâts dépassent des toits, de quoi méditer. En revenant à Goulven, je surprends deux expressions : « Que manigance cet enseigne avec la femme d'un rebelle ? » se demande une venimeuse, « Hé, rendait-on la pareille à Landry ? » espère une cancanière. Le souci de l'opinion du voisin me taquine, quand, fort à propos, Geneviève vient dissiper l'équivoque. Elle m'embrasse et embrasse Goulven.

— Daigneaux est maintenant du bon côté, dis-je.

— Je pavoiserai quand je serai sûre qu'il est sauf. Il y aurait eu pas mal de casse le 8. Plusieurs bateaux coulés. En savez-vous plus, Coatmeur ?

— Quelques noms. Celui qui vous intéresse n'en est pas, Viève.

— Jusqu'à plus ample informé. Merci pour ce premier tuyau. Où en est le *CH. 30* ?

— En se montrant très optimiste, il aura de l'eau sous la quille dans une quinzaine. Autant dire qu'il est condamné.

Viève est persuadée, comme moi, que nous allons assister à la bataille de Toulon.

— Je pense que ça va chauffer dur, dit Goulven de nouveau souriant. Mais le devoir m'appelle, excusez-moi. Hélène, j'ai votre promesse, n'est-ce pas ? Faites vite.

Nous nous séparons. J'annonce que je me replie en ville, chez les Chaperon.

— Pourquoi n'avoir pas plutôt pensé à venir chez moi ? proteste Viève.

— Goulven et Chaperon ont pensé pour moi. J'ignorais pour Lamalgue.

— Quel chic garçon, ce Goulven. Vous savez que mon mari vous en a voulu ?

— Tous les camarades de Goulven m'ont boudée à l'époque.

— Je vous ai défendue. Ce timide n'avait pas l'envergure d'un Landry, ni la séduction, ni l'âge surtout. Pour François et moi, attirés l'un vers l'autre depuis notre enfance, engagés avant qu'il n'entre en classe de Flotte, c'était différent. J'étais immunisée contre une attaque surprise, pas vous qui vous contentiez de vous laisser adorer. J'ai tout de suite vu que le coup de foudre de Landry vous troublait. Rien ne pouvait empêcher ce qui devait être, vous alliez trop bien ensemble. Votre diable de mari, que la modestie ne handicape pas, a l'habitude de dire que vous formez le couple le mieux assorti de la Marine !

Propos miellés qui écartent la vieillarde de trente-cinq ans, sournoisement rappelée par l'intérêt goguenard surpris tout à l'heure. Geneviève serait bien la seule à ignorer l'aventure prêtée à Georges. Elle n'y croit pas plus que Goulven.

— Darlan... dis-je, l'attention détournée par l'aperçu sur les bateaux.

— Oui Darlan, mais... soupire Viève avec un coup de menton dans une direction précise et en heurtant ses index l'un contre l'autre.

— Dans votre entourage, croit-on que cela pourrait jouer ?

— Si Pétain fait savoir, par une voie officielle ou secrète, mais sans ambiguïté, qu'il est d'accord, Darlan sera obéi, dans le cas contraire... Voilà votre tram.

Je ne prends pas le tram. Je préfère la grimpette du raccourci, pour ce qu'elle découvre le haut atteint. Les bateaux clignotent activement des projecteurs. Des vedettes débordent du *Strasbourg*, aussitôt remplacées par d'autres, elles-mêmes talonnées par celles qui ont manœuvré pour se présenter. On vient aux ordres. Partout, en rade, aux appontements et quais, signaux hissés puis halés bas, actives conversations d'éclairs. Ce que j'espère se prépare-t-il ? L'allusion à une rivalité de prestige (bien connue) entre deux chefs de valeur indiscutée mérite un haussement d'épaules devant pareil enjeu. De même, l'éventualité, malgré sa peu encourageante réaction au viol de l'Armistice, d'une attitude négative de l'arbitre suprême. La force énorme étalée sous mes yeux me rend confiance. Je n'ai plus peur que de la fuite des heures. Avec la même ferveur que le 18 juin 1940 à Brest, je lance mon oraison jaculatoire : qu'ils partent !

Des bordaches en tenue de combat s'excitent dans les fossés du fort, m'ajustent avec une arme imaginaire, rient de ma frayeur feinte. Pour ceux-là, l'Armistice est caduc.

Mon séjour chez Mme Chaperon, belle jeune femme flexible, au regard limpide, à l'accueil spontané, aura duré une nuit. Les blindés allemands avancent, mais l'Armistice tient plus que jamais,

Un accord sur Toulon est signé. La Flotte peut dormir tranquille et même renvoyer ses factionnaires dans les batteries : M. Hitler a donné sa parole d'honneur de ne rien tenter contre elle ni contre ce qui devient le camp retranché de Toulon, enclave autonome dans le territoire tout entier sous contrôle allemand. Les bras nous en tombent. Quoique femmes, il ne nous échappe pas que le temps gagné par l'une des parties l'est au détriment de l'autre. Qui a le plus le besoin de ce temps ? La Flotte pour prendre la mer ou Hitler pour rassembler assez de forces à pied d'œuvre ? Nous sommes consternées. Le baroud remis à une date ultérieure, rien ne s'oppose à mon retour à L'Embossage. Je refais ma valise et nous nous séparons sur la promesse d'entretenir dorénavant des relations suivies, et en émettant le vœu que ce patte de velours menaçant permettre au *CH. 30* de récupérer ses viscères avant qu'il n'en soit fait du camp retranché.

Venu pour raison de service au fort Lamalgue, où sont maintenant installés les services des Autorités maritimes. Goulven entre à L'Embossage. Son bonjour est morne. Il répond à mes questions par des « Bah ! » des « Bouh ! » et un « non » catégorique à celle que concerne le crédit accordé à la parole de Hitler. Puis il s'étend, d'un ton âpre, sur l'attaque de Casablanca. Notre amie Geneviève n'est pas veuve, mais le 406 qui a défoncé le bateau de Daigneaux a bien contribué à l'allongement du nécrologe. La liste des blessés n'est pas moins impressionnante.

— Sur le *Primauguet,* pour n'en citer qu'un, une vraie boucherie !

Pourquoi n'en citer qu'un ? Je pense à un bateau et il le sait. L'idée affreuse prend corps puisqu'il se tait. Avec un frémissement des lèvres, il me regarde la combattre.

— Pas lui ?

— Si. Le *Furieux* est au fond, avec un bon tiers de son effectif, dont le commandant. La baraka avait bien débarqué avec le précédent. Cette fois, l'as de la grenade, le pauvre Kerdonkuff qui, sur sa demande, accomplissait une troisième année d'embarquement, y a laissé ses os.

— La mort reçue d'une main « amie »... Comme mon frère !

— Ce ne fut pas « la bourse ou la vie », pas même « ôtez-vous de là qu'on s'y mette », formules encore trop longues pour des gens pressés, soucieux surtout de s'épargner des complications d'installations, mais « Pas de discussion. Place nette au canon et à la bombe ! » D'autres noms ? l'*Albatros,* le *Boulonnais,* le *Frondeur,* le *Brestois,* le...

Assez ! Je revois le *Furieux* moustachu à Brest, je le revois miraculé à Cherbourg, quittant Brest le 18 juin 1940 et Toulon fin septembre de la même année, pour ne plus jamais revenir s'amarrer au quai Noël... Je revois ce commandant qui n'approuvait pas mon mari (Mers el-Kébir trop récent), mais laissait le fugitif prendre le maximum de champ avant d'acheminer l'obligatoire rapport... et Kerdonkuff, le petit Plougastel aux joues d'api : « Baisé et tout qu'il est le U ! » Malheur, à cette heure, c'est lui qui l'est baisé, et pas par un Allemand, par un Américain ! Georges, fais-tu une poussée de fièvre comme après Mers el-Kébir ?

*
**

La marmite qu'était le camp retranché bouillonnait. De tous côtés, les réfugiés avaient afflué, bien qu'il n'échappât à personne que la situation faite à Toulon ne pouvait avoir qu'un caractère provisoire. A durer, elle se scléroserait, devait estimer le bon apôtre. Des « touristes », plume frivole au chapeau et appareil photographique en bandoulière, prenaient la température de la cité aux terrasses du quai, tout en gardant un œil sur la darse et sa sortie. On se montrait sans rire ces témoignages de la bonne foi du Führer : en déguisant ses militaires, il respectait la dernière portion de territoire « libre », il ne nourrissait donc pas de noirs desseins à l'encontre du trésor que nous possédions encore. Il en fut, et non des moindres, pour le croire ! Hélène à l'esprit lent n'y a tout de même pas cru.

De nouvelles troupes françaises apparurent, très échauffées. Trop, sans doute, car elles furent promptement retirées. Sans doute aussi pensait-on que nous n'aurions pas besoin d'elles, puisque Hitler faisait figure d''honnête homme. Les réfugiés s'angoissaient. Le personnel alsacien de la Marine, d'autant plus nombreux qu'il s'était accru de pas mal de camouflés, perdait le moral. Peu à peu, les Israélites s'évanouirent. Les Alliés ne débarquaient pas sur nos côtes et la Flotte demeurait, entassée, claquemurée. Attaquée en force par les airs, elle s'évacuerait aussi aisément que la foule d'un grand cinéma par un unique portillon ! Les ondes abusaient des systèmes nerveux. « Le Haut Commissaire de France en Afrique du Nord ordonne au nom du Maréchal empêché... » attrapait-on derrière la crécelle du brouillage. « Fini, plus de dauphin ! Un rebelle, un félon, un vendu ! », fulminaient sans parasites les voix achetées de la métropole. A tant servir et resservir pour mieux desservir, les injures s'usaient aussi vite que les fonds de culotte en fibre de bois de nos écoliers. Une diarrhée radiophonique, ambrosiaque ou vomitive, selon le receveur.

La contremarche de l'amiral de la Flotte correspondait au conte sentimental que je m'étais construit : la collusion des cœurs en vue du salut commun. Mes yeux seront dessillés avant qu'un tueur ne se charge de démontrer le contraire. Apolitique, pas mûre pour l'urne souveraine promise à son sexe, victime de l'éducation chrétienne, la candide se fiait à tous ceux qui lui paraissaient s'efforcer de nous tenir la tête hors du bourbier, en attendant mieux. Mon opinion sur cette personnalité reflétait celle de mon mari, du moins celle qu'il exprima devant moi jusqu'au 18 juin 1940. Depuis, j'ignorais ce qu'il pensait, bien sûr, mais je le savais trop objectif pour, même improuvant le rôle politique des deux dernières années, dénier les mérites antérieurs : un essor maritime tel que nous n'en avions pas connu depuis cent ans, une Flotte digne d'une grande nation ouverte sur trois mers et riche d'un vaste empire. Au palmarès de la renaissance d'une arme sacrifiée pendant l'autre guerre et qui continua, après, de faire régulièrement les frais des économies gouvernementales, deux ministres accessibles à ses problèmes, Painlevé et Leygues, et un marin, Darlan, qui forgea l'outil. « Ambitieux, disent les ictériques, riait Georges. Et après ? Les grands chefs, même ceux de l'Eglise, ne se recrutent pas parmi les violettes cachées. Qu'on daigne introniser A.D.D. [1], ce qui pour moi équivaut à un brevet d'efficacité, car on sait s'entourer,

1. Amis de Darlan.

ceux qui crient au népotisme, je fous mon billet que ce sont leur répons qui sonneront plus clair dans la chapelle ! » Alors, hier successeur désigné, aujourd'hui transfuge et parjure, déchu de ceci et de cela et ex tout le reste, hachis pour les ondes, bromure sur la hargne de Hitler qui le haïssait. J'avais entendu l'appel à la Flotte lancé du micro d'Alger ; depuis, j'écoutais la mer. Mon sommeil était si léger, mon désir si attentif, qu'un frappement d'aviron m'eût réveillée, à fortiori un au-revoir de turbines et de diesels. Mais ne troublaient le silence des nuits que les passages de vent dans la pinède. Le matin, je courais à mon observatoire et constatais avec regret que la fatigue n'avait pas eu raison de ma demi-veille. Toujours là, en laisse. Et feux bas ! Le Maréchal n'était plus libre de donner officiellement l'ordre d'abandonner la rade malsaine, soit, mais il disposait encore de moyens pour faire savoir à l'intéressé qu'il le déliait de son serment. S'il continuait de se taire et si le responsable ne prenait pas sur lui de se passer d'une permission qu'il ne fallait pas attendre du président Laval, nouveau chef du gouvernement ?...

Mme Chaperon m'avait offert de réunir nos solitudes pendant le repas de midi. J'apportais ma pitance et nous déjeunions en épluchant les nouvelles entendues à la radio et glanées au hasard de rencontres. Nos déductions se vérifiaient ou tournaient à notre confusion, mais discuter nous était salutaire. Or, un jour que nous flambions d'espoir, parce que le soleil embellissait les choses et que le vent n'avait pas rougi nos jambes dénudées par force, on, cet on qui continuait de se prétendre au courant, alors que les marins étaient toujours consignés, nous confirma ce que Geneviève et Mme Chaperon redoutaient tout haut et que je refusais, avec toutefois moins de feu au fil des jours perdus : à l'appel du forgeron de la Flotte, celui qui se tira avec honneur du minutieux ajustage, et la commandait aujourd'hui, avait fait la réponse de Waterloo !

Depuis, les bruits consternants s'accumulaient. Une amie de Mme Chaperon, qui avait eu un contact, venait de lui apprendre que le secrétaire d'Etat à la Marine serait démissionnaire. S'il n'était pas « démissionné d'office », le geste apparaissait lourd de signification. Nous n'avions pas terminé le tour des hypothèses quand Chaperon, qui n'était pas sorti de l'arsenal depuis le 8, convoqué à l'extérieur, fit une brève apparition. Il avait mauvaise mine et sourit forcé pour s'avouer guère mieux renseigné que nous, sauf sur le moral général qui descendait un peu plus chaque jour. Le remontage du *CH. 30* s'effectuait à une bonne cadence, la sortie du bassin se dessinait. Oui, il avait eu vent de la démission de l'amiral secrétaire d'Etat. Une très fâcheuse nouvelle.

— S'il part, et je crois le bruit fondé, c'est qu'il est en désaccord avec le nouveau chef du Gouvernement sur le sort de la Flotte.

— Il ne l'est sûrement pas avec l'ancien, n'est-ce pas ? Alors, pourquoi n'agit-il pas au lieu de partir ? Expliquez-nous, Chaperon, on s'y perd.

— Parce que, pour être appliqué par qui vous savez, une décision de cette importance doit venir du sommet.

— Et si au sommet deux thèses s'affrontent ?

— Réfléchissez. Le serment prêté à Pétain ne s'étend pas à Laval.

Le vieil homme balancerait-il encore longtemps ? Lui ouvrait-on assez les yeux ? Ne se rendait-il pas compte que, du fait de son attentisme, un nouveau Mers el-Kébir n'était même pas à exclure ? La chance, sortir, c'était possible. Il y aurait des pertes, mais beaucoup s'en tireraient. Adjointe à leurs puissants moyens propres, la D.C.A. de terre gênerait considérablement une attaque allemande. Et, au premier appel, une couverture aérienne ne serait-elle pas dépêchée d'en face ? Nous nous perdions dans nos réflexions, sans nous les communiquer. Mme Chaperon caressait son mari de ses yeux limpides, agrandis par une pitié impuissante. Chaperon avait allumé une cigarette et suivait d'un regard morne les méandres de sa fumée. Georges, je t'imaginais à la place de cet officier accablé, qui te ressemblait par l'allure générale et certaines rides d'expression, et je remerciais le Ciel que tu aies su désobéir. Après une dernière bouffée, lentement avalée, Chaperon rattrapa sa casquette et ses gants, et dit, sarcastique, en montrant sa serviette bourrée de papiers :

— Allons pondre un rapport constructif sur la résistance de l'étouteau arrêtoir de collier de tampon masque !

Sa femme le raccompagna jusqu'à l'escalier. Je les devinais embrassés, sans les envier. A peine revenue, elle s'effondra :

— Son premier commandement... Il était si heureux... S'il faut saborder...

Saborder ! Exécuter nos chances de faire réentendre notre voix ? Tuer des bateaux en pleine santé ? Et pourquoi pas se battre ? Les représailles ? Est-ce que tout ce qui a été cédé en 1940 et depuis a empêché les arrestations, déportations, exécutions, pillages ? Il serait difficile d'affamer davantage ce qui aura été un moment le « camp retranché » ! Non, je ne crois pas, et je le dis, qu'on en arrivera là. Ce serait aberrant et inexpiable. Il fallait écarter comme maléfique le verbe sacrilège. Il est des mots à ne pas prononcer, mort dans la maison d'un malade, guigne dans les coulisses d'un théâtre, celui-là pour la centaine de bateaux vivants.

Le mot, d'abord dit bas, comme une incongruité, prit de la consistance après l'annonce des pleins pouvoirs obtenus par Laval. Néanmoins, il demeurait une abstraction, comme la guerre avant d'être là. On savait que, sur chaque bâtiment, les responsables avaient préparé le geste mortel, mais on savait aussi que, sur un navire, les précautions prises contre un éventuel danger ne signifient pas que le dispositif servira : n'y procède-t-on pas, plus que partout ailleurs, à des exercices d'incendie ?

Toulon s'habituait à vivre sur un terrain miné. Il vécut, sans s'en douter, son dernier dimanche de liberté. Comme tous les dimanches, les promeneurs déambulèrent sur le Littoral jusqu'au chemin des douaniers, égayés par les mitrailleuses en position le long de la promenade, contre un ennemi venu... de la mer ! Les gueules fermées des marins qui se tenaient derrière décourageaient de rire longtemps de la guignolade.

— Té, les creusses de la Commission qui mènent leurs chiens à l'eau ! Voyez si c'est nourri, bêtes et gensses... Gras, bon à tuer, fan !

Depuis le début de 1941, un hôtel proche de L'Embossage hébergeait la Commission d'Armistice, des observateurs discrets, dont le fastueux ravitaillement était une insulte à la misère des voisins. Les poubelles dénonçaient le gaspillage. On y apercevait au passage des morceaux de fromage plus gros qu'une ration mensuelle, des légumes et des fruits à peine flétris, jusqu'à des manches de gigot, roses d'une belle épaisseur de chair jugée indigne de figurer au menu des chiens du Grand Reich. Ah, sans sa fierté ou la crainte d'être vu...

Une calme dimanche, en vérité, auquel ne manquaient, pour ressembler à tant d'autres, que des cols bleus en liberté et bonne fortune.

Comme je me dirige vers une école où se délivrent les tickets du mois de décembre, je croise Falch qu'une vedette vient de larguer avec une serviette de cuir aussi renflée que celle de Chaperon. Sa femme me salue à peine, lui s'arrête quand il est seul. Il a maigri et pris un sérieux coup de vieux depuis notre dernière rencontre, ses légères rides devenues balafres. Embarqué sur le cuirassé amiral, je le suppose renseigné. J'ose une question sans espérer mieux qu'une réponse évasive. Il soupire.

— Mon avis ? Le cul entre deux chaises, on peut durer encore un peu, mais la peau de chagrin rétrécit tous les jours. Les Allemands viennent d'occuper la base du Palivestre.

— Oh ! Et croit-on toujours à la parole de Hitler ?

— On serait incapable de faillir à la sienne, on croit à celle d'un chef d'Etat.

— Et vous, Falch ?

— C'est désespérant, je ne crois plus en personne, ma chère amie. Comme j'envie les camarades remis dans le bain ! Toujours rien de Landry ?

— Rien. Depuis vingt-six mois ! N'avez-vous pas une idée sur la question ?

— Une activité qui a comporté l'interdiction de communiquer sous quelque forme que ce soit. Vous aurez bientôt des nouvelles. De bonnes nouvelles, j'en suis convaincu.

Réconfortée côté époux, obsédée côté bateaux, je repars au cisaillage.

26 novembre. Journée quelconque, soirée inattendue. Goulven et Viève viennent me prendre au bureau pour dîner au restaurant. Les Autorités croient si peu à un danger imminent qu'elles

rétablissent les permissions ! Pas dans le sens le plus large, par fractions. Après dix-huit jours de claustration, la détente. Ce soir, des hommes mariés dormiront chez eux, les célibataires rentrant par la dernière chaloupe. L'encasernement au mouillage a pesé. Les marins se répandent en ville, peut-être pas joyeux, mais contents. Le lâcher de pompons rouges rend à Toulon son vrai visage. Cependant, sur la vaste place du Champ-de-Mars, un retour des véhicules de l'Armée interrompt les parties de pétanque. Joueurs et supporters interrogent les militaires sur le sens de ce mouvement ; ceux-ci ne savent rien, sauf qu'ils ont reçu l'ordre de se replier sur la ville. Ils serrent des mains, émus de l'accueil chaleureux de la population, mais l'inquiétude leur sort par les yeux. Incertitude ici, vague optimisme ailleurs. Ce qui est clair : la rade ne pétunera pas la nuit prochaine, l'envoi de bordées de permissionnaires à terre n'étant pas un signe d'appareillage nocturne !

Une certaine agitation règne encore en ville quand nous quittons le charmant restaurant au cadre maritime, proche du quai, où l'amabilité du patron a pallié l'indéfinissable composition d'une « daube sans ticket ». Un rosé de la région nous a un peu ensoleillé l'intérieur. Goulven s'est félicité du remplissage, le matin même, du bassin qui retenait le *CH. 30.* On se sentait plus confortable à flot. Quand mes amis me raccompagnent, la nuit encapuchonne la pinède. La longue marche a dissipé la légère euphorie due au vin. La même pensée nous tracasse.

— Un miracle est encore possible... dis-je devant le portail.

Soulevée par l'espoir gardé contre vents et marées, je plaque un baiser fraternel sur la joue de Goulven.

— Oui, appuie Geneviève, je ne peux imaginer qu'on irait jusqu'à...

— Pas ce mot, Viève !

Goulven se tait. Sans illusion sur l'évolution de la situation ou troublé par le baiser qu'il n'a pas osé me rendre ? Je déteste la solitude qui m'attend.

— Il n'est pas tard. Entrez un moment.

— Non, Hélène. Mon pacha a eu le geste chic de rester à bord pour que je puisse sortir, je veux lui renouveler mes remerciements à une heure convenable.

La nuit aspire mes amis, voix et pas s'estompent. Rien ne vit plus, le jardin est muet, la pinède ne respire pas, on dirait que l'allée s'est étirée, la serrure renâcle à laisser la clé se loger. Je m'enferme, et au mépris du sévère contingentement de l'électricité, j'allume plusieurs lampes pour conjurer le plomb extérieur. J'écoute la radio tant que je trouve des émissions. Avant de me mettre au lit, j'ouvre une fenêtre pour me rassurer : silence et ténèbres, comme si les arbres s'étaient avancés et formaient une muraille devant moi. Je me sens coincée, c'est désagréable. La daube ne passe pas, me dis-je. Allongée, je prends un livre et renonce bientôt à relire la même page sans comprendre. J'éteins, je refais l'inventaire. Aux appontements de Milhaud les *Strasbourg, Colbert, Algérie, Marseillaise, Lynx, Panthère, Tigre, Vauban, Aigle...* Au quai Noël : *Bordelais, La Palme, Siroco, Trombe, Foudroyant, Hardi, Bison, Volta, Indomptable, Cassard, Tartu, Guépard...* A Missiessy : *Dupleix, La Galissonnière, Lion, Gerfaut, Jean-de-Vienne...* Et partout, aux quais des Machines, de l'Horloge, de l'Artillerie, au Grand-Rang, au Petit-Rang, aux Grands Bassins, au Mourillon, des bateaux, des bateaux, des vieux, des jeunes, des entre deux âges, des gros, des moyens, des petits, du cuirassé au sous-marin, du porte-avions au chasseur, du pétrolier au remorqueur. Comme toujours, les omis me cognent au crâne. Comment ai-je pu oublier le *Foch* qui se morfond dans la darse Castigneau, près du petit *CH. 30* ? Et l'*Océan,* très vieille connaissance qui me rappelle pépé Cosquer, ses yeux plissés, sa voix un peu cassée, son nez rosi par le crachin et le louzou, son doigt instructeur : « Regarde-le, Lélène. Un bon bateau que c'est. Moderne depuis qu'on lui a coupé quelques mètres de cuirasse aux extrémités. Il n'a plus l'air d'un fer à repasser ! Deux cheminées seulement, en revanche un mât tripode. Et douze pièces de 305 contre quatre sur ceux de la classe *Danton.* Souviens-t'en. » L'*Océan...* J'admets qu'on débaptise un navire de guerre pour lui faire porter le nom d'un frère mort au combat, le *Siroco* et le *Foudroyant* de 1942 sont des rebaptisés, mais j'ai toujours déploré, et même considéré comme une énorme injustice, qu'un bateau jugé encore apte à servir soit dépossédé d'un nom prestigieux au profit d'un nouveau-né. Cet *Océan,* lancé en 1911, torpillé en 1914, mené plus tard à la fontaine de jouvence, qui terminait bâtiment école une glorieuse carrière, après qu'on l'eût paralysé des nageoires et amarré à Saint-

Mandrier, s'était appelé *Jean-Bart*. Celui-là, quoi qu'on décide, sautera !

Comme ce lointain matin de la fuite de Georges, un bruit a brisé mon sommeil. Je me retrouve assise sur mon lit, les jambes pendantes, le cœur précipité. A tâtons, je cherche la poire de la lampe de chevet. Ma pendulette indique un peu plus de quatre heures trente. Le silence est toujours total. Je vais encore accuser la prétendue daube, quand ce qui m'a réveillée en sursaut se reproduit : un coup de feu. Petit temps mort et un autre coup de feu. Encore un temps mort, puis d'autres coups, groupés, espacés... Et le départ timide d'une mitrailleuse : tac... tac-tac... tac-tac-tac-tac-tac... J'ai déjà ouvert et franchi la porte-fenêtre. Je ne distingue rien. Je pousse les volets pour cacher la lumière de ma chambre, mais n'en deviens pas nyctalope pour autant. Cette nuit est particulièrement sombre. Brusquement, le tir se fortifie, la mitrailleuse s'emballe. On se bat, mais où ? La fusillade m'arrive trop nette pour provenir de la rade abri, pas assez pour la situer autour du fort. Entre les deux ? La grande jetée peut-être ? Le tir cesse et reprend, sans s'éloigner ou se rapprocher. L'arsenal du Mourillon ? Attaqué ? Sa darse abrite une dizaine de sous-marins aux noms poétiques ou très sérieux : *Iris, Diamant, Marsouin, Pascal, Henri-Poincaré, Casabianca, Vénus, Redoutable, Glorieux...* Le ciel s'en mêle : des avions piquent. Un serpent lumineux zèbre mon rideau noir et la D.C.A. entre en action violente. Les sirènes ne donnent pas l'alerte. La D.C.A. se calme, repart très dure par intermittence... Un rythme décousu qui ne ressemble à rien de déjà entendu. Portée par la mer, une sonnerie de clairon : le branle-bas de combat, qui se répète en tournant comme un écho de montagne. Les sonneries se chevauchent. Le baroud calmé reprend, sans continuité, nerveux après une pause, puis coupé net. Encore des clairons. Le premier voisin éveillé est un coq qui lance quelques notes éraillées. Son cri n'est pas un salut à la vie, il se brise comme l'appel d'une vieille femme qu'on étrangle.

Que se passe-t-il ? Le moyen de savoir est à ma portée : il suffit de traverser la pinède. Mais les minces et hauts arbres s'animent la nuit d'une vie surnaturelle et j'ai plus peur de leurs tentacules supposés que des biens réels porteurs de bombes qui ronronnent, invisibles. Prions. Pour du fer.

Tout soudain... mais n'est-ce pas encore mon cœur qui fait des siennes ? Non, le battement est extérieur et vient du bon côté : de l'ouest. Il force, bien frappé, puis se détraque. Hourra pour le contretemps ! Ils sont deux, trois, peut-être davantage, ces cœurs ! Pâle joie que celle d'un mélomane pendant l'audition de son concerto favori, comparée à la mienne durant la fraction de temps où je crus à un appareillage général.

Alors que j'entame une action de grâces, un tremblement du sol me donne le vertige. Un bateau qui a sauté ? Comment isoler les sons dans cette cacophonie de diésels, d'armes automatiques, de piqués et maintenant d'explosions, car le sol continue de tressaillir. Les battemens s'éloignent. J'ai beau tendre l'oreille, il n'en vient pas d'autres. Il n'y en aura plus d'autres ! Autour, les volets claquent, les voisins s'appellent, le coq multiplie ses aigres protestations. L'ouest gronde. Sous mes pieds nus, le dallage vibre. Un avion passe dans un bruit de sirène. La D.C.A. est quasi muette.

Je tremble d'émotion et de froid, le vent s'est levé. Je vais me vêtir et j'attends que le ciel pâlisse. Il n'y met pas de bonne volonté. Que signifie une défense erratique et un tonnerre souterrain ? Tant que je n'aurai pas vu, j'espérerai.

On y voit à peine quand je m'engage dans le grisé de la pinède. Les arbres consentent à mon passage, mais leurs aiguilles font patiner mes semelles de bois, ce qui m'empêche de prendre mes jambes à mon cou. Je progresse avec précaution, l'échine inquiète, jusqu'au sentier dégagé qui domine les fossés du fort. De ce dernier m'arrive un brouhaha qui me rassure. Qui me rassure ! Je m'enfonce sous d'autres pins, attentive aux rebonds, autant de pièges.

Un spectacle désespérant m'attend à bout de course. La Flotte agonise.

Je n'ai pas encore vu mourir. Plus tard, quand disparaîtront mes proches, je ne serai pas là et il ne se trouvera personne pour me rapporter leurs ultimes instants, je devrai me les inventer. Pour les bateaux, qui sont aussi de ma parentèle, c'est différent : j'ai le privilège d'assister à une malemort et les lémures des suppliciés ne cesseront plus de me poursuivre.

Un pas rapide me sort de l'état pétrifié. C'est un officier en uniforme, un des chanceux de la veille. Il s'immobilise à ma hauteur. Nous n'avons pas le temps d'échanger nos douleurs.

— Meuzieur !

Nous nous retournons, incrédules. A plusieurs mètres, au sommet d'un raidillon, deux canons sont pointés sur la rade. Moins saisis par l'atroce scène, nous aurions entendu les servants respirer. Comme l'officier hésite, un Allemand se laisse glisser jusqu'à lui et montre la direction du fort d'un doigt qui explique tout : Lamalgue est entre leurs mains. Le Préfet maritime, les amiraux des services à terre, leurs états-majors, le personnel, les élèves de Navale, tous prisonniers ! Comme le devient mon compagnon d'un instant qui obéit à l'injonction avec un geste fataliste à mon intention et trois mots : « Prévenez ma femme. » Il n'a pas pris d'élan pour gravir le raidillon, il doit se retenir d'une main au sol, l'Allemand qui suit le pousse par une fesse. Un petit tableau mal venu pour l'imagerie d'Epinal. La rage et le désespoir ! Ah, les salauds, les salauds ! Leur présence donne le prix de la parole donnée. Ils ne songent pas à me chasser, ils m'ignorent. Ils regardent fixement la rade. Pendant quelques secondes, je les regarde fixement aussi : je leur souhaite ardemment de mourir.

Je reviens au festival d'enfer. Fumées, rougeoiements, langues cinabres, embrasements. Et ça claque, crépite, saute, tonne. Une mort sans coma miséricordieux, en pleine énergie. Dans le ciel, les vautours rôdent et larguent encore des mines devant Cépet, comme s'il était encore possible de s'échapper du crématoire !

Une toux me rappelle la présence maudite. Elle me rappelle aussi que d'autres déconsignés vont emprunter le raccourci et se faire « épingler ». Demi-tour. Je ne rencontre personne. Et pour cause ! Deux panzers sont arrêtés devant l'Embossage. Je passe entre eux et vais donner un tour de clé au portail simplement tiré en sortant, puis un peu plus loin, j'annonce à une femme très émue que son mari est aux mains des Allemands. Il n'est plus nécessaire de guetter les permissionnaires, les chars signalent de loin le danger et beaucoup mieux que je ne saurais le faire. Il me faut retourner là-bas. Je contourne les panzers, vouant les hommes à la mort, et leur maître, et l'Allemagne tout entière. Je ne me savais pas capable de tant de haine.

Je me hâte vers les bateaux. Je veux les reconnaître, les dénombrer, savoir qui sont les évadés, car je ne doute pas de ce que j'ai entendu. Il fait presque clair. Du fort continue de s'élever le brouhaha dont je connais maintenant la raison. Les gueules des canons menacent toujours le champ de mort, mais les hommes ont abandonné la position de tir. Poings aux hanches, ils enregistrent l'holocauste. Le moins qu'on puisse dire est qu'ils n'ont pas l'air heureux. Déplorent-ils l'échec du malhonnête coup de force ou font-ils le rapprochement avec le Scapa Flow de leurs aînés ?

Les explosions ne cessent de secouer l'atmosphère, les fumées de se cribler d'étoiles rouges. La révélation du désastre m'a assommée, je ne souffre pas encore à fond. Je ne suis que haine et fureur. Je pense à la bonace d'hier ! Sous mes yeux s'étale le brûlant résultat du respect d'un armistice violé et de la créance en la parole de l'ennemi. Du *Colbert* part un feu d'artifice, dont le bouquet est une haute flamme jaillie de la plage arrière. De compactes volutes noires l'accompagnent, l'enserrent, comme pour la retenir ou l'étouffer, mais la flamme leur échappe et monte droit sur le matelas de nuages artificiels qu'elle perce. « Tu sais, Lélène, les bateaux ont une âme, comme toi », disait mon grand-père. Est-ce l'âme du *Colbert* qui vient de s'envoler ? Le vent qui étire les fumées me découvre l'amplitude de notre ruine. Seul, le *Strasbourg* pourrait abuser un œil profane. Ecarté du quai, il ne brûle pas, les fumées qui l'obombrent sont celles des croiseurs, ses voisins, il n'a pas pris de gîte, il conserve de la hauteur, à cause du fond, mais il a de l'eau jusqu'aux écubiers. La *Marseillaise* s'est couchée, l'*Algérie* flambe rageusement. Au quai Noël, c'est la pantenne. Dans un enchevêtrement de ferrailles, les navires s'étreignent, s'étayent, mélangent leurs membrures, s'affaissent lentement les uns sur les autres. Un spectacle dantesque qui n'est pas, tant s'en faut, terminé. Ils meurent comme des êtres de chair, sursautent, luttent, se révoltent, refusent, retardent, se redressent, accrochés à un compagnon d'infortune. Ils n'étaient pas malades, ils ne meurent pas vite. C'est affreux, pitoyable, ulcérant.

Je descends vers la ville. Ce matin, Toulon est en deuil. Des visages décomposés se penchent aux fenêtres, on pleure dans les rues, on s'adresse la parole ou on se tait, en se prenant les mains, comme les membres d'une famille qu'un grand malheur rassemble. On a encore en commun une amère satisfaction : l'Allemand duplice ne mettra la main que sur des carcasses. Près de la gare du Sud je rencontre un ouvrier de l'arsenal du Mourillon, connu au Ravitaillement. Il est en mesure de me renseigner.

— Oui, il y a quelques évadés. Si j'en suis sûr ? J'étais de surveillance de nuit à un groupe de recharge. Ces fumiers sont arrivés vers quatre heures et demie. Ils ont démoli les grilles tout en nous canardant. Les sous-marins ont aussitôt mis en route, sous les balles et en ripostant. Le premier paré a crevé la panne d'entrée pour ouvrir le passage, mais son hélice s'est engagée, d'où perte de temps. Sur le quai, les Allemands tiraient et gueulaient d'arrêter les manœuvres sous peine de mort. Ils nous ont sauté dessus juste comme nous venions d'arracher le dernier tube qui reliait un sous-marin à un groupe, pendant qu'il débordait. Voyez le souvenir.

Il repousse son béret qu'il avait ramené en avant et desserre le cache-col déployé haut sur sa nuque : son front est bleu et bosselé, une vilaine blessure déforme la base de son crâne.

— Un qui m'a escagassé avec sa crosse. J'ai fait semblant d'avoir mon compte et me suis laissé tomber, ça valait mieux. Ils l'ont mauvaise, croyez-moi ! J'ai pu ensuite me relever sans attirer l'attention et me tirer par une sortie non gardée. Ils ne connaissent pas les lieux. Mal goupillé, leur truc.

— Combien de sous-marins sont partis ?

— Cinq avaient réussi à sortir quand les avions ont lancé des fusées éclairantes, puis arrosé. La *Vénus* a pris une bombe et a dû se saborder. Quant aux quatre autres : l'*Iris,* le *Marsouin,* le *Casabianca* et le *Glorieux,* s'il ne leur est rien arrivé depuis, ils sont loin. Mais quatre, pas un de plus. Merde alors, ça fait mal au cœur !

Je veux continuer par le port de commerce, des Allemands me refoulent alors qu'ils viennent de laisser passer un couple. La normale pagaille des premières heures d'occupation. J'oblique. Quelqu'un me dit que les camions du Champ-de-Mars sont sabotés. Rien, ils ne s'empareront de rien d'utilisable. Un jeune homme que je connais bien a assisté de sa fenêtre, et très tôt, à la remontée piteuse d'un convoi de marins allemands, selon toute vraisemblance, les équipages destinés à nos unités rebaptisées.

— Leurs gueules ! Enlevés à la vitesse grand V, leur présence ne rimant plus à rien, sinon à les couvrir de ridicule. J'ai pris des photos, mais le jour n'était pas levé. Si elles donnent quelque chose, je vous les apporterai.

Le probe signataire de chiffon de papier voulait donc capturer la Flotte et s'en servir ? Et sa parole ? Hier encore, il rassurait... Ne craignez rien, si je diminue votre entour, c'est pour mieux vous prêter main-forte en cas de besoin. Cette main que je vous tends est franche, elle n'espère que vous déposer un grain de sel sur la queue. Croix de fer, croix gammée, même si je mens au Valhalla suis destiné ! Je peste et jure tout haut, en me dirigeant vers la demeure de Mme Chaperon. Ma nouvelle amie pleure et lamente sur les malheureux exécuteurs. Mon cœur est allé, d'abord, vers les exécutés qui méritaient au moins une fin hauturière.

Je rapporte ce que j'ai entendu. Au nom d'un des évadés, elle s'exclame :

— Mon frère est sur celui-là, quelle chance pour lui !

Oui, quelle chance d'être encore sur un bateau vivant, ce matin... Et quelle chance, Georges, que tu ne sois pas parmi les bourreaux par force !

— Vous allez au bureau ?

Le Ravitaillement est le dernier de mes soucis. Je n'ai pas fait ma toilette et je souffre. Le deuil est une excuse valable, on se passera de moi aujourd'hui.

— Allons prendre le vent du côté de l'arsenal... propose Mme Chaperon.

J'acquiesce. Le *CH. 30* n'est plus, mais qu'advient-il de ceux qu'il portait ?

On n'approche pas de la porte Castigneau. Un homme très pâle nous renseigne :

— Ils n'ont encore emmené que les amiraux. Les officiers et les hommes sont gardés dans les locaux du Dépôt des Equipages. Que vont-ils faire d'eux ? L'Allemagne ?

Comme en 1940 à Brest, les side-cars nous frôlent. Je suggère d'aller sur le quai, un gradé allemand s'y oppose. Qu'à cela ne tienne, nous prenons les petites rues inaccessibles aux véhicules militaires, où des femmes se demandent si l'ennemi va se venger sur leurs hommes. Nous voici sur le quai, devant les morts.

La Vieille Darse remue des lourdeurs visqueuses autour des épaves. Ici n'étaient que des petits bâtiments. Pour leur dernière toilette, le Petit Pavois a été hissé sur les immolés. L'eau irisée lèche l'érythème des ponts en pente raide, clapote contre les cheminées, couvre et découvre un fouillis de tripes noircies, assiège des flancs gerçurés. La pantenne... Le malheur... Comme pour des restes humains, la mort a défiguré pour retarder l'identification. En rade, le carburant brûle, brûle... Et se poursuit le gala du fulmicoton. Terminé définitivement pour les machines et bientôt pour le salpêtre homicide, promis à un plus belliqueux office ! Le vent a renoncé à effilocher le dais de suie qui plane sur le désastre. A quelques mètres, un pavillon isolé, vertical sur l'onde pétrolifère, marque la sépulture d'un petit mort. Les immersions surélèvent l'eau qui s'épand en langues grasses sous nos pieds.

Après le recueillement, ma compagne m'entraîne. Elle veut se rapprocher de l'arsenal, tenter d'écouter à toutes ses portes. Je la suivrais, mais je me méfie de l'intérêt que les arrivants pourraient porter aux villas voisines de Lamalgue. Nous convenons de nous retrouver plus tard.

Quand je revis ce sale jour (c'est fréquent), je ne me revois que pressant le pas ou m'emplissant les yeux de souvenirs tragiques que, sauf pour les premières heures, je suis incapable de classer dans l'ordre chronologique, car rien ne les relie, pas même le déjeuner, j'étais trop secouée pour penser à me nourrir. Est-ce encore le matin ou le début de l'après-midi ? Je suis sur une hauteur, derrière l'arsenal du Mourillon et devant les casernes de Coloniale désertées ; armée des lourdes jumelles de mer, j'explore un monde oblique, hallucinant. Entre les fumées, j'accroche les ponts basculés des beaux croiseurs qui ont cessé de lutter et ceux qui ne se résignent pas. L'*Algérie,* masse ignivome, proteste encore avec tant d'énergie que je suis aspergée d'expectorations, débris d'archives emportés par le vent, qui fondent dès que touchés. Attiré par toutes ces flammes, Satan est venu en curieux, l'air sent le soufre. Il a signé son passage : les pièces de 203 du *Colbert* sont figées dans une figure de french cancan et leurs encorbellements, encastrés les uns dans les autres, évoquent un bobsleigh dans un virage. Le croiseur est enfoncé jusqu'aux rambardes. Il devient difficile de reconnaître les victimes de moindre importance. Qui, cet accordéon crevé ? Deux torpilleurs, cet X à deux pavillons ? La *Palme,* ce cigare chevauché par sa coupée, qui a choisi un trépas solitaire ? D'où est partie cette tourelle atterrie sur les appontements, qui, à l'œil nu, ressemble à une échauguette ? Curieux : sur le *Strasbourg* la marque du Commandant en chef n'a pas été amenée. Serait-il resté à bord ? Il est vrai que le cuirassé a encore l'air vivant et en ordre. Il a coulé tout droit. Il touche le fond, mais il est si haut que les hublots des postes d'équipage voient encore le jour ; l'eau épaisse s'efforce en vain de les aveugler. Elle n'a plus de force, l'eau ; elle renonce à sa tâche de fossoyeuse, à l'impossible nul n'est tenu, les dépouilles se passeront de linceul. On lui a déversé tant de tonnes de calmant qu'elle n'aspire qu'au repos. Elle s'agite de moins en moins autour des brasiers. Le feu se rit de son ennemie : à trop l'approcher, c'est elle qui s'enflamme.

Je me revois, allant une deuxième fois m'assurer que les S.S. ne campent pas à L'Embossage. Deux rangées de pieds bordent la pierreuse montée Lamalgue. Angèle est là :

— Ils vident le fort. Les petits de Navale vont passer.

Une rumeur là-haut, le pas d'une troupe. Ce sont eux. Un murmure de pitié monte à leur rencontre. Les voilà, mes amis les bordaches, blêmes, muets, leur sac sur l'épaule moins lourd que l'humiliation. Des mains se tendent.

— Avez-vous des lettres ? Des commissions pour vos familles ?

Les gardiens les entraînent à vive allure. Au bord d'une rangée, un mince garçon blond me fait un appel du regard. Je m'avance, une enveloppe glisse dans l'ouverture de mon manteau. Un instant, la tête a pesé sur mon épaule et j'ai senti un souffle fiévreux. Un soldat de l'escorte aboie, l'enfant blond est déjà rentré dans le rang. La poussière soulevée par le démoralisant cortège retombe. Les mouchoirs font leur office. Je pense à Goulven.

Mais le sort des prisonniers ne sera pas connu aujourd'hui. Je quitte Mme Chaperon avant la tombée de la nuit. Les kilomètres ne se feront sentir qu'au lit. Me revoici pour la dernière fois, ahanant sur la montée, aiguillonnée par la brièveté du crépuscule. Entre chien et loup, la pinède veut la paix chez soi ; elle se camoufle d'une résille brumeuse et permet à ses arbres de courir. L'intrus est épié, suivi ou précédé par des ombres qu'il ne peut surprendre ou semer. Ce soir, entre chien et loup, quelques chacals retournent et fouillent un amas de débris métalliques. Ils choisissent, ils aboutent, ils ajustent, avec des jappements de satisfaction. Ce sont les sabres brisés des élèves de Navale que ces pattes étrangères reconstituent ! Souvenir pour fraulein...

Dans la soirée, à l'écoute d'une station neutre, appréciée pour l'éventail de ses informations et son habituelle objectivité, j'espère entendre présenter le sabordage de la Flotte française dans sa tragique grandeur. Stupeur, c'est un récit déroulèdesque. Pour corser un drame qui se suffisait, le parleur fait couler les commandants avec leur navire ! Quand le bateau coule, l'engloutissement du capitaine debout sur sa passerelle est une image classique. Encore faut-il que le fond s'y prête. On voit mal cès hommes, pourtant désespérés et marqués pour la vie, piquant une tête de la plage avant à quelques brasses d'un quai ou descendant se noyer dans un compartiment inondé et rendant le dernier soupir par le porte-voix. Je ferme le poste, exaspérée. En bonne place sur le mur, le Maréchal me regarde avec sévérité. J'arrache le cadre avec son clou de suspension et le jette à terre. Une larme de plâtre coule sur le tapis, mais la haute laine a amorti la chute, la vitre est intacte. A l'horizontale, l'eubage garde sa majesté. Je me livre à un zapatéado sur le verre. Et vais vomir. 27 novembre 1942, une date à garder.

On était fondé à craindre une déportation massive des marins enfermés dans l'arsenal. Mais, apprit-on, des négociations étaient en cours. Leur aboutissement allait surprendre et soulager : l'Armistice n'ayant pas été officiellement dénoncé, les Allemands, qui avaient bien d'autres chats à fouetter ailleurs, voulaient bien admettre que les états-majors et équipages des bateaux sabordés n'étaient pas des prisonniers de guerre. Ils exigeaient une démobilisation immédiate et fixaient un court délai, au terme duquel le personnel devrait avoir quitté la ville.

Mortification supplémentaire : Toulon passe sous la férule italienne, les Allemands se réservant quelques importants secteurs des arsenaux. Les SS et leurs panzers ne s'attardent pas. Bon voyage ! A Stalingrad, les gars ! Et qu'on vous y tue tous !

Le jeune homme rencontré le matin du sabordage m'a offert quelques photos, un peu grises car prises à l'aube, mais qui montrent bien la Kriegsmarine repartant dos au but manqué. Imaginons : si ces marins avaient précédé les SS au lieu de les suivre ? Un hold up se monte avec des spécialistes. Décidément, Hitler est en perte de vitesse.

Je revois Goulven, muré dans sa peine, vieilli, durci, et des marins de tous grades, pareillement murés dans leur peine, vieillis et durcis. Et marquant le désir de « n'en pas parler ». Le jour, une aura cendrée cerne les épaves ; la nuit le champ de mort se signale par des feux de position, les croiseurs *Marseillaise* et *Dupleix* qui n'en finissent pas de brûler. Les pavillons ont disparu.

Par définition, les femmes sont mal venues à juger de l'obéissance, je le sais, mais comment ne pas déplorer que les conjonctures nouvelles n'aient point incliné à la désobéissance l'honnête homme dont la marque a dérisoirement flotté en tête de mât d'un cuirassé sabordé toute la journée du 27 ? Comme je lui en ai voulu !

Grand branle-bas pour les familles touchées par la mesure d'éloignement, liquidation d'appartements, course aux garde-meubles. Les Chaperon et Goulven sont tôt parés : le couple vivait en meublé et les bagages des deux officiers ont subi le sort de leur bateau, d'où déménagement simplifié. Les lèvres se sont tout de même desserrées pour un récit succinct de la fin du *CH. 30*. De ce côté de l'arsenal, une infiltration allemande avait failli marquer un point. Trois SS sautaient à bord, alors que Chaperon prenait connaissance du pli apporté à chaque commandant en confirmation du tragique signal du *Strasbourg*. Aussitôt entouré et sommé, sous la menace des armes, de ne rien détruire, il avait feint l'incompréhension et parlementé d'une voix tonitruante qui alerta son second, lequel fit immédiatement le nécessaire. Encore heureux que le *CH. 30* fût à flot ! Les Allemands comprirent qu'ils étaient joués quand le pont se déroba sous leurs bottes. Les adversaires se retrouvèrent, trempés, sur le quai. On crut que le plus furibond allait abattre Chaperon. Celui-ci ne lui en laissa pas le temps. Après qu'un direct du Français l'eut envoyé à terre, les autres arrêtèrent l'empoignade.

— Comme vous me manquerez, Goulven...

Son tendre sourire ne s'illusionne pas. J'avais besoin de lui pour attendre, en confiance, le retour de Georges. Il lui suffit de se savoir regretté. J'ai arraché la page rose de notre passé, pas lui, mais il fait comme si... Un moins scrupuleux, sans donner à entendre qu'il reposerait sa candidature le cas échéant, eût laissé mes doutes proliférer au lieu de les trucider d'un éclat de rire. Là où une connaissance d'hier, venue prendre ma file d'attente, dans l'espoir (vain) d'une faveur, n'en avait peut-être pas voulu mettre, je percevais l'allusion perfide. Et mon moral faséyait... jusqu'à la venue de Goulven qui parait la saute de vent. Goulven mon rebouteux, ma quinine, mon sursum corda... Il n'est pas parti qu'il me manque déjà.

— Pourquoi resterais-je ici ? Geneviève retourne bien en Bretagne.

— Femme d'un officier fidèle au gouvernement jusqu'au débarquement d'Afrique, elle encourra beaucoup moins la hargne allemande que celle d'un évadé de 1940. Pour vous, l'occupation italienne est moins dangereuse. Ne bougez pas.

— Vichy reclasserait les marins dans les administrations civiles, dit-on ?

— On en parle, mais cela ne m'intéresse pas. Quoi que je décide, vous serez informée. Mon amitié ne vous fera jamais défaut, ne l'oubliez pas.

Non, ce garçon-là ne serait pas parti pour des années sans s'être confié à celle qu'il aime. Par la suite, il se serait débrouillé pour la rassurer. Et puis, disons-le : même malade et malheureux, Goulven ne se serait pas fait dorloter et consoler par la première bonne femme venue !

La forte ponction de population amène la direction du Ravitaillement à envisager une compression de personnel. M'estimant visée, je vais m'ouvrir de mes craintes à l'édile qui me procura l'emploi. Il balaie mon souci :

— Dans ce cas, on vous recasera au Secours national.

Je remercie et demande à mon protecteur son sentiment sur ma situation.

— Les Italiens ne prennent pas d'otages pour le compte des Allemands.

— Mais pour le leur ?

— Ils s'affirment seulement par des chinoiseries administratives. S'ils deviennent méchants, je vous procurerai un nouvel état civil et vous partirez.

Je ne tâterai pas du Secours national. Quel ange gardien a remis mon nom sur la liste des bénéficiaires de délégation de solde ? Je l'ignore, mais j'accepte. Mes finances rétablies, je démissionne de mes modestes fonctions.

Ce travail n'était pas des plus stimulants, mais il occupait mes journées. Quand toutes deviennent des dimanches, le temps me pèse. Un rêve prend corps : voyager jusqu'à Brest sous une fausse identité, me glisser en choisissant mon heure dans la maison de L'Harteloire et demeurer cachée, mais utile, au sein de ma famille. Goulven m'a devinée et devancée. Je reçois une lettre de Soizic : « Ne te déplace pas pour ton père, il n'est pas plus mal, mais toi, depuis ta pleurésie, tu supportes mal notre climat humide, et ta mère dit que si tu viens pour tomber malade, ça n'arrangera personne. » Suivent quelques considérations sur la triste joie causée par la visite inattendue de Goulven, les restrictions, le temps, et, tout à la fin, vient l'explication de ma fragilité pulmonaire : « Que je t'en raconte une bien bonne, plutôt mauvaise. Je ne me connaissais pas d'ennemis, j'en ai, qui m'ont dénoncée à la Kommandantur. J'aurais aidé des hommes à quitter la France en 1940 et, depuis, je servirais de boîte aux lettres. J'ai été arrêtée, mais comme ces messieurs croulent sous les dénonciations anonymes sans preuves et que le maire s'est porté garant de mon civisme, ils m'ont relâchée. Mais que d'émotions ! Perquisition, même dans la chambre de ton père et jusque dans le lit clos de Mémé ! Après une affaire pareille, j'ai voulu retourner chez moi. Ta mère m'a suppliée de rester.

Je reste, mais sois tranquille, j'ai prié la famille de s'abstenir de toute visite. Ainsi, ceux qui me veulent du mal ne pourront plus faire semblant de prendre mes neveux pour des terroristes. Rappelle-toi ce que je t'ai dit à ton départ, je n'ai pas changé d'opinion : Vive le Maréchal ! »

« Pourvu que mon gars soit bon nageur... Un Parisien, tu penses ! »

Il ressort de ceci que la sécurité des miens ne dépend plus seulement de la précision des bombardements alliés et que je suis condamnée à l'exil jusqu'à la Libération.

Comme Brest n'avait plus été Brest, Toulon n'est plus Toulon. Peu d'Allemands, orgie d'Italiens en uniformes variés ornés d'accessoires voyants. Les yeux, qui se détournent des premiers, s'attardent un peu sur les représentants de la bouillante armée de Mussolini. On ne sait à qui donner la palme de séduction. Au beau bersagliere paré des plumes du coq ? A l'impressionnant zouave de noir vêtu jusqu'à la chéchia dont le gland valseur, passé négligemment dans la patte d'épaule, vous a un je ne sais quoi de coquin ? Préfère-t-on le style tout acier ? Boum, servi ! Avec chemise noire et casquette à aigle de cuivre large comme la main, digne d'un bonnet à poil. Ou le genre bien brave ? Bataillon de Saint-Marc, présent ! Vareuse à col marin, béret de même, bandes molletières bien appliquées, tenue juvénile qui apparente le militaire à un grand petit garçon début de siècle. « Ne leur manque que le cerceau ! », pouffe une luronne qui, plus loin, au passage d'un joli matelot, net, à croquer dans sa tenue bien coupée (soyons honnête, mieux coupée que la française d'alors), va rire derechef : « La cordelière qu'on porte au cou, c'est pour accrocher la sucette, niston ? » On croise aussi d'élégants officiers de marine, presque semblables aux nôtres, mais avec une coupe de cheveux moins stricte, un rien de calamistrage pas de chez nous et la prunelle nettement plus latine. Et encore des aviateurs. Ah ! ces aviateurs en longue veste zazou, haussés d'une casquette encore plus à la redresse que celle des Allemands ! Presque tous ces guerriers portent poignard, revolver, d'une utilité contestable pour le genre d'engagement qui semble bien être leur principal objectif.

On prend difficilement ces occupants au sérieux. S'y prennent-ils eux-mêmes ? Quelques-uns, les « durs du parti ». Les autres chantent beaucoup, et pas à la manière allemande, en défilant, en travaillant, entre deux sommes. Ils chantent surtout pour les filles, jamais pour leurs frères de l'Axe. Quand Allemands et Italiens se rencontrent, loin de s'inspirer des étreintes passionnées de leurs maîtres, ils se regardent en chiens de faïence. Bientôt se répandent les impressions de ceux qui ont l'occasion d'entendre les craquements de l'Axe à travers les confidences d'un parent transalpin :

— Des pauvres bidasses... Qui n'étaient pas d'accord pour nous faire la guerre... Qui attendent un débarquement pour virer de bord... Ne pas les confondre avec les fascistes, une poignée de fous furieux derrière un mégalomane.

Et les naïfs de s'ébahir : à qui dont appartenaient les innombrables bras tendus vers le Duce, en quelque point qu'il haranguât son peuple ? Et de rappeler les délires collectifs, vulgarisés par les journaux et le cinéma. La guerre a-t-elle fauché tant de fascistes qu'il en reste si peu ? On ne sait pas encore, par expérience, que les grands mouvements de foule, même les plus spectaculaires dans la contradiction, ne posent pas de problème démographique. Les incompréhensifs citent la méchante boutade de Murat.

Le fort Lamalgue remis aux Italiens par les Allemands, je renonce à traverser la pinède. Non qu'elle soit interdite aux riverains, mais parce que les factionnaires qui somnolent sur les remparts, bercés par les mandolines et le bel canto du fort, redeviennent troupe très fraîche dès qu'une robe est en vue.

Surprise. Une belle fleur perce-mélancolie, à qui je prédis une vie brève, mais qui va durer plusieurs saisons, s'épanouit un matin sur la façade d'une grande bâtisse située en contrebas de la pinède. Un clairon la fête, un matelot à pompon rouge, jugulaire et guêtres, en interdit l'approche. Derrière la guérite, un va-et-vient d'uniformes fait mentir le nom du domaine, la Solitude. J'attends l'apparition d'une tête connue pour me renseigner. Celui qui me répond ne déborde pas d'optimisme :

— Il faut tenter de préserver ce qui peut encore l'être, afin de préparer la résurrection. Mission pénible, sans gloire, qui ne trouvera sa récompense que dans la conscience de ceux qui l'auront remplie. Il reste à souhaiter que ce navire français, au sec et ombragé, ne soit pas très vite contraint de se saborder...

Aux Allemands, la part du lion : les Approvisionnements de la Flotte, bourrés de matériel, d'habillement, de vivres. Arrivés bons derniers à la curée, les Italiens se jettent sur les reliefs laissés à leur disposition par qui ne sait qu'en faire. La récupération sur les épaves va s'effectuer rapidissimo et sans interruption, car, la nuit, les chapardeurs isolés relèvent les équipes de dépeceurs officiels qui opèrent de jour. A pleins cargos et par petits colis familiaux, le produit du détroussement part pour la péninsule. Le savoir écorche.

Chez moi ne vient plus qu'Angèle Rossi, jeune femme sensible qui donne d'elle-même avec délicatesse. Sa beauté typiquement méridionale, son accent, ses expressions égaient une grande demeure où elle n'a jamais cessé d'apporter son aide, refusant toute rémunération. Son mari est sur l'une des unités bloquées à Alexandrie ; jusqu'à présent, c'était une séparation avec échange de courrier. Elle est mère d'un petit garçon de six ans, éveillé et affectueux. C'est bon un enfant... Et quelle sécurité pour un ménage coupé ! La solitude d'Angèle n'est pas comparable à la mienne. En plus de son fils, elle a une sœur et deux neveux qu'elle voit tous les jours, alors que ma famille est à l'extrémité de la France. Elle me devine triste et m'entoure d'attentions. Quand sa sœur, qui possède une « campagne » dans la banlieue toulonnaise, lui donne quelques légumes, j'en ai une part, et je ne dois pas remercier : c'est si peu comparé à ce que M. Landry fait pour tous. Pour me distraire, elle devient gazette :

— Que je vous fasse rire un peu. Un drame chez mes voisins, hier soir, qui venaient d'apprendre que leur fille, une nistonne de seize ans à peine et toute neuve, fréquente. Et qui ? Malheur de malheur, un marin piantou ! Le pauvre père était tout profondé. La mère a tellement crié que le quartier est au courant. La gamine lui tenait tête et jurait qu'elle irait se noyer si on l'empêchait de revoir son amoureux. Pechère, ça m'étonnerait qu'elle aille frotter aujourd'hui, sa mère lui a abîmé le museau avec la tapette à mouches ! Mais comment garder les filles sages avec nos rues pleines de jeunes gars, pas des marque mal, et qui ne pensent qu'à l'affure ! On nous a envoyé une armée d'amants, et pas des ténébreux, bonne Mère ! Plus c'est maigre, plus ça a les fesses gelées par notre mistral, plus ça roucoule et pousse la romance !

Oui, on a découvert que, sous le tape-à-l'œil, les ténors sont habillés de mauvais tissu. Et qu'ils ne mangent pas à leur faim. Pour Toulon, plus que jamais ventre creux sur champ d'azur, l'engraissemenet de la troupe serait une provocation intolérable. L'Italien conserve sa matérialité parce qu'il est beaucoup moins fessu que l'Allemand.

Sinon d'amants, une armée d'aspirants. Que vous preniez l'air indifférent, courroucé, dégoûté, ils insisteront, vous poursuivront jusqu'à votre porte, et celle-ci claquée à leur nez, s'attarderont derrière pour le cas où vous vous raviseriez. La plus encombrante de mes conquêtes est un beau lieutenant, fringant, piaffant, tout en étincelles, patricien d'allure, indiscret au maximum, qui gîte dans une propriété voisine avec un état-major casanovien et un personnel subalterne de même trempe, tous égaux sur le plan de la chasse à la bagatelle, du soldat au colonel. Si j'apparais sur la terrasse, mon admirateur accourt au portail ; si je sors, il me suit et m'accable de compliments, dans un français musical, nullement approximatif, jamais rebuté par mon mutisme et mes mouvements d'humeur. Angèle l'a baptisé « le frétillou ». Elle répond par de vertes injures à ses poursuivants, mais mon frétillou « la tue de rire ». Je lui recommande de ne pas voir, c'est difficile. Certains jours, c'est impossible.

— Jetez un œil... Si, si... qu'on dirait une blague de cinéma !

Ces mœurs ont de quoi surprendre des femmes de militaire. A travers la grille, mon soupirant me contemple, l'œil incendiaire, et sa bouche gonflée mime des baisers. Ce n'est pas nouveau. L'originalité de la scène consiste en ce qu'il n'est pas seul. Un planton lui agite un carnet à souches et un stylo sous le nez, l'autre les écarte sans cesser d'exprimer sa passion. Le soldat est venu chercher des signatures où il savait trouver son supérieur, il rit, intéressé par les présentes occupations de ce dernier, peut-être admises par leur Règlement ? J'éclate de rire, aussi fort qu'Angèle, et l'officier, ravi de m'avoir déridée, signe et resigne sans me quitter des yeux.

Une occupation bonasse ? Qu'on ne s'y trompe pas. Si, individuellement, le militaire ne se pose pas en occupant, et même s'ingénie à faire oublier les raisons de sa présence, il arrive que certains manquements, tels que l'indiscipline affichée ou la goguenardise, indisposent les Autorités, qui tapent alors sur la table et font pleuvoir des interdictions qui, d'ailleurs, tomberont vite en désuétude. Aujourd'hui, trente mètres de trottoir côté mer du boulevard du Littoral sont tabous. Pourquoi ? Parce que les passants s'attardaient là. Qu'y a-t-il à voir ? Quelques alpini acagnardés, un peu plus bas, autour d'une casemate. Sommés de descendre du trottoir, les brimés protestent, s'informent, se tordent.

— Ho, dites, secrets militaires ? Di pulcinella, si ! On s'arrête parce que leurs chapeaux à la Robin des Bois amusent les petits, c'est tout !

Pendant les périodes de gros yeux, il est mieux d'obéir aux injonctions, la surdité sensibilisant les armes, et se garder d'attitudes irrespectueuses, lesquelles mènent à l'expulsion du département. Fini pour un temps de plaisanter le chapeau de défunt pandore du factionnaire qui berce son fusil devant notre cercle naval, ou d'affecter une terreur hors de propos au passage des farouches petits hommes de la patrouille, cerclés de cartouchières, armés jusqu'aux dents, casqués jusqu'au nez.

***

Le calendrier s'effeuille. Au début de l'été 1943, seuls les inconscients et les compromis parlent encore de victoire allemande. Les Alliés débarquent en Sicile. Nos chanteurs applaudissent. On va bientôt retourner au pays, à moins... A moins de faire souche en doulce France. De sérieux jalons ont été plantés. Les idylles marchent bon train dans la pinède. Les mères peuvent bien menacer et maudire, donner la chasse aux trop gentils petits marins, se tordre les bras ou frapper à tour des mêmes, quand leurs tendrons ont prêté l'oreille aux susurrements incandescents, ils y reviennent.

La chute imminente du tyran honni, qui a placé son peuple dans le mauvais camp, rend la troupe nerveuse. Pour l'occuper et la calmer, des exercices de grand style se déploient autour du fort. On rampe, on court, on attaque. Le soleil tape, le lit d'aiguilles brûle. Sous leur casque et leur camouflage de filet et de feuilles, les hommes ressemblent à des araignées de mer dans un court-bouillon. Il se perd beaucoup, les gamins du quartier ramassent.

Violent bombardement de Brest. Intense bombardement de Brest. Pilonnage de Brest. Et ma mère, sourde à mes supplications, qui refuse de quitter sa maison ! J'ai demandé à Soizic d'intervenir, elle m'a répondu dans le sens redouté : « On dirait que tu ne connais pas notre Jeannette. Elle préfère mourir sous ses pierres. Au fond, elle a raison, puisque l'heure de chacun est marquée d'avance. Et puis, elle a déjà tant de mal à porter sa croix chez elle, comment soigner deux impotents en campant ? Ceux qui doivent rester à Brest quittent la ville le soir et reviennent le lendemain matin. Quand les avions arrivent, nous disons notre prière. On nous entend, tu vois bien. »

Un de ces jours, ce sera notre tour, dit-on ici, sans trop s'affoler : les Américaings visent bieng. Les centaines de morts dont parlent les radios à la botte ? Propagande.

Urrà ! Par terre, le Benito ! Viva Badoglio !

Du fort en liesse s'envolent des chants et des papiers. Comme une libellule, vient se poser sur mes fusains un tract signé Mussolini : « L'inextinguible volonté de victoire des combattants de fer... » et caetera.

Du sourire à l'angoisse et vice versa. Un jour d'août, vers midi. Je reviens du marché. Trois heures de piétinement pour emporter cinq cents grammes de chicorée frisée. Un festin en perspective, la chicorée frisée cuite à l'eau, sans autre assaisonnement qu'un peu de sel rose ; le blanc et le gris ont disparu, le rose ferait plus gai, s'il n'était sale. Outre ma verte espérance, mon panier contient ma ration de pain, pain condensé car le levure manque. La route monte. Mes enjambées se ressentent des restrictions, j'avance au pas d'un retraité. Notre pavillon flotte toujours sur la Solitude. Je vais demander à un quartier-maître ce qu'il fabrique à cheval sur le mur, mais il porte un doigt à ses lèvres et me désigne le sol sur ma droite. Je viens de dépasser, sans les voir, deux Allemands qui rampent dans les herbes du fossé ! En trois bonds, je traverse et me rabats sur le flanc du navire Solitude. Le factionnaire et un officier observent les deux soldats qui progressent, rouges et transpirants, arrivent à notre hauteur, continuent, indifférents à notre curiosité. Des têtes apparaissent sur le mur.

— Rentrez ! Ce n'est pas pour nous, leur crie l'officier. Pour cette fois, ajoute-t-il à mon intention.

— Ils surveillent les Italiens, dis-je.

Il approuve sans rire ma lapalissade et conclut avec une grimace ironique :

— Reconnaissance avant la prise d'Abd-el-Kader !

Abd-el-Kader est un fortin désaffecté, en dehors de l'enceinte de Lamalgue, sur son arrière. Je rentre à petits pas pour ne pas doubler les escargots verts qui peinent et bavent dans l'herbe à lapin, car l'étonnante stratégie utilisée pour une reconnaissance du fief italien me donne le fou rire. A moins d'appartenir au sexe opposé, le danger d'être remarqué est faible, surtout en cette période de fol espoir et à une heure si accablante qu'elle contraint à monter la garde assis au pied d'un pin, jambes écartées, attirail déposé et paupières clignotantes. L'attitude des Allemands envers les Italiens n'a pas fini de nous surprendre. Il est vrai qu'ils n'ont pas le bénéfice du nombre et qu'ils craignent une volte-face.

Si notre maréchal est en veilleuse, celui des Italiens brille au firmament. On lui reproche seulement de tarder à signer un armistice. C'en est assez de cette guerre impopulaire. Reddition sans conditions ? Si, et à la casa !

Histoire de se préparer à la vie civile, le service en campagne, qui avait cessé, reprend. En sortant de chez moi, il s'en faut de peu que je ne sois embrochée par un combattant semi-végétal, un renard qui, pour surprendre le camp adverse, a contourné plusieurs propriétés et débouche en courant, baïonnette au canon. Aussi surpris l'un que l'autre, nous nous évitons d'un saut de carpe. L'officier qui dirige une reptation sous les pins traverse la route et tance son homme, puis, son casque feuillu à la main, il me salue à la mousquetaire et implore mon pardon con espressione. C'est mon soupirant. Celui-là n'a d'un céladon que la constance.

Nouveau débarquement. En Calabre. Bravo ! Mais l'armistice ? Une affaire d'heures, disent les uns, signé depuis une semaine, affirment les autres.

Il fait chaud, très chaud. Le militaire aimerait mieux siester en rêvant d'une ragazzina d'ici ou de chez lui, plutôt que jouer les chenilles processionnaires dans la pinède. Il obéit néanmoins avec bonne humeur, la bonne humeur est une qualité italienne. Une vingtaine de curieux suivent les opérations, discutent des maladresses et des chances des deux camps, comme à la pétanque. A l'écart, quelques tondus en short : les Allemands qui occupent toujours l'hôtel (la Commission d'Armistice, devenue sans objet, a été remplacée par d'autres services). Ils regardent, à travers leurs lunettes à gros verres, les Italiens qui suent, rient et parlent fort. Une femme arrive qui dit que la radio a annoncé la signature de l'Armistice, ce qui provoque des mouvements divers :

— Et ces pauvres bougres qui continuent à faire les couillons par cette chaleur !

— Enfin, c'en est fini pour ces charognards de découper nos pauvres bateaux ! Encore un peu et ils déménageaient l'escadre entière en pièces détachées !

La pause. Aussitôt, la troupe se porte comme un seul homme vers les civils. Un grand diable de paysan lombard est envoyé aux renseignements.

— *Armistizio ?* quête-t-il, un large sourire étirant ses poils roux.

Franc comme l'or, mais pas futé pour un centesimo, il s'adresse à un Allemand qui, glacial, ne répond pas. Confus, le gars veut rattraper sa bévue : il montre son poignet dépourvu de montre. L'autre, qui a fort bien compris, lui met la sienne sous le nez en se détournant. L'assistance se délecte de la saynète, puis lance :

— Si, si !

Le soldat s'épanouit, se tourne vers ses compatriotes qui attendent, pleins d'espoir, joint les mains au-dessus de sa tête et les secoue. Victoire ! On dépose les armes ! L'immense soupir qui traverse opère à la manière d'une nappe de gaz hilarant, sauf sur les Allemands dont la colère et l'écœurement sont manifestes.

Quelle nuit ! Quel folklore ! Barcarolles et tarentelles, morceaux de bravoure pour fort ténor, trémolos de mandolines. Du frénétique, du langoureux. Funiculi funicula, Santa Lucia. Tonitruants vivats. Par goût, et par nécessité, l'Italien pratique le *vivere parvo,* mais comme on va devoir rendre le fort aux ex-alliés, pas d'économies, on ripaille. Vive Badoglio ! Vive le Roi ! Vivent les Alliés ! *Domani a la casa !* Le quartier n'en peut fermer l'œil. Qu'importe, il est aussi satisfait que les braillards. Même si demain voit s'accroître nos maux, c'est un grand pas vers leur fin.

Le lendemain, ils sont encore là, le surlendemain aussi. On dit les troupes parquées dans divers locaux, ainsi que les pilleurs d'épaves, mais Lamalgue n'a pas changé de main. Comme l'on n'y sait plus sur quel pied danser, on attend allongé. Mais plus le blanc dure, moins on chante.

— Qu'est-ce qu'ils croient, ces fadas ? Que les Frisés vont leur donner le billet de retour ? rigolent les observateurs.

Bientôt, au lieu de chanter, on déchante dans le fort. Les Durs du Parti n'acceptent pas l'armistice, n'abandonnent pas la lutte et prétendent rassembler les unités italiennes présentes sur le sol français sous la bannière de l'ami allemand. Rien ne va plus ! Cet armistice a mis fin à une fameuse erreur d'aiguillage, il doit être respecté. Fidélité au roi et à Badoglio ! A bas Mussolini et les fascistes !

Mais s'il doit s'effectuer via l'Allemagne, le retour au pays est plutôt compromis. Les privilégiés, fiancés ou parents, assurés d'un asile, se sont éclipsés à peine retombé l'enthousiasme des premières heures. Pour ceux qui décident de fuir une prison encore sans barreaux, il faut, en premier lieu, résoudre une difficulté majeure : l'habillement. Mais seule une contrepartie sérieuse amène le possesseur d'un vieux vêtement à s'en dessaisir au profit de l'ennemi d'hier ; le candidat à l'incognito la trouve dans le fort : pantalon égale *pasta,* bleu de travail égale *fucile.* On n'avait jamais vu autant de jeunes gens faire de l'herbe à lapin dans les fossés.

Délivrée des assiduités du « frétillou », je redonne mes soins au jardin. « Celui-là, on le regrettera », dit Angèle. Le regretter, c'est beaucoup dire, mais il est juste de lui reconnaître de nous avoir amusées, et le rire, dit-on, vaut un bifteck. Je taille les fusains qui bordent la clôture mi-pierre mi-grillage, lorsqu'un sac lancé d'une main sûre atterrit à mes pieds. A première vue, il contient de l'herbe, mais d'une espèce peu commune, qui rend un son métallique. Je me hisse sur le rebord de pierre, m'attendant à voir le dos d'un inconnu. Un adolescent poursuit son chemin, mains dans les poches. Je reconnais Claude, un gentil garçon qui vit avec sa mère dans une villa derrière l'Embossage (encore une famille coupée de son chef), intelligent, rieur, toujours en possession d'un tuyau inédit défavorable aux affaires d'Hitler. Je l'avais vu pleurer et serrer les poings le jour du sabordage ; depuis, sa façon de faire ami-ami avec les marins italiens m'avait choquée et je ne le lui avais pas caché. « Des relations à cultiver » m'avait-il dit d'un air finaud. Le poids du sac est une explication du rapprochement, comme le passage au ralenti de deux voitures allemandes éclaire son arrivée inopinée chez moi. Les voitures disparaissent. J'ai poussé le sac sous la haie et repris ma cisaille, quand le jeune Claude revient.

— Oh ! Vous étiez là, madame ? J'aurais pu vous assommer. Comment m'excuser ?

— Ne vous excusez pas et entrez.

— J'ai eu si chaud quand j'ai aperçu les voitures de patrouille qui roulaient au pas, sans plus réfléchir, hop ! C'est pour mes lapins, mais...

— Des lapins... de garenne ?

Un bruit de moteur fige notre rire.

— Ce sont les zigotos de l'hôtel qui rentrent déjeuner, constate-t-il soulagé.

— De l'hôtel ou pas, je ne vous laisserai pas passer devant des Allemands avec ce sac. Portez-le derrière la maison, vous le reprendrez quand ils seront repartis.

— Merci. Je suis en retard. Ma mère doit me croire aux pattes des Boches !

— Elle est au courant ?

— On peut être un terroriste et ne rien cacher à sa maman, s'esclaffe-t-il.

— Depuis quand êtes-vous terroriste ? (Il est si jeune !)

— Tout de suite après le sabordage. Un camarade de mon groupe de défense passive m'a proposé de me présenter à un type de la Résistance qui avait besoin de jeunes pas trop émotifs pour aller récupérer des armes portatives de marine, déposées dans un redan, sur le côté de la montée Lamalgue. Du sport ! On ramassait de l'herbe jusque devant l'entrée du fort. Les Fritzs, bien sûr, s'intéressaient à nous. On répondait « lapin miam-miam ». S'ils ne comprenaient pas, on se prolongeait les oreilles avec les doigts et on remuait la bouche et le nez. Il se gondolaient, nous aussi, mais il fallait ensuite passer devant le poste avec le sac plein et le porter sans effort tant qu'on était en vue.

Ce presque homme au regard ardent, souple comme un judoka, apporte de l'imprévu dans ma morne existence. Revenu au début de l'après-midi, il m'explique : les armes, cédées donnant donnant (les vêtements civils du père absent y sont tous passés), ou bénévolement par « les copains du fort », sont destinées aux maquis de Provence. Il a déjà été sorti de quoi occire pas mal de Fritzs, mais il reste quelques fusils, poignards, baïonnettes, grenades, caissettes de cartouches et autres amusettes, dissimulés dans un trou d'Abd-el-Kader, ce fortin désaffecté visible de l'Embossage. Il est indispensable de vider cet arsenal avant que la pinède ne soit infestée d'Allemands.

— Vous faites ce travail seul ?

— Il a été jugé prudent de stopper les allées et venues de garçons étrangers au quartier. Les types de l'hôtel me connaissent de vue, je ne risque pas de les intriguer.

— Ne pourriez-vous choisir une autre heure ?

— Serait-il moins suspect de faire de l'herbe la nuit ? Je vais m'y mettre. Il est temps, je dois en finir aujourd'hui.

— J'ai une idée, Claude. Je décide d'élever des lapins, moi aussi. C'est facile à nourrir et ça grossit vite. Vous êtes un voisin complaisant, vous ramassez de l'herbe pour moi. Sur l'arrière, une seule propriété nous sépare et elle est inoccupée. De ce côté, la clôture est assez haute, il faudra des échelles, mais cette façon d'opérer limitera le transport en terrain découvert et vous n'aurez pas à passer devant l'hôtel.

— Vous savez ce qui vous attend si nous sommes pris ?

— Et après ? Vous aussi.

Mon offre agréée, nous mettons la chose au point. Puis il va prévenir sa mère qui s'inquiéterait de ne pas le voir revenir avec un premier chargement. Pour faire vrai, il m'apporte un lapin, un bébé lapin qui devra beaucoup manger avant de l'être, dans une caisse transformée en clapier. Nous vidons le sac qui est resté derrière la maison de l'essentiel de son contenu et tassons l'herbe au maximum. Je me poste sur la terrasse d'où je peux surveiller à la fois la route, la pinède et les fenêtres dangereuses. Pour le moment, les volets sont fermés et les stores baissés. Allons-y ! Claude traverse la route, laisse le sac qui paraît en cours de remplissage bien en vue, sur le bas côté, et gagne le fortin avec un autre, vide celui-ci. La première attente est mortelle. Est-ce si compliqué de saisir des armes et de les mettre dans un sac ? Le garçon se serait-il cassé un membre ? Je vais aller voir quand sa tête reparaît. Comme prévu, je secoue un chiffon. Il sort, hisse son fardeau et le traîne jusqu'à un fossé, près d'une petite chapelle sous les arbres. Calme absolu. Le quartier sieste. Je décèlerais largement à temps une arrivée, mais une fenêtre peut s'ouvrir... J'explore une dernière fois le paysage. La voie est libre : je lisse mes cheveux. Claude traverse en courant la route et le jardin. J'entends le sac se vider et le jeune homme repasse à mes pieds, un peu haletant.

— J'ai tout dégagé et amené à portée, ça va ronfler !

En effet, ça ronfle, mais plus grand est le risque, car l'arsenal est à découvert ! La rapidité de transfert le compense : des secondes sont gagnées à chaque voyage. Dire que mon cœur ne bat pas la chamade serait présomptueux, mais je ne laisse pas de trouver l'aventure excitante. Unique alerte, un chien, seul, qui trotte droit son chemin vers une affaire personnelle, sans tourner la tête. Quand les environs reprendront vie, il y aura belle lurette que le lapereau se régalera d'herbe fraîche. La cache ne recèle plus rien qui vaille un dernier risque : après une rapide concertation, Claude a renoncé au lot de baïonnettes. En revanche, épars sur le sol cimenté de l'allée où donne la cuisine, il y a de quoi équiper une section de maquisards en armes bien graissées, fusils, mousquetons, revolvers, munitions, que mon complice caresse avec amour. Il me donne un gros colt à soupeser, me plaisante car j'ai peur qu'un coup parte. Désiré-je un poignard en souvenir de cette assez jolie récupération ? Beau coupe-papier, non ? Non, il sera plus utile à qui saura s'en servir mieux que pour un usage futile. Peut-être une caissette à cartouches ? Effacées les inscriptions italiennes, elle se transformerait en boîte à ouvrage, astucieuse fermeture, pas vrai ? Non plus ? Non plus, dans quoi mettrait-on son contenu ? Pour la phase finale, qui comporte une violation de propriété et le danger d'être aperçu de deux côtés, nous optons pour l'obscurité, le milieu de la nuit.

— Et zou ! Le dernier *fucile !*

Juchée sur une échelle, je passe l'arme à Claude par-dessus le treillis mitoyen. Il se laisse glisser du grand figuier d'où il attrapait et lançait à un camarade dont je ne connais que la voix grave, celle d'un homme.

— Pas trop fatiguée, madame ? s'inquiète cette voix.

Je dis que ça va, bien que mes membres soient rompus, les bras par le poids répété, les jambes par les montées et descentes des échelons. La voix me récompense d'un merci chaleureux. J'éprouve plus de regret que de soulagement que c'en soit fini pour moi.

— Bonsoir. Venez demain reprendre votre lapin, Claude.

— C'est aussi de la récupération, gardez ce lapin italien.

Depuis quarante-huit heures, des geôliers allemands gardent les prisonniers du fort. Leurs hurlements ne tarderont pas à détruire le calme qui m'environne. C'est l'heure que j'aime, avant la montée de la chaleur. En robe de chambre, mes cheveux sur les épaules, je jouis du jardin, des pins et de la mer. Belle Méditerranée, paradisiaque Méditerranée, sa vue me persuade — une fois de plus ! — que ma vie de désappariée a duré plus qu'elle ne durera. Dans une heure, ou moins, les doutes m'assailliront. Pour l'instant, je communie avec cette mer qui ramena Ulysse au port.

Je m'attarderais, mais la mixture marron clair, que je m'obstine à nommer café, mise à bouillir, va s'évaporer et la casserole est irremplaçable. Je rentre, à regret. Je prépare ma beurrée de guerre, une pellicule de raisiné sur une tranche de pain grisâtre, quand une ombre passe sur la vitre dépolie de la porte de la cuisine. La clé du portail est suspendue à son crochet. Celui qui s'introduit dans un jardin clos de tous côtés a des intentions suspectes. Quelques romani vendeur de thym qui aurait flairé l'odeur de mon clapier ? Ou Claude, en danger ? Il aurait frappé. Son camarade ? J'estime prudent de ne pas ouvrir sur l'arrière. De la terrasse, je serai vue et entendue s'il faut appeler à l'aide. Personne. Je demande à voix contenue :

— Est-ce vous, Claude ? Ou un ami de Claude ? Répondez.

L'intrus ne répond pas, mais je le devine proche.

— Qui est là ? Montrez-vous où j'appelle ! préviens-je d'une voix métallique.

Le gravier crisse et, à l'angle de la maison, apparaît un individu vêtu d'une chemise en lambeaux et d'un pantalon vert amande, poussiéreux et déchiré aux genoux, en qui j'ai peine à reconnaître mon adorateur. Ce vagabond aux abois ridiculise mes craintes. Il n'a plus le verbe agile et s'exprime par gestes.

— Me direz-vous ce que vous faites chez moi ?

Il barre ses lèvres de son index droit, puis le pointe sur la pinède. Trois Allemands en rejoignent deux autres sur la route. Ils courent, s'arrêtent, repartent, stoppent devant le portail, se démanchent le cou, mais ne sonnent pas. Je descends, sans me presser, comme pour venir m'informer. La clé est toujours dans la cuisine, je gagne du temps pour l'homme traqué. Ils me regardent arriver, échangent quelques mots et s'éloignent sans répondre à mon air interrogateur. Je remonte sur la terrasse. L'Italien est tapi derrière une grande jarre ventrue, il respire vite, ses traits se relâchent. Cet imbécile a-t-il cru que j'allais le livrer ? Je lui souffle :

— Revenez dans l'allée derrière.

La porte-fenêtre refermée sans hâte, je cours à la cuisine et y introduis le fuyard. Je lui demande sans amabilité comment il est parvenu jusqu'ici.

— A travers plusieurs jardins, dit-il en m'exhibant ses mains fines couvertes d'égratignures. Les Allemands ignoraient que nous étions encore quelques-uns dans la villa, c'est un fasciste qui les y a conduits hier soir.

Il conte la suite. Le doux accent romain n'a pas perdu son charme, la voix n'a plus ses horripilantes inflexions câlines. Sur son refus catégorique de se joindre à ceux qui optent pour la négation de l'armistice, tandis que les Allemands l'injuriaient, l'Italien qui les accompagnait avait levé la main pour le gifler. Une bagarre s'ensuivit, au cours de laquelle les deux compatriotes basculèrent dans une pièce à usage de vestiaire, trop exiguë pour que les Allemands y pénètrent aussi. L'endroit possédait une seconde issue, sur un escalier. Le lieutenant avait une bonne droite et connaissait mieux les êtres que son adversaire. Il se releva, étourdit l'autre d'un direct à la face, tira la porte, sortit, donna un tour de clé, dévala l'escalier, ressortit par le garage, bondit sur un mur, retomba sur les cactus du jardin mitoyen et de là rampa jusqu'à une dépendance de l'hôtel, une resserre par chance non fermée, où il passa la nuit. Les Allemands le cherchèrent partout, sauf chez d'autres Allemands. Il les entendait se héler, patrouiller. La route et trois rues délimitaient sa liberté, pas question de les emprunter. Avant l'aube, il quittait sa retraite et sautait dans la propriété derrière chez moi. Le figuier des voisins, puis une glissade le long du treillis, et voilà.

— Vous n'espérez pas que je vais vous cacher ?

Il s'en défend. Mais peut-être accepterais-je de l'aider ?

— En quoi le pourrais-je, monsieur ?

La honte creuse ses joues qui ont déjà besoin du rasoir. Il pince son pantalon :

— Je ne ferai pas cent mètres ainsi.

Ce qui subsiste de l'avantageux d'hier m'apitoie. Il faut l'aider. Il est sensiblement de la taille de Georges, un peu plus étoffé. J'ai ce qu'il lui faut, dans la garde-robe revenue du *Furieux*. Un complet sport de coupe ample, une chemise, une cravate et même des chaussures.

— Voyez si cela vous va. La salle de bains est à droite.

A tant faire de me montrer magnanime, pourquoi ne pas l'autoriser à se laver ?

— Vous trouverez une serviette et un gant dans l'armoire, mais pas de rasoir.

Je donne sans contrepartie. Surpris à moitié déshabillé, il n'a pas d'arme, tant pis ! Et n'est-ce pas plus chrétien que donner d'une main en tendant l'autre ? Bon réflexe, Hélène, mais tu t'avises un peu tard que tes dessous sont étalés sur un porte-serviette, tu as livré ton intimité à cet étranger. Incroyable ! Le voici qui revient, transformé en reflet de mon mari et gêné de le sentir. Ce n'est plus le même homme. Je ne l'avais jamais détaillé, Il est mieux que beau. Avec son air souffrant, il ressemble au saint Sébastien de Mantegna.

— Je ne sais comment vous dire ma reconnaissance. Un officier n'est pas préparé au rôle de mendiant.

— Les Français savent ce qu'est l'humiliation, je vous plains.

Le plus beau est que je le plains de tout mon cœur. A-t-il besoin d'autre chose ? Il se déclare comblé et retrouve son sourire de jeune premier pour m'apprendre que la chance est avec lui. Selon une mauvaise habitude, son argent était en vrac dans les poches de son pantalon, et il n'en a rien perdu pendant sa fuite. Puis-je moins faire que lui souhaiter de quitter la ville sans difficulté ? Et ma religion ne commande-t-elle pas d'offrir sa main à l'ennemi abattu ? Il baise mes doigts avec ferveur, en gardant ses yeux tristes levés vers les miens.

— Vous êtes aussi bonne que belle, madame...

L'indestructible odeur de mer et de bateau me pénètre. C'est Georges que je respire, déformé par un apport nouveau, non déplaisant. Le vide se fait dans ma tête, mes cheveux glissent et s'épandent sur le bras qui retient ma main... Cette main où des lèvres inconnues se promènent, tendres et tièdes, et remontent vers le poignet... C'est affreusement agréable...

Mais court. Je perçois, à temps, qu'au contact prolongé de la gratitude du bel étranger, j'étais bel et bien en train de m'engourdir, de perdre mon contrôle au point d'avoir, un instant, follement désiré m'enfouir dans ce veston et qu'il m'emprisonne ! Eperdue de honte, j'arrache ma main.

— Partez, maintenant.

A reculons, je vais décrocher la clé du portail et la lui tends. Il la prend sans effleurer mes doigts. Sur le point de sortir, il me regarde longuement, intensément, puis ferme les yeux comme pour emporter mon image.

— Adieu, madame... Je ne vous oublierai jamais.

Une scène romantique, avec de vraies pâleurs. Encore secouée par la précédente, je demande, pour trancher le dangereux silence :

— Par où passerez-vous pour rentrer chez vous ?

Sa surprise n'est pas feinte, il n'a jamais songé à se démobiliser. On lui a parlé d'un maquis français, du côté de Collobrières.

— Avec l'aide de Dieu, j'y combattrai pour ma patrie et aussi pour vous, madame.

Du romantique au médiéval !

Je le regarde traverser le jardin, s'efforcer sur la serrure un peu grippée. Une moto passe en coup de fouet, s'arrête devant l'hôtel. Je crie :

— Revenez ! Hé, revenez vite !

L'Allemand n'a pas coupé les gaz, le bruit couvre ma voix. La serrure cède, le portail se referme sur l'Italien. La chevelure ondée, où le soleil met des reflets cuivrés, court sur la haie de fusains. Le destin a pris mon protégé en charge.

Immobile sur la terrasse, aux écoutes, j'arrache les pétales fanés d'un géranium. La moto repart, vers le Littoral. De la direction inverse, qu'a prise l'Italien, m'arrive le clairon de la Solitude. Appel suivi de rigaudon : le courrier. Rassurant. La pinède est déserte. Le soleil n'atteint pas le pied des arbres, mais le sol craque déjà d'un fourmillement de vies invisibles. Je suis plus que mal à l'aise, écœurée, salie. La réflexion d'un misogyne, qui ne faisait pas de subtilité, me gifle : le temps de cuire un œuf ! Je proteste, j'ai entendu l'eau chanter bien avant l'ébullition. J'accuse le complet. Emoi involontaire de mon corps sevré, un instant abusé par une rémanence. Je rejette avec horreur la suggestion d'un démon ricaneur : sensibilité passagère au charme d'un de ces sacrés Italiens ! Ridicule. Quoi, j'ai embrassé, sans le moindre concept de culpabilité, un homme qui fut mon fiancé, et pour un baisemain un peu attardé mon estomac se brouille ? C'est que j'ai faim. Allons réchauffer l'ersatz café. Un claquement sec dans le lointain me congèle. Un raté de moteur ? Un second claquement m'ôte le doute. Avant d'ouvrir la bouche comme un poisson sorti de son élément, j'éprouve un bizarre sentiment d'allègement, aussitôt suivi d'accablement. Manger ne me tente plus. Mes doigts s'en prennent maintenant à des pétales vivants...

J'entends courir. C'est Angèle, haletante, pressée de raconter :

— Vous avez entendu les coups de revolver ? Bonne Mère ! Des chemises noires qui passaient en voiture sur la route du cap Brun ont reconnu un homme de chez eux, en civil, qui allait traverser derrière le tram. J'en descendais juste de ce tram. J'ai eu une brave peur, rappelez-vous !

— Cet homme est... mort ?

— A moins qu'on puisse vivre sans cervelle ! Que la sienne est sur le trottoir ! Mais comme vous êtes blanche, c'est ma faute. Venez que je vous fasse respirer la lavande.

Je n'ai pas besoin d'aide. Un petit étourdissement. Je n'ai pas déjeuné. Elle ne doit pas me suivre dans la salle de bains, où sont restés la chemise et le pantalon de l'Italien. Il serait simple de lui dire la vérité. Je ne peux pas, vraiment pas. Je vais rouler et jeter dans un placard les effets qui ont imprégné la pièce de l'odeur d'homme et j'ouvre grand la fenêtre. Loin de soupçonner la raison de mon trouble, Angèle suit sa pensée et prononce un requiem de sa façon :

— C'est triste, pechère... mais, pris en civil, ils sont fusillés, vous savez...

Rien, rien ne prouve que cet Italien décervelé soit le mien, ils sont nombreux à circuler en civil. D'ailleurs, Angèle l'aurait reconnu. La tête éclatée ? Je vois bien qu'elle ne demande qu'à revenir sur un sujet devenu sa propriété : elle a vu tuer un homme, souvenir fort, qui n'a pas encore eu le temps de se transformer et de s'enrichir. Si je pose la question, elle reverra le complet, sa couleur, au moins la dira-t-elle claire ou foncée. Une chance sur deux d'être délivrée. Je préfère ne pas savoir. Quand elle sera partie, j'enterrerai les vêtements au fond du jardin. Et l'épisode avec.

Les Allemands se sont renforcés, mais la dévorante bataille de Stalingrad se répercute sur l'aspect de la troupe. Des fonds de tiroir. Vieux réservistes, éclopés, convalescents, adolescents aux voix en début de mue ou encore claires, qui parcourent le quartier dans les camionnettes à trois roues prises aux Italiens ou sur de hauts vélos noirs, habillés de bric et de broc, souvent de tenues françaises à peine transformées, parfois encombrés de fusils Lebel. Les gras militaires de l'hôtel ont été remplacés par des femmes en gris.

Le départ des prisonniers de Lamalgue traîne. A défaut de douceurs à manger ou à fumer, leurs petites âmes sœurs les approvisionnent de baisers mimés et de tendres propos criés. Quand, sur la hauteur, un groupe féminin attire, en bas, un trop grand nombre de séducteurs, une voix hurle « *Raus !* » ou « *Los !* », sans beaucoup de conviction, non sans envie. Après un semblant d'obéissance, la scène se reconstitue un peu plus loin. Quand elles ne s'adressent pas aux Roméos d'en bas, les Juliettes s'épanchent :

— Le mieng, il s'appelle Bruno. Le petit mince là-bas. Bou diou, qu'il est beau !

— Moi c'est Guiseppe. Il chante l'opéra aussi bien que le swing.

— Mon pauvre Mario si gentil... Je le marie après la guerre, on se l'est juré. Il se fera naturaliser. Où vont-ils me l'emmener ?

— Si vous êtes fiancés, pourquoi ta famille ne l'a pas caché ?

— Ma mère le veut pas, pechère !

Ah, ces mères au cœur de pierre qui ne veulent pas admettre que l'Amour, comme l'Art, est international, surtout entre Latins, que diable ! Si quelques-unes acceptent, vaille que vaille ou de bon gré, la perspective de prendre pour gendre un de ces transalpins moins vite fatigués que les jeunes d'ici, plus nombreuses sont celles qui gravissent, en soufflant de colère et de lassitude, la montée Lamalgue, pour récupérer sur les remparts leur progéniture énamourée.

— Ho, Nine ! Ta mère, alerte une vigie.

Et la Nine de bondir telle une biche entre les pins, pour se sauver par la route qui passe devant chez moi. Une Nine m'a suppliée :

— Je peux entrer, madame ?... Merci, vous me sauvez d'une belle rouste !

Mais si la mère, plutôt que le raccourci trop surveillé, préfère un long détour pour apparaître de flanc ou de l'arrière, c'est le flagrant délit à grands cris, et les pastissons de pleuvoir. On profite ensuite des algarades entre mères :

— C'est encore ta dévergondée qui a entraîné ma fille ici, j'en étais sûre !

— Hé bé, elle a attendu que la mienne ait l'âge de raison pour aller au frotadou, peut-être ? Tu t'oublies, ma grosse. Telle mère, telle fille !

— Ecoute voir que ma fille a un père, elle, et qui viendra te frotter les oreilles pas plus tard que tout à l'heure. Prépare-toi !

— C'est ça, envoie-le-moi ton cocu, que je lui cause du passé !

Un surveillant botté, casqué, armé, le geste du semeur :

— *Raus !... Raus !*

Il est pris à témoin :

— Tout est pourri, c'est les anciennes putes qui font la morale aujourd'hui !

— *Raus !... Raus !* répète l'autre plutôt bon diable.

On veut bien s'en aller, mais pas avant de s'être soulagé le cœur :

— Dis donc, toi. Répète un peu ce que tu as dit à celle-là : grosse, ma petite ?

— Hé, ma belle, à qui tu feras croire que c'est parce qu'elle mange trop qu'elle a les seins comme des cougourdes et tout le temps l'eau sale à la bouche ? Va, tu peux aller te la réclamer la double carte Pétain et la Priorité ! Tu l'auras le lait condensé à ton petit déjeuner. Et aussi un petit piantou à te pisser dessus !

— O bonne Mère ! O fan de petan ! Que cette poison va me donner le coup de sang !

Le temps de trouver l'argument massue et l'offensée brandit deux doigts en V.

— Elle est tellement enceinte qu'elle a eu ses règles deux fois ce mois-ci !

— *Raus !* insiste rudement le soldat qui se méprend sur le sens du V.

— Oui, on s'en va. Mais dites, quand nous débarrasserez-vous de ces babi ? Pas compris ? *Nicht ?* Eux, en bas, quand partir ? Travailler Grand Reich, vite ! Ra-os ! Ra-os !

Novembre débute bien. Victoire de Stalingrad, libération de Kiev. L'initiative a changé de camp. On parle d'une nouvelle stratégie hitlérienne, la défense élastique.

Les tickets sortent de moins en moins, le soleil nous demeure. Mieux vaut ventre creux sur champ d'azur, que sur champ de boue.

Toujours rien de Georges. Depuis deux mois, une quatrième année d'incertitude me vieillit. Entre hauts et bas journaliers, mon moral se ravine. La guerre ne finira pas en 1943, mais l'hiver russe pourrait être décisif. Je m'accroche à un espoir vernal encore lointain. L'électuaire de Goulven n'a plus les mêmes propriétés, les sujets que nous traitions de vive voix sont interdits à la plume. Ses lettres sont affectueuses, mais moins thermogènes que sa voix, prudentes quant à ses activités, postées en des lieux différents. Je réponds selon ses indications.

Bombardements sur bombardements de Brest !

J'ai attrapé, dans le brouillage, une déclaration qui m'a touchée comme une message personnel : « Le Peuple soviétique a la joie d'annoncer au Peuple français que la division blindée SS qui attaqua Toulon le 27 novembre 1942 a été anéantie devant Stalingrad. »

Encore et toujours des bombes sur Brest. Objectifs atteints, se félicite la B.B.C. Victimes civiles, habitations détruites, dit la radio de ce côté. Afin de nous épargner de longues angoisses, nous nous écrivons tous les trois jours. Si une lettre se perd, le silence n'excède pas une semaine. Cette fois, il se prolonge au-delà.

Les aviations qui déversent des milliers de tonnes de bombes sur l'Allemagne et les territoires occupés ignoreraient-elles l'activité de l'arsenal de Toulon ? Verrons-nous le pavillon allemand flotter sur des navires renfloués ? Il y en a, hélas !

Aujourd'hui expire la limite fixée à mon inquiétude passive. Ma mère sera fâchée, tant pis ! Je vais demander télégraphiquement des nouvelles de ma famille à la mairie de Brest. Si le manque de nouvelles est dû à un concours de circonstances sans rapport avec la vie des miens, ma manifestation donnera l'occasion à une voix officielle de faire entendre raison à une entêtée qui en expose quatre pour l'amour d'une maison.

Le télégramme expédié, une nouvelle attente commence. Je l'espère courte, elle va l'être. Je la supporte mal. J'ignore qu'il y a encore quelque confort dans l'attente.

D'abord, les lettres imprimées, les mots manuscrits, se bousculent sous mes yeux. Je relis sans comprendre : Marie Grall veuve de Jean-Marie Cosquer 83 ans, Pierre Cosquer époux de Jeanne Le Bris 52 ans, Jeanne Le Bris épouse de Pierre Cosquer 47 ans, Françoise Marec veuve de Loïc Gueguen 48 ans. Tous résidant Cité familiale de l'Harteloire, rue... Eh bien ?... L'essentiel crève les yeux : tous décédés, le même jour, victimes du bombardement du... Inhumés au cimetière de Kerfautras le...

Je m'entends encore hurler.

Georges, comme j'ai crié ton nom dans ma détresse... J'ai même ouvert la radio dans l'espoir d'un miracle. Tu as cessé de m'aimer ou tu m'aimes mal, notre fil télépathique est coupé. De toi ne m'arrive qu'un visage fermé, la mort de mon frère et la maladie de mon père ne justifiant pas deux mois d'absence illégale de mon port d'attache, toi, seul maître à notre bord, avant Dieu même, assimilant ce retard à une désertion.

N'est-il pas excessif dans la rancune que personne ne m'ait prévenue ? Et anormal que l'Administration ne m'ait pas devancée ? Si ma mère entérina la rupture avec Alice, elle n'a pas laissé les autres liens familiaux se distendre, en dépit des bouderies consécutives à mon mariage dans l'intimité. Sa sœur aînée, qui habite un quartier moins exposé aux erreurs de délestage, lui avait récemment offert une hospitalité de fortune, ce qui avait été refusé mais apprécié. J'écris à cette tante.

24 novembre. A trois jours près, un an que la Flotte n'est plus. Il va être treize heures. Je suçote une mouillette trempée dans un œuf à la coque, frais pondu, qu'Angèle m'a contrainte d'accepter. Pour mon mari, je ne dois pas me laisser dépérir ! Elle me soutient, m'oblige à respecter mon corps. Depuis que les bateaux d'Alexandrie ont rejoint les Forces maritimes d'Afrique, elle ne reçoit plus de courrier, mais Rossi vient de figurer dans une liste de personnel en bonne santé lue au micro. Ah, ces listes où jamais ne figure le nom que je porte ! La réponse de la tante brestoise ne saurait tarder. Comment sont-ils morts ? Ont-ils souffert ? J'avale l'aliment exceptionnel sans faim. Il était destiné au petit garçon d'Angèle. Une vraie leçon de charité... autrement méritoire que le don d'un complet sans emploi à un bel étranger aux abois. Ce rappel n'est pas pour m'exciter l'appétit. Suis-je responsable si cet homme est celui qui a été abattu ?... Comme je me reproche le coup de folie éclair qui a bousculé son départ. Un sauvetage, puisque je l'acceptais, devait-il se limiter à fournir l'habillement ? Il fallait aller sonner chez Claude, demander conseil à qui savait comment gagner un maquis. Manque de présence d'esprit. Lâcheté que préférer ne pas savoir. Rien n'étant plus fragile qu'un témoignage, il n'est plus possible d'obtenir une certitude. Son cliché frais, Angèle eût donné des détails ; le souvenir adultéré, elle me répondrait de bonne foi, n'importe quoi. Que vais-je me mettre en tête ? Le Dieu d'amour aurait puni mon assistance incomplète en me prenant quatre vies ? Folle, la douleur me rend folle...

J'en suis là quand, venant de la mer, un vol serré et vrombissant passe sur l'Embossage. Avant la fin de l'occultation, le ciel s'ouvre. Un train si rapide que la peur ne le rattrapera pas. La première vague en a terminé quand les sirènes meuglent, bien faibles, dans le vacarme. Ma mouillette à la main, je vois les grands pins se plier et se redresser, à travers des cumulus bruns qui montent du sol. Du plâtre neige sur les meubles, la verrerie s'énerve. Un souffle puissant ouvre une porte-fenêtre et une odeur âcre et chaude, curieusement exaltante, me pénètre jusqu'aux poumons. Des débris rebondissent sur le toit, la route, jouent aux billes avec les cailloux du jardin. Le décor s'est estompé. Je suis dans un univers de poussière, déformant, irréel... Et hallucinatoire : je vois filer un fiacre sans roues, emporté par un coursier volant ! J'accepte de mourir — on ne me demande pas mon avis —, c'est tout simple. Je n'appelle pas celui qui ne répond jamais, mais ma mère, qui m'attend derrière le brouillard grésillant. J'ai déjà fait un bout de route dans le no man's land, le chagrin est sorti de moi. Oui, mourir est facile.

Deuxième vague. Troisième. Les bombes frappent comme la chaîne d'un énorme navire, dans un bruit continu. Les souffles me déportent. Le lustre du salon s'effondre dans un éparpillement de pendeloques de cristal. J'avale à pleine gorge l'air soûlant. Pendant les brefs répits, j'entends les cris des enfants-soldats allemands entassés dans une tranchée sous les pins et les vibrations de la cloche du portail. La D.C.A. perd de sa vigueur initiale.

Cadence rompue. Le troisième entracte se prolonge. Ce n'en est pas un, les sirènes poussent un long cri tranquillisant. Je suis vivante ? Indemne, mais les jarrets coupés. Dissipé l'excitant de la poudre, ma carcasse craque. Je traverse la terrasse sur des jambes flageolantes et, d'un pas plus assuré, le jardin. Je me croyais au centre du cataclysme, la villa n'a souffert que de retombées de D.C.A. et de l'arrivée de tiges de fer tordues. Rien de grave non plus aux abords immédiats. Tuiles arrachées, crépis éclatés, vitres et branches cassées. Mon fiacre n'était pas une illusion : il est là, à quelques mètres. Le cocher s'efforce de calmer sa bête qui tremble et se cabre, une mousse blanche soufflée des lèvres au chanfrein. Dans la voiture, un fouillis blanc tressaute, une petite mariée blottie contre son époux, sa robe ternie par la poussière.

— Et les autres ?... Les autres ? répète-t-elle, hagarde.

— La noce sortait juste de l'église du Mourillon, me dit le cocher. Aux premières explosions, mon cheval a pris le mors aux dents et nous a amenés ici.

— Besoin d'aide ? nous crie un homme qui porte casque et brassard.

Je dis non et court au tournant où il est apparu.

— Vous avez de la chance. Tout près, rue Mireille, c'est du joli !

Rue Mireille ? Angèle et son fils ! Je suis l'homme de la défense passive.

— Le centre du Mourillon est détruit. Choisir l'heure où les gosses retournent à l'école et les ouvriers à l'arsenal, et tout lâcher à haute altitude ! Nos peaux ne valent pas un kopek ! s'indigne-t-il.

Nous atteignons vite la rue Mireille, courte voie bordée de villas. La petite maison dont les Rossi occupaient l'unique étage est debout, méconnaissable. Les bombardiers ont pris la rue en enfilade, les cratères se suivent, à peine séparés, déjà pleins d'un liquide nauséabond. On progresse sur des langues de terre molle, entre les décombres et les trous. Un scout me passe une planche qui va me permettre d'avancer à portée de voix, sans m'enliser dans le ruisseau de boue qu'alimentent les conduites crevées. Mais tout ce qui m'approche est donc condamné ? Je hèle une femme en larmes qui rassemblent des objets terreux.

— Mme Rossi ? Elle est partie sous les bombes, son petit venait de la quitter.

Je suis la piste tracée par les sauveteurs, sous une pluie de flocons de laine que le vent arrache d'un matelas éventré, bêtement perché sur les fils électriques. Au-delà de l'église, c'est le chaos, la pantenne, comme le jour du sabordage ! Sur la place où se tenait le marché du Mourillon, les pompiers noient les décombres d'un cinéma. A côté, une coulée pulvérulente et inégale couvre ou découvre un montant de lit, emplit une armoire vidée de son linge, charrie des ustensiles. Défense passive, marins de la Solitude, scouts, rivalisent d'initiative, souvent guidés par des ensevelis encore conscients que les gravats écrasent, que la poudre à relent de gaz et d'égout asphyxie. Partout où le sol permet l'allongement, des corps, visages cachés, visages découverts, sur des civières, des planches, des couvertures cueillies à fleur de ruines. Médecins et infirmiers pansent, piquent, raniment. Un tout jeune prêtre prodigue le viatique, lutte de vitesse avec la mort, va d'un moribond à l'autre sans reprendre la station droite, absout, ferme des yeux. Je cherche Angèle. Nous sommes nombreux à chercher un être ou une famille. J'interroge des gens qui ne sont pas en état de répondre et d'autres trop occupés pour m'entendre. Je me penche sur les gisants, tous connus au moins de vue. Etait-ce ainsi à L'Harteloire ? Des peaux grises, marbrées de plaques violacées, des regards épouvantés ou figés dans un immense étonnement, des paquets trop courts sous des toiles sanglantes, des petites galoches brinquebalantes, quatre ici sur le même brancard. Non, Soizic me l'a écrit, à L'Harteloire il ne restait plus beaucoup à tuer. Vu l'heure, c'est une hécatombe de femmes et d'enfants, ceux pour qui l'on se bat. L'angle droit miséricordieux, qui officie soutane relevée sur ses jambes grêles, me dit, sans lever la tête, qu'il n'a pas eu à s'occuper de ceux que je cherche (il les connaît). Les appels se multiplient devant les immeubles écroulés ou évidés, aussi les cris de douleur et de désespoir. Les clameurs d'angoisse sont contagieuses, je me mets à l'unisson :

— Qui a vu Mme Rossi de la rue Mireille ? Angèle Rossi et son fils Henri, six ans ?

Je me répète d'un groupe à l'autre depuis dix minutes quand une voix ordonne :

— Infirmier ! Rattrapez cette folle et faites-la évacuer !

Je me retourne. La femme échevelée et hagarde que l'infirmier course, c'est Angèle ! Je l'appelle, mais, preste et sourde, elle enjambe les corps, rabat ce qui paraît recouvrir un enfant et jette au ciel un rire dément :

— Ce n'est pas lui !... Ce n'est pas mon Ritou !

Son poursuivant la plaque au sol comme elle se redresse et l'empoigne par le dos de son pull-over. Elle se débat, se tortille, est dépouillée. Comme elle va s'échapper en laissant son lainage aux mains de l'infirmier, je me présente de face.

— Calmez-vous, sinon vous serez conduite à l'hôpital. Nous le chercherons ensemble, nous le trouverons. M'entendez-vous, Angèle ? Me reconnaissez-vous ?

Je sens craquer une bretelle de sa combinaison quand l'homme lui ramène les bras en arrière. Elle rue et cherche à mordre. Il la soulève. J'explore les rues transversales tout en suivant. Il arrive des gens sans cesse. L'infirmier progresse lentement, Angèle se défend sans résultat, la prise est solide. Elle crie le nom de son fils. Je ne peux m'opposer à son transfert, elle a perdu la raison, me dit un gendarme débordé, son comportement est intolérable, qu'elle n'ajoute pas à l'horreur ! Au même moment, je vois l'enfant sortir d'une boutique. Une jeune fille en blouse de coiffeuse le tient par la main.

— Le voilà, Angèle ! Regardez, là-bas, votre fils bien vivant !

Le regard égaré suit la direction de mon bras, le corps crispé devient chiffon.

— Lâchez-la, je vous en prie. J'en prends la responsabilité, dis-je à l'infirmier.

Il la repose sur ses pieds, je la soutiens. Elle fait signe que ça va. Il me tend le chandail qu'il avait jeté sur son épaule et retourne à plus urgent. Personne ne s'intéresse plus à nous. Elle me repousse pour courir à son fils. J'ai réussi à lui passer la tête dans le décolleté, pas les bras dans les manches. Elle se sauve, sa poitrine brune à demi dévoilée. A la vue de sa mère, le petit s'illumine. Elle bouscule les obstacles, se jette sur lui, le palpe, le presse, l'embrasse :

— Toi, toi, toi... Tu n'as rien ? C'est bien vrai ? Où étais-tu ? Parle, mon bijou.

— Il n'a pas encore retrouvé sa voix, dit la jeune fille. Je l'ai découvert sur la marche d'entrée du magasin, après la première vague, tremblant à mourir. Je l'ai pris dans mes bras et nous sommes descendus à la cave. Il n'a même pas pu me dire son nom, le pauvre petit, il venait d'assister à un spectacle qui devrait être interdit aux enfants ! Nous remontons à l'instant, il ne voulait pas quitter l'abri.

Ritou n'a pas pleuré, mais l'émotion a fait fondre ses joues et agrandi les beaux yeux bruns qu'il tient de sa mère. Séparé d'elle, il a compris l'inanité des cris et des larmes. Le contact de la chair maternelle lui rend la parole. En lui, déjà, un souci majeur estompe le drame. Sa petite bouche brèche-dent s'en libère :

— Maman... j'ai perdu le béret ! avoue-t-il, respectueux de la valeur d'une pièce d'habillement en ces temps de misère.

— Son béret ! Vous l'entendez ?... O ma joie, ma vie, mon trésor...

— Couvrez-vous, Angèle.

Elle baisse les yeux sur ses seins, tourne le pull dont les manches lui battaient le dos, se rajuste, puis étreint la jeune coiffeuse.

— Merci à vous de m'avoir remplacée. Je crois bien que j'ai été folle...

Peu après, nous retraversons la place, elle portant son fils accroché à son cou, et moi, les mains vide, qui peine à la suivre. Rien du décor de cauchemar ne l'atteint. Elle déborde d'une joie animale, répète :

— Mon petiton, mon bonheur, ma douceur, mon soleil...

Je veux la préparer à ce qui l'attend. Sa bouche quitte le cou de l'enfant :

— Vous savez, je m'en fous bien de la maison et des meubles ! Mon petit est vivant !

Rue Mireille, l'évacuation des sinistrés s'organise. Un scout vient à nous :

— Mme Rossi ? Avez-vous un lieu d'hébergement ?

— Oui, chez moi. N'est-ce pas, Angèle ?

Je tenais mon offre prête. Elle accepte.

— Je vais essayer de vous récupérer quelques affaires, dit le garçon.

— Je vais avec vous, décide Angèle en posant Ritou à terre.

— Vous avez vu l'état de l'escalier ?

— Je vois, mais je ne sais plus où j'ai mis mon argent, il faut que je le trouve. Toi, Ritou, reste à côté de Mme Landry, sans bouger d'un mètre.

Des marches manquent, la rampe a disparu. Le scout l'aide. Elle rit.

— Pour de l'air, il y a de l'air, maintenant !

La charpente écrase les valises rangées sur l'armoire, il n'est pas possible de les dégager. Ils vont sortir le linge et me l'envoyer. On m'expédie un drap que j'étends sur les plâtras, puis je cueille au vol ce qui vient. Ritou suit l'opération d'un œil encore absent.

— Gare là-dessous : le matelas ! S'il pleut, il sera mieux en bas.

Le matelas bascule par ce qui fut une fenêtre. Les oreillers, polochon, couvertures prennent le même chemin. En poussant chaque pièce, Angèle crie : « Zou ! ». Je tremble qu'elle ne bascule aussi : l'ouverture est à la hauteur de ses genoux. L'enfant sort de sa torpeur. Il sourit. Après la tragédie, le burlesque. Que c'est drôle ce déménagement par les airs ! Bientôt, il saute sur place :

— Encore !... Jette mon lit à moi !... Tout !

Il m'empêche d'attraper ce qui arrive, il veut voir se lever la poussière.

— Et maintenant, la soupe !

Dans un grand rire, Angèle déverse une marmite : débris de cloison amalgamés à des tomates. Et comme le scout, stupéfait de lui voir prendre la destruction de son logement avec insouciance et bonne humeur, demande si elle désire autre chose :

— Je pense bien ! Le sucre et les pâtes que je viens de toucher. Dans ce placard. La porte est faussée ? Bah ! faites-la sauter, au point où c'est, le propriétaire ne me fera pas un malheur ! Té, mon porte-monnaie, dans le bidet ! Je ne l'avais sûrement pas mis là. Oh ! Tout est cassé dans le placard et le lait n'est même pas renversé !

— Jette ! hurle Ritou.

Par chance, il reste à sa mère un peu de bon sens. La literie pliée et rangée sous ce qu'il reste de l'escalier, les coins des draps d'emballage noués sur le linge et les vêtements, nous nous mettons en route, chargées comme des dockers. Ritou porte le pot à lait cabossé dont le couvercle a résisté et un chien en peluche tout râpé. Pour franchir les étroites planches posées en travers des trous, il faut s'inspirer des funambules, et après, résister au magma dérapant. Ensuite, ce n'est plus rien de toucher au but, bien que la route monte. Comme nous déposons nos fardeaux dans le jardin, un messager nous rejoint : une équipe dégagera demain matin ce qui peut être sauvé du mobilier et l'apportera ici. La nouvelle passe sur Angèle sans la toucher. Elle pâlit, secoue la tête :

— Malheur ! C'est que j'ai vraiment été folle. Je me rappelle que j'ai une sœur et deux neveux, le dernier, son papa ne le connaît pas, pechère ! Si Louise n'est pas venue... Je dois aller voir comment c'est dans la basse ville.

Je lui montre son fils dont les yeux papillotent :

— Couchez-le jusqu'au dîner, je vais aux nouvelles.

Elle accepte, parce que l'enfant se pend à elle, prêt à hurler si elle le quitte. Je ne sens pas la fatigue, le malheur général a agi sur le mien comme un analgésique. Je retraverse les lieux martyrisés, où s'enfle le chiffre tragique, sans rencontrer la sœur d'Angèle. Des hommes, libérés des arsenaux, accourent. Beaucoup sont renvoyés aux divers points d'identification. Certains prennent une pioche...

Au moins, les objectifs responsables d'une telle surface de désolation, ont-ils été atteints ? Oui, affirment ceux qui en viennent et qu'il est permis, sans indécence, d'interroger : l'arsenal cul par-dessus tête, quantité d'Allemands tués. Et les ressuscités du sabordage, menacés du pire outrage ? Le petit *Chamois* qu'on a vu, du quai, peu à peu renaître ? Et ceux qu'on n'apercevait pas, mais qu'on savait sur le point de reprendre du service sous un nom ennemi ? La *Baliste,* l'*Aigle,* le *La Galissonnière ?* Coulés ou si gravement endommagés qu'ils ne valent guère mieux. Le *Jean-de-Vienne* a sauté hors de l'eau, comme un poisson au bout d'une ligne, et s'est couché en travers du quai. Après les avoir pleurés, on se félicite de leur seconde mort.

L'itinéraire est bouleversé. Il faut monter, descendre, contourner. Un lac nouvellement né, d'où émergent des îlettes de métal, restes d'un important groupe de D.C.A., allonge le chemin. Un alignement de caisses oblongues, que des soldats clouent, renseigne sur le sort des servants : Les morts de M. Hitler vite emballés !

La basse ville a moins souffert que le Mourillon. L'immeuble où loge Louise Ravello, femme d'un gradé désigné pour Bizerte peu avant le débarquement, n'a pas une égratignure. Je sonne, prête à montrer un peu d'humeur pour le manque d'empressement à venir s'informer du sort des Rossi. Une petite femme blafarde et agitée m'ouvre. Son excuse ? Elle sort de terre : l'abri où elle s'était réfugiée avec ses enfants se trouvait sous un immeuble effondré !

— On se pensait tous morts dans ce tombeau, on nous a sortis par un soupirail. Voyez en quel état. J'ai eu trop peur pour mes chéris, je pars. Ma petite campagne de Brunet n'est pas très confortable, mais nous n'y risquerons que le rhume. Dites à

Angèle de venir avec sa literie, on s'arrangera jusqu'au retour des maris.

Je ne m'attarde pas. Déjà, les épargnés font la tournée des décombres, colportant avec une satisfaction des reins des récits macabres. On admire la technique des marins pompiers ; ailleurs, on critique la façon d'opérer. Ici, le chef de l'équipe accepte toutes les bonnes volontés ; plus loin un pète-sec ballonné d'importance les refoule : seules les personnes habilitées peuvent participer au déblaiement ! Comment ? Il reste des vivants là-dessous et, plutôt qu'organiser une chaîne, on ne prend de déblayeurs que sur titre ? Pourquoi ? Pour prévenir les vols, dit le bonhomme. Comme les volontaires le huent, il se fâche :

— Il fallait vous faire inscrire et suivre nos cours. Ce serait trop facile !

Des ouvriers du port étalent une pêche miraculeuse ramassée en surface. Consommable ? Le mazout est toujours là.

Angèle me guette au tournant de la route. Je la rassure et j'attends, sans trop d'espoir, sa réaction à la proposition de sa sœur.

— On verra plus tard.

Je les garde. Ouf !

Elle a rangé ses ballots, balayé le plâtre et le cristal, préparé le dîner. Nous accueillons le retour du courant avec satisfaction. Au diable le dépassement : je branche un radiateur. Je me surprends à engloutir l'assiettée de pâtes qu'Angèle m'a servie. Nous écoutons la radio. Angèle soupire d'aise :

— Que c'est bon d'être à plusieurs !

A présent, elle prend souci de son mobilier exposé aux éléments et au pillage. Elle se lèvera tôt pour aller voir. Nous dormons d'un sommeil de plomb jusqu'au jour, ce qui ne m'était pas arrivé depuis longtemps.

Au matin, pendant que je prépare le petit déjeuner, Angèle court à ses biens et revient tranquillisée. La précieuse literie ne s'est pas envolée, des rondes de nuit ont été faites et il faut présenter sa carte d'alimentation pour emprunter la rue sinistrée. Les lits sont dégagés, on espère lui sauver un meuble qu'elle tient d'héritage. Elle avale un bol de liquide chaud et repart, pour ne remonter qu'à midi, chargée de deux cabas qu'elle vide en ménageant ses effets. Rien que des denrées contingentées !

Cette manne provient d'une part du Secours national, de l'autre de son épicier. Le premier distribue de substantiels colis aux sinistrés, le second, touché par la mesure d'évacuation, a pris la généreuse initiative de répartir les rations des morts entre ses inscrits survivants. Sans tickets, c'était déjà beau, mais au prix de la taxe, c'est héroïque ! Angèle lui rend hommage :

— J'en parlais mal, je le regrette, il est brave. On dit que l'atelier des Torpilles du Mourillon n'a pas été touché. Ils reviendront. Té, un télégraphiste !

Qui s'inquiète de moi dès l'annonce du bombardement de Toulon ? Goulven. Que pense Georges du copieux arrosage ? Me croit-il à Brest ? J'aurais partagé le sort de ma famille et il n'en saurait rien. Se soucie-t-il seulement de moi ? Je me sape chaque jour davantage. Le malheur qui m'a frappée, la peine endurée seule, me portent à la rancœur. J'en veux à mon mari, non de m'avoir préféré la guerre, mais de n'avoir pas pris la peine de me faire accepter sa préférence, ce qui n'eût été ni long ni difficile avec une Hélène portée à l'admiration et à l'obéissance. Je ne suis même pas l'esclave à qui l'on a ordonné d'attendre, en remettant les explications à plus tard ou en exigeant une confiance aveugle, mais un chien que son maître a abandonné dans la nature, sans se retourner, en se bouchant les oreilles. Qu'importe si la bête est conduite en fourrière, il ne le saura pas. Quelle différence entre cette fuite muette et les adieux du 18 juin ! On pensait alors à ma sécurité et à mes besoins. Et dix semaines plus tard, on disparaissait sans un mot. On se taisait des années durant. N'étais-je donc plus, après quelques semaines, le grand amour reconnu au premier regard ? La femme-enfant bénéficiaire de toutes les indulgences ? Certes, on m'avait fait l'amour avec libéralité avant de s'évanouir. Qu'est-ce que cela prouve ? Qu'on me désirait ? Je l'avais voulu, je m'étais même surpassée ! A ce stade, un disque se met à tourner, un excellent enregistrement, soliste et chœur a cappella : « Quand l'amour de la patrie est seul en cause... Une maîtresse... maîtresse... maîtresse... »

Cher Goulven, la cire où se gravaient vos contrepoisons n'était pas aussi consistante que l'autre, elle a fondu.

Réponse de la tante de Brest. La maison de L'Harteloire a reçu une bombe incendiaire. Personne n'a eu le temps de souffrir. Seul, mon père a pu être formellement identifié. Sur place la première, ma tante appela Mme Alice Cosquer, repliée dans un village peu éloigné. En sa qualité d'aînée des Cosquer présents dans la région, celle-ci prit l'affaire en mains avec son autorité coutumière. L'Administration n'avait pas à me prévenir, la famille s'en chargeait. Elle écarta le moyen télégraphique « trop brutal » et offrit de rédiger une lettre. Peu épistoliers de nature, surtout en pareille circonstance, les autres acceptèrent, mais il fut entendu qu'Alice montrerait son texte et que chacun signerait. Or, quand on le lui réclama, elle prétendit l'avoir posté aussitôt « pour ne pas retarder ». Dans l'émotion générale, le fait passa sans éveiller de méfiance. Maintenant qu'on avait appris que cette lettre, que personne n'avait vue, ne m'était pas parvenue, un vilain soupçon planait. On osait à peine croire « à tant de mauvaiseté », mais tous se reprochaient d'avoir fait confiance à un tel écrivain public et m'en demandaient pardon.

Lettre de Goulven qui me conseille de quitter le Mourillon trop exposé. Pas question. Si mon destin est de mourir, moi aussi, d'une bombe perdue, autant mourir dans le cadre que j'aime. Sauf cas de force majeure, je ne bougerai pas.

Les sirènes ! Angèle perd la tête, tourne comme une girouette, son fils contre ses seins. Il n'est pas de protection dans une maison de plain-pied dépourvue de sous-sol. Elle choisit l'angle le plus éloigné du fort, allonge Ritou sur le carrelage et le recouvre de son corps. Un nouveau raid de bombardiers ? Non, et cela s'entend. Mais l'affolée est incapable de faire la différence entre des explosions et les gros éclats de voix contre des appareils venus apprécier les résultats de la visite à grand spectacle. Elle prie Notre-Dame-de-la-Garde, humblement, blasphème l'instant d'après. Pénible.

— Ils reviendront, à la même heure, ils l'ont annoncé ! me répète-t-elle.

Le bruit a trouvé créance. Dès midi, les quartiers menacés se vident. Bien avant onze heures, Angèle est en surtension. Comme je ne veux pas la perdre, je me résigne à gagner le lieu de son choix en fin de matinée et à y patienter deux heures : le Faron.

— Sous la croix du Capelan, je nous sens protégés !

Il serait plus simple, et beaucoup plus sûr, de prendre le tram de Brunet, mais je ne le suggère pas. La sœur d'Angèle ne manquerait pas de renouveler l'offre d'héberger ceux que je désire garder le plus longtemps possible. Aujourd'hui, le Faron, centre de la toile de fond de Toulon, possède un téléférique ; la célérité de son ascension par moyens personnels est surtout l'affaire des coureurs cyclistes. Nous grimpons pédestrement — attendre un car, fantaisiste quant aux horaires, est au-dessus de la résistance nerveuse de ma compagne —, par des raccourcis raides. Nous emportons le déjeuner, nos meilleurs vêtements et le plus précieux de notre réserve de provisions. Pique-nique sur la margelle qui protège un palmier, devant un admirable panorama, admirablement placés pour voir arriver les essaims américains et profiter des retombées de D.C.A. de plusieurs forts. Le mistral a tôt fait de glacer nos aliments et de les saupoudrer à sa façon. D'abord, l'expédition enchante Ritou ; bientôt, il geint de fatigue et de froid. Le grand air prôné par sa mère perd son bénéfice dans la longueur du trajet. L'Embossage réintégré, l'enfant s'engourdit ; le petit somme imploré dure jusqu'au dîner, après quoi il n'a plus sommeil. Je me retiens de critiquer, mais le jour où la pluie se met de la partie, je refuse l'équipée. Les avions ne sont pas revenus, Angèle se résigne. S'oublient les submersibles allemands abrités dans la darse du Mourillon et l'atelier raté. S'il fallait toujours penser à la mort, on n'aurait plus le temps de vivre. Angèle use beaucoup de ce temps dans les queues plus ou moins dispensatrices du marché du cours La Fayette, tandis que je me transforme en institutrice, car les écoles, comme la plupart des commerces de notre quartier, sont fermées.

Alger donne avec régularité des nouvelles du personnel de la Marine. « Le second maître Rossi embrasse sa femme Angèle et son petit Ritou. » Heureuse Angèle. Nous avons entendu la voix du maître Ravello. Heureuse Louise. Voix de gradés, d'officiers, de matelots, venues de Londres ou d'Afrique, chaudes de tendresse, vibrantes d'espoir, parfois bégayantes d'émotion. « Un capitaine de corvette s'adresse à son épouse... » Mon cœur s'arrête. Georges doit être capitaine de corvette.

— Cette fois, on dirait bien M. Landry... commence Angèle.

Mon air la stoppe.

Assez pleuré pour 1943. Noël m'apporte une trêve. Ritou s'émerveille devant une crèche fabrication maison, sur laquelle j'ai fait neiger un reste de sulfate de soude. Nous avons immolé le lapin italien, qui s'est étoffé depuis le transfert d'armes, et nous l'arrosons d'une bouteille de Sainte-Roseline, cédée un mois plus tôt par l'épicier au grand cœur. La radio nous dispense de la musique spirituelle et des chants d'amour. Je me pénètre de la réflexion d'Angèle : « C'est bon d'être à plusieurs ! » L'atmosphère hors la terre de la Nativité, la joie d'un enfant, les aperçus à l'emporte-pièce d'une gentille compagne, autant d'abluants sur ma peine et mon ulcère caché. Même si l'euphorie ne dure que le temps d'une digestion, c'est bon de croire à un avenir semblable au passé, dans les bras de l'homme qui m'a faite femme. Il faut prendre, disait-il. Je prends.

Malgré les orgues radiophoniques et l'agitation de Ritou, les échos des beuveries allemandes traversent nos murs. Angèle s'en agace, puis s'en console :

— Leur dernier Noël à nos frais ! Bientôt, eux et leurs putes de souris grises, raus !

Plus encore que les hommes, elle déteste les militaires femelles. A l'en croire, ces filles s'enivrent chaque jour que Dieu fait et comme « leur cheffesse, une terreur », interdit les chambres de ses subordonnées à l'élément mâle, batifolent sans pudeur dans la nature avec leurs compatriotes du fort, ceux qu'elles traitent ce soir.

— J'admire qu'elles soient si peu frileuses du derrière ! La pire de toutes, une boiteuse, fan de chichourle ! Il n'y a pas un pin qui n'ait vu ses culottes !

— Voilà qui confirme le dire d'une vieille chanson : la

boiterie, sur ce point-là, plutôt atout que handicap ! dis-je gaiement.

— Que ces coquines s'empiffrent et fassent l'amour à notre barbe... Té ! Cela se paiera avec le reste, buvons au règlement proche. On finit la bouteille. Pour vous la dernière goutte, le porte-bonheur !

Mais à l'aube, c'est l'autre Angèle, l'apeurée, qui m'arrache à un sommeil parti pour durer très avant dans la matinée :

— Réveillez-vous !... Ecoutez... C'est le débarquement !

Je saute du lit. Elle s'agrippe à mon bras :

— Non, n'ouvrez pas, on se bat autour de nous !

J'ai déjà mis le nez à l'extérieur. Un projectile brillant file au-dessus de la route et, simultanément, des balles sifflent. Exclamations, rires, éructations : nos voisins terminent la veillée de Noël en exerçant leur adresse sur les nombreuses bouteilles vidées pendant la bacchanale. Au lit, folle Angèle !

1944. Les avions reviennent au début de février, aussi nombreux qu'en novembre, à la même heure (le bruit était fondé), avec des bombes de plus gros calibre.

Angèle et son fils déjeunent à la campagne Ravello. Si je ne les ai pas accompagnés, c'est que mon ami Claude m'avait promis une surprise pour midi. Parole tenue : un pain de savon « pur Marseille », couleur de beurre frais, encore fondant, d'un poids d'au moins sept cents grammes, qui épargnera longtemps à nos visages le contact rugueux de la savonnette à ticket, potasse et sable. Réserve boche, chut ! Pour le plaisir, je l'essaierais tout de suite, mais des vociférations m'attirent dehors. Les guetteurs d'un mirador montrent une nuée de points au-dessus de la mer. Inutile d'attendre la confirmation des sirènes. Le précédent bombardement nous a enseigné, primo, que l'aviation américaine opère à haute altitude, en appliquant le principe bien connu du marin en corvée de peinture : « Trop fort n'a jamais manqué » ; secundo, que, si pas tué sur le coup, moins on a sur la tête, plus vite on revoit le jour. La solution de la tranchée abri repoussée par Angèle, nous avons aménagé le cabanon où se rangent les outils de jardinage et les meubles d'extérieur. Je franchis la dizaine de mètres qui le séparent de la villa, tandis que la première vague me survole. A peine ai-je le temps de m'amenuiser dans un fauteuil de rotin que les tombereaux aériens ont vidé leur chargement. Ce n'est pas drôle d'être seule, au moins n'ai-je pas à pomper la nervosité d'Angèle. Le toit de tôle ondulé crépite comme une machine à écrire, mais résiste aux souffles. Je croque force poussière et, comme en novembre, je ressens la griserie de la poudre. Comme en novembre, les vagues se suivent, un travail vite expédié. La D.C.A. raccompagne les visiteurs, se tait, et je sors, les jambes molles. Cette fois encore, la villa ne porte que des blessures légères, morsures fraîches dans le feston de la toiture, étoiles et concavités sur la façade. Mais la niche du portail qui abritait le protecteur est à demi arrachée et la petite statue gît, décapitée, au milieu de la route. Ce saint, dont je n'ai jamais su le nom, était un ami. Mauvais présage ?

Aussi vite qu'il lui a été possible, Angèle arrive. Elle m'étreint, remercie la Bonne Mère. Elle est seule.

— Louise n'a pas voulu que je ramène Ritou. Elle dit que c'est folie de rester au Mourillon. Surtout quand on peut se mettre à l'abri sans « s'espatrier » dans le nord !

— Elle a raison, voyez l'exemple de mes parents. Vous devez rester à Brunet.

— Oui et je vous emmène. Ma sœur dit qu'il y a place pour une de plus.

Mon attachement à L'Embossage prime la peur de la solitude. Je reporte mon acceptation, mais bien aise de me savoir une position de repli.

« Ma chère Hélène,

« La santé de mon frère m'oblige à prendre en main son domaine du Périgord. Je vais être surchargé de besogne et toujours par monts et par vaux. Ne me tenez pas rigueur si les témoignages de mes fidèles sentiments sont irréguliers... »

Fils unique, Goulven n'a de famille qu'en Bretagne. Libération aurait un sens ?

Monotonie, coupée par des déjeuners à la campagne Ravello. Autour de L'Embossage, les volets sont presque tous fermés. Claude et sa mère ne partiront que si les Allemands les y contraignent. Le garçon entre souvent me dire bonjour. A lui seul, il remplace un vrai journal, article de fond et page d'humour compris. Outre des inédits de plus en plus encourageants, il m'apporte des tracts, des cigarettes blondes, un casque allemand « fauché sur le tand-sad d'une moto, au crépuscule, pendant que le Frisou faisait pipi », je le lui ai rendu : il sentait le fauve. Mais j'ai accepté un casque italien, en prévision de pluie de métal. Celui-là n'a pas servi, mais se révèle trop petit à l'essayage.

— Ah, les femmes ! Ma mère non plus n'avait pas vu qu'il faut desserrer le cordon du cuir intérieur. Là, regardez-vous. Du dernier chic 1925 !

Les Allemands ont complété les défenses laissées inachevées par les Italiens, semé des pyramides de béton au bord de l'eau, muré les rues qui débouchent sur le Littoral, ménageant seulement quelques chicanes. Après les habitations de la promenade, ils s'intéressent à celles de la hauteur. Vont-ils expulser les derniers habitants ?

Ce matin, un sous-officier a sonné. Après plusieurs tours de jardin, il a pris des notes et est reparti sans avoir visité la maison.

Le revoici, avec deux collègues. L'attention se limite encore à l'extérieur. Ils discutent devant les cyprès, prennent des alignements. Quelle menace pèse sur L'Embossage ? Les mêmes hommes sont entrés chez Claude. Ils ont compté et mesuré les arbres, examiné la villa sans y pénétrer. Perplexité.

Plusieurs semaines ont passé. Nous n'avons pas revu les importuns.

Quand je rentre de la chasse à la nourriture, par habitude, je plonge la main dans la boîte aux lettres. Depuis le laconique billet de Goulven, elle n'a rencontré que le vide. Cette fois, elle ramène un papier, très petit, dix centimètres sur trois, qui porte une adresse dactylographiée sans soin : « Villa Coquette. Avenue Joseph Gasquet. » Pas de nom, mais en travers et au crayon : « Vous présentez. Urgent. » Une peu orthodoxe convocation. La qualité de la présentation et la faute d'orthographe excluent une origine administrative... Et si, à cette adresse, m'attendaient des nouvelles de Georges ? Je remets le déjeuner à plus tard, pour courir sur-le-champ à ce mystérieux rendez-vous. Je n'ai jamais entendu le nom de cette avenue, un commerçant me renseignera. Je vais refermer le portail quand un timbre de vélo me salue.

— Vous tombez à pic. Accordez-moi une minute.

Claude met pied à terre, mais reste sur sa selle.

— Qu'y a-t-il pour votre service ? demande-t-il gaiement.

— Vous qui savez tout de Toulon, connaissez-vous une avenue Joseph Gasquet ?

Il me rejoint d'un bond, abandonnant sa bicyclette couchée au bord du trottoir.

— Ne me dites pas que vous êtes invitée à une surprise-partie à la Coquette ?

— Entrons. J'ai quelque chose à vous montrer.

A l'abri des curieux possibles, je sors le papier de ma poche. Claude siffle.

— La Coquette, savez-vous ce que c'est ?

— Non... dis-je, mais l'inquiétude point.

— Simplement le siège de la Sichereitspolizei !

Le froid gagne mes extrémités, puis je crois comprendre :

— C'est pour L'Embossage !

— On ne traite pas ces questions à la Coquette.

— S'il s'agit de mon mari, je ne sais rien.

— Même si vous ne savez rien, vous ouvrirez la bouche. Ils ont pour cela de la technique et des moyens perfectionnés. On entre beaucoup à la Coquette, on en sort rarement libre. Ceux qui sont gardés ne donnent plus jamais de leurs nouvelles.

— Si je n'y vais pas, ils reviendront me chercher.

— Aussi sûr qu'ils ont perdu la guerre ! Depuis quand possédez-vous ce papier ?

— A l'instant. Il n'était pas dans ma boîte quand je suis sortie et je ne suis allée qu'à la boulangerie.

— Eh bien... Une chance qu'ils ne vous aient pas trouvée, un miracle qu'ils ne vous aient pas attendue. Ce papier... Pas du tout dans leur manière. Quoi qu'il en soit, profitez de ce sursis pour disparaître. Tout de suite.

— Peut-être suis-je surveillée ? Le mirador ?

— L'Armée et la Police sont rarement copains. Les Fritzs en uniforme redoutent comme nous les sbires en imperméable et chapeau. Vous pourriez venir chez nous, mais s'ils nous expulsent, il sera difficile de vous faire filer, vous serez recherchée.

— Je sais où aller.

— La gare et les cars ne sont pas à recommander.

— J'irai à pied. C'est à Brunet, chez la sœur de Mme Rossi.

— Une trotte faisable. En partant d'ici, c'est la direction de la Coquette. Préparez en vitesse ce que vous désirez emporter. Le temps de prévenir chez moi et d'escalader la séparation, je serai dans le jardin mitoyen. Vous me passerez le tout tel quel, je vous le porterai ce soir ou demain. Cinq minutes, pas une de plus !

Il m'en faut moins pour rassembler linge, vêtements, objets de toilette. Je n'ai pas le temps de donner du regret à ce que je laisse. Je rafle la photo de Georges dans son cadre. Que prendre encore ? J'arrache du mur les rubans qui portent ma collection d'insignes. Quoi d'autre ? J'ai trop peur, j'abandonne, comme si des flammes m'approchaient. Je dresse l'échelle contre le grillage. Vêtements et valise disparaissent.

— C'est moins lourd que les fusils italiens, murmure Claude pour me décontracter.

C'est aussi beaucoup moins excitant. La peur me bleuit les mains.

— C'est tout ? Maintenant, partez, comme vous êtes, sans courir. Tournez à droite sur la route du cap Brun et traversez. Je vais vous rattrapez et vous ouvrir le chemin par des voies détournées. Si je descends de vélo pour vérifier ma selle, entrez n'importe où et cachez-vous. Le danger a la forme d'une Citroën noire.

Je range l'échelle. Quand je m'absente, même pour les courses du quartier, je ferme toujours les volets. Quand « ils » sont venus, tout était clos. Un dernier examen. Rien ne cloche. Un pull étalé sur l'appui de la terrasse donne l'air habité. En socquettes dans mes sandales à semelles de bois, au bras un sac d'où dépassent des aiguilles à tricoter, une tenue pour espérer la revendeuse, pas de fuyarde. Je descends de mon pas habituel. Peu avant la route du cap Brun, une femme rencontrée tout à l'heure à la boulangerie me hèle de sa fenêtre :

— Mme Landry ! Vous avez vu que ce pain est encore tout moisi dedans ?

Je n'ai rien vu. J'ai même oublié ma ration de pain, c'est bête ! Claude m'a dépassée et roule assez loin devant. La route traversée, nous empruntons des rues désertes. J'ai beau me répéter que, gibier d'importance, la Sicher-je-ne-sais-quoi m'aurait cueillie au gîte au lieu de me convoquer, des frissons me parcourent de l'échine aux reins. Claude revient : tout va bien. Il va inspecter au-delà d'un tournant : rien de suspect sur nos arrières, annonce-t-il en me redépassant. Nous arrivons en terrain découvert. Des potagers, quelques arbres isolés, des champs, de la pierraille, une longue et large étendue où il ne serait pas facile de se dissimuler. Je suis mal chaussée pour une telle promenade, mais la frousse aile mes pieds. Demi-tour de Claude qui fonce sur moi. Alerte ? Non, c'est pour me situer la Coquette, sur notre gauche et déjà loin derrière.

— L'adresse pour vos affaires. Je vous lâche à Brunet.

Encore un kilomètre et je débouche à sa suite sur la route de La Valette, près de l'arrêt de tram où je descends quand je viens déjeuner chez Louise. Claude tourne à gauche et pédale vers Toulon. Des voitures allemandes en convoi circulent dans les deux sens. Je colle à un groupe de piétons qui va se lancer sur la chaussée. Sur l'autre trottoir, j'enfile la première rue. Un vent violent glace ma transpiration et m'oppresse. Je prends un chemin, puis un autre qui me permettra d'aborder le salut par le côté opposé à Toulon. Il n'y a personne en vue quand, après un nouveau détour, je mets le pied sur le terrain des Ravello, où les sœurs luttent pour hisser un grand pavois de lessive. Le chien se précipite en aboyant, me reconnaît, me prodigue des joies humides. Angèle se dépêtre d'un drap mouillé que le vent lui a plaqué sur le corps.

— Par où êtes-vous venue ?... Et quelle mine ! Vous ne vous sentez pas bien ?

Elle me prend le bras droit, sa sœur le gauche. Ainsi étayée, je me permets de craquer quelques instants avant de déballer mon histoire. Elles écoutent, remuées.

— On n'a pas pu vous suivre, même de loin ? s'inquiète Louise.

— Je suis revenue deux fois sur mes pas avant de prendre le sentier du haut.

— Et vous êtes sûre de ce jeune ? Bien sûre ? insiste-t-elle.
— Un fils d'officier supérieur ! s'écrie Angèle.
— N'empêche qu'il pourrait avoir le parler dangereux.
— Si vous craignez pour votre sécurité, je...
— Qu'allez-vous penser ? s'indigne Louise. Si vous n'avez pas été repérée et si le garçon est aussi discret que nous, vous n'avez plus rien à craindre. Que l'enquête mène les policiers ici, c'est possible puisque ma sœur a vécu chez vous, notre Black, qui aboie même pour nous, donnerait l'alerte à peine tourneraient-ils au bas de notre chemin. Le temps qu'ils arrivent au mas, vous aurez fuit par derrière, dans la garrigue, jusqu'à chez Toinou, un cousin à nous, un vieux retraité de la Marine qui vit seul avec ses chèvres. On vous montrera tout à l'heure comment y aller. Pour trouver, il faut connaître. Le Toinou saurait vous cacher.
— Vous vous voyez avec les biquettes ? rit Angèle.
Et trotte l'imagination de mes bonnes hôtesses. Qu'il est électrisant le vieux jeu du chat et de la souris (j'y ai goûté en septembre dernier), quand on ne croit pas tout à fait que le chat y est. Je ne l'ai pas vu, mais j'ai trituré dans ma poche, pendant le trajet, la preuve qu'il ne dort pas. Je sors mon papier, le défroisse, le tends à Angèle qui, après un recul, le prend, le lit, le passe à Louise qui s'en saisit avec une grimace. Si la vérité sur les camps n'est pas connue, nous avons entendu parler d'interrogatoires et de tortures. A défaut de la Coquette, quartier général excentrique, un hôtel près de la gare jouit d'une horrible réputation. J'arrête Louise qui va jeter le papier dans la cuisinière. Halte ! Je tiens à le conserver. Ce qu'il m'a inspiré dépasse de très loin les sensations éprouvées pendant les arrosages américains. L'appréhension du passage d'un plan à un autre date du premier homme. Elle est en soi, latente, connue avant d'être révélée. La peur n'est pas franche qui relève de la cruauté. Subir un interrogatoire nue, les coups, l'arrachage des ongles, les cigarettes écrasées sur les seins, la baignoire, c'est ce minuscule document...
— Angèle a troqué des légumes contre du poisson, vous mangerez la bouillabaisse. Mais pas de radio ce soir, le dépanneur me garde le poste jusqu'à demain.
Bah ! J'ai dépassé les douze cents déceptions. Bien que je

croie encore au père Noël quelques minutes par jour, le manque de radio ce soir ne m'affecte pas.

La soirée et la journée suivante s'écoulent. Je perds l'espoir de voir arriver ma brosse à dents quand le chien se déchaîne. Claude ou les policiers ? J'ai déjà passé une jambe par la fenêtre qui donne sur l'arrière, mais le rythme familier du timbre de vélo parvient à se faufiler entre deux aboiements. Angèle rattrape Black et Claude peut approcher. Son chef l'a libéré trop tard hier soir, après la délicate évacuation d'une impotente, découverte dans un immeuble que les étais ne soutiendraient plus longtemps. Et si l'on a pris l'habitude de voir circuler les jeunes des Equipes nationales avec des colis appartenant aux sinistrés, certains pourraient s'étonner de voir l'un d'eux partir déjà chargé de son domicile. Il a donc attendu la tombée de la nuit. Nous vidons le panier fixé devant le guidon, pendant qu'il déboucle les courroies qui retiennent ma valise et deux paquets sur le porte-bagages, dont l'un ne m'appartient pas.

— C'est une peau de crocodile qu'une pauvre vieille pleurait depuis le premier bombardement. Ce bijou de famille était resté sur l'unique mur debout de l'immeuble, au sixième étage. Vous l'aviez sans doute remarqué ?

— Même que cela faisait rire, dit Angèle. Comment avez-vous pu l'atteindre ?

— Le plus difficile a été d'atteindre le cœur du capitaine des pompiers ! Je vais le déposer en rentrant chez les gens qui hébergent cette dame.

Le garçon est excité et hilare. Il me saisit par les coudes, me secoue.

— Alors, contente ? Formidable, hein ?

Formidable est impropre, pour le moins exagéré. Contente ? Non. Rassurée et bien entourée, certes. Louise a tenu à me céder son lit et partage celui de sa sœur dans la seconde pièce. Je suis touchée, reconnaissante, pas contente.

— Savez-vous s'ils sont entrés à L'Embossage ?

— Vos serrures sont intactes et vos terrasses vierges de traces de pas.

— Imprudent, vous êtes allé voir...

— Je suis allé prendre votre chandail qui risquait d'attirer un voleur, pas d'abuser des flics. Ils ont compris que vous ne teniez pas à lier connaissance, une perquisition ne les intéresse pas.

— Si j'ai eu l'outrecuidance de m'attribuer un peu d'importance aux yeux de la police allemande, voilà qui me ramène au rang de petite bigaille. Je me suis affolée pour pas grand chose. J'avais mis du linge à tremper, j'irai demain le sortir de l'eau.

Claude cesse de rire, me tâte le poignet.

— Vous galéjez ou quoi ? Après ce qu'Alger a raconté hier soir ?

Ah, non ! Alger aurait parlé de Georges le seul soir où je ne pouvais entendre ? C'est à hurler de rage ou à crever de rire, mais c'est ainsi. Je collectionne les coïncidences. Par bonheur, il y avait une oreille amie à l'écoute.

— Un coup fumant exécuté par le commandant Landry avec le sous-marin *Diomède*. Au nez des Allemands, il est venu déposer du matériel sur la côte pour la énième fois et prendre à son bord un ponte de la Résistance et un ancien parlementaire. Comme il lui restait de la place, il a embarqué aussi un officier boche et un mataf à suivez-moi-jeune-homme, surpris à se parler du pays de très près, juste dans la bonne calanque ! Que dites-vous de ça ?

— Que c'est magnifique et très drôle, mais mon mari n'est pas sous-marinier.

— Ne l'était pas. Si on a eu besoin qu'il le devienne, il l'est devenu.

— Oui. Mais Landry est un nom courant.

— Sans doute, mais dans l'Annuaire de 1940, il n'y en avait qu'un. Il se trouve peut-être d'autres Landry aux F.N.F.L., des réservistes ou des officiers formés en Angleterre, pas des frégatons. L'avancement est rapide, dit-on, mais tout de même... Tout concorde, prénom, date, grade à l'arrivée. Vous connaissez un autre lieutenant de vaisseau Georges Landry, évadé de France en 1940 ?

Je suis ivre, de joie, de curiosité.

— Le secret sur les activités du *Diomède* a été gardé jusqu'ici. Votre mari le commande depuis assez longtemps, d'abord comme corvettard, puis maintenu après promotion. Vous saisissez maintenant pourquoi les zèbres de la Coquette voulaient vous voir ? Ils n'ont dû apprendre que récemment l'identité du pacha de l'insaisissable *Diomède.* Sans quoi, ils se seraient occupés de vous beaucoup plus tôt. Mais allez comprendre la... choserie de la convocation ! Trop de boulot ? Ils ont tant à faire avec les vilains terroristes de la région. Après l'émission d'hier soir, ça a dû barder à la Coquette, car vous tenir était une belle réplique. Le plus crevant, c'est que la flicaille n'est peut-être pour rien dans le coup de la sonnette d'alarme.

— Comment cela ?

— Le papier a pu être glissé dans votre boîte à leur insu, par l'un des interprètes qui les accompagnent quand ils font leurs visites de courtoisie. Il semble que ce gars, un Tchèque ou approchant, serve parfois drôlement ses maîtres.

— Vous êtes bien renseigné !

— Ne le répétez pas, j'ai de mauvaises fréquentations : des sales bédits foyous qui en connaissent un bout sur les zigs de la Coquette et autres salons où l'on cause.

— Sans votre arrivée à la seconde pile, j'y courais tout droit !

— Sans votre aide, j'y serais peut-être allé en septembre dernier.

Il fait tournoyer l'aîné des petits Ravello qui s'est suspendu à son ceinturon.

— Négligez de faire un changement d'adresse au Ravitaillement. Ils iront.

— Plus de tickets ?

— On partagera, dit Louise.

— On avisera, dit Claude.

— Mme Landry reste avec nous ! Mme Landry reste avec nous ! chante Ritou.

— Chut !... Il n'y a pas de Mme Landry ici. Mme Landry, tu ne l'as pas vue depuis des semaines. Cette dame n'est pas Mme Landry. Tu comprends, bijou ? On lui veut du mal.

— Oui, 'man... mais comment qu'elle s'appelle maintenant ?

— Attends... Té, cousine Juliette. Il y en a une chez les Rossi de Nice.

Le sort en est jeté. J'attendrai la libération à la campagne

Ravello. J'aurais mauvaise grâce à me plaindre. Isolé au milieu d'un terrain planté d'oliviers chantournés, le mas, doré, patiné, a l'accueil agreste le plus plaisant. Les plantes grasses lui sortent comme une acné vivace de l'entrelacs de rides, une longue chevelure de bougainvillées encadre le rideau de perles de bois de son seuil, la pierre usée d'un banc très enfoncé dans le sol témoigne de méditations passées. Louise tire assez de légumes de la terre rocailleuse pour nourrir la maisonnée et troquer à l'occasion. Hérité presque croulant, le mas était habitable avant le départ de Ravello. Les mains habiles du marin ont bouché, carrelé, chaulé, amené l'eau sur l'évier, posé des prises de courant. Confort sommaire, mais bon aspect, d'autant que Louise a fait apporter ses meilleurs meubles et que, comme Angèle, elle soigne sa maison comme sa personne. Je dors dans la pièce principale, Ritou près de moi dans un hamac croché le soir. Pas un pouce de place perdu : armoires, buffet, commode se touchent. Rien que d'utile. Foin de bibelots et de littérature sur le cosy qui entoure mon divan, mais des bocaux alignés à la bande, qui célèbrent en couleurs gaies la gloire des pommes d'amour : entières, coulis, confitures vertes, confitures rouges. Nous sommes en mars 1944, la guerre finira bien un jour. Entre les sœurs et les enfants, trois garçons dont on ne sait plus qui est à qui tant on les mignote sans marquer de préférence, je mène une vie paisible et ouatée, qui n'est pas sans analogie avec ma jeunesse brestoise et demeurera un de mes meilleurs souvenirs d'amitié. Je suis captive dans une vaste prison que, sauf du côté chemin, je peux parcourir sans autre risque que la charge d'une bique follette échappée de l'enclos du père Toinou, cousin octogénaire de mes protectrices, chez qui je me réfugierais, au cas qu'il nous arrive, ce qu'à Dieu ne plaise, une citroënnée d'imperméables mastic. Le mas est tourné vers le Coudron, la plus orientale des montagnettes qui retiennent l'incomparable lumière et que, pour un temps limité, un emblème violent et incongru empanache. Manque la mer qui ne se laisse même pas apercevoir. L'air n'a pas les propriétés balsamiques de celui de L'Embossage et le craquètement des cigales est moins envahissant, mais l'orpheline, épouse qui ne l'est peut-être que pour l'état civil, se donne l'illusion d'une famille.

Alertes blanches ou bombardements, même terreur d'Angèle.

— Retiens-toi, que tu nous donnes le vire-vire ! proteste Louise. Ce n'est pas toi qu'ils visent.

Ses exclamations, roulements d'yeux, comiques sous le casque italien apporté par Claude, épouvantent les enfants plus que les sirènes, la D.C.A. et les bombes. Ritou verdit et serre les lèvres, riche d'une expérience indélébile, mais les petits Ravello, trois ans et quinze mois, hurlent de confiance. L'alerte passée, elle se répand en excuses, jure de se dominer la prochaine fois, puis elle va prendre le tram et rapporte une moisson de renseignements contrôlés de visu. Tel bloc d'immeubles détruit. La Préfecture maritime, les Dames de France... Mais, dans la basse ville très éprouvée, le logement de Louise préservé et non pillé, et au Mourillon, si labouré que les bombes ne font plus de trous neufs, L'Embossage — où sont restés ses pauvres biens rescapés, sans qu'il puisse être tenté de les en sortir — à peine plus meurtri, clos, en apparence inviolé.

Rien à lire que la demi-feuille d'informations orientées qu'est devenu *le Petit Var.* Je détricote et retricote les lainages feutrés des enfants, je pouponne, je débarrasse Black de ses tiques et les salades de leurs limaces. Sans les fréquentes émotions dues à l'ouïe sensible de notre gardien, ce serait le calme total. Au premier aboi, l'une des sœurs va inspecter le chemin et je guette derrière le rideau de perles. Renouer la ceinture du tablier signifierait danger. L'opération repli a été répétée et minutée. Ce qui trahirait mon identité, photos, papiers, est enterré dans une boîte de fer au milieu des plantations. Un drap claque au vent tout le jour entre la fenêtre à franchir et le fourré où ramper jusqu'au muret qui surplombe le domaine en pente rude du père Toinou. Rien de fâcheux ne se produit ; si je rends visite au vieux marin, en cueillant la farigoule ou le basilic de la soupe au pistou, c'est pour entendre des histoires de bateau ou lui ramener une de ses pensionnaires dévastatrices.

Les Alliés remontent lentement la botte italienne martyre. On se bat à Cassino.

— A ce train, les maris nous reverront avec les cheveux blancs ! déplore Angèle.

— A propos de cheveux, gronde Louise, qui avait encore oublié de se mettre le turban, ce matin ? Déjà que d'ensemble vous ne ressemblez guère à notre Juliette Rossi qui aurait plutôt la ligne citrouille, rappelez-vous que votre type ne fait pas méridional !

Car je suis Juliette Rossi. Claude est allé exposer ma situation à l'édile bien intentionné, qui lui a remis une carte d'alimentation à ce nom, ce qui a permis à Louise de m'inscrire chez ses fournisseurs. Les tickets sont renouvelés, pas l'argent. Les mandats administratifs qui ne m'atteignent plus me constituent un pécule. Que je ne me tracasse pas pour l'avance, me répète Louise, le peu qu'elle achète pour moi ne la fera pas riche le jour où je rembourserai. Pour le voisinage susceptible de m'apercevoir et les commerçants qui ne m'ont jamais vue, la cousine relève d'une maladie qui l'a laissée fatiguée de la tête ; la campagne est recommandée, les sorties encore déconseillées. Cette parenté de circonstance et mon prétendu comportement de fada nous amusent.

S'il me manque un air de famille, mes « cousines » sont calquées l'une sur l'autre. Même regard chaud, même teint d'abricot, même chevelure noire, brillante, épaisse et bouclée, même corsage agressif, même croupe marquée et un peu basse. Deux jolies filles du midi, qui flamboient dans un minimum de tissu au minimum de façon, lisses comme les pommes d'amour objets de leurs soins, le rire facile et la répartie mitraillante, qui stoppent d'une plaisanterie mes élans de gratitude, comme l'aurait fait Soizic Guegen qui me donna mon premier bain. Il existe tout de même de bonnes gens sur cette pute de Terre !

Le black-out levé sur les activités passées du *Diomède* et l'identité de son commandant, j'ai espéré un peu plus. Jour après jour, l'espoir s'est désagrégé.

Mais pourquoi, Georges ? Pourquoi ?

Pourquoi ? Se reforme en moi, sort de moi, rit de moi, la maîtresse telle que je l'ai créée, arrogante, sensuelle, victorieuse : « Vous n'étiez pas de force, Hélène de Bas Parage. Comprenez qu'à un homme comme Georges Landry, il faut un *post coïtum* intellectuel ! »

6 juin. Non ? Si !

Mais deux grands mois avant la percée d'Avranches...

Et en quatre jours, les libérateurs aux portes de Brest !

15 août. L'air vibre de la voix puissante des canons de marine.

Quatre ans que j'attends ce jour. Le moral bas, j'affectais de n'y plus croire. En période ascendante, je voyais la fin de l'attente comme on voit la fin de la vie : un aboutissement inéluctable dans un lointain nébuleux. Et, d'un coup, les événements se précipitent. Débarquement de Provence réussi, des noms de plus en plus proches : Le Trayas, Saint-Raphaël, Cavalaire, La Garde... Brunet, faubourg est de Toulon, sera délivré avant la ville. Je meurs d'envie de sortir, mes gardes du corps me retiennent. Entendre sans voir est frustrant.

Par deux fois, à vingt-quatre heures d'intervalle, la cavalerie du ciel vient vider ses fontes sur les positions allemandes, le cap Cépet particulièrement visé.

Point d'interrogation sur L'Embossage. Dès l'annonce du débarquement, Angèle n'a pas mis son nez plus loin que le chemin.

22 août. Plus de croix gammée sur le Coudon. A la boulangerie, Louise apprend que les libérateurs seraient à La Valette. Angèle en oublie de coiffer son casque.

— Nous sommes toutes trois bonnes pour le petiton au printemps prochain !

Elle réfléchit, s'assombrit :

— Si les autres veulent tenir Toulon, on se battra par ici !

— Ne commence pas, nous ne sommes pas sur la route.

— Les obus et les balles, c'est comme les bombes, ça arrive toujours à quelque part, pas forcément où il faudrait. Et si c'est faux que le fort d'Artigues est pris ?

— Oh ! Tu te tais, tu te prends la pelle et tu te creuses une tranchée, ma belle !

Angèle va répliquer, une fois de plus, qu'elle refuse de se mettre en terre d'avance, le bourdonnement qui s'amplifie lui noue la langue. Cépet, on le sait, ne connaît plus de répit. Quand cesse la canonnade des bateaux, les avions prennent la relève. Avant le sabordage, la redoutable batterie du cap Cépet interdisait quatre-vingts kilomètres de côtes. Il n'était pas dans les moyens allemands de la remettre en état, ils avaient pu, néanmoins, amener quelques pièces (récupérées sur un cuirassé, nous l'apprendrons plus tard) qu'il fallait faire taire, leur silence conditionnant l'entrée à Toulon par mer.

Nous suivons au son l'avance sur terre, ça tire dans tous les azimuts, mais ce sont les voix venues de la mer qui nous parlent le mieux. Profondes, à lentes expirations, cloches de Pâques, seuil de l'air promis, vraie *puerta del Sol* après la lourde ténèbre, elles brisent le chant des cigales. Un jour sans heures, dans une dissonance d'artillerie, d'armes automatiques, de passages de nuées de bombardiers, de fortes secousses.

Le lendemain, les armes terrestres s'emballent à l'ouest. Une voisine appelle :

— Mme Ravello ! Votre cousine est guérie. Des troupes françaises se sont infiltrées dans Toulon. Les forts se rendent les uns après les autres. On se bat pour « Sixe-Fourses » et Lamalgue.

Six-Fours d'un côté, Lamalgue de l'autre. La fin.

— Je me pense à L'Embossage, soupire Angèle entre deux rires nerveux.

Moi aussi. Qu'il demeure habitable, s'il vous plaît, mon Dieu...

— Hé, petitounes, nos gars passent sur la route ! annonce le père Toinou ingambe.

Tous les Français ont goûté ce miel. Dans un état de non pesanteur, j'ai pressé des mains, baisé des joues piquantes, crié merci...

A l'exception de la presqu'île de Saint-Mandrier, l'ex-camp retranché est nettoyé. La liberté, c'est merveilleux. Allégeant, enivrant, coruscant de marcher sur des trottoirs décrassés de peste verte, de revoir des magasins, même vides, de coudoyer ses semblables, de recevoir leur allégresse d'un sourire, d'une phrase. Après six mois de retraite, le bain de foule grise autant que la poudre et plus longtemps. Le matin du sabordage, les mêmes gens s'étreignaient en pleurant, qui s'entr'étouffent les yeux humides de joie. Au bout de la route grouillante de militaires motorisés et de civils à pied, quelqu'un me parlera de mon mari. Est-ce que je ne rêve pas ?

Nourrie de légumes dignes de ce nom, de lait de chèvre et de grand air, je resplendis. L'incertitude va prendre fin. L'ivresse de la libération a tué mes craintes. J'ai payé un lourd tribut à la guerre, il est équitable qu'elle ne me taxe pas davantage. Tout va s'expliquer. J'éprouve, au décuple, l'exaltation des retours d'escadre, quand je comptais moins une nuit, moins quatre heures et, sur le quai, moins quelques minutes. Je serai comblée si une voix compétente me dit qu'il est moins quelques jours, mais qu'on peut communiquer.

Toulon aurait déjà un Préfet maritime. Les bâtiments militaires détruits, les arrivants se répartissent au hasard de locaux réquisitionnés. De l'un à l'autre, je finis par être aiguillée sur celui qui, en principe, abrite ou abritera le Service des Renseignements aux Familles. Il y a bien un factionnaire, mais qui ne m'interpelle pas, trop occupé d'une jeune fille qui l'écoute, mains en prière et bouche entrouverte. Je n'ai pas la cruauté d'interrompre ce laisser-aller bonne franquette, tout nouveau. J'erre dans un couloir aux portes closes, encore sans indications. Je frappe sans résultat. Tout au fond, j'ai plus de chance. Un maître principal déballe des dossiers. Il a une bonne tête, ronde, tannée, éclairée de bleu tendre, couronnée de frisons gris.

— Je cherche le S.R.F. Est-ce la bonne adresse ?

— Oui, mais nous arrivons et...

— Connaissez-vous le commandant Landry ?

— Oui. Mais asseyez-vous, madame.

— Vous le connaissez... bien ? Je veux dire personnellement ?

— Pour ça oui, dam', et pas d'hier !

— Je suis Mme Landry.

Il se lève.

— Vous désirez sans doute voir un officier, madame. Je vais voir si...

Je lui fais signe de se rasseoir.

— Inutile, vous êtes celui qu'il me faut. Décrivez-moi votre Landry.

Il rit et s'exécute. Son accent me réjouit.

— Un grand maig', avec des dents qui...

— Merci. Laissez-moi vous embrasser... Et maintenant, parlez-moi de lui.

— Je l'ai connu midship. On s'est revus à Dunkerque en mai 1940. Il dirigeait une opération de sauvetage. C'est lui-même qui m'a sorti de la patouille à moitié groggy. On s'est retrouvés à Londres. Il venait du *Furieux*. Un sacré bateau !

— C'est donc bien lui qui commande le *Diomède...*

— Plus pour longtemps. Il lui revient de droit de rentrer son sous-marin à Toulon, mais il en débarquera aussitôt, pour aller sur le *Turenne.*

Le *Turenne* me surprend, au point que je pose une question idiote :

— Où est le *Diomède ?*

— Hé, madame, proteste mon souriant interlocuteur, si la ville est libérée, il reste beaucoup d'Allemands en face ! Enfin, mais entre nous, pas très loin.

— Peut-on faire savoir que je suis ici ?

On peut. Il attire un papier. J'hésite sur l'adresse à donner. Je suis venue au plus pressé, je n'ai pas vu L'Embossage. J'opte pour la campagne Ravello.

— J'ai attendu quatre ans, ce sera encore long ?

— Le commandant aura votre message aujourd'hui, je m'en occupe.

Je me retiens de lui sauter au cou une seconde fois. Il dit ce que je sais déjà :

— Pour l'embrasser, c'est autre chose. Personne ne va à terre et, avant que les bateaux n'approchent, il faudra draguer et dégager les passes encombrées d'épaves et de saloperies coulées par les Allemands. Et l'assainissement des abords ne commencera qu'après la reddition de Saint-Mandrier. C'est pas croyable qu'ils puissent encore tenir après tout ce qu'ils ont reçu et reçoivent ! Impossible de les prendre d'assaut tant que les pièces crachent, ce serait un massacre inutile. On les aura au pilonnage. Une question d'heures.

Je ne suis pas si gourmande de vouloir la présence immédiate, un simple message m'exorcisera. Il ne tardera pas, me promet-on. Le fil est renoué.

Deuxième temps, le gîte. Ce que je vois n'est guère rassurant. Le quai en ruines, les rues confondues, l'arsenal écrasé, énorme tas de ferrailles et de gravats, plus une grue verticale, le port de commerce saccagé. Abreuvée de mazout jusqu'à plus soif en 1942, la darse n'a pas encore digéré, l'exsudat continue. Malgré le charcutage italien et les destructions tant alliées qu'allemandes, des masses érugineuses, de guingois, fortement engagées ou semi-enfoncées, rappellent le drame. Mais aujourd'hui les morts doivent céder le pas aux vivants. George respire à quelques milles et le *Diomède* est un bateau actif que je vais apprendre. J'ai promis à Louise de passer voir ce qu'il est advenu de son logement. L'immeuble, comparé à ses voisins, n'a que des pichenettes. La poussière est entrée en force dans le petit appartement par les fenêtres sans vitres, pas les écumeurs. Je vais retrouver Angèle à L'Embossage, par la route du cap Brun, la seule praticable, m'a-t-on dit. L'artillerie tonne. Le duel Cépet-bateaux se poursuit.

Mais que m'arrive-t-il ? Je viens de croiser une commerçante du Mourillon et j'ai tourné la tête au lieu de m'informer. Le temps de me reprendre, cette personne est loin. Tout à l'heure, la joie me portait, j'avance maintenant en traînant les pieds, une boule dans la gorge, la peau du crâne trop courte, les parois abdominales de bois. La transe, comme le jour de l'invitation à la Coquette, à la différence près que, ce fameux jour, j'aurais couru le cinq mille mètres à un train de championne. Cela m'apprendra à me livrer à des jeux stupides du genre pile ou face : si le trentième passant qui me frôle en sens inverse est un homme, L'Embossage est habitable, si c'est une femme... ça a été la fruitière mourillonnaise ! Si L'Embossage est habitable, Georges sera comme avant, si... Un long convoi débouche comme j'atteins la route. Je réponds d'une main molle aux appels et sifflets des libérateurs.

Plus j'avance, plus mon malaise augmente. Je n'accélère pas en me retenant de respirer l'odeur mégissière des abattoirs, comme j'ai accoutumé de le faire quand j'emprunte à pied cet itinéraire. Je ne prends pas la voie habituelle, mais la suivante, une côte caillouteuse. Tant que je n'ai pas vu, je peux me payer d'illusion. Par la première, dès le tournant de la Solitude, j'avais une vue d'ensemble ; par celle-ci, je découvrirai les villas en commençant par les toits. Que j'aperçoive du rose à travers les feuillages, mes jambes se réveilleront. Je monte sans lever le nez. A droite et à gauche, des décombres, des jardins bouleversés, des maisons intactes. Ici une villa à peine égratignée, à côté était une charmante demeure safranée qui retenait les promeneurs dominicaux. Tout est hasard, un peu de courage ! Je lève la tête : le ciel achève la côte d'un trait net. Je pressentais du vilain, j'étais loin de compte.

Des années plus tard, je verrai Brest reconstruit, avec des orientations et des grandeurs si différentes, là où j'ai vécu, que je devrai renoncer à situer avec exactitude l'emplacement de notre maison. Je chercherai un repère, une hauteur boisée lointaine piquée d'un point clair, je la découvrirai plus proche et sans lever les yeux. Sur le très beau pont de L'Harteloire, innovation responsable de la révolution du paysage, j'aurai l'impression de m'être égarée dans une autre dimension. Devant la perspective faussée, je détesterai qu'on m'ait volé jusqu'aux traces de mes jeunes années.

Ici, les repères que sont le fort, la mer, l'hôtel, ne trompent pas. Je suis tout de même en plein cauchemar : la vue est dégagée jusqu'à Lamalgue. Rasés les arbres et les villas ! Un large quadrilatère a été incendié, épilé et nivelé, en prévision d'une attaque du fort par l'arrière. Dans ce quadrilatère gisent ma lune de miel passée et l'espoir de lendemains qui lui auraient ressemblé. Le retour du guerrier, après quatre années qui ont compté double, l'ai-je jamais imaginé ailleurs que dans l'éclat d'éden devenu quadrilatère de néant aux bornes vivantes ? Assise au bord du fossé roussi de la pinède morte, Angèle pleure. Je me laisse tomber près d'elle, découragée. Qu'avais-je donc à payer ? Cinq vies, la maison de Brest dont on n'a pas sauvé un souvenir et maintenant celle des Bourloy effacée... Georges est parti avec une valise, Angèle n'a pu prendre que du linge et des couvertures, moi quelques vêtements, une photo de l'absent et une collection d'insignes de bateaux, morts pour la plupart.

— Tout bien pensé, dit Angèle en s'essuyant les yeux, une maison ce n'est qu'un peu d'air entouré de murs et des meubles rien que du bois mort, tandis qu'un mari bien vivant...

C'est la sagesse même. Arrière, sottises et superstitions ! Pourquoi Georges aurait-il cessé de m'aimer ? Le mal m'a saisie après l'absorption de bacilles d'origine suspecte. Rien de solide n'a étayé mes doutes, avéré l'existence d'une maîtresse omnipotente. Le caractère des missions confiées au *Diomède* est l'unique raison du silence. Que celui-ci ait persisté après la levée du voile s'expliquera. Ton message est parti, peut-être déjà parvenu, Hélène, laisse agir tes anticorps.

Nous partons sans nous retourner. Angèle montre le poing au ciel.

— C'est quelque chose ! Mon petit réchappe du bombardement, mon logement est démoli ! On va nous rendre nos hommes, on nous prend jusqu'au bois de lit !

Un deux, trois, quatre, cinq jours... et recevoir le sixième : « Santé bonne. Vous verrai bientôt. Pensées affectueuses. » Mes compagnes décachètent des lettres. Quel effort pour dissimuler mon désenchantement ! Ecrire par Poste navale ne m'est pas interdit, mais comment s'exprimer envers un mari, quitté amant, qui après quatre ans d'absence vous adresse des pensées affectueuses ? Le parfum de la libération s'est vite éventé. L'impatience des autres exalte ma misère, le passage du facteur est un calvaire. Je reprends le message. Aurai-je assez décortiqué sa désespérante banalité ? Pourquoi, au lieu d'un « A bientôt », ce « Vous verrai bientôt » équivoque et distant ? Nous sommes loin du temps où le voussoiement entre époux, assez pratiqué autour de nous, agaçait mon mari. Son emploi pourrait être une erreur de transcription, mais les pensées affectueuses ?

Quitte la maison de tes père et mère et va dans celle de ton époux. Me reprocherait-il encore d'avoir, en 1940, fait passer le devoir filial avant mes obligations d'épouse ? Etre restée, faute impardonnable aux yeux d'un mari intelligent et juste ? Allons, sors ta tête de sous ton bras et n'essaie pas de te leurrer plus longtemps, pauvre fille ! Ne cherche pas de ton côté une raison qui est ailleurs. Tout ce à quoi tu as assisté t'a pourtant épousseté le cerveau et excité les circonvolutions ! Que te faut-il de plus, pour admettre que tu as aussi PERDU TON MARI, que le temps écoulé avant de condescendre à t'adresser un message et le libellé de ce message ? Il faut que le demi-dieu qui m'a révélé toutes les joies terrestres me dise qu'il ne m'aime plus. En face et non par la tangente.

Depuis la capitulation de Saint-Mandrier, le 28 août, on prépare la rentrée de la Flotte. La location d'un appartement est un impératif, je dois évacuer le lit des Ravello. J'ai tardé, le cœur n'y était pas, et les familles n'ont cessé d'arriver. Après l'Embossage, rien ne me plaît. A me montrer difficile, je me fais souffler ce dont je pourrais m'accommoder. Les offres se raréfiant, je prendrais n'importe quoi, mais j'arrive toujours trop tard. Me voilà dans de beaux draps ! Façon de parler, car de draps point ne possède !

Quelqu'un me signale un appartement meublé dans le quartier de la gare (j'aime moins, mais tant pis !), le prix est élevé (je suis à l'aise, j'ai touché un rappel basé non sur une solde de lieutenant de vaisseau, mais de capitaine de frégate), on ne veut louer qu'à un ménage d'officier supérieur (les habitudes se reprennent). La dame qui me reçoit ne déborde pas d'amabilité. Elle traite au nom de son frère, lequel est en Indochine et y restera tant que les Japonais n'en auront pas été délogés, la durée de jouissance est donc fonction de ce facteur (c'est l'immédiat qui m'importe !). Mais suis-je femme d'O.S. ? s'informe-t-on d'un ton citronné (je parais bien jeune). Le grade me permet de poser ma candidature. Ma candidature seulement, car un officier m'a précédée (patatras !) qui donnera sa réponse dans la journée. J'écris mes nom et adresse pour le cas, peu probable, car l'appartement est magnifique, me dit la dame, où le premier arrivé ne donnerait pas suite. Elle lit, s'exclame. Serais-je la femme du commandant du *Diomède ?* Que ne l'avais-je dit plus tôt ! On n'attendrait pas une problématique acceptation, alors qu'on pouvait obliger Landry. Si les conditions m'agréent, descendons un étage et visitons. Bel appartement conventionnel. Grandes pièces de réception, meublées d'Ancien lourd et doré et de chinois sombre et inquiétant, chambres quelconques, salle de bains ancienne aussi, cuisine pour petite bonne sans exigence : hotte de cheminée énorme et fuligineuse, cuisinière et réchaud noirs, murs couverts d'ustensiles démodés. Premier étage plein nord. (C'est un avantage, me dit-on. Je ne trouve pas, mais bah !)

— Vous pouvez emménager aujourd'hui même.

— Emménager, c'est beaucoup dire, je n'apporterai qu'une valise.

La glace rompue entre nous, je dis les raisons de ma légèreté de biens.

— Vous n'avez plus de linge de maison, pauvre madame ?

— J'ai des Bons de Sinistré, mais quand seront-ils honorés ?

— Vous me permettrez de mettre, personnellement, un trousseau d'attente à votre disposition. Ne me remerciez pas. Il est normal d'obliger un couple de résistants.

Je proteste. Seul, mon mari a droit à ce titre.

— Vous avez failli tomber aux mains de l'ennemi qui ne vous eût pas ménagée. Et je suis certaine que vous n'avez jamais été pétainiste, dit-elle avec un sourire crispé.

J'ouvre la bouche pour la détromper et la referme. J'ai cru, jusqu'en novembre 1942, à une connivence des cœurs haut placés. C'est infamant, rompons les chiens.

13 septembre. Une escadre française salue Toulon au canon. L'apothéose après le martyre. Je l'ai souvent rêvé ce jour qui devait effacer tant de malheur. Je le voyais ruisselant de soleil, il pleut. Et j'en attendais infiniment plus que je ne reçois. Un moment inoubliable gâché, sa perception faussée par mon tourment. Des vivants au cimetière un jour de Toussaint, des vivants glorieux, endimanchés du pavois de fête, leur flamme de guerre — un mètre par mois d'absence — traînant sur l'eau. Des bien portants auxquels les morts sans suaire refusent l'entrée : très peu ont pénétré en rade abri, les autres sont mouillés devant le Mourillon où la foule s'est massée. Que la France, après les ponctions de Dunkerque, Mers el-Kébir, le débarquement d'Afrique du Nord et surtout Toulon, puisse donner l'illusion d'une flotte endort mon mal. Toulon vit un jour unique. Tous ceux qui

ne pleurent pas des morts récents sont venus s'emplir les yeux. Je suis là, en retrait de rangées d'épouses en effervescence, sûres de Lui après une séparation qui rappelle le temps de la marine à voile. Elles ne se retournent pas, ce qui m'épargne des effusions suivies de questions embarrassantes. En meilleure condition, je rirais bien de certains trembleurs et attentistes devenus boutefeux, de rodomonts sortis d'une clandestinité si bien déguisée que les limiers de la Sicherchose n'ont jamais eu vent de leurs actions d'éclat, d'un olibrius, ex-porteur de francisque, qui qualifiait ma présence au Ravitaillement de « prime à la trahison », et pourfend, aujourd'hui, d'une langue en colichemarde, les collaborateurs, ou présumés tels, locaux ; ou j'irais saluer une amazone qui clame sa foi jamais entamée, alors qu'elle accabla publiquement la « femme du déserteur » de sa vertueuse indignation : « Il est vrai qu'Albion paye bien ses serviteurs : promotion immédiate et caisse de whisky ! »

Retour en ville, à pied comme je suis venue, aucun transport, les voies sont obstruées. Par des trous dans l'arsenal du Mourillon, j'aperçois des restes de suicidés, démembrés, livrés au ver rouge des tôles. Par un itinéraire allongé, car les signalisations d'engins non éclatés obligent à autant de détours, je reviens devant le pan de mur qui fut la porte Castigneau. Je sais que le *Diomède* est de ceux qui sont entrés.

Beaucoup de monde ici aussi. C'est trop peu de dire débile mon espérance, pourtant je reste. En dépit d'une nuit blanche, je ne suis pas mal dans ma petite robe à carreaux noirs et blancs qui, artistement reprisée et bien repassée, ne fait, pour la journée, pas son âge. Jamais ma peau n'a été plus dorée, mes cheveux mieux coiffés, ma taille plus fine... Mais à quoi sert d'être encore jolie si l'on n'est plus aimée ?

J'assiste aux premières étreintes... J'entends le bonheur des autres... Pourquoi être venue me faire mal ? Je n'ai pas écrit, j'ai seulement donné ma nouvelle adresse en demandant qu'elle soit communiquée à mon mari. Celui-ci n'a pas accusé réception. « Vous verrai bientôt » ne signifie pas dès l'arrivée. C'est sans doute une faute que d'être là, il ne m'a pas souhaitée. Je recule. Par paquets arrivent des visages connus. Les larmes, contenues par souci de dignité et crainte puérile de m'enlaidir, coulent de mes joues et ramollissent mon col de piqué. A travers leur buée, je ne vois que bouches qui se happent et bras qui se referment. Non, je n'ai rien à faire ici. J'ai tant reculé que je trébuche sur des gravats. Personne ne me prête attention, je suis aussi isolée que dans un désert. Les familles reformées s'éloignent, les curieux se dispersent.

Je suis lasse, lasse... J'ai vu trop de couples s'embrasser, d'enfants s'élancer. Mais je n'ai pas envie de rentrer. Je vais sur le quai, pauvre quai Cronstadt méconnaissable, et m'assieds sur un morceau de façade, recrue, courbatue, désespérée, écœurée...

Je lance à la darse qui brasille sous le soleil qui perce :

— Plus de famille, plus de mari, rien...

La perspective de la soirée dans l'appartement trop doré sur la tranche d'apparat m'accable, celle d'avoir à mentir, car Mme X... s'étonnera de n'y point voir venir mon mari, me révolte. Mais qui, ou quoi, m'oblige à y retourner ? Abandonnée, par là même libérée de devoirs et de contraintes, je n'ai pas à attendre qu'on me signifie mon congé « bientôt ». Il suffit. La porte de l'oubli est devant moi, sous cette eau dont les éclats m'ont aveuglée. C'est la rémission après le choix, presque le bien-être. Quand il fera nuit, je choisirai un coin de quai, je crèverai la chapelure de surface, glisserai dans l'eau spumeuse et irai mourir contre la quille d'un de ces êtres de fer que j'ai aimés. Une épave de plus, qu'on ne découvrira peut-être pas avant le curetage général... Personne ne saura ce que je suis devenue... Ah, non ! Je veux qu'il sache. J'abandonnerai mes papiers avant de plonger, en les protégeant du vent. Laisserai-je un mot ? Oui, en travers de ma carte d'identité : « Adieu, Georges. Sois heureux. » Ou plutôt : « J'en ai assez de souffrir. » Ou « Au-revoir et merci ! » Ou...

Alors que je n'ai décelé aucune approche, deux mains se glissent sous mes bras, me redressent, me soulèvent... Et moi aussi, je suis pressée sur une poitrine d'homme, si fort qu'une pointe métallique perce le haut de ma robe. L'odeur m'envahit et une voix, la seule qui vaille d'être entendue à cette heure, se brise sur ma joue humide :

— Pauvre petit... Tu es venue quand même et tu pleures...

La tête me tourne, je pantelle, je m'accroche.

— C'est toi ?... C'est bien toi ?... Oh, Georges, et moi qui voulais mourir !

— Calme-toi et partons d'ici.

Il veut m'entraîner, mes jambes se dérobent. S'il ne me soutenait, je retomberais sur mon siège plâtreux. Je frotte mes yeux pour chasser les taches qui m'empêchent de le bien voir. Sous sa casquette à cinq galons panachés ternis par la mer, il m'observe avec un demi-sourire malheureux. Ah, Georges... Je m'agrippe à ses épaules, je joins mes doigts sur sa nuque et me hausse pour atteindre sa bouche qui se dérobe, puis cède, mais dure et fermée. Parce qu'on peut nous voir ? Un jour pareil ! J'appuie, je force ces lèvres qui résistent et, brusquement, se rendent. Un baiser d'amants, vorace, passionné, long... Ascenseur direct pour l'empyrée.

Il se dégage avec douceur, prend mon bras pour m'aider à enjamber des ruines. Dès qu'ils retrouvent un sol égal, nos pas s'accordent comme avant.

— Je ne t'ai pas vu arriver...

— Moi, je t'avais vue devant la porte Castigneau... Je t'ai suivie de loin... Tu es plus belle que jamais.

— On dirait que tu le regrettes ?... Pourtant, les pleurs n'embellissent pas.

— Quelquefois, si.

Il lâche mon bras pour répondre à un salut et ne le reprend pas, même quand je me frotte à lui. J'interroge son profil maigre, ses traits plus accusés, sa bouche qui n'a pas encore ri. Le long corps un peu voûté. Le vainqueur est imprégné de tristesse.

— Comment vas-tu, mon chéri ?

— Bien.

— Tu ne t'es plus ressenti de ce gros accès de fièvre ?

— Non.

— Tu... tu as mené une vie exaltante, n'est-ce pas ?

— Parfois, oui. Le plus souvent, devrais-je dire.

Jamais il ne s'est montré aussi avare de mots. Ne sent-il pas, à l'absence de reproche, que, s'il y a à pardonner, j'ai pardonné ? Il reprend mon bras, se penche :

— Et toi, Hélène, comment te portes-tu ?

— Admirablement, depuis quelques minutes.

Il fait « Hon, hon », sans ouvrir la bouche, sa main presse mon avant-bras.

— C'est drôle, Georges chéri, il y a eu ce grand trou de quatre ans et tu ne sais pas mieux que moi commencer à le combler. Essaie...

Il se raidit, me jette un coup d'œil anxieux, s'arrête pour allumer une cigarette, reprend mon bras et encore le presse. Que comprendre de ce morse ?

— Attends un peu, je te dirai tout. J'espère que tu...

— De moi n'espères-tu pas tout ? Est-il même nécessaire de parler ?

— Plus que nécessaire, indispensable. Après ce que je viens de faire, tout atermoiement ajouterait à ma culpabilité.

Il me reste de conjecturer : mon mari est si scrupuleux qu'il ne veut pas de mes élans avant de s'être confessé ? C'est lui qui rompt un silence devenu gênant :

— A qui appartient l'appartement que tu as loué ?

Je donne deux noms, celui du propriétaire, celui de la sœur. Au second, il tique :

— Le mari vient du Helder [1], un embarquement au choix qui pourrait bien lui rapporter autre chose que les étoiles !

— Je le connais peu. Sa femme ne sait comment m'être agréable.

— On pense que je serai un agent de dédouanement ? Je n'ai pas ce pouvoir, l'aurais-je que je n'en userais pas. Que ceux qui n'ont pas eu d'oreilles n'essaient pas de diapasonner, c'est trop tard. Je n'aurai de relations avec aucun.

— Je comprends que tu sois sévère...

— Seulement à l'échelon de quelques grands chefs et des dignitaires de chapelle.

— Je ne me suis pas souciée des antécédents politiques de ceux qui proposaient un appartement, l'essentiel étant de nous loger, ce qui n'est pas facile. Pour ma part, j'aurais préféré revenir à l'Embossage.

— J'ai vu Bourloy tout à l'heure. La villa est détruite, m'a-t-il dit.

Je dis comment. Il hoche la tête. Je dirais pourquoi j'en suis partie, mais nous arrivons. Ce sera pour plus tard. Toute la vie devant nous pour nous raconter. Je le précède. Vingt-cinq marches, la porte et je me jetterai sur lui. Il parlera après. J'ai pré-

1. Grand hôtel vichyssois, Amirauté pendant l'occupation.

paré les clés. Nous entrons. Après un rapide examen, il constate :

— Cette dame t'a fait autrement confiance que la belle-mère de Falch ! Comment s'appelait la tire-sous ? J'y suis : Kegeliou. Ici, c'est meublé, quoique...

— Pas comme nous aimons, je suis de ton avis. Je t'avoue même que j'aspire à ne plus vivre dans le mobilier des autres. Ce salon est imposant, mais déjà ta présence le désolennise. Je finirai par m'y habituer. Et m'y plaire, qui sait ?

Assez parler pour ne rien dire. J'ai envie de sa bouche et de ses mains sur moi. Il fuit mon invite, se débarrasse de sa casquette et va s'asseoir à l'autre bout de la pièce. Je le suis, il m'arrête d'une main écartée :

— Reste où tu es, Hélène. Je dois te parler.

— Cela peut attendre. Avant, embrasse-moi, je t'en prie...

— Reste où tu es ! répète-t-il, d'un ton si rude que je m'assieds à mi-parcours.

Son regard m'effraie. Soit, qu'il se libère. Quoi qu'il avoue, je l'absoudrai. Même une liaison vieille de plusieurs années ? Même cela, oui. Je suis forte. Je l'aime. Ne le voit-il pas ? Il voit, secoue la tête, fait claquer ses doigts.

— Ce baiser, tout à l'heure, je n'avais pas le droit de le prendre.

— Mais si, même si tu as gravement péché contre notre amour.

— J'ajoute que je n'en avais pas l'intention. Je me suis laissé surprendre.

— Pas l'intention d'embrasser ta femme ? Oh, Georges, ce n'est pas possible...

— Reste assise et faisons un pacte, sinon nous n'en sortirons pas. Engage-toi à m'écouter jusqu'au bout sans m'interrompre, après tu m'accableras, je ne t'interromprai pas non plus. Veux-tu ?

— Oui. (Pourrais-je dire non ?)

Pendant quelques mortelles secondes, il me regarde comme s'il voulait m'hypnotiser.

— Mieux vaut porter le scalpel sans préliminaire. Cramponne-toi, Hélène, tu vas souffrir. Moi aussi, d'ailleurs ! A peine nous retrouvons-nous qu'il faut nous séparer. Ne t'égare pas, il ne s'agit pas d'une nouvelle absence. Quand je dis nous séparer, cela signifie... divorcer.

Je retiens un hurlement de mes deux mains plaquées sur ma bouche. Je sens mes yeux s'exorbiter. Sans un geste vers moi, il mesure ma capacité d'endurance. Je ne m'évanouis pas, je ne m'affaisse pas, il ne me vient même pas une larme : je suis pétrifiée. Il laisse fluer un peu de temps et m'interroge du regard. J'abaisse mes paupières. Après le coup qu'il vient de m'asséner, la suite sera plutôt moins douloureuse. Je suis assommée, qu'il en profite !

— Ce sera un simple rapport, dépouillé de vaine littérature. Ma vie de marin et le reste, car tout se tient. En 1940, je n'ai pas accepté le honteux armistice. Le *Furieux* avait donné pas mal de fil à retordre à l'ennemi et pouvait continuer. Comment, malgré la déculottée terrestre, se serait-il senti vaincu ? On lui infligea le crève-cœur de l'abandon de Brest, sans combat ! La chance d'une bataille sur la route du repli lui fut refusée. Mais une voix avait lancé sur les ondes l'expression même de ma pensée. La personne du maréchal Pétain m'inspirait du respect, mais tempéré de méfiance. Que restait-il du bouillant général de Verdun chez l'octogénaire aux vues prudentes et pessimistes ? Le patriarche avait le pouvoir de rassembler et rassurer la tribu en débandade, mais son bras n'aurait plus la force de relever l'épée. Ma décision de répondre à l'appel d'un général presque inconnu fut immédiate. Si je ne partis pas dès l'arrivée à Casablanca, c'est que j'avais également décidé que tu partagerais mon sort. Je te demandai de gagner Toulon au plus vite et d'y attendre mes directives, c'est-à-dire les moyens et le mode de transport pour me rejoindre au Maroc, qu'il était alors relativement facile de quitter pour le Portugal ou une possession britannique.

Il parle lentement, sans élever la voix. J'écoute, raide.

— La fatalité s'en est mêlée. Tu es innocente et un peu responsable, tu ne l'ignores pas. La place de France casablancaise était devenue notre rue de Siam. On y rencontrait toujours un camarade avec qui passer la soirée ailleurs que sur un bateau. Je buvais un demi à une terrasse, quand je vis venir à moi un civil connu à Dunkerque sous l'uniforme de capitaine d'aviation. Un charmant type, très ouvert, officier de la Légion d'honneur et croix de guerre à rallonge. Il s'assit et nous devisâmes mélancoliquement. En fin de campagne, contraint de sauter en parachute de son zinc désemparé, il s'était fait cueillir par les Allemands, mais leur faussait compagnie peu après. Passé en zone non occupée et démobilisé, il venait d'arriver à Casa où l'attendaient sa femme et sa situation. Il me proposa de dîner chez lui. Ne sachant quoi faire de moi, j'acceptai. Je ne tardai pas à me découvrir en parfaite communauté de sentiment avec mes hôtes : notre gouvernement n'était pas à Vichy, mais à Londres. M... je l'appellerai Morel, ce n'est pas son nom, mais cela facilitera mon exposé. Morel, donc, me dit sa résolution de ne pas s'en tenir à la passivité. Son poste, dans une entreprise de frets, le mettait en rapport avec des capitaines marchands. La première occasion sérieuse serait la bonne, désirais-je en profiter ? Je répondis par l'affirmative, mais que l'arrivée de ma femme conditionnait la date de mon départ. A quelques jours de là, Morel me dit qu'il avait pris langue avec un dynamique commandant de cargo, entré la veille sur trois pattes avec un chargement destiné à Dakar. Une avarie assez ennuyeuse l'avait obligé à se dérouter. Ses réparations effectuées, il appareillerait, officiellement pour la destination prévue. En réalité, il négligerait Dakar et continuerait jusqu'à Freetown. Il acceptait de nous embarquer avec nos épouses. Prévision de l'indisponibilité, au moins deux semaines. Une marge qui te permettrait d'obtenir un passeport et une place d'avion, grâce à une recommandation qui m'était d'ores et déjà acquise. Cette nuit-là, je dormis. Mais le lendemain, Mers el-Kébir ! Erreur psychologique autant que crime sans excuse, qui provoqua chez les marins un radical revirement d'opinion. Tel qui allait partir resta, tel qui se tâtait n'hésita plus. Quand la liste des victimes nous fut communiquée, chacun y trouva de quoi se dévorer les poings. Le nom de ton frère me tira des larmes de rage. Et cela fait mal, crois-moi, les larmes d'homme ! Et cela ne soulage pas, au contraire ! Je passai par une terrible crise de conscience. Depuis le maudit armistice, ma santé s'altérait. Un matin, j'eus un malaise en service. Prolier m'examina, ne put diagnostiquer. Comme la fièvre montait, il me fit hospitaliser. Les hommes de l'Art pistèrent sans succès microbes et virus, aucune hypothèse ne se confirma. J'étais très inquiet à ton sujet, ce qui n'améliorait pas mon état. Les occupants avaient suspendu le courrier, mais des familles continuaient de sortir de la zone muette et donnaient aussitôt de leurs nouvelles. La mort de Guillaume n'expliquait pas, à elle seule, la prolongation de ton séjour à Brest. Au demeurant, si tu avais répondu aussitôt à mon appel, tu aurais dû te trouver de l'autre côté avant le 3 juillet. Je ne comprenais pas. Je recevais des visites amicales, mes camarades du bord, le petit Coatmeur, les Morel. Quand la carcasse reprit le dessus, ces derniers m'offrirent l'hospitalité pour la durée de ma convalescence. Nous n'avions pas reparlé de notre projet. Peu avant mon retour à bord, Morel le relança. Comme d'habitude, les réparations du cargo avaient débordé l'estimation, mais elles s'achevaient. Que décidais-je ? Morel me dit qu'il comprenait parfaitement que je fusse dans l'incapacité de vaincre mon ressentiment envers une nation qui venait d'assassiner tant de mes camarades. En fait, je l'étais. « Et vous, Morel ? » Sa réponse : « Quand on est en péril de mort, qu'importe le goût du spécifique ! » Le couple me fit ses adieux le surlendemain. « Vous nous rejoindrez plus tard », me dit le mari. « Bientôt », rectifia sa femme. Je précise qu'il n'y avait rien de trouble entre cette personne et moi.

Il lit le doute derrière ma fixité.

— De bons camarades, je le sais, n'ont pas manqué de tirer des conclusions hâtives de mon séjour chez les Morel. Il est dans la norme d'affubler l'exemple qu'on ne suivra pas d'un mobile rabaissant, et mon anti-jésuitisme m'avait constitué un bon stock d'ennemis. Je repris mon service. Le *Furieux* conservait son aspect de ruche et sa cohésion. Jusqu'au jour où on le décapita. Vichy se préoccupait bien tôt de reprendre les promotions ! Kerhae tomba des nues, comme nous tous. L'imminence de son débarquement atteignit le moral du bord. La transmission des pouvoirs se ferait à Toulon. Le *Furieux* appareilla avec un convoi. Attaqué au canon dans le détroit de Gibraltar, il riposta. Echange sans dommages, mais quelle nausée ! A l'aube du lendemain, un destroyer anglais nous demanda notre identité et se fit connaître : il avait fait équipe avec nous en mer du Nord ! Message de l'Anglais : « Nous sommes toujours frères. Venez avec nous. » Qu'allait répondre Kerhae ? « Un mot qu'ils ont déjà entendu quelque part. Et en clair ! » Après cela, allions-nous nous canarder ? Non, chacun s'empressa de changer de cap. A Toulon, nous touchons notre nouveau commandant et l'ancien débarque. L'adieu à un bâtiment est toujours un moment émouvant, celui-là fut poignant. Le successeur, un homme intelligent, ne se formalisa pas de l'immense regret lu sur les faces alignées. Prendre la suite d'un chef qui a mené son bateau au combat, l'a ramené sauf et le tient par autant de liens affectifs qu'il porte d'âmes, est un passage ingrat. Il ne suffit pas d'être intronisé, il faut se faire accepter. Il s'y employa avec tact et souplesse. Pour ma part, je lui donnai très vite mon entière estime et aucun officier ne me parut en arrière de la main à mon égard. Mais un souffle nouveau, à une telle époque, même s'il se voulait léger, allait immanquablement perturber l'ensemble. Au carré, la diplomatie bien connue de notre président pouvait peu contre la nervosité latente, les brutales et compendieuses professions de foi ou les interminables pétitions de principe autour de la pierre angulaire. Autrement dit, il n'était plus de repas sans empoignade verbale et j'en étais souvent le responsable. L'argument de Morel me poursuivait : s'élever au-dessus de la rancœur, ne voir que le but. C'était difficile, mais ce que je constatai en France précipita mon option. L'installation dans un simili-temps de paix, les mascarades panachardes, les fêtes de patronage pour adultes, non merci ! Tu vivais : on me retenait une délégation, mais tu préférais rester à Brest. Pour la seconde fois, je décidai de partir. De France, l'évasion présentait plus de difficultés, peut-être moins pour moi que pour un autre. Je me souvenais de jeux de vacances, dans le village pyrénéen berceau de la famille de ma mère, qui amenaient à fouler sans autorisation les roches espagnoles. Je tentai une banale demande de nouvelles auprès du maire de la localité et j'entrai aussitôt en contact avec un parent de mon âge, qui ne se méprit pas sur la nature du soudain intérêt que je me découvrais pour une famille perdue de vue depuis longtemps. Il m'invita à passer ma prochaine permission chez lui et joignit à sa lettre un certificat d'hébergement propre à me garder des soupçons de la police d'Etat, particulièrement fureteuse sur ce point du territoire. Mes dispositions financières prises — tu as compris, je pense, qu'il me fallait de l'argent ? —, je demandai au commandant de me recevoir et lui dis la vérité. Pour son arrivée sur le *Furieux,* je lui mettais une sale histoire sur les bras, je voulus qu'il l'apprît de ma bouche. Si ma décision ne le surprit pas, ma franchise le frappa, surtout que, vu l'état d'esprit général, je lui fisse confiance au point de mettre ma liberté à sa merci. Il essaya, sans trop insister, de me faire changer d'avis, puis m'envoya dans ma chambre prendre des arrêts sans rigueur. Je procédais à mes préparatifs, certain qu'aucune consigne pour m'empêcher d'aller à terre ne serait donnée, quand un gendarme vint m'avertir que ma femme m'attendait à la porte de l'arsenal !

Il a le même rire amer que ce soir vieux de quatre ans : « Une coquetterie du sort ! »

— Je devais prendre le train de nuit qui limitait l'attente à Marseille, mais je ne partis pas le soir même, comme il était sage après mon entrevue avec le commandant. J'étais trop secoué. Je quittai le bord vingt-quatre heures plus tard, par une embarcation de l'équipage, sans avoir été convoqué par le pacha et environ trente minutes avant l'heure de mon train, car je me défiais de l'attraction que tu exercerais sur moi sitôt à terre. Je gagnai la gare au pas de chasseur. Au lieu de m'y engouffrer, je sautai dans le tram du Mourillon qui démarrait ! Et j'arrivai à l'Embossage, furieux de ta surrection in extremis, et plus encore contre moi qui succombais à un sentiment personnel à une heure grave. Tu connais la suite. Au matin, je me suis enfui. Je ne pouvais pas retarder, même de quelques heures, sans risquer l'arrestation. Même si, et de ceci je ne doutais pas, le pacha ne faisait pas de zèle, il devrait bien rendre compte ! Et folie que songer à t'embarquer dans une équipée hérissée de dangers et des plus incertaines. Tout débattu, et pas de gaieté de cœur, je te prie de me croire, j'ai choisi de me taire. Après ce qui serait taxé de désertion, ne rien savoir du tout te vaudrait mieux. Il va sans dire que tes raisons m'avaient convaincu. Cependant, il y avait eu une coupure en toi avant celle imposée par l'ennemi. C'est le seul reproche que j'aie à t'adresser, il est infime au regard de ceux que je mérite. J'arrivai chez mon cousin après un voyage assez compliqué, mais sans anicroche, et lui confirmai ce qu'il avait pressenti. « Je t'accompagne », me dit-il. « Jusqu'en Espagne ? » — « Jusqu'au bout ! » Je n'aurais pu me souhaiter meilleur guide et meilleur compagnon. Le lendemain, nous étions à Burgos, chez sa sœur, épouse d'une notabilité espagnole. La patrie du Cid Campeador nous fut propice. Devenus citoyens helvétiques, nous passâmes la frontière portugaise et gagnâmes le sol anglais, plus heureux que tant d'autres évadés qui tâtèrent de longs mois durant du confort des prisons franquistes. Nous arrivions en pleine bataille d'Angleterre. Il y avait là quelques marins d'active et de réserve, bretons pour la plupart. Parmi eux, un inscrit maritime, Joseph Le Bris, qui me parla de toi, de tes parents et de Soizic Gueguen qui, de juin à septembre, lui avait adressé de la clientèle délicate qui ne supportait les sardines qu'en boîte et tournait de l'œil en montant à bord. Un brave, ton cousin, qui porte le badge à croix de Lorraine du bataillon F.M. Commando. Je revis les Morel. Lui, pour rentrer tout de suite dans le bain, avait sollicité son admission dans la R.A.F. Sa femme dirigeait une équipe féminine de volontaires pour tous services et missions. Londres ne connaissait plus de répit, mais comme l'on y respirait ! Et quel courage dans l'adversité chez ce vieux peuple qui refusait de courber la tête !

Il s'interrompt, met ses coudes sur ses genoux, son menton sur ses mains jointes. Le sang ne circule plus dans mes doigts crispés. Je suis loin des souffrances du peuple anglais !

— On m'employa d'abord à rassembler des équipages. Je partageais mes soirées entre des amis français et anglais. Je rencontrais Morel de temps en temps, plus souvent sa femme, dont j'appréciais l'intelligence, la culture, le cran et la foi dans le destin de notre pays. J'appréciais aussi le petit coin de France qu'elle s'était aménagé, tout émigré aime à se retremper dans ses habitudes. C'était une amie précieuse, rien de plus. Physiquement, elle ne m'attirait pas, j'aurais à peine su dire la couleur de ses yeux. D'ailleurs, et surtout, elle était l'épouse d'un homme que j'estimais et qui m'avais ouvert son foyer, ce qui excluait toute idée de flirt. Un jour, je fus convoqué au siège des F.N.F.L. Ce n'était pas encore pour l'embarquement espéré, mais pour répondre à une question surprenante : « Voulez-vous devenir sous-marinier ? » Comme je restais coi, on m'éclaira : « Nous manquons d'officiers spécialisés pour réarmer les sous-marins français que les Anglais remettent à notre disposition. Si la proposition vous agrée, nous vous envoyons à H.M.S. Vernon en formation accélérée. En sortant, vous embarquerez comme second ; ensuite, vous aurez un commandement. Voulez-vous y réfléchir ? » J'étais venu pour servir, va pour sous-marinier, bien que cette spécialité ne m'ait jamais attirée, et retournons à l'école ! Départ pour Portland, Ecole de Navigation sous-marine, stage de trois mois, au cours duquel j'eus une courte permission dont je vins jouir à Londres. J'allai voir Mme Morel à son service, avec l'intention de l'inviter à dîner ainsi que son mari, si ma bonne fortune voulait qu'il se trouvât dans la capitale. Il n'y était pas. Elle me parut moins maîtresse de ses nerfs, me dit qu'elle n'avait pas envie de sortir et me proposa de venir prendre un verre chez elle.

Pourquoi s'arrête-t-il encore ? Même un esprit lent galope. Hé quoi ? Il a couché avec la femme de l'ami et celui-ci les a surpris ? D'où séparation du couple et, aujourd'hui, mise en demeure de la dame : réparer.

— Nous commençâmes à boire du whisky en faisant le tour des nouvelles. Nous continuâmes en parlant des derniers arrivés, de nos métiers respectifs... Elle buvait plus qu'à son habitude, beaucoup plus. A l'étonnement un peu inquiet que je permis d'exprimer, elle répondit que c'était pour se donner du courage. De courage, cette femme d'une trempe peu commune ne manquait pas, je le dis sur le ton de la taquinerie. Elle hésita. Ne voulais-je pas essayer de comprendre ? Qu'y avait-il à comprendre ? Que les sévères pertes de la R.A.F. lui étaient une bonne raison de s'angoisser ? Elle secoua la tête. Etais-je aveugle ou feignais-je de l'être ? Cette fois, je n'osais comprendre. Alors, elle se versa une double dose, l'avala d'un trait et m'avoua qu'elle éprouvait pour moi plus que de l'amitié, depuis Casa. Je crus à un badinage consécutif à l'abus de scotch, elle affirma n'avoir jamais été moins encline à plaisanter. Je lui rappelai l'existence de son mari, ce qui provoqua un rire amer. Et comme les sirènes hurlaient, que la D.C.A. aboyait de toutes ses gueules, que les bombes nous cernaient et que des lueurs d'incendie déformaient le décor, elle me cria que ne pas la repousser n'engageait pas l'avenir et que les individus décidés à ne pas se montrer chiches de leur peau pour sortir la France de l'ornière avaient bien le droit d'en tirer un peu de bonheur avant de la perdre. Quel homme reste insensible quand une femme lui dit qu'elle l'aime et qu'elle a envie de lui ? Subitement, je la vis avec d'autres yeux. Elle avait du charme, beaucoup de charme, un corps désirable... et le mien se taisait depuis trois mois. Après... je me méprisai et le dis. Je dis aussi que je n'oserais plus serrer la main de Morel et mon ferme propos de ne pas nous enfoncer plus avant dans la trahison. Je rentrai à Portland persuadé d'avoir été l'instrument opportun d'un talion motivé par la découverte d'une des aventures de Morel, et que, déjà et autant que moi, ma partenaire attendait de l'éloignement l'effacement d'une heure de folie, indigne de nous. Mais ce qu'elle m'écrivit dégageait un tel parfum de sincérité que je dus me rendre à l'évidence : le sentiment que, sans le vouloir, j'avais inspiré, était élevé et vierge de calcul. Ces lettres me découvraient une solitude totale, auprès d'un mari amoureux de l'action, rien que de l'action, qui voyait en sa femme un copain, sans doute le meilleur, lui décrivait, avec autant de simplicité que d'entrain, ses chasses en plein ciel et ses prouesses sexuelles d'entre deux vols, sans plus s'aviser que, sous l'uniforme presque masculin de sa compagne, souffrait une sensibilité que n'apaisaient pas les claques dans le dos et poignées de mains viriles, seules manifestations d'une affection conjugale réelle. Alors qu'elle donnait tout d'elle, sans solliciter, en échange, plus qu'une tendre communication, allais-je la traiter comme une fille avec qui l'on s'est diverti un moment ? *Quick, quick, thank you, good bye !* Tu n'es pas obligée de me croire, je ne t'avais jamais trompée. Il est plus fréquent qu'on ne le pense communément qu'un marin s'accommode d'un long temps de chasteté. Je n'avais pas à juguler des désirs qui ne m'obsédaient pas, ton image leur promettait une réalisation à nulle autre comparable. Mais j'étais très seul, moi aussi. Je n'aurais pas cédé à une nouvelle invite sensuelle, je ne suis pas resté sourd à un appel de détresse. Une correspondance régulière, où chacun trouvait un plaisir cérébral, s'établit. Puis, un jour, quelques lignes me prévinrent de son interruption pendant une durée impossible à déterminer, mais qui, même très prolongée, ne devrait pas s'interpréter dans le sens d'une modification sentimentale. Je compris que cette femme avait brigué un périlleux honneur, et devinai que c'était, en partie et peut-être inconsciemment, pour s'élever à nos propres yeux. Mon stage achevé, j'embarquai sur le *Diomède,* un submersible de quinze cents tonnes, qui se révéla trop encombrant et pas assez manœuvrant pour l'attaque de la navigation ennemie, et qu'on décida, pour ces raisons, d'affecter à des missions spéciales : renseignements, sabotages, débarquements et rembarquements d'agents, transports d'armes et de matériel et, sa taille permettant d'y caser pas mal de monde, ce qu'on appela raids de commando. Equipé en conséquence, il entama une carrière en tout point passionnante, car efficace au maximum. J'avais volontairement perdu le contact avec Morel.

« Je revis sa femme à Noël 1941. Elle rentrait de France

occupée, après une mission d'homme menée à bien. Morel, lui, venait d'être porté disparu au retour d'un raid sur l'Allemagne. Les camarades de son groupe se montraient affirmatifs, l'avion n'avait pas explosé ni brûlé en l'air. Partant, il existait de bonnes chances que le pilote s'en fût tiré. Mais prisonnier, dans son cas ? S'il portait l'uniforme anglais, il parlait la langue avec un terrible accent qui faisait la joie de l'escadrille. C'est dire que le premier interrogatoire aurait décelé sa véritable nationalité. Avec ou sans uniforme, proclamait l'ennemi, tout Français pris portant les armes contre l'Allemagne serait traité en franc-tireur et non en combattant protégé par la Convention de Genève. J'étais de plus en plus gêné par ce qui me liait à la femme de mon malheureux ami. Je voulus m'écarter. »

Amer, c'est pour Morel qu'il voulait s'écarter, pas pour moi !

— Elle plaida. Pourquoi aujourd'hui plus qu'hier ? Pour une libération immédiate, strictement personnelle, allais-je détruire la force vitale du petit rouage qu'elle représentait dans la machine à gagner la guerre ? Notre pays disposait-il d'un tel nombre de bonnes volontés sur le sol ami, qu'on pût s'autoriser à lui en abattre une seule ? L'amour pour un autre n'avait pas tué l'affection profonde qui l'unissait au compagnon de dix-sept ans de vie, dont elle ne saurait rien avant longtemps. Refusais-je mon soutien ?

De mieux en mieux, pour la France, au lit ! Le beau chantage, en vérité !

— Ce soutien, répétait-elle, cesserait dès que nous remettrions le pied sur notre sol libéré. Sans nous revoir jamais, chacun poursuivrait sa route, nous gardant mutuellement le souvenir d'une chaleur humaine. Je m'étais, je l'avoue, attaché à cette amie intellectuelle, compagnon d'armes...

Et maîtresse ! Moi aussi, j'ai eu besoin du soutien d'un ami, en ai-je fait mon amant ? Et Goulven, qui y eût eu quelque excuse, tenta-t-il de profiter des ragots ?

— Je n'ai pas eu le courage de rompre. Mon métier espaçant nos rencontres, nos rapports étaient surtout épistolaires. De Morel, rien. La Croix-Rouge enquêtait. Au début du printemps, mon pacha fut tué à terre au cours d'un bombardement. J'assurai l'intérim, puis fus nommé commandant du *Diomède,* un bâtiment qui se comportait bien, toujours disponible quand s'offrait un joli coup. Tant dans l'équipage que chez nos passagers occasionnels, le moral était au plus haut et l'enthousiasme extraordinaire. De ce côté, le principal, j'avais d'énormes satisfactions. Oui, d'énormes satisfactions...

Qu'on me pardonne, malgré une dilection innée pour les bateaux, en ces abominables minutes où le bonheur, un moment ressuscité, agonise, JE ME FOUS DU DIOMÈDE ET DES ÉNORMES SATISFACTIONS DU GUERRIER QUI L'A MONTÉ ! Je dénonce unilatéralement le pacte :

— Enfin, oui ou non, aimes-tu cette femme ?

Il abandonne son *Diomède,* expire son exaltation comme un soufflet son air :

— D'une certaine façon, oui.

— Ainsi, tu me sacrifies à un semblant d'amour !

— Non, Hélène...

— Alors à qui ? Ou à quoi ? A des scrupules envers un mort ou présumé tel ?

Comparé à ce que je vais entendre, le reste était peu !

— A un enfant...

— Un enfant ?

Il suit le cheminement du mal. Quand je me suis bien imprégnée du tragique de la situation — j'imaginais tous les chantages, pas celui-là ! — mes idées se rassemblent en vue d'une défense désespérée. Et ma première question fuse, logique, à peine sarcastique :

— Ta responsabilité est-elle établie sans erreur possible ?

— L'enfant est né treize mois après la disparition de Morel.

A l'instant où je vais commettre l'imprudence de demander si la vertu de la dame est insoupçonnable en dehors d'un seul amant, un bœuf se dépose sur ma langue.

— Et de ce... Morel (même le sachant d'emprunt, le nom sort mal), que sait-on ?

— Rien encore. Vu l'allure des événements, sa femme sera bientôt fixée.

— Je désire éclaircir un point. Tu prétends n'avoir succombé au charme de cette dame que plusieurs mois après ton arrivée en Angleterre, pourquoi ne m'avoir pas donné le moindre signe de vie avant ?

— Le bon sens m'a retenu de t'écrire avant de passer en

Espagne. Je me proposais d'utiliser un canal moins dangereux pour toi que les P.T.T. En novembre, un officier qui allait être déposé en France se chargea de te faire savoir l'essentiel, par l'intermédiaire de Mme Gueguen qui était une filière. J'ignore s'il avait contacté notre amie quand il fut arrêté.

— Soizic n'a vu personne. Et par la suite, la radio ?

— J'obéissais à un ordre. Entre nous, rien n'était changé.

— Sauf que tu me trompais.

Il se durcit soudain :

— Je te trompais, c'est vrai. Et j'avais honte de ma conduite, bien que les longues séparations minimisent ces égarements. Malgré la honte, je récidivais, je m'habituais, je repoussais dans l'après libération la rupture d'un lien que le temps renforçait.

— Après l'émission d'Alger, tu n'étais plus astreint au silence ?

— Non, mais l'irrémédiable était intervenu. Mon amie était enceinte.

— Et tu as espéré que la persistance du silence me préparerait ?

Que je me domine le surprend et, dirait-on, ne cadre pas avec ce qu'il attendait. Non, Georges, je ne t'accablerai pas, t'injurier faciliterait la mise à mort, je ne t'aiderai pas. S'il existe un sixième sens, c'est lui qui me donne ce ton neutre qui te déconcerte. Après hésitation, il répond d'une voix sèche :

— Que tu te détacherais de moi, comme je m'étais peu à peu détaché de toi.

Pour la première fois depuis que je le connais, je ne le sens pas sincère. Faut-il qu'il soit peu sûr de lui, qu'il juge nécessaire d'appuyer :

— Il me fallait bien te le dire, n'est-ce pas ?

Si j'ai supporté sans cris et sans crise l'aveu d'une dégradation de surface, la révélation d'une attaque en profondeur devrait provoquer une réaction violente. C'est ce qui se produirait si je tenais pour vraies ses dernières déclarations. Comme il le souhaitait, j'étais préparée au choc, mais, comme je l'attendais, je l'ai reçu les sens en éveil. D'avoir su depuis le début, à des détails près, m'a préparée à la défense. C'est pourquoi j'ai pu me contenir, dissimuler ma pensée qui est toute indignation et refus. Apprenant les faits aujourd'hui, après le baiser, du coupable lui-même, qu'aurais-je fait ? Je me le demande encore. Passé le moment de panique qui a suivi l'intrusion de l'enfant, je n'ai plus été qu'attention aiguë derrière une glace sans tain. Sa bouche ment qui parle de détachement, son regard dit la vérité : il m'aime comme aux meilleurs jours. J'en ai eu la preuve sur le quai, il ne me résiste pas longtemps.

— Pourquoi es-tu venu me prendre dans tes bras ? Je ne t'avais pas vu, je n'espérais plus, ton unique message empestait la disgrâce, le mal était en moi, comme tu le voulais. Et tu l'en as chassé pour le ramener ensuite. Pourquoi ce supplément de cruauté ?

— Ah, pourquoi ?... soupire-t-il. Quand je t'ai découverte, si frêle et touchante, avec tes pauvres yeux qui interrogeaient l'eau... Puis quand tu t'es mise à sangloter comme un enfant perdu, je... Non ! N'avance pas !

Je m'immobilise, mais debout.

— Je me croyais plus fort...

Il regarde le vide, se mord les lèvres, s'affûte les ongles des pouces l'un sur l'autre. Mon pied droit glisse imperceptiblement, je ramène le gauche. Je gagne ainsi un pas, deux... Il n'a rien vu. C'est l'instant décisif. Défends-toi, Hélène, tu en as le droit. Force-le, comme tu l'as forcé il y a moins d'une heure. Mieux, comme il y a quatre ans ! Le moyen empirique. Cet instant passé, il se ressaisira. Arrange-toi pour que vos corps se touchent, puisque c'est ce qu'il redoute, et joue ton va-tout, mais vite !

Je dis à mi-voix, comme à l'église :

— C'est tout de même moins sinistre si tu m'aimes encore. Dis-le, Georges...

Va-t-il avouer ? Sans hésiter :

— Mais oui, je t'aime, hélas ! me jette-t-il comme un reproche.

Fâché de m'aimer ! Evidemment, c'est inconfortable de continuer d'aimer la femme dont la maîtresse veut vous faire divorcer. Mon cœur cogne comme celui de l'élève parachutiste à son premier saut. Attention... go !

— Non, Hélène, ne recommençons pas... Ce serait tellement plus affreux après !

Pardieu, je l'espère bien ! J'ai atterri à ses pieds.

— Georges chéri, tu me tortures, mais tu m'aimes... C'était

cela le plus dur, que tu ne m'aimes plus, que tu n'aies eu, tout à l'heure, qu'un geste de pitié...

Je baise ses mains, ses genoux... Je glisse, je baise ses chaussures. Il relève doucement mon visage vers le sien. Ah, comme il est malheureux ! Merci, mon Dieu, qu'il souffre si fort ! Je parle, je parle... Je ne me souviendrai pas de ce que je dis, seulement que les phrases me sont venues aisément, aussi aisément, sans doute, qu'à l'intellectuelle en péril de perdre amant.

— Laisse-moi, je suis un misérable...

— Tu es un héros qui a eu une faiblesse. Héros vingt-quatre heures sur vingt-quatre et pendant quatre ans, cela n'existe pas, cela ne serait pas humain... Tu l'as dit, moi aussi je suis responsable... Je pardonne. Entends-tu ? Je pardonne.

— Mais, ma pauvre chérie, ton pardon ne peut rien changer à ce qui doit être. J'ai donné la vie. Ce n'est pas la mère qui exige, mais l'enfant qui n'a pas de nom.

Il était pourtant simple de lui donner celui du mari ! Délicatesse calculée.

— Donne-lui le tien.

— Impossible tant que je serai uni à toi.

— Même si je consens ? Et je consens, Georges, tu as ma parole. Agis.

Si je suis incapable du total oubli de soi, caractéristique des grandes âmes, je suis de bonne foi quand j'affirme consentir à la reconnaissance paternelle.

— La loi est formelle. Elle me permettra de reconnaître l'enfant adultérin, bien que conçu alors que je n'étais pas libre, mais seulement le jour où je convolerai avec la mère. Et parce que je n'ai pas de descendance légitime.

Pourquoi n'ai-je pas eu d'enfant ?... Je suis perdue. Georges n'est pas un amant du type courant : il est honnête, il assume, pleinement. N'assume-t-il pas trop en prétendant m'obliger à assumer aussi ? En se faisant faire un enfant — à son âge ? un accident ? —, la dame a assumé un risque, mon opposition. Cette maternité est une manœuvre, mais s'il est une opinion à taire, c'est bien celle-ci ! Je sais lutter contre la femme, mais contre cet enfant ? Dieu ou Diable, saints ou démons, à moi ! Inspirez-moi, par pitié. Si ma cause n'est pas juste selon l'esprit cornélien, que je sois damnée, mais que je garde mon mari ! Serrant à pleins bras les jambes de Georges, je paganise : l'inspiration d'où qu'elle vienne, mais vite, le temps se meurt pour moi. S.O.S. Appel entendu. Génération spontanée d'un plan. Rien de génial, le génie n'est pas mon fait. Un plan vieux comme le monde des premières filles d'Eve (qui, elle, n'a pas connu ce problème !), qui ne demande que ce que je sais faire et un délai. A l'instar de ma rivale, il me faut obtenir ce délai de la faiblesse de Georges.

— Tu donnes la vie à un être et tu me l'ôtes...

— Tais-toi. Tu es jeune et belle, tu reconstruiras.

— Si l'on m'avait dit qu'un jour tu me conseillerais de me donner à un autre !

Il écarte la vision d'un geste irrité. Touché !

— C'est une décision que tu prendras toi-même, plus tard. Pour le présent...

Il soupire, mais ne retire pas sa main que j'ai prise et posée sur ma nuque.

— Rien ne se déroule jamais comme on se le figurait. Je te croyais en Bretagne.

Point n'est besoin de me forcer pour m'écrier :

— Que ne suis-je avec mes parents, cela vaudrait mieux pour tout le monde !

— Mais leur tendresse t'aidera... Où sont-ils ? Dans les environs de Brest ?

Il ne sait pas !... Mais comment aurait-il su ? Je lève les yeux pour voir l'effet de ma réponse et dis non de la tête. Il marque de l'étonnement. Brest est assiégé. On est en train de détruire la vieille cité rue par rue, maison par maison, pour réduire les dernières forces du général Ramcke. De Brest, il ne restera rien.

— Ils sont encore à L'Harteloire ?... Non ?... Mais alors, où sont-ils ? Réponds, Hélène, réponds ! Où sont-ils ?

— A Kerfautras.

Sa main pèse sur mon cou.

— Tous les deux ?

— Oui. Et aussi mémé Cosquer qui espérait bien dormir près de son mari, au cimetière de Recouvrance, mais on n'a pu détailler. Et encore Soizic Gueguen.

— Tu n'as plus personne ?... murmure-t-il horrifié.

— Je n'ai plus que toi et tu m'abandonnes.

— Relève-toi.

Comme sur le quai, il me prend aux aisselles. Je résiste. Après ce qu'il vient d'apprendre, comment me repousser ? Ses mains consentent. L'aide m'est venue des morts !

— Mon pauvre petit... Comment est-ce arrivé ? Quand ?

— En novembre de l'année dernière, une bombe parmi tant qui ont raté l'arsenal.

Pressée de questions, je résume en quelques phrases quatre longues années. Que j'aie dû travailler l'émeut, que l'ennemi ait voulu se payer sur moi le secoue. Mes petits ennuis ne peuvent concurrencer les hauts faits de Mme Morel, pourtant j'éclipse l'héroïne. Parce que je suis Hélène, la faible, celle qui baise les pieds de son bourreau au lieu d'invectiver contre les complices, qui répète, forte de son impuissance :

— Que vais-je devenir ?... Que vais-je devenir ?

Celle qui se pelotonne et gémit, puis crie, avec des accents pathétiques et en laissant crouler sa chevelure, dans un style pompier, mais non sans portée :

— Non, Georges, non... Je ne peux renoncer à toi... Mais je peux tout accepter. Tout. Tu comprends ? Tout.

— Que veux-tu dire ?

— Que je t'aime assez pour accepter l'ombre après le grand jour, pour céder ma place à cette femme si ta conscience t'oblige à l'épouser. Au nom de quoi refuserais-tu de me garder comme maîtresse ? Tu épouses par devoir. Pourquoi devrais-tu une fidélité que tu ne m'as pas gardée, à moi que tu aimes et que tu as eue vierge ?

Satan doit se claquer les flancs : balancez vos dames, changez de cavalière ! Ne suis-je pas allée trop loin ? Va-t-il reparler de mélo ? Non. Son émoi, l'orgueil dans ses yeux : je gagne des points. Pas de colère ni de blâme, pas même de refus de divorcer, mais de l'amour, encore plus d'amour. Ne pas devenir la sale bête qui justifierait son écrasement en se défendant des griffes et de la langue, mais demeurer agneau quoi qu'il dise et que j'en pense.

— Tu déraisonnes...

Il est vrai que je ne suis pas dans mon état normal, le traumatisme a déréglé mon cœur et précipité mon sang, mais mes idées sont claires et ma volonté tendue. Je souffrais tant que je voulais en finir, c'est alors qu'il m'a retenue. Eh bien, comme souvent pour les désespérés sauvés, je n'ai plus envie de mourir. J'éprouve même une farouche envie de vivre depuis le baiser. J'use de ce qui est à ma portée, ce n'est pas moi qui ai inventé la restriction mentale. A ma décharge, s'il ne me restait que l'alternative partage ou rien, j'accepterais sans barguigner ce que je fais semblant d'offrir. Aucune considération de morale, de dignité, de qu'en dira-t-on, de pudeur, d'orgueil, ne tiendrait devant : « Je le garde ou je le perds. » Je l'aime.

— Ce que tu proposes est insensé, reprends-toi.

C'est lui qui se reprend, pendant qu'en moi accusation et défense rompent des lances !

— Au moins, accorde-moi un sursis ?... Jusqu'à... la fin de la guerre, c'est trop ? Jusqu'au prochain appareillage ? Encore trop ? Jusqu'à demain ? Je t'en supplie.

Il plonge ses doigts dans ma chevelure, presse mon crâne, le triture. Va-t-il, d'une poussée, m'expédier dans le cul-de-basse-fosse que serait la vie sans lui ? Nos regards s'envahissent. Le mien n'est que ferveur, le sien se trouble. Je raccourcis la distance.

— Non, Hélène, n...non.

Exactement mon non de Sainte-Anne-du-Portzic ! Voici venue la reddition du guerrier.

J'ai un peu somnolé dans la béatitude qui suit le plaisir. Mon corps est engourdi, ma tête vide, mais l'instinct veille : un bruit dans l'antichambre me jette à bas du lit. Georges a déjà ouvert la porte.

— Tu pars ?

L'effroi me coupe les jambes et le souffle. Avec le sourire qui découvre toutes ses dents, il referme la porte et vient me prendre dans ses bras.

— Je vais récupérer la valise qui a été déposée dans la chambre que j'avais retenue.

Quelle suée ! Il constate, s'émeut, sourit encore.

— Je rends mon commandement demain matin, ne sera-t-il pas séant de me présenter rasé et dans la tenue ad hoc ?

Je n'ai pas confiance. S'il allait se raviser en route ? Il voit mon doute.

— Si tu n'es pas trop lasse, accompagne-moi.

Je ne fais pas répéter. Je me vêts en hâte, n'importe comment.

— Prends ton temps, je ne vais pas me sauver !

Tu t'es sauvé une fois, mon amour. Je préfère ne pas te perdre de vue. Nous sortons. Après le sauna, je frissonne dans la fraîcheur nocturne. Il m'enveloppe de son bras et les deux morceaux de temps se recollent. C'est le Georges des entractes du *Furieux* qui marche près de moi, qui m'évoque son bateau, tandis que son corps continue de me parler d'amour.

— On est beaucoup plus proches sur un sous-marin que sur un bateau de surface et mon vieux *Diomède* m'est cher... me confie sa bouche en même temps que sa main me pétrit. Ce sera passablement dur demain.

Il est tard, les rues sont désertes, il m'embrasse, sans raison, comme avant... Et revient aussitôt à son métier, comme avant :

— A propos, je remets mon sac sur une vieille connaissance. Devine.

Je devine que cela l'amuse de m'annoncer qu'il revient sur le *Turenne.* Je m'exclame. Il n'est pas exceptionnel qu'un officier embarque deux fois sur la même unité ; dans ce cas, une importante tranche de carrière sépare les désignations. Signes des temps : il nous reste peu de bateaux et l'avancement de mon mari a été rapide. Devant l'hôtel, il lâche mon épaule et prend mon coude pour me diriger sur la réception, où il demande qu'on descende sa valise.

— La chambre était retenue pour plusieurs jours, pouvons-nous en disposer, commandant ?

Condamnée, tu vas savoir si ton sursis va au-delà du lever du jour.

— Disposez et donnez-moi ma note.

De nouveau l'obscurité et la fraîcheur de la rue. Faut-il remercier ou se tenir au-dessus des nuées ? Je choisis de ne pas reconcrétiser. Comme il me rend sa tiédeur, je demande, curieuse et naturelle :

— Quelles seront tes fonctions sur le *Turenne ?* Commandant en second ?

— Je n'embarque pas comme officier du bord. Le *Turenne* porte la marque d'un amiral qui m'a fait l'honneur de m'appeler à son état-major, en qualité d'adjoint chargé de l'Arme sous-marine. Tu vois, je suis devenu expert. La guerre se poursuit. Après l'Allemagne, nous nous occuperons du Japon.

— Quand embarques-tu ?

— Dans quatre jours.

Je retiens que mon sursis pourrait être de quatre jours. Petit conseil de guerre interne. Ecouter plutôt que questionner. Eviter tout ce qui rappellerait ce qu'il m'a appris. Me comporter comme si rien ne s'était passé.

Chez nous. Il est plus de minuit. En pyjama, Georges va fureter dans la cuisine.

— Tu n'aurais pas quelque chose à fristiquer, chérie ? J'ai comme un creux.

Mon potentiel de souffrance est épuisé, pour la journée. Je suis comme après une rage de dent, quand la douleur vient enfin de céder au calmant, délivrée au point de plaisanter :

— Si tu te sens en goût d'anthropophagie, je peux te servir une tranche de garçon de ferme. Et même l'arroser d'un mélange indéfinissable baptisé Vin de la Libération.

Je sors une boîte de conserve de viande, tenue de la munificence américaine envers la population toulonnaise, un peu réduite par les soins du grand pays ami, mais toujours aussi affamée.

— Voici. C'est rose et un peu sucré. Cela surprend, mais se mange. Vois : *Farmer boy*. J'ai traduit.

Il veut bien s'égayer de mon enfantillage. Sommes-nous dupes ? Nous jouons le jeu.

Sept heures du matin. Petit déjeuner d'amants. Attentions mutuelles. Caresses.

— Grée-moi vite une chemise, chérie. Tu viens de me mettre bougrement en retard !

Mes doigts n'ont pas perdu l'habitude. Comme il ne peut voir ma peur, j'ose :

— Quand reviendras-tu ?

Silence. Et qui se prolonge... et m'affole... et me décompose.

— ... sais pas.

Je lisse machinalement un poignet de la chemise, sans voix, atterrée. Il paraît sur le seuil en essuyant sa brosse à dents. Mon cœur fait boum-boum, boum-boum... Il va l'entendre. Je n'ai pas eu le temps de maquiller mon angoisse. Il me sourit, gentil.

— Mon linge a bien besoin d'être vérifié, puis-je te le faire apporter ?

Plus d'angoisse, je baigne dans un émollient. Demande-t-on à celle qu'on abandonnera tout à l'heure ou dans quatre jours de repriser ses chaussettes ?

— Je ne te fixe pas d'heure de rentrée. Dès que j'en aurai terminé avec mes visites de débarquement. Même tard, nous déjeunerons ensemble.

Je suis tapissée de velours.

Pendant les trois jours qui suivent, nous ne nous quittons pas. Il ne souffle mot de ce à quoi je ne cesse de penser. En dehors des heures de frénésie, nous vivons en convalescents, attentifs à nous ménager. Il ne s'est jamais montré aussi tendre. L'avenir ne s'évoque que par le *Turenne*. Les croiseurs sont basés à Toulon ; le pilonnage des côtes italiennes tenues par les Allemands leur incombe. Si le *Turenne* ne sort pas, c'est que son artillerie, qui a forcé sa voix durant les dernières opérations, est à bout de souffle. On procède au remplacement d'un certain nombre de tubes. La langue me démange : est-ce long de remplacer des tubes ? Il me devine :

— Nous ne prendrons pas la mer avant une bonne semaine.

Sept jours de mieux ! Dans son esprit, mon sursis expire-t-il le jour de l'appareillage ? Bien que, en principe, promise à la hache, la branche sur laquelle je me maintiens semble solide. A voir mon mari amoureux dans le moindre geste, à entendre la tendre musique mise dans la moindre phrase, comment concevoir qu'il ait arrêté la date fatale ? Et parmi les camarades que nous rencontrons, en est-il un qui prendrait au sérieux le renseigné qui lui annoncerait qu'il y a du divorce dans l'air chez les Landry ? Est-ce façon de se préparer à se désunir, que se chercher sans cesse des mains et des yeux ? Que répondre à Bourloy qui nous invite à dîner : « Pas ce soir, nous nous sommes promis la soirée l'un à l'autre ? » Ou prier avec une moue tendre : « Je dois passer à la P.M., accompagne-moi, tu m'attendras dans le hall », alors que le Grand Hôtel, promu Préfecture maritime à titre temporaire, est à moins de cent mètres de notre domicile ? Que penser ? A ce moment précis, que c'est gagné, bien sûr !

Comme j'attends Georges, non dans le hall, mais sur la diagonale de la place de la Liberté, je vois sortir de la P.M. Chaperon, l'ancien pacha de Goulven. Ce dernier ne m'a pas encore donné de ses nouvelles. Je ne l'oublie pas, mais, alternativement tourmentée et confortée, ce qui ne concerne pas mon ménage reste à l'arrière-plan. Chaperon félicite la femme du commandant du *Diomède*. J'appréhende ces rejaillissements de gloire qui, je ne saurais dire pourquoi, adultèrent mon climat fragile. Je coupe court :

— Votre femme est dans nos murs ?

— Je ne juge pas utile de la faire venir pour le moment. Vous devinez pourquoi ?

— Vous attendez de connaître votre nouvelle affectation ?

Avec un clin d'œil au bâtiment militarisé par le pavillon et la garde, il répond sans fard à ce que j'ai enveloppé :

— On nous tient à bout de gaffe. Pas de bateaux, pas de postes, au coin et faites-vous oublier. La quarantaine. Peut-être à perpète ? Charmante perspective !

L'opinion de Georges sur la tragédie de novembre 1942 ne s'est pas exprimée. Sujet tabou, un de plus : « Surtout, ne parlons pas du sabordage. Tu ne peux pas comprendre ! » Oh, si, j'ai compris ! Et avec tous mes sens. Je n'ai pas osé demander pourquoi m'est dénié le droit de donner mon sentiment sur ce que j'ai vu et souffert d'avoir vu.

— Sans la vacherie de Mers el-Kébir, le *CH. 30* serait resté en Afrique du Nord. Et aujourd'hui, votre serviteur serait parmi les élus. Excusez-moi, je sortais de là, il fallait que je me défoule... Et vous, je sais que vous me comprenez.

Tiens, celui-ci me concède un peu de jugeote ? S'il savait comme ce m'est agréable !

— Avez-vous vu notre ami Coatmeur ?

— Non. J'en suis étonnée.

— Lui s'inquiète. Dès son arrivée, il est allé au Mourillon. Plat comme la main, votre coin, m'a-t-il dit. Il a essayé de voir votre mari sur le *Diomède* : Landry venait de débarquer et personne n'a pu lui dire si vous étiez ou non à Toulon.

— D'où venait-il ?

— D'un maquis O.R.A. qui a fait de l'excellent travail.

Georges, que nous n'avons pas vu arriver, lui frappe sur l'épaule :

— Comment va, frère Chaperon ?

Chaperon, des Anciens de mon mari a toujours trois galons, son fistot en porte cinq. Il sourit, mais je le sens sur la défensive.

— Mes respects, commandant. Et mes très sincères félicitations, vieux.

J'observe Georges. Une attitude réticente me peinerait. La poignée de main est chaleureuse, l'expression amicale.

— Que deviens-tu ?

— En chômage. Avec un peu de chance, on me dégotera un tabouret dans l'annexe d'une annexe.

— Où as-tu puisé ce futur encourageant ? rit Georges.

— Là, dit Chaperon en s'accompagnant du pouce. J'arrive du désert en criant : « Thalassa ! Thalassa ! », on m'exauce en partie : une douche ! A noter que les quarts de sourire censoriaux accordés à la rablure viennent plutôt des ralliés par la force des choses, que des porteurs de perchoir ! pouffe-t-il, l'index sur la croix de Lorraine de Georges.

— Bah ! Ne te monte pas le bourrichon, ça se tassera. Systématiser serait trop moche. Qui était dans un maquis de l'Armée ?

— Mon second du *CH. 30,* l'enseigne Coatmeur.

— Un gars tout ce qu'il y a de bien, n'est-ce pas ?

— C'est mon avis.

— Il préfère continuer la guerre sur terre ?

— Il a préféré découdre le troisième galon gagné aux F.F.I. et revenir dans la Marine, afin de la terminer selon ses goûts. On l'a envoyé shiper au dépôt. Poste d'action : encadrement des démobilisables !

Georges fronce les sourcils, secoue la tête et tend la main :

— Je te ferai signe bientôt. Pour déjeuner sur le *Turenne,* ça te va ?

L'offre détend complètement Chaperon qui rit large :

— D'accord. Tu peux me joindre à l'Amirauté. L'hôtel de ce nom, bien entendu !

Nous faisons quelques pas. Georges est songeur. Puis il constate :

— Il nous pleut des petits Fouché et des Fouquier-Tinville grandeur nature !

Comme je sais que sa sévérité se limite à quelques grosses têtes, je me permets :

— Pas de discrimination entre responsables et victimes, lamentable !

— Garde-toi de généraliser. Tu as entendu Chaperon : attitudes personnelles.

— Le piquet, même pour Goulven Coatmeur qui était au maquis ! Je trouve que...

— Moi aussi. Mais dommage que des jeunes de cette valeur ne soient pas venus avec nous en 1940 ! Tu le connais bien, que pensait-il ?

Pour Georges, Goulven a été un familier des Cosquer au double titre de petits-fils du commandant de l'*Evangéline* et d'ami de mon frère. Mon serment de ne jamais révéler le nom du fiancé évincé n'est pas caduc. Une dissimulation qui me gêne toujours.

— J'ai abordé le sujet après ton départ. Il m'a répondu : « Je ne sais pas désobéir. »

— Il lui a manqué qu'un aîné en qui il avait confiance prît la peine de lui expliquer comment lui-même sortait du dilemme. J'ai souvent regretté de n'avoir pas profité de notre rencontre, à Toulon, au moment où, précisément, je prenais ma décision.

Nouveau sujet de cogitation : s'il avait emmené Goulven en 1940 ?

— Ne m'attends pas ce soir.

Je me transforme en bâton de craie. Pourvoi rejeté ? Saut de Leucade ?

— Cela signifie ?

Il me tapote le bout du nez d'un doigt taquin, mais l'œil tendre :

— Essais de tirs réels de nos pièces rénovées.

Je m'épanouis comme une fleur tropicale. Encore une peur sans fondement.

— Vous enfin, Goulven ! Il faut vous prier maintenant ?
— Je craignais d'être importun.
— Importun, vous ?
— Merci, Hélène, je pensais...
— Penser pour un militaire est un début de désobéissance, monsieur !

Nous rions en nous prenant les mains. Je suis heureuse de le revoir. Je n'ai pas l'intention de m'ouvrir de ma situation hybride, mais il m'a surprise dans un moment de démolition, et qu'il soit là, toujours le même, au milieu des dorures de mon salon écrasant, me tranquillise : ma branche n'est pas près de casser puisque Goulven, l'intuitif, estime que je n'ai besoin de personne d'autre que mon mari. Je m'intéresse d'autant mieux à ses aventures de maquisard que l'obsession s'est endormie. Il me brosse un tableau des opérations de sabotage et de harcèlement, puis de la reprise ouverte des combats, qui devait marquer, pour lui, l'heure du choix : intégration dans les forces régulières de l'Armée ou retour dans l'arme d'origine. Comme il n'aime guère parler de lui, il conclut :

— La guerre de Sioux me plaisait fort, mais j'appartiens à la Marine.

En revanche, il veut tout connaître des circonstances qui m'amenèrent à Brunet et touche avec répulsion la convocation miniature de la police allemande, relique fatiguée, tangible souvenir d'une terreur bleue, qui m'attirerait, à coup sûr, le mépris de la sublime Mme Morel.

— Déportée... Ils vous auraient déportée... Non, ne riez pas, Hélène. La vision est insupportable. Parlez-moi plutôt de la campagne Ravello.

Je décris ma cache coq en pâte, le mas doré, le calme fil des jours entre les sœurs et les enfants, le vieux Toinou et ses chèvres, le factionnaire à quatre pattes, l'orgie de coulis de tomate.

— Et les maris de ces braves filles ?
— Ravello est sur le *Montcalm,* Rossi sur la *Lorraine.* Louise a réintégré son logement, Angèle qui n'avait plus ni toit ni meubles est restée à Brunet.

Pourquoi faire en sorte qu'il ne décèle rien de ce que je me gargarise d'appeler, non plus ulcère caché, mais cancer de l'âme ? Pour que la conversation ne tombe ou ne dévie, je me disperse en menus propos, je sers du whisky — même à moi qui en déteste le goût et jusqu'au nom, pour ce que je lui dois ! —, j'approche cigarettes et cendriers en ondulant de la jupe, me rassieds en croisant les jambes, et repotine comme si mon visiteur n'était pas la discrétion personnifiée, qui va se montrer discret au point de ne s'apercevoir de mon attitude superficielle, autrement qu'en se levant assez vite : il est attendu. Que m'a-t-il pris ? N'avoir rien dit de ce qui, pendant deux ans, fut traqué, traité et souvent vaincu par lui, n'était-ce pas massacrer notre amitié ? Le temps de m'en aviser et je suis prête à laisser tomber le masque, mais il a déjà quitté la pièce et une confidence de cette nature ne se fait pas devant une porte qui donne sur le palier.

— Pas très drôle, le dépôt... dis-je pour le retenir.

— Si je vous disais que je n'espérais pas mieux, vous ne me croiriez pas, mais vous savez bien que, de tout temps, il a fallu pourvoir les postes à terre. Logique, tout cela. Au revoir, Hélène. Mes respects à votre mari.

Sortie du *Turenne*. Rentrée. Entre les deux, le loisir de la réflexion. Je me mine, puis m'apaise, pour replonger dans le noir. A-t-il renoncé au projet insensé ? A-t-il fixé la date de ma répudiation ? M'a-t-il accordé le sursis ou la grâce ? Les choses étant ce qu'elles sont, rien n'indique qu'il m'habitue à l'inexorabilité de l'exécution. Cependant, il ne parle pas d'avenir, et quand j'ai voulu acheter une armoire à un couple qui quittait la France, il s'est écrié, l'air surpris : « Tu manques de contenant ? », comme si l'actuel mobilier était nôtre ou marquait la limite de nos besoins communs. Le point des dernières heures s'obtient par l'analyse serrée de ce qu'il a dit, chaque terme épluché et replacé dans le contexte. Ce rebrousse-temps qui rague mes nerfs est inutile, Georges est direct ; chercher au-delà ou en deçà de ce qu'il exprime n'a d'autre résultat que me déséquilibrer, les compilations menant à l'erreur. Il serait simple de poser la question de mon sort, mais plus que jamais décidée à équivoquer, il m'apparaît impolitique de rouvrir le terrible dossier tant que je n'ai pas un nouvel élément de défense à y inclure. Cet élément décisif, qui tarde, me met martel en tête.

Vouloir ne fait pas concevoir, et concevoir est la dominante de mon plan, et le temps, dont j'ignore quelle durée m'est impartie, épuise son sablier. Stérile ?

D'une heure à l'autre, je me rassure et désespère. Une image m'allège : il m'aime trop pour me sacrifier. Un déclic m'effondre : changer de ligne de conduite n'est pas dans sa manière. Stérile ! Le sommeil m'a prise épave, je m'éveille toutes voiles dehors : mémé Cosquer, qui a eu quatre enfants, n'a mis le premier au monde qu'après huit ans de mariage. Cette fois, le retour coïncide avec la période favorable. Puissances protectrices, faites que je sois enceinte ! Je pars pour le marché la tête pleine de brassières et de chaussons. J'enrubanne un moïse quand se produit un hasard qui me ravit, mais se révélera destructeur : je croise un homme du *Turenne*. Et de me hâter, d'établir un menu pour le soir, d'acheter des fleurs. L'après-midi passe, la valise de Georges n'arrive pas. Le soir, personne. Je n'ai pas pu me tromper, le jeune homme aperçu le matin est venu deux fois chez moi. Qu'en déduire ? Une sale nuit, tête à tête avec mon recueil de notes exégétiques, lesquelles me conduisent à envisager la solution extrême : un beau scandale, le suicide Mme Landry ! Et qui entraînerait pour Georges et la Morel la définitive impossibilité de s'accoupler. Oui, désigner la maîtresse par son nom supposé précédé de l'article et user de termes réservés aux animaux pour m'évoquer les épanchements des misérables, un procédé qui permet d'éliminer quelques toxines, une excellente médecine dépurative. Après la léthargie de l'aube, réveil pâteux entre mes draps froissés, mais la solution radicale ne presse pas : tant qu'il n'a rien dit, ou écrit... Je descends, en robe de chambre, ouvrir la boîte aux lettres. Elle me livre un avis comminatoire du percepteur. Bonne nouvelle, en somme !

A dix heures, on sonne. C'est le maître d'hôtel, bronzé, souriant, qui dépose à mes pieds le symbole de la tacite reconduction de mon sursis : le linge sale et le rasoir.

— Quand êtes-vous arrivés ?

— Il y a une heure.

— J'ai cru voir un matelot du *Turenne* hier matin, je me suis trompée.

— Un petit gros, avec du son plein la figure ? C'est Pirou. Il sort de l'hôpital. Oui, le commandant va bien. Il descendra assez tard. Il y a une conférence chez l'amiral à dix-sept heures. Que vous ne vous inquiétiez pas, a-t-il dit.

Je suis épuisée, rompue, moulue et folle de joie. Sacré Pirou, sa promenade en ville m'a fait payer d'avance ma place à la fête de ce soir !

Georges rentre tard, en effet, mais je ne me suis plus martyrisée. Plus la peur m'a enfoncée profond, plus haut je remonte ensuite. A peine arrivé, il fourre dans mon cou son nez refroidi par le mistral, m'étreint comme si la séparation avait duré des mois.

— Sers-moi un pot généreux, chérie, je vais te faire plaisir, dit-il très en train.

Je m'empresse, intriguée. Il boit sans me quitter des yeux, puis annonce :

— Tes protégés n'ont plus lieu de se croire abandonnés des dieux et de la Marine.

— Mes protégés ?

— Tes amis, devrais-je dire, Chaperon et Coatmeur. Un lieudeveau du *Turenne* débarquait, j'ai parlé de Chaperon au pacha qui l'a demandé nommément. Il est à bord.

— Comme je suis contente ! Et lui ?

— Il exulte. Un affreux sabordeur désigné au choix ! m'a-t-il dit les larmes aux yeux. Je me suis employé à lui faire comprendre qu'il n'y avait là rien que de normal. Quant à Coatmeur, il commandera un Y.M.S., un des dragueurs que nous passent les Américains.

— Comment s'appelle-t-il ?

— Ces fiots portent des numéros. Ce n'est pas un *Richelieu,* tu sais ! 200 tonnes, 41 mètres, coque en bois, effectif d'une trentaine, pour faire un métier d'une incontestable utilité : débarrasser les côtes des innombrables mines de toutes nationalités. Il n'est pas encore au courant et je te demande de ne pas le laisser soupçonner une intervention de ma part. Pour que notre corps retrouve rapidement sa sérénité, il est indispensable que ceux que les circonstances ont desservis, en particulier les jeunes officiers, repartent du bon pied et sans complexe.

Je suis fière qu'il effleure devant moi ce grave problème, et très touchée qu'il ait choisi d'épauler, parmi tant d'autres aussi dignes, mon « ami d'enfance » et son ex-pacha, ses brillants états de service ne lui conférant pas le pouvoir de faire reclasser tous les malchanceux qu'il tient en estime ou amitié. N'était son rôle trop actif dans « l'Affaire Morel », il ne me donne que des raisons de l'admirer.

— Aurais-tu entendu parler de mes bagages abandonnés sur le *Furieux* ?

— Sur l'ordre du commandant, ils ont été apportés à L'Embossage.

— Question de pure forme. Le *Furieux* coulé et la villa rasée, les chances de récupérer mes uniformes étaient minces. J'espère que tu avais distribué mes vêtements civils ?

— Juste le complet sport. A un pauvre type qui en avait bien besoin...

A quel âge serai-je immunisée contre les rougeurs subites ? Je tousse.

— Tu t'enrhumes ou tu as avalé de travers ? rit-il en me tapotant le dos.

Comme ses doigts rencontrent la fermeture à glissière de ma robe, l'incident est clos.

***

L'hiver 1944-1945 touche à sa fin. Sur tous les fronts, les ultimes assauts se préparent. Cinq mois ont passé. Georges est le même. Il n'a pas reparlé de sa confession, rien laissé percer d'intentions qui me seraient défavorables.

Mais cinq mois : cinq fois vingt-huit jours d'espoir, suivis de cinq déceptions. Alors qu'Angèle promène un ventre déjà en pointe, moi, terrain ingrat, outre vide, bréhaigne ! Ce n'est pourtant pas faute d'implorer la libéralité céleste, ni de couper les velléités de prudence de mon mari. Ses preuves faites — hélas ! —, lui n'est pas en cause.

Après bien des hésitations, je décide de consulter un gynécologue, si gênée que je ne porte pas mon choix sur un spécialiste de Toulon, mais de Marseille. Une épreuve ! S'allonger sur la table d'examen, jambe de-ci jambe de-là, subir d'intimes investigations manuelles, puis le spéculum glacé, en m'entendant reprocher de me contracter, répondre à des questions de calcul et de géométrie... Ah, que le langage médical dépoétise l'amour !

L'exploration m'a donné mal au cœur, l'interrogatoire me laisse un goût de culpabilité — de quoi faire bien rire les jeunes femmes d'aujourd'hui, et moi aussi, d'ailleurs ! —, mais j'emporte l'asurance d'être normalement constituée et des conseils.

J'épie Georges. Se montre-t-il mélancolique, préoccupé ? Je suis au supplice derrière mon sourire immuable d'épouse sans problème. Or, le problème doit l'habiter, comme il m'habite. Et si je n'impose pas ma solution avant qu'il ne soit reposé, je serai mat. J'ai à la fois envie et peur qu'il parle ; ce qu'il dirait peut aussi bien m'aérer que m'étouffer. J'attribue les airs absents au courrier reçu à bord. Mme Morel a la plume facile et convaincante, selon son amant. Le talonne-t-elle ? Que lui a-t-il dit me concernant ? Où se trouve-t-elle ? Non sans mérite, je résiste à l'attirance du portefeuille déposé sur la table de chevet, à ma disposition sans risque pendant le bain ou la douche. Mais une lettre oubliée dans un vêtement laissé à la maison aurait raison de mes scrupules. Je souhaite n'en point découvrir.

S'éclaire-t-il pour me conter une anecdote du bord, me complimenter sur la cuisine ou un détail de toilette, j'en déduis, arbitrairement, que sa conception quant à la priorité de ses devoirs s'est rangée de mon côté ! Je suis désaxée. Une certitude : il ne me garde pas par pitié. Une évidence : tant que le mari n'est pas officiellement mort, il est prématuré, pour sa femme, de parler de remariage. Et s'il vit, faudra-t-il encore qu'il accepte de divorcer.

Franchissement du Rhin et marche triomphale sur le cœur de l'Allemagne. Bousculades des forces ennemies accrochées tout l'hiver aux Apennins et libération de la Riviera italienne. La fin de la guerre en Europe pour bientôt.

La fin de la guerre ? C'est abominable, mais vrai : je ne la souhaite plus.

Hitler s'est déjà retranché dans sa « cave de héros », quand un matin, au réveil, je ressens un singulier malaise qui corrobore le dire de mon calendrier personnel, auquel je n'osais encore croire.

Je n'ai pas revu Georges depuis la libération des côtes italiennes. Après un périple en Méditerranée, le *Turenne* relâche à Alger, je tiens le renseignement de Mme Chaperon. Avant de me sentir inamovible, quand l'insolite me frappait toujours au point vélique, un trou dans le courrier, alors que d'autres en recevaient, m'eût ravagée. La sécurité dans mes flancs, j'infère de cette anomalie : « Nous y voilà », sans trop me délisser l'intérieur.

Et vient la lettre, telle que je l'ai lue avant même qu'il ne songe à l'écrire. Il rappelle que la suite des opérations est la reconquête de l'Indochine et que le *Turenne* sera des premiers à prendre la route d'Extrême-Orient, qu'il convient donc, dès à présent d'envisager certaines dispositions à mettre au point ensemble dans quelques jours. Je ne suis plus son amour chéri, mais son pauvre petit, et le ton infirmier sent la poussée vers la salle d'opération. Mon sursis, car c'en était bien un, expirait en même temps que l'Allemagne hitlérienne. Inféconde, on me larguait avec les amarres du *Turenne,* je l'échappe belle. C'est ma rivale qui est mat. Fini le cauchemar. Je suis nettoyée de l'angoisse qui me collait à la peau comme une crasse, dénaturait le mot innocent, m'arrêtait net au milieu d'une phrase commencée au futur. Désormais, je bannis de mes soliloques les si et le conditionnel.

Mon équilibre recouvré, j'ai repris goût au commerce de mes semblables. Je suis redevenue Mme Landry, solidement, propriétaire et non plus occupante sans bail. L'occasion s'en étant présentée, je me suis permis de conclure une nouvelle location sans attendre l'avis supérieur.

Mes dernières heures de Pompéi.

Georges me revient, les traits anguleux, les yeux enfoncés, le teint hépatique. Je m'attendais à cet air accablé qui m'attendrit, mais m'agace un peu. Je me retiens de l'effacer trop vite, la grande nouvelle mérite de la mise en scène.

— Comment vas-tu, Georges chéri ?

— Comme quelqu'un qui ne dort plus sans somnifère. Et toi, mon pauvre petit ?

Le pauvre petit dort de son ancien sommeil d'enfant et ses réveils ont la douceur du rahat-loukoum. Je dis que je me sens bien.

— C'est vrai, constate-t-il étonné, tu es le printemps même.

Le courage lui manque pour m'exécuter dès l'arrivée. Il parle. De la guerre, du *Turenne,* des victimes des derniers combats en Méditerranée : une vingtaine d'hommes de la *Trombe.* Puis il parcourt le journal, tandis que j'achève de dresser le couvert. Comme d'habitude, il ne tarde pas à s'élever contre un article écrit avec du vitriol. Les haines aveugles, surgies en Comités d'épuration des floraisons tricolores, le consternent. Les menées sournoises des vaillantes centuries pour s'évincer mutuellement des opimes le choquent. Que les prisons soient de nouveau menacées d'éclatement l'indigne.

— Et allez donc ! Pêle-mêle, traîtres bon teint, petits salopards du Marché noir, vulgaires canailles apolitiques, cocus gênants, salopes de haut vol, tondues par erreur, plumes criminelles, pisse-copie inconséquents, dénonciateurs, victimes d'homonymie ou de ressemblance ! Ce peuple a décidément trop faim et les nouveaux nosseigneurs se soucient peu de l'aloi du cadavre à lui jeter. Si les militaires ne comparaissent pas devant des tribunaux militaires, nous assisterons à des parodies de justice qui écœureront des générations de Français. Nous ne voulions pas cela. Moi, du moins.

Je lui retire la feuille des mains et m'assieds sur ses genoux.

— Laisse... Et occupe-toi de moi.

Il me pique des petits baisers sur la tempe, la joue, pose la question rituelle :

— Quoi de neuf ici ?

Il s'attend au non moins rituel : « Pas grand-chose. » Je freine l'envie de livrer mon neuf sensationnel qui va s'imposer assez vite par ricochet.

— Nous déménageons, mon chéri. Je ne me tiens plus de joie.

— T'aurait-on déjà demandé de libérer cet appartement ?

— Non, j'ai trouvé mieux. Subil est désigné pour Cherbourg, sa femme m'a proposé leur villa du Mourillon. Directement sur la mer, mon rêve. Je repasse notre appartement à Mme Chaperon qui vit à l'hôtel depuis son arrivée.

Sous moi, ses cuisses se contractent. Toutefois, le reproche est indulgent :

— Tu ne crois pas que tu aurais dû me consulter avant de t'engager ?

— C'était oui ou non et sur l'heure. Me désapprouves-tu ?

Même si sa bouche ne le dit pas, c'est flagrant.

— Tu sais bien que le *Turenne* part pour X temps...

— Oui, et j'aime mieux attendre son retour devant la mer que dans ce sous-marin.

— Ecoute, ma petite fille...

Oh, ces petit, petite et pauvre ! J'ai hâte d'oxygéner notre air.

Ses bras se referment sur moi, pour me protéger de la suite :

— As-tu reçu ma lettre ?

— Oui.

— Tu n'as pas compris qu'un fait nouveau est intervenu ?

— Il m'a semblé...

Mon calme, qu'il prend pour du courage, l'incite à ne pas biaiser :

— Cet homme dont je t'ai parlé... Il est mort, c'est officiel.

— En quoi cette mort m'intéresse-t-elle ?

— Mais, Hélène, tu n'as pas oublié ?

— Que tu as été l'amant de sa femme ? Je crois que si, Georges.

— Et qu'il existe un enfant dont je suis le père ?

Là, l'esquive s'impose. Si je n'avais la conviction absolue que ce marmot a été fabriqué contre moi, mon cœur se barbouillerait, je ne suis pas une brute, mais la maturité de la mère élimine l'innocence. Georges me contemple, avec un curieux sourire.

— Tu es quelqu'un de bien, Hélène. Merci de n'avoir rien tenté, d'avoir compris et admis ce que bien peu de femmes comprendraient et admettraient. Merci d'être comme je n'osais espérer que tu serais.

Un voyant vient de s'allumer, qu'aveuglée par la puissance de mon arme secrète, je néglige. Il n'était cependant, pour le succès du plan conçu en plein désarroi, que d'aborder la phase finale avec diplomatie : remplacer le péan inadéquat par des lamentations en mineur. Avec Georges, il ne fallait ni exiger ni imposer, je le savais. Je suis dans ses bras, il m'aime, sa bouche me loue, le garder à vie est non une possibilité, mais la réalité. En moins d'une heure, par ma faute, va se vivre l'irréversible. Non seulement mon cerveau capte les impondérables à retardement, mais, mal engagée, il ne sourdra pas de mon épaisseur l'astuce éclair qui me sortirait sans mal de la passe dangereuse. Après la confession, j'avais lofé en bon manœuvrier, je cours droit à la catastrophe sans rien faire pour l'éviter. A ma décharge, l'ambiguïté cultivée par le non partage des intentions depuis huit mois, ma simplesse de naissance trop peu améliorée, l'usure interne. Et aussi, mon état ! Voici comment je perdis :

— Ainsi, tu persistes à vouloir te séparer de moi ?

— Je persiste à vouloir donner mon nom à mon fils. Je dois payer le prix de ma faute. C'est cher, j'en conviens.

Selon lui, ne paierai-je pas aussi ? Plus que lui ? Pour un divertissement où je n'ai eu d'autre part que celle du ridicule, c'est plus que cher, c'est abusif !

— Je suis très malheureux, Hélène, de t'imposer un tel sacrifice.

Ma détresse a-t-elle si peu d'importance qu'il ne la mentionne pas ? La tête me bout. Faudrait-il le plaindre de se lier à une maîtresse que, de son propre aveu, il ne pouvait se résoudre à quitter ? Je bous, je bous. Pour la seconde fois, je suis le chien qu'on va abandonner. Plus au nom de la patrie, mais d'un jansénisme très personnel. Comme, présentement, l'accord du chien est indispensable, on le flatte : tu es un bon chien, un honnête chien qui retiendra ses jappements plaintifs quand on lui déceindra son collier, pour ne pas contrister le maître. Je bous. Foin de précautions oratoires ! Et je lance sur le ton qu'il ne faudrait pas :

— Epouserais-tu la mère si tu ne pouvais reconnaître l'enfant ?

— Non, bien sûr. Pourquoi cette question ?

— Tu ne devines pas ?

Des luisances bizarres apparaissent dans ses yeux. Il me replante sur mes jambes.

— Et pourquoi, je te prie, ne le pourrais-je pas ?

Il met trop de temps à comprendre, c'en devient vexant. Qu'a à faire l'amour-propre dans cette tragi-comédie ? Mauvais souffleur, il me démolit ma scène maîtresse. Où il faudrait des larmes, je souris. Alors qu'il faudrait incriminer la fatalité, m'affliger de ma posture d'obstacle, en demander pardon pour, finalement, m'en faire consoler, ce secret qui doit se dire bas, je le claironne :

— Parce que *moi aussi* je vais avoir un enfant !

La situation ne serait encore que délicate si, au lieu de laisser la nouvelle l'imprégner, l'émouvoir, l'embraser, je ne trouvais bon d'affirmer :

— Tu ne peux plus rien pour celui de ta maîtresse.

Il se dresse comme un ressort, arpente le salon, revient à moi, me tourne vers lui :

— Regarde-moi, Hélène. Tu as voulu cela ?

Pour curieux que cela paraisse, il ne me vient pas de nier, ni d'éluder, pas même de partager en deux la responsabilité :

— Pour nous sauver, Georges...

Il rabat sans douceur mes mains chercheuses et recommence à tourner, tête basse et mains au dos. Il marmonne, se mord les lèvres, m'oublie qui attend debout, atterrée par l'ampleur de ma maladresse. Il s'arrête, effleure mon front d'une chiquenaude :

— Ainsi, c'est tout ce qu'il y avait là-dedans !... Zéro, la manœuvre, ma fille !

Je m'effondre, mon dynamisme détendu comme un élastique usé.

— Pour nous sauver ? Mais tu n'as pensé qu'à toi ! Tu ne t'es pas dit que ton... expédient ferait d'un innocent un paria, un bâtard que la société attendra, matraque en main, s'il a le front de se croire un jour, lui le mouton noir, éclairci au mérite ?

— Nous sommes au XXe siècle.

— Oui. Pourtant, il n'y a pas dix ans que mon ami le plus cher, mon presque frère, est mort d'un de ces coups de matraque. Ne te souvient-il pas de ce que je t'en ai dit ?

Si, mais à l'instant même. Trahie par une mémoire capable de contrer sur le détail insignifiant de beaucoup mieux nantis de matière grise, un comble ! Un peu tard, mes celllules fonctionnent, me restituent, à un mot près, ce que Georges m'apprit de cet ami qui le marqua profondément, mais dont, par la suite, il ne reparla jamais : « La chaleur m'est venue d'un garçon de mon âge encore plus défavorisé. » Quand je suggérai d'inviter cet ami à notre mariage : « Impossible. » Moi : « Est-il trop loin ? » Lui : « Il est mort. » « Si jeune ? De quoi est-il mort ? » « D'une carence d'état civil. » Le commentaire : « Nos âges s'exprimaient encore avec un seul chiffre, quand il m'expliqua qu'il était un enfant adultérin. Mon père m'avait donné, au départ, un bien dont je ne soupçonnais pas la valeur : son nom. Il fut permis à mon ami d'accéder à la carrière qu'il ambitionnait, mais quand il y voulut mêler l'amour, le handicap d'une naissance illégitime le lui interdit. Officiellement, ce fut un accident : un homme à la mer par gros temps. »

— Ayant touché une plaie si vive, allais-je délibérément me laver les mains d'un cas semblable dont je suis responsable ? Bon dieu, Hélène, n'as-tu pas fait le rapprochement ?

« Oublie cette triste histoire, je le veux ! » conclut-il alors. Bon dieu, Hélène, le vasselage jusque dans ton subconscient ?

— Je t'ai livré ma faute et le problème. Je méritais ta condamnation, tu ne m'as ni méprisé ni injurié. Au lieu de me chasser, tu trouvas des accents poignants qui répondaient trop bien à mon désespoir de te perdre. Je n'ai pas un instant douté de ta sincérité. C'était tellement troublant d'être aimé jusque-là, tellement digne de nous... Au lieu d'une séparation à fracas, suivie d'un déballage de griefs à la criée, tu m'aidais. Je t'ai admirée et aimée plus que jamais. Crétin qui a gobé ce qui n'était que bas calcul pour m'amener dans ton lit et à ce jour où tu devais triompher ! Je m'explique tes abandons prolongés, tes regains sans entracte... Tricheuse !

Sous l'abat, un malaise me prend. Il voit les cernes de mes yeux, la buée sur mon front, le tremblement de mes membres, et se radoucit.

— Tenons-nous-en là pour ce soir. Je rentre à bord. Je t'écrirai demain, quand j'aurai repris mon calme.

C'est sage. Il n'a encore rien été dit d'irréparable, mais le voir partir m'enrage :

— Si c'est pour me dire que tu me quittes malgré l'enfant que je porte, inutile d'attendre demain. Tu m'as déjà fait tant de mal, n'hésite plus ! Passe l'élingue autour de ce poids mort et débarque-le de ta vie !

Il avait atteint la porte, il revient, défiguré par l'indignation :

— T'attendais-tu à des félicitations pour ce tour de passe-passe ? Me sous-estimes-tu à ce point ?

— Tu présentes les choses...

— Comme elles sont, non ? Pardon, il était sans doute prévu que je me résignerais à ce qui devait m'arranger ? Les yeux baissés, la bouche en cul de poule, je ferais semblant de reconnaître le doigt du destin où il n'y a eu qu'un coup de pouce truqueur ? Non, ma chère, l'escobarderie n'est pas mon genre, tu étais bien placée pour le savoir. D'autre part, je déteste qu'on pense pour moi. Et tu as eu le tort d'oublier aussi que ma morale personnelle s'écarte de l'éthique bourgeoise, quand celle-ci heurte mon sentiment de la justice.

C'est maintenant de fureur que je tremble, contre lui, contre moi.

— Quand je me suis portée permutante, ta morale personnelle a estimé juste que je supporte seule les conséquences de vos distractions de guerriers. Le spécialiste du cas de conscience ne s'est guère ému du sort qui serait le mien !

Ses mâchoires se contractent, ses veines gonflent, il desserre sa cravate, hurle :

— Mais, bon dieu de bon dieu, pour qui ma femme me prenait-elle ? Pour le dernier des salauds ?... Un peu de précision. Tu consentais à me rendre ma liberté sans vouloir reprendre la tienne, c'est ce que tu as prétendu. Et que j'ai cru ! J'ai si peu tenu compte de ton sort que je l'ai aussitôt réglé. Au moindre mal, il va de soi !

— Pour l'idiote, un sursis au grand jour, suivi de la clandestinité à vie !

— Un effacement aussi court que possible et seulement sur le papier.

Ah, que n'a-t-il exprimé, « aussitôt réglé », ce qu'il me jette à la figure ce soir ! Il est déjà difficile de communiquer par le langage, comment, pour qui ne lit pas entre les lignes, interpréter l'esprit sans la lettre ? Faute de base positive, même allusive, la complexée que je suis a compliqué dans le sens qui lui était défavorable. A l'instant où il me reprenait, il eût dit : « Laisse-moi agir, je nous préserve », il m'oignait de confiance. Je désirais un enfant, mais n'eusse point forcé le sort, et enceinte, ne m'en fusse point glorifiée. Au fur et à mesure qu'il précise, je découvre que c'était, en effet, au moindre mal. Avant le départ du *Turenne,* il m'installait dans une villa agréable, Nice ou Cannes, où j'attendais son retour. A ce moment — et seulement à ce moment, pour la sauvegarde de mes éventuels droits de veuve —, je demandais le divorce. Le domicile conjugal transféré au lieu de ma résidence, les formalités et le jugement ne débordaient pas les Alpes-Maritimes, d'où discrétion. Le divorce prononcé, Georges effectuait une croisière rapide, un peu spéciale et toujours sans publicité, car en temps utile, il se domiciliait dans la ville où réside la mère de son fils.

— Programme sans faille, le seul qui permette de tourner une loi inhumaine. L'enfant avait son sésame, mon nom. Pour le reste, le foyer heureux où s'épanouir, je suis la preuve qu'on peut supporter de n'en point avoir. Je me proposais de le suivre, de l'aider, de m'en faire connaître, d'être le père que le mien ne fut pas. Nous conservions un pied-à-terre dans la ville où tu avais un moment vécu et nous allions nous remarier, sans tambour ni trompette, après mon second divorce, lequel n'eût pas traîné. Et ceci, sans avoir été séparés autrement que par les exigences de mon métier, sans avoir changé quoi que ce soit à notre mode de vie.

— Et si le mari était revenu ?

— Je pense qu'il serait tombé d'accord avec moi sur l'intérêt de l'innocent.

— Puisque vous étiez si sûrs de la magnanimité du mari trompé, pourquoi ta maîtresse n'a-t-elle pas fait de l'innocent un enfant légitime ?

— Simple probité, même envers un présumé mort. Mais l'honnêteté d'esprit t'échappe.

Il me serait facile de répliquer que l'honnêteté d'esprit d'une femme adultère est contestable, pour le moins ! Et que mon crime est de m'être défendue. Le naufragé s'accroche aux cordes du vent, dit un proverbe oriental, citation qui me vaudrait peut-être un peu de considération, mais ne me sortent que des platitudes :

— La venue d'un enfant de nous te laisse donc indifférent ?

Son poing s'abat sur une commode, un bouddha souriant saute et se renverse.

— Un enfant que tu n'as pas souhaité pour nous ni pour lui-même, mais contre un autre ! Un moyen de pression déloyal et lâche, car tu savais qu'il emporterait l'approbation de n'importe quel jury bien pensant !

— Comment qualifies-tu celui que cette aventurière a employé pour te voler à moi ?

Qu'ai-je dit ? Il appert que la dame n'est pas une tricheuse, qu'elle n'a rien suggéré, encore moins demandé, qu'elle ignore même que son complice m'a parlé ! Mme Morel, terre arable, qui s'offrit allégrement mon mari après cul sec sur cul sec de whisky, parce que le sien se payait du bon temps et que la guerre excusait les plaisirs d'entre deux portes, Mme Morel c'est de la haute moralité, du supérieur ! Du retaillé, comme le vin capsulé ! Il vient de lui pousser des ailes et elle plane, auréolée de vertu, au-dessus de la perfide épouse qui a eu le mauvais goût de l'attaquer. La mécanique féminine, déjà complexe, révolutionnée par la gestation, se détraque. Une malerage m'empoigne. Je commence par m'affirmer comme un paonneau à sa première roue :

— Tu oublies un peu vite que je suis ta femme !

— Avec les droits que te confère ce titre, dit-il dans un rire qui me révulse. Je ne te les contesterai pas, mais seulement les droits légaux, n'attends rien de plus.

— Ce qui signifie ?

— Que l'irresponsable sur la peau de qui tu t'es vengée, et

qui part dans la vie avec les stigmates du bâtard, aura davantage besoin d'être défendu qu'un enfant légitime. A défaut du nom, il aura une présence. J'épouserai sa mère dès que je serai libre et ce ne sera pas une discrète formalité, suivie, l'encre à peine sèche, d'un trait de plume. Tel est l'arrêt du spécialiste du cas de conscience.

— Et le scandale ?

— Je sais qu'on me jugera sévèrement, mais comme je sais aussi que la plupart de mes censeurs fermeraient les yeux pour ne pas voir l'enfant semé sans étiquette, j'affronterai le scandale avec sérénité.

— Quel grief invoqueras-tu contre moi ? Que je suis enceinte ?

— Question stupide. Je prends les torts.

— C'est encore heureux ! Mais si je ne veux pas en faire état ?

— Alors, tu me condamnes à vivre en marge. Dans un foyer légitime ou irrégulier, je protégerai mon fils. Tu réfléchiras.

— C'est tout réfléchi. Que la veuve joyeuse rengaine ses prétentions, elle me remplacera dans ton lit, mais ne sera jamais reçue dans ton milieu.

Encore une phrase malheureuse. Que ne l'ai-je laissé partir tout à l'heure... Une nuit de méditation et il me revenait, pas encore avec l'absolution, mais plus du tout braqué et, c'est certain, très ému par mon état. La violence est négative. La griserie des mots cruels qui s'aimantent d'une bouche à l'autre est un poison qui n'a d'antidote que la fuite. Intoxiqués, nous ne nous arrêterons plus.

— Bravo ! fulmine-t-il. En somme, dans ce que je t'ai apporté, tu regretteras surtout les raouts du Préfet maritime et les ribotes de carré ! Je me suis bien trompé sur ta véritable nature, elle se révèle vulgaire et mesquine.

Je pousse des exclamations, je me tords les bras, le sang me bat les tempes. Je suis rouge, mon adversaire est vert, couleurs pour une fois non complémentaires. Je sens venir la crise, je vois Georges dans un grisé traversé d'éclairs. Je vais piétiner les préceptes d'une bonne éducation, je vais crier et casser. Nous allons jouer la quasi inévitable scène de rupture. Une scène abominable où se croiseront comme fer rougi des paroles blessantes, des assertions outrancières, parfois simplement ridicules. Pour liquider un contentieux d'amour, pour apurer un actif de souvenirs uniques, quoi de mieux que les vociférations, récriminations, sarcasmes, bris de bibelots et de vaisselle, portes claquées et reclaquées ? Le saccage. La pantenne. Pauvre nous... J'attaque :

— Tu me rejettes sans plus de scrupule que le jour où tu me volas à un garçon qui, lui, m'aimait d'un amour solide.

— Pouh !... s'exclame-t-il, yeux et bras en l'air. Il ne t'aimait pas plus que tu ne l'aimais. S'est-il défendu ? Je parie que tu n'en as plus entendu parler.

Il ricane, je ricane.

— Tu as perdu, j'en ai entendu parler. Le plus drôle ? Par toi ! Et je l'ai revu. Peut-être m'aime-t-il encore ? Il ne s'est pas marié.

Cette fois, j'ai droit à un haussement du sourcil gauche et on ne rit plus.

— Rassure-toi, il n'est pas de ceux qui profitent de l'absence d'un ami pour se couler dans son lit. S'il ne s'est pas défendu quand je me suis reprise, c'est qu'il plaçait mon bonheur avant le sien. Raison suffisante ?

Il a tort de glousser, il paye sur-le-champ :

— Je ne vois pas pourquoi je continuerais de taire son nom : Goulven Coatmeur.

J'ai fait mouche au-delà de mes espérances. Il s'exclame, désolé, bien atteint :

— C'était Coatmeur... Bien sûr, Coatmeur. Comment n'ai-je pas deviné ?

— Tu crois à la sincérité de celui-là, dirait-on ?

— J'avais ta parole...

— Elle est bonne ! N'as-tu pas plus gravement manqué à la tienne, toi qui as juré de m'aimer la vie entière ? Tu te tais ? Refuser de savoir que tu lésais, n'était-ce pas une forme de lâcheté ?

— Je n'oserais plus le regarder en face... murmure-t-il pour lui-même.

— Bah ! Tu as l'habitude de cette sorte de gêne !

Il fourre ses mains dans ses poches, je les vois trembler sous le tissu. A son tour de planter une banderille :

— A défaut de subtilité, ton carquois ne manque pas de venin !

— Allez, dis-le, dis que je suis un peu courte pour toi et que c'est la vraie raison. En revanche, l'autre est un cerveau. Tu as eu la délicatesse de me vanter son intelligence et sa culture ! Mais rien ne prouve que je ne l'égalerai pas quand j'aurai son âge. D'ici là, j'ai du temps devant moi pour me parfaire !

— Que vient faire ici l'âge de cette personne et comment le connais-tu ?

C'est Goulven qui l'évalua en 1940 : « Dans les trente-cinq, déjà marquée. » Elle frise ou dépasse la quarantaine. Alors que la sacrifiée ne paraît pas ses vingt-six ans ! Je m'empare d'une statuette, qui n'en peut mais et ne m'appartient pas, et la lance contre le marbre de la cheminée.

— En pleine jeunesse, se voir préférer une quadragénaire sans grâce !

— D'où tiens-tu cela ? se rebiffe-t-il, piqué dans son orgueil de mâle.

— Cette répugnante histoire a couru les salons maritimes après ta disparition. Ta maîtresse, disait-on, était ton aînée et compensait un physique quelconque par un bagou de sergent recruteur. (« Beaucoup moins jolie que vous », avait dit Goulven, et Georges : « Elle avait du charme », de là à lui dénier toute beauté, un pas vite franchi !) L'effet du coup atténué, l'idiote s'obligea à ne voir là que salissures d'opposants.

— Tu voyais juste. Elle n'était, à l'époque, qu'une amie et ne m'a en rien influencé.

— C'est toi qui le dis !

Mettre une de ses affirmations en doute n'est pas damer le pion, mais morsure de scolopendre. Il se cabre, se meurtrit le poing contre un meuble, égrène des jurons puissants. Au comble de l'exaspération, il envoie un lourd cendrier de cristal achever ma statuette. Et il crie, il crie... Que c'est ma faute, que si je l'avais aimé comme il se voulait aimé, rien ne serait arrivé, qu'au lieu de m'endormir dans ma sécurité d'épouse et dans le giron de ma mère, en juin 1940, je serais accourue dès son appel.

— Avant Mers el-Kébir, pas après, je ne suis pas un sauvage ! L'amour est un bien fragile, Hélène, qui s'entretient, et le livret de famille n'en est pas le palladium ! Par la suite, si tu souffrais tellement d'être coupée de moi, que n'as-tu essayé de quitter la France ? D'autres y ont réussi, mais c'étaient des femmes d'une meilleure trempe.

— De la trempe de Mme Morel, nous savons. Celle-là a les qualités intellectuelles et le courage d'un homme, c'est son amant qui l'affirme.

Je le choque en ramenant sans cesse la maîtresse entre nous. Je l'excite. Je perds. J'en suis consciente, ce qui ne me retiendra pas d'aller au bout de la maladresse.

— Assez ! Il serait de meilleur goût de la laisser en dehors de notre discussion, mais, puisque tu m'y contrains, sache qu'il faut, en effet, des nerfs d'acier au service d'une intelligence à facettes, et aussi pas mal de courage, pour se charger d'une mission qui, obligatoirement, vous mettra en contact avec l'Abwehr. Mais tenter de sortir du territoire l'esprit vide de secrets dangereux ne demandait que de la volonté et un cran que tu ne possèdes pas.

Je l'ai cherché. Comme je reste coite, il me porte une botte qui me confond :

— Il ne t'est même pas venu que, ton mari ayant opté, tu te rapprocherais de lui en t'affiliant à un réseau. La Résistance, un bon dérivatif pour une femme de combattant que l'ennui rongeait.

Tac ! Je suis de ces quelques milliers, ou quelques centaines, demeurés passifs. Je n'en saurais éviter la juste ignominie.

— N'était-ce pas résister que travailler pour t'attendre dignement ?

— C'était résister pour survivre. Et pourquoi avoir refusé les subsides de la Marine ? Parce qu'ils ne s'accompagnaient pas de sifflet et de clairon ? J'étais certain qu'on t'aiderait. Et je comprends que ceux qui prirent l'initiative des versements à Mmes les épouses des marins de la France combattante aient nuancé l'appellation.

Re-tac ! Je me croyais digne, je ne fus que fiérote.

— Espérer contre vents et marées, c'était tout de même résister, je te l'affirme !

— Sans remuer un doigt. En quatre ans, pas le moindre petit fait personnel.

Si, il y a eu un petit fait, peut-être aussi positif que le cisaillage d'une ligne téléphonique allemande : quand je permis à de bonnes armes italiennes de transiter par l'Embossage. Mes bras se souviennent encore de leur poids. Mais ai-je jamais assimilé ce service rendu à un acte de résistance ? M'en targuer, ce soir ? Grossir la meute braillarde des « moi je » qui s'enhéroïsent d'exploits incontrôlables ? La Résistance m'inspire trop de respect. Je déplore que cette expression percutante, qui enrichit l'Histoire, englobe ceux qui moururent pour leur foi comme les premiers chrétiens et la foultitude qui sortit ses brassards, les chars alliés dûment identifiés, après avoir contribué à la victoire en traçant des V dans la clandestinité des cabines postales et des petits coins, et comme les raillait un humoriste au micro des Français parlent aux Français « écouté la B.B.C. sous leur évier, dans la position du cor de chasse couché ».

Stop ! Quand j'ai ouvert ce cahier, je me suis promis de ne rien écrire qui ne soit sincère. Rectification : si j'ai négligé de narrer l'épisode des armes à mon mari, c'est moins parce que je le minimisais, que pour ne pas être amenée, par des questions directes, à donner certains détails de la capitulation italienne, qui eussent déclenché un embrasement facial. J'étais si scrupuleuse envers cet époux qui avait fait un enfant à une autre, que je m'en voulais toujours d'un trouble sensuel passager, provoqué par ce qu'il demeurait de lui dans le vêtement donné.

— J'ai tout de même failli être déportée !

— Pour un rôle on ne peut moins actif, ne t'en vante pas.

Quel changement de registre ! Ma faiblesse n'attendrit plus. Que j'aie dû mon salut à un raté dans la machine gestapiste ne glace plus. Je suis dévalorisée. Parce qu'on a réglé mon sort sans juger utile de me dire comment, ce qui m'a poussée à chercher une parade à ce qui n'était pas, je suis indigne. Je me pénètre de ma bassesse. Mais, curieux, plus je m'en pénètre, plus je bous, et plus je bous, plus je m'enferre. Je tempête, je casse les assiettes et casser ne me calme pas, j'emploie un langage violent, puis cru. Des mots qui pourraient se pardonner sur l'oreiller, s'il y en avait encore à partager ! Et lui se soulage à tue-tête, injuste, blessant, en m'aidant à débarrasser la table ! Nous marchons sur la porcelaine et sur nos cœurs. Soudain, au plus fort de sa rage destructrice, il s'avance sur moi, mains en avant. Va-t-il me gifler ? Ah, que j'aimerais qu'il me batte !

Je le brave, je le nargue, je l'insulte... et je m'aperçois trop tard qu'il venait me reprendre dans ses bras ! Le temps que son expression, de douloureuse redevienne méchante, j'ai créé l'irréparable avec ce que je ne pense pas :

— Va retrouver ta putain, comme en 40 ! Je te méprise. Va-t-en ! Va-t-en !

Ses lèvres blanches à force d'être mordues, il s'affaire à détacher ses clés du mousqueton de la chaîne fixée à la ceinture de son pantalon, maltraite le ressort, secoue, obtient que la clé du verrou de sûreté s'encastre dans l'anneau de celle de la serrure, tire, tape, jure encore... Ces gestes qui matérialisent la cassure, je ne fais rien pour les arrêter. Le temps des génuflexions est révolu, l'esclave ne vagit plus, elle rugit, et puisque la lutte contre les objets lui accorde une prolongation, qu'ajouter pour faire pis ?

— Je ne t'ai pas dit à qui j'ai donné ton complet sport ? A un officier italien !

Les clés cèdent. Une à une, il les jette sur les débris, sans répondre.

— Il ne t'intéresse pas de savoir pourquoi à celui-là ? Tu le sauras quand même : parce que, lui aussi, il avait du charme. Un charme rare !

Avant que je me sois reprise, il a quitté l'appartement en claquant la porte à la volée et l'immeuble, en maltraitant si fort celle de l'entrée qu'il doit s'y reprendre à deux fois. Je me précipite à une fenêtre, dégrisée :

— Georges ! Reviens. Ce n'est pas vrai. Je t'en prie, reviens... Georges !

Son pas claque aussi, sec et rapide, sur le trottoir, jusqu'au tournant proche.

C'est fini. Fini entre mon amour et moi ? Une nausée me plie. Les fantômes collés sur l'ombre des croisées ouvertes n'en sont pas encore à échanger leurs impressions.

J'écris. Le lendemain, le surlendemain, tous les jours. Pas de réponse. Je surveille la porte de l'arsenal, les cafés. En vain, il se méfie.

Le *Turenne* n'est plus là. Georges est parti sans me revoir, sans un mot d'adieu. Ma peine est immense, pourtant ce départ me soulage. En mer, l'optique est différente. Replongé dans l'action, éloigné de sa femme et de sa maîtresse, il repensera notre drame la tête froide. La Poste navale lui achemine des pages et des pages, où je me dénude, m'humilie, supplie. L'enfant que je porte, aussi irresponsable que l'autre, devra-t-il payer mes erreurs ? Est-ce impardonnable que vouloir garder un mari passionnément aimé ? Que sont les mauvaises paroles, sinon des sons émis dans un état second ? Le chirurgien qui fouille une chair non anesthésiée attache-t-il de l'importance aux injures que la souffrance arrache à son patient ? Tu me faisais si mal, Georges... J'ai mérité une peine à temps, pas la perpétuité, pitié.

Que faire d'autre que recommencer d'attendre et d'espérer ? Mais, d'abord, faire face aux sujétions matérielles, la plus pressante étant ce déménagement, initiative dont je me mords assez les doigts. Voyons le quantième. J'ai laissé passer la date du rendez-vous pris pour l'inventaire de la villa ! Bizarre : Mme Subil, qui doit être sur son départ, ne m'a pas rappelé mes engagements, ni Mme Chaperon, si impatiente de quitter son hôtel pour mon appartement. Au fait, je n'ai vu personne depuis la cassure. Une question à tirer au clair sans plus attendre. Et laisser derrière moi le cadre de notre déchirement, me dépayser, m'occuper.

Le Mourillon. Toujours l'enchantement. La mer qui éblouit, les palmiers qui s'ébouriffent, le sciage ininterrompu des cigales, un contraste qui me répare. Occupée à coller des étiquettes sur des bagages, Mme Subil ne m'a vue ni entendue avant que je n'apparaisse à quelques pas. Ma présence la surprend. Un peu trop, me semble-t-il.

— Il ne fallait pas vous déranger puisque Landry...

Bribes et recoupements me reconstituent l'essentiel. Au lendemain du funeste soir, le lieutenant de vaisseau Chaperon, patronné par le commandant Landry, a traité en mes lieu et place. Ma santé fut l'excuse du désistement, le climat d'ici ne me convient plus.

Je ressens durement l'humiliation. Je ne m'attarde pas et rentre sans voir la mer, boutant les cailloux hors de mon chemin, comme Georges me boute hors de sa vie. Puis une pensée redoutable me traverse : Mme X... avait agréé la candidature des Chaperon (bien que le mari ne fût pas officier supérieur), sait-elle que rien ne va plus ? Si mon mari, ce qui cadrerait avec le comportement dont je viens d'avoir un cuisant aperçu, l'a avisée que le ménage Chaperon, pourvu par ses soins, renonce à nous succéder, et qu'elle ait disposé de l'appartement, je risque, tout bêtement, de me trouver sans domicile à la fin du mois en cours, dans un port sinistré et surpeuplé où les hôtels affichent « complet ». Allons recevoir une autre nasarde.

Je sonne chez les X..., en rien confiante dans mes chances de conserver la jouissance d'un local qui ne me plaisait guère, mais se présente aujourd'hui comme en tout point enviable. L'affabilité du début s'était quelque peu congelée, quand les membres de cette famille eurent constaté que le commandant Landry ne leur consentait que des saluts muets. Je m'attends à un accueil guindé, il est amène.

— J'ignorais que les Chaperon ne donnent pas suite, mais si vous restez c'est sans importance. Je préfère qu'il n'y ait pas de nouveaux locataires.

Cette dame ne profite pas du changement de programme pour se débarrasser de moi ? Je respire à fond, soudain toute bien-être. C'est un mieux : Georges n'est pas allé aussi loin que je le redoutais. Je suis logée jusqu'au retour du propriétaire des lieux, retour qui ne précédera peut-être pas celui du *Turenne.* On me témoigne une sympathie qui ne paraît pas de commande (sourires froncés et phrases toutes faites ne me trompent plus depuis longtemps), mais on s'abstient de parler de mon mari. Revanche sur l'officier couvert de lauriers redevenu critiquable ? Qu'importe ! J'apprécie qu'on ne se paye pas sur moi de la piquante hauteur du commandant Landry.

Après le geste blessant, le ressentiment prend, pour un temps, le pas sur la peine. Ce que j'ai fait et dit, j'ai eu tort de le faire et plus encore de le dire, mais une mesure publique aussi vexatoire me confond. Georges a prétendu s'être trompé sur ma véritable nature, il n'est pas exclu que je me sois aussi trompée sur la sienne. Le séduisant anticonformisme ne recouvrirait-il pas un monstrueux égocentrisme ?

Petite émotion causée par une tache claire derrière la vitre de ma boîte aux lettres. Quès aco ? Une banale enveloppe à la suscription tapée à la machine. Banale ? Une déclaration de guerre sans équivoque ! Un avocat me prie de passer à son cabinet « pour un entretien ». A une voix ? Un prêche pour me convaincre d'accepter ma déchéance ? S'il en est ainsi, le bonhomme de loi s'apercevra vite que la jolie femme à cheveux longs et idées courtes, qui porte un nom à elle donné en connaissance de cause et, ne l'oublions pas, avec enthousiasme, n'est pas disposée à choir de confusion sur la brassée d'hommages déposée à ses pieds en fin de poulet. Le choix m'irrite. Une notabilité régionale qui promenait, dans les salons que nous fréquentions avant la guerre, un physique de Léandre vieilli sous le harnois, témoignant aux jeunes femmes agréables un galant intérêt, se plaisant à les soumettre au feu roulant d'une ironie traîtresse, sans pour autant négliger, en des circonstances apparemment innocentes, les enseignements d'une palpation subreptice. Or, si je suis de celles que trouble un étalage d'érudition et qu'on amène aisément, à l'aide d'artifices de langage, à découvrir leurs insuffisances, je ne le sais que trop et le responsable est fiché. C'est dire que je ne gardais pas de ce vieux beau précieux, à prétentions donjuanesques, un souvenir autrement sympathique. Geneviève, qui ne pouvait le souffrir, l'avait surnommé Bavero.

Rien ne m'oblige à me déranger. J'y vais le jour même !

Après juste ce qu'il faut d'attente pour que la visiteuse ne se sente plus tout à fait persona grata, une porte capitonnée s'ouvre sur un Bavero souriant, parfumé, empressé, mais différent, car glabre autrefois, il porte maintenant une barbe en gorgerin, qui prétend masquer la dégringolade. Il baise ma main et, sans la lâcher, très Grand Siècle, m'introduit dans son cabinet et me conduit à un vaste fauteuil.

— Asseyez-vous, petite madame. Nous allons converser comme de vieux amis.

La confortable sellette s'enfonce sous mon poids, je ne me laisse pas aller en arrière. Le fruit qui pousse en moi déteste la compression et me le fait aussitôt assavoir, mais comme je ne suis pas assez désinvolte pour me lever et préférer un siège plus droit et moins mou, je demeure, mal à l'aise, prisonnière du velours, plus basse que le magister qui, derrière un grand bureau encombré de bronzes, d'ouvrages reliés, de dossiers, me surveille, l'œil émerillonné. Le vieux matou se propose de croquer la souris acculée, sans se priver de la tourner et retourner avant de lui briser les reins.

— Si ma mémoire est fidèle, je n'ai pas eu le privilège de bavarder avec vous depuis cette réception chez la délicieuse Mme de Thibrelle en...

— C'est possible, dis-je de glace. Veuillez me dire pourquoi je suis ici.

Il regrette d'une moue mon refus de me plier aux règles aimables de l'hypocrisie mondaine ; l'air patelin qui chiffonnait ses paupières s'estompe. Il chausse des lunettes à monture d'or, prend une lettre dans une chemise cartonnée et la parcourt, la lippe entendue. Je reconnais l'écriture par transparence, me morigène : retiens-toi, Hélène, c'est le dernier endroit où pleurer ! La feuille examinée, il la pose devant lui et la recouvre de ses belles mains, blanches et onctueuses, des mains de prélat, pour l'heure pas bénisseuses. J'ai banni les ménagements, tant pis pour moi. Au regard qu'il abaisse sur ma personne, je me sens devenue partie adverse.

— Votre mari désire reprendre sa liberté. Il m'a demandé de le représenter.

— Sans m'en avoir avertie ?... J'ai peine à croire...

Avec un pâle sourire, il élève la lettre, assure ses lunettes :

— Voyons mmmmmmm... « En conséquence, veuillez aviser ma femme que je n'aurai, dorénavant, de relations avec elle que par votre intermédiaire. Il est donc inutile qu'elle m'écrive directement. »

— C'est ignoble !

Je veux m'extraire du fauteuil, il m'y renvoie, catégorique :

— Reprenez votre sang-froid, madame. Il y va de votre intérêt de m'écouter avec attention et la colère ne vous le permettrait pas. Soyez assurée que j'enregistrerai vos doléances, si vous désirez en exprimer, et que je répondrai à vos questions, au nom de mon client et dans la mesure du possible.

Ah, le vilain personnage que le représentant de l'autre partie ! Si des gens comme lui n'existaient pas, on se passerait d'intermédiaire, on croiserait le fer, mais en gardant de bonnes chances de se réconcilier au premier sang. Tandis qu'à travers ce photographe et auditeur partial, qui ne montrera que des épreuves tronquées, les échanges, je suis sans illusion, seront de plus en plus aigres. Je me contiens de mon mieux, lèvres soudées, ongles dans les paumes. Il pèse ses termes, appuie sur certains pour leur donner valeur d'axiome. Les « mon client » lui enfarinent la bouche. Les protestations de mon ventre, l'indignation, le désespoir me privent d'apprécier l'excipient littéraire de la pilule. L'essentiel à un goût émétique. La longue homélie qu'il m'inflige n'aurait rien perdu de son évidence à se condenser : ce n'est pas la femme de César qu'on ne doit soupçonner, mais César lui-même. Après l'emphase, le paterne : une séparation discrète, sans de ces vains ergotages qui prolongent le temps des commérages, est pour nous une obligation. Chevaleresque, son client se charge des torts et souscrit par avance à mes revendications matérielles. Quelle élégance ! Quelle générosité ! En résumé, si la partie adverse éprouve quelque respect pour le nom qu'on lui a donné, elle acceptera de s'en laisser déposséder, c'est-à-dire qu'elle demandera elle-même à la rendre, en invoquant l'un des griefs admis par le Code et en apportant les preuves qu'on se fera un plaisir de lui fournir, et ira ensuite porter ses pas ailleurs, sous-entendu ailleurs que dans un port de guerre. Célérité et tact. Mon dos se trempe pendant que la voix composée dévide des vérités éculées : le monde est friand de démêlés conjugaux, ce milieu, auquel j'appartiens encore, ne pardonnerait pas une publicité, tenue pour scandaleuse quand elle touche une personnalité, qui découlerait fatalement de ma lenteur à clarifier une situation désormais sans autre issue que le divorce. Et reviennent sur la langue suave les éminents services rendus au pays par son client et la position de futur grand chef de celui-ci, comme si je méconnaissais les premiers et menaçais la seconde ! Les raisons de ma disgrâce s'édulcorent en « comportements différents, conflit idéologique (?), incompréhension ». J'ai donc exercé l'euphémique cruauté mentale à la mode de Reno et pourtant le généreux prend les torts ! J'ai bonne envie d'introduire Mme Morel dans « l'entretien » où j'ai encore peu glissé mon mot, un détail que le « mon client » n'a peut-être pas jugé nécessaire de mentionner. Mais que gagnerais-je à récidiver dans la vulgarité, puisque vulgarité il y a à parler d'elle ? Et le cher homme ne saisirait-il pas l'occasion de me dire que j'ai là une bonne raison de me démarier ? Motus. Avec un sourire propitiatoire, il épuise sa rhétorique :

— Quand la mésentente est patente, profonde... Croyez-en mon expérience...

Je le crois orfèvre, le bonhomme de loi ! Il donne maintenant des signes de lassitude, perd de son afféterie, répète, d'une voix qui s'enroue, que j'emporterai l'estime — l'estime ! — de mon mari, si je décide la mise en route d'une procédure qui m'est d'ores et déjà garantie accélérée. Il me rappelle un dentiste brestois : « Laisse-moi te l'arracher aujourd'hui, après on n'en parlera plus ! » Quand l'ineffable Bavero me donne la parole, je suis convaincue de l'inutilité d'arguer, plus encore de solliciter la transmission d'une demande d'aman. Le Droit n'a pas de viscères, on ne rétribue pas un exécuteur pour qu'il s'attendrisse sur la victime. J'obtiens une attention polie, parfois une grimace bonasse quand je dévie. Comme je m'entête sur ma position inexpugnable d'épouse sans reproche, l'agacement perce :

— Refusez-vous d'admettre qu'il y a eu des divergences ?

— Non, mais...

— D'où discussions, disputes même ? Et peut-être de votre part des propos... vifs ?

Comment imaginer que Georges ait rapporté à cet étranger mes propos « vifs » ? Je donne néanmoins dans le piège :

— Des mots dictés par la colère...

— Vous ne niez pas, triomphe mon vis-à-vis en prenant des notes.

Il me vient des envies de meurtre. Parce que je lui refuse le moindre gauchissement, qui ferait patienter son client et justifierait des honoraires en rapport avec sa réputation, je prends du galon. De partie adverse, je me hausse au rang d'ennemie. On transige avec la partie adverse, mais l'ennemie, il faudra l'abattre. J'envoie un flot de rancune à celui qui prétendait m'aimer et me livre sans défense à un spécialiste du gril à feu doux et de la lardoire estocadeuse. Mais qu'ai-je à faire ici ? Je me lève.

— Eh bien, maître, s'il existe des griefs valables contre moi, jouez-en, mais prévenez votre client : le divorce ne sera demandé que par la partie que vous représentez.

— Vous réfléchirez, madame, dit-il d'un ton objurgateur et en se levant aussi. Et peut-être reviendrez-vous me voir dans d'autres dispositions. Sans préjuger vos décisions, je me permets de vous rappeler que la situation d'une femme séparée de son conjoint sans l'accord d'un juge comporte quelques inconvénients.

Je vais rétorquer à la menace à peine voilée, quand point un sentiment personnel sous le masque professionnel :

— Mais, pardonnez-moi... Vous attendez un enfant ?

— On ne vous l'a pas dit ?

On ne le lui a pas dit. Il me raccompagne, perplexe. Osera-t-il soulever la question de ma fidélité conjugale ? Je gage que le « mon client » serait fort gêné.

A force d'indentations, je suis aussi déchiquetée que la côte du Finistère. Et abîmée, avec juste un schnorchell au ras de l'extérieur, Angèle, par où m'arrivent amitié, gentillesse, ravitaillement, nouvelles importantes. Georges sait-il qu'il m'a privée des joies de l'attente ? Sa rigueur m'atteignit si fort que j'ai vécu ces mois dans mon enfer personnel, que je n'ai pas bercé mon enfant inconnu dans le secret de notre intimité, que je ne lui ai pas parlé le tendre langage, quand sa chair n'avait pas encore besoin de la laine qui courait sur mes doigts machinaux, que je n'ai pas imprimé mon amour dans la conscience réceptive d'avant la naissance, que révèleront plus tard certains airs frustrés de ma fille, ses rêveries jalouses, sa brutale façon de se bloquer au moindre essai de pénétration. Elle naîtra nourrie de mon mal. J'en relèverai peu à peu les traces, indélébiles. Alors, comme je regretterai... Mais j'ignore que des regrets viendront. Elle est en moi, poids de vie sans sexe, et quand je pleure, ce n'est pas sur l'être qui n'aura pas de père, mais sur moi qui n'ai plus de mari.

Je me claquemure, je me rencoigne. Je ne souhaite la venue de personne et pourtant il est des défections qui me touchent, entre autres celle de Mme Chaperon. Le dramatique souvenir du sabordage semblait avoir scellé à jamais notre amitié... Mais me continuer aujourd'hui ce sentiment, exprimé hier avec des superlatifs, serait s'engager, et son mari doit beaucoup au mien. J'ai perdu ce qui me donnait de l'intérêt, machine arrière ! La crainte de provoquer une épidémie de myopie, bien que j'aie considérablement augmenté de volume, me retient de promener mon désarroi au-delà des rues avoisinantes, et si le recul des thuriféraires de la veille m'atteint, je n'en apprécierais pas pour autant les démonstrations de sympathies nées de mes récents déboires. Il est amer de voir se lever si vite « le peuple sévère des critiqueurs », mais tout ce qui ressemble à de la pitié me hérisse.

Le mari d'Angèle fait, lui aussi, la guerre quelque part en Extrême-Orient ; elle est seule avec Ritou et le dernier-né, un garçon. Je ne lui ai rien dit, elle a deviné. Discrète, elle feint d'attribuer ma prostration à la fatigue, mais ne manque pas une occasion d'essayer de m'en sortir.

— Quand j'étais grosse de mon premier, j'étais neurasthénique, comme vous, vers la fin, mon mari en était tout profondé. Venez passer une semaine à Brunet, je vous dorloterai. En ce moment, les oliviers sont comme des houppettes de cygne et il a un chevreau de trois jours chez Toinou. Pourquoi dire toujours non ? Vous avez besoin d'air.

— Je suis lourde comme une gueuse de fonte, Angèle. La seule idée de monter dans un tram me donne la nausée.

Je subis, j'attends. Quoi ? Ma délivrance ? Moi qui ai tant

désiré un enfant, je ne réalise pas qu'il s'en fait un en moi. Un revirement de Georges ? Je n'y crois plus. Je me conforme à l'injonction, je n'écris pas. Sois tranquille, mon ami, tu ne me trouveras pas sur le quai quand le *Turenne* rentrera. Je n'y viendrai pas pleurer ni allonger la liste des mécontentes à voix. (Hé oui, cela s'est vu et entendu, et pas seulement côté chaloupes, la darse pourrait en témoigner.) Une scène à mon actif, je ne récidiverai pas. J'ai rampé ensuite, échine rentrée, pattes amenuisées, sincèrement repentante dans ces lettres jugées inopportunes et, sans doute, mises au rebut non décachetées, c'est du passé. A défaut d'un brillant intellect, je serai digne. Au reste, conditionné par la reddition japonaise, le retour n'est pas pour demain.

Erreur d'approximation, mais pouvais-je prévoir la bombe atomique ? Elle chut sur Hiroshima le 6 août, le 9 sur Nagasaki, et le 15 l'empire du Soleil Levant capitulait.

— Demain, on me porte du poisson. Zou ! Je viens faire l'ailloli chez Louise et vous êtes des nôtres. Pas de tram à prendre, et l'ail, c'est bon pour les petitons.

En d'autres temps, je ne boudais pas l'ailloli d'Angèle. Mais non, pas faim, pas de force, pas envie de m'habiller et de traverser la ville. Je suis dans le huitième mois de ma grossesse et le moins que l'on puisse dire est que je ne présente pas l'épanouissement heureux dont parle mon guide de la future maman. Boursouflée au centre, décharnée ailleurs, je ressemble aux dessins dont je parsemais mes buvards d'écolière : un petit œuf sur un gros œuf et quatre bâtons. On me disait jolie, je suis devenue laide, le poil élavé, le teint jaune et, ce jour, un énorme « feu de nuit » déforme ma lèvre supérieure. Deux tours de clé sur Angèle désolée, mais qui reviendra demain à la charge.

La pénombre incite à la somnolence ; l'épais voilage des fenêtres m'isole de l'extérieur. L'état aboulique est une drogue ; je m'y suis habituée et m'y complais. Un bref coup de sonnette m'en sort. Je ramasse l'ouvrage qui a glissé de mes genoux, façon d'affirmer mon refus d'ouvrir. Je ne suis pas montrable. Second coup, plus appuyé. Le quidam remue sur le palier, puis un carré blanc apparaît sous la porte et les pas s'éloignent. Tout de même intéressée, je vais ramasser la carte et m'exclame. Tandis que je déverrouille à grand bruit ma bastille, les pas reviennent. Prévenue, je recevais Goulven sous un camouflage de poudre et de rouge. Je me serais épanchée — j'en ai trop besoin ! —, mais pas aussitôt ni si totalement. Prise au dépourvu et au naturel, visage nu aux paupières frisées, aux pommettes érodées, mon tourment trahi par le gros bouton de fièvre en pleine évolution, les vannes vont s'ouvrir sans sollicitation.

— Comme vous avez tardé...

— Mais j'arrive ! proteste-t-il gaiement. Et ce n'était pas dans le programme. Je viens de subir la loi de l'em... maximum ! Incidents mécaniques variés, brin de drague, écrevisse, treuil... Pour clore la série, nous avons failli sauter avec une prise !

Je n'ai pas éclairé l'entrée. Dans la semi-obscurité, il n'a rien remarqué. Je le précède, poussant mon abside, et donne la lumière dans le salon. Il voit.

— Je vais avoir un enfant, Goulven.

Cela crève les yeux, mais devait être dit. Je préviens :

— Non, je vous en prie, pas de félicitations !

Je lis ce qu'il pense : l'atteinte à ma beauté me frappe.

— Mon mari n'en veut pas, dis-je très vite.

— Dois-je comprendre qu'il ne se sent pas la fibre paternelle ?

Sous le ton encore enjoué, l'inquiétude perce. Il n'est que de me regarder !

— Attendez que j'aie pleuré un bon coup près de vous, mon meilleur, mon seul ami, et vous saurez tout. A qui d'autre pourrais-je me confier ? Asseyons-nous ici.

Je désigne le canapé. Il obéit et je laisse tomber ma tête sur son épaule. Il ne m'enveloppe pas de son bras, il attend, un peu raide, son souffle retenu et attentif sur mes cheveux. Je respire le bord, la passementerie de l'attente irrite mon oreille, c'est familier, apaisant... d'autant que je sais qu'il prendra une part de ma peine. Les larmes ne me viennent pas, je me redresse. Par habitude, je tamponne ma peau cuite, puis je détaille les faits : le retour de Georges, sa confession, sa conception du devoir envers l'enfant illégitime, mon affolement, mon plan et le redémarrage de notre ménage sur des bases faussées par ma déloyauté d'épouse prête à promettre n'importe quoi pour éloigner la menace de séparation, pour gagner du temps, le temps d'en arriver au fiasco, après ce que j'appelle ma maladresse et Georges l'aveu cynique de mon expédient. Goulven m'écoute, le front deux fois barré. Je n'ai rien dissimulé.

— Etais-je en droit de me défendre avec les armes à ma portée ? Ou suis-je une misérable qui n'a pas volé ce qui lui arrive ? Oubliez-moi, pensez à une femme quelconque et donnez votre avis, sans mettre de formes.

C'est beaucoup lui demander ! Huit ans après l'épreuve de la dépossession, l'ex-fiancée religieusement aimée, enceinte des œuvres du ravisseur, lui avoue son échec et sa détresse, le fait juge d'une machination aux conséquences graves. Le trouble élargit ses yeux gris comme la mer nordique qui lui apporta ma rétractation. Je dois insister pour qu'il se prononce.

— Je n'approuve pas la restriction mentale, vous le savez, même si la fin justifie le moyen. A plus forte raison, la... duplicité. Mais je vous accorde de larges circonstances atténuantes. Je ne discuterai pas la décision de Landry au sujet de l'enfant, elle lui ressemble, elle est honnête, mais je ne vous cacherai pas que sa faiblesse après la rigueur qui lui est propre et, plus tard, cette inflexibilité devant des suites normales et prévisibles, où sa responsabilité égale la vôtre, me surprennent et me choquent. Landry si peu psychologue qu'il n'a pas soupçonné le genre de défense que l'instinct vous soufflerait ? Allons donc ! Il vous laisse toute latitude de dépasser le stade de l'intention et vous condamne quand vous reconnaissez qu'il y a eu intention ?

— Vous vous égarez sur une hypothèse rabaissante. C'est plus simple : il est incapable de mentir, il a fait confiance à ma droiture. Son tort fut de ne pas me traduire sa pensée, le mien de ne pas l'interroger. J'ai lutté contre un danger disparu.

— S'il s'était expliqué, auriez-vous accepté sans arrière-pensée ?

— Oui, j'aurais accepté, sans hésiter et sans dessein diabolique. Je serais peut-être enceinte, mais hors calcul préalable, ce qui changerait tout.

— Où en êtes-vous ?

— A ceci, dis-je en sortant d'un tiroir la lettre de Bavero.

— Il n'a même pas attendu que... s'exclame-t-il avec un regard sur mon ventre. Avez-vous vu cet avocat ?

Je résume l'entretien.

— Et depuis ?

— Rien. Je ne m'attends pas que l'on essaie de refaire pression sur moi avant le retour en France. Le prévoit-on ?

— Le *Turenne,* comme d'autres, va rapatrier le personnel retenu en Indochine depuis plusieurs années. Landry aura eu le temps de délibérer. J'espère...

— Qu'il pourrait avoir changé d'avis ? Non, Goulven. Je suis allée trop loin au cours de l'affreuse scène. Non seulement j'ai dépassé la mesure, mais j'ai joué sur la chanterelle, sans colophane, un de ces airs qui agacent à jamais les dents.

— Si vous regrettez, écrivez-le-lui.

— J'ai écrit, mais il ne veut communiquer que par personne interposée, son avocat. Non, c'est fini... D'ailleurs, l'entrée de l'avocat ne constituait pas la première escarmouche.

Je narre l'incident Subil.

— Il a osé vous infliger un tel affront ?

Il réfléchit, puis prend la défense de son ancien pacha :

— Chaperon n'a pu que penser que Landry agissait en plein accord avec vous.

— Il n'en demeure pas moins que sa femme, depuis, ne m'a plus approchée.

— Par exemple !

— Elle n'est pas seule à avoir perçu mon fumet de discrédit.

— Par exemple ! répète-t-il outré. Que comptez-vous faire ?

— Mais rien. Il n'existe rien contre moi, je ne divorcerai pas.

— Par conviction religieuse ?

— Je pourrais le prétexter. Je ne veux pas laisser ma place à l'autre, c'est tout.

— C'est, en général, ce que l'on commence par dire...

— Je suis la fille de ma mère. Crâne de granit ! Il s'en apercevra.

Jeannette est entre nous, avec ses boucles attirées par son bout de nez retroussé : « Tu espères être heureuse avec un pareil anarchiste ? » Je l'ai été. Trop !

— Il est prématuré de parler de divorce. Je persiste à croire que cela s'arrangera.

Les cils baissés de Goulven ne cachent-ils pas un peu de restriction mentale ?

Classique, une semaine après son entrée dans l'arsenal, le dragueur attend encore l'arrivée de pièces de rechange. En d'autres circonstances, l'humeur du jeune commandant se ressentirait de l'emprisonnement, des frictions avec des ingénieurs impuissants à fournir du matériel et des ouvriers atteints de décontraction congénitale. Il ne se départ pas d'une sereine patience, à laquelle je ne me crois pas étrangère.

— Mon bateau est une boîte à bourrier, mes gars ne cessent de s'accrocher avec des gougnafiers qui salopent tout autour de ce qu'ils réparent, le chant des joyeux forgerons accompagne la rédaction de mes rapports, la belle vie...

Je lui sais gré de parler bateau et pas de ce qui me ronge. Je me réjouis du retard. Je vais mieux, je me nourris, je dors la nuit et plus le jour, et sa visite quotidienne m'oblige à un effort de présentation.

Nous avons un nouveau sujet de conversation, important quoique prosaïque. Le frère de Mme X... a annoncé son imminent rapatriement et se loger est plus difficile que jamais. Comme je me tiens à l'écart de relations, au reste usées, comment saurais-je que tel ménage change de port ou qu'un désillusionné se retire sur ses terres ? La tableau d'affichage du Cercle naval, que Goulven consulte chaque jour, ne comporte que des demandes. On parle d'un dégagement des cadres, mais nous convenons, en riant, qu'il serait délicat d'aller s'enquérir des projets de ceux que menace la charrette.

Riant encore, mais jaune, je déclame :

— Un drame qui tourne au mélodrame : abandonnée enceinte, bientôt jetée à la rue, me restent l'hôpital et la morgue !

Comme ma sortie, d'assez mauvais goût, ne fait pas rire Goulven, je le rassure :

— N'oubliez pas que, si nécessaire, la campagne Ravello serait une acceptable solution d'attente et que, pour l'événement, une chambre m'est réservée à la maternité de Sainte-Anne.

Cela devait arriver, le dragueur paré appareillera demain. Goulven sonne pour sa dernière visite. Il n'est pas seul. Quelqu'un, une femme, se dissimule derrière lui. Une voix contrefaite me dit de deviner. Je devine :

— Viève !... Comme je suis contente de vous revoir.

— Comment va, blonde Iseut ?... Vous avez les joues bien chaudes, un peu de fièvre ? C'est pour quand ? Le mois prochain ? Figurez-vous que vous occupiez ma pensée, alors que je respirais le bon air de la rue d'Alger après trois ans d'absence, quand j'aperçois l'ami Coatmeur, toujours sérieux mais pressé. Je lui bondis dessus et lui demande où il se rend d'un si bon pied. « Chez Hélène Landry », me dit-il. Je lui ordonne de me montrer le chemin et voilà... Oh, pétalugue, quel salon intime !

— Viève est seule. Nous dînons tous les trois au restaurant, m'annonce Goulven.

— Au restaurant ? Vous n'y pensez pas. Je suis horrible !

— Rien n'est plus beau ni plus à la mode, proteste Viève. Je vous envie. Allez mettre un peu de poudre sur ce phare et sortons. Impossible d'attendre que vous ayez repris votre ligne, je repars demain.

— Déjà ? Vous aussi !

J'ai appris par le journal que le capitaine de vaisseau de Thibrelle accède aux étoiles. Elle accepte mes félicitations avec un sourire de coin.

— Amiral quart-de-place, de l'eau bénite. En Thibrellien, cela se traduit par trente-cinq ans de bons et loyaux services, plus l'inévitable bronchite chronique, sanctionnés par l'assurance de la considération distinguée d'en haut et un coup de pied au cul. Il prend le passage dans la deuxième section mieux que nous n'osions l'espérer.

— Vos parents sont à Toulon ?

— Non, à Paris où ils vont se fixer. La maison de Brest est détruite, mais, de toute façon, mon père se sentait trop jeune pour endosser le mac-farlane des retraités et aller superviser les naumachies du bassin des enfants, si l'on en reconstruit un. Diverses perspectives s'offrent à lui. C'est heureux. Quand on a fait ce métier, le plantage de choux ne laisse pas longtemps profiter de la retraite. Comme mon François va souquoïder rue Royale, la présence du ménage de la fille unique facilitera l'adaptation.

— Que pense Daigneaux d'un poste au ministère ?

— Il biche. Porte-pèlerine d'un espoir, qu'il est. Lui, c'est pas d'l'eau d'bidet !

J'aime toujours autant son entrain. Dommage qu'elle reparte si vite. Taquine, elle tapote son sac :

— J'ai là quelque chose pour vous. Dites merci de confiance.

— Pour moi ?... Merci. Qu'est-ce que c'est ?

Elle sort un trousseau de clés et le fait tinter sous mon nez.

— Votre supporter m'a fait part de vos tracas domestiques. Demain soir, les lieux seront à vous. Comme je ne suis pas dans le secret des dieux, je veux dire des politiciens, je ne fixe pas de date de restitution, mais je crois « l'espoir » amarré à quatre au bord de la Seine pour un bon bout. Ne me remerciez pas, je regrette de n'avoir pas su plus tôt que vous aviez ce souci, vous auriez reçu mes clés par la poste. Maintenant, capelez votre caban et allons fêter nos retrouvailles.

Ah, que l'amitié vraie a donc de talent ! Je me sens soudain étale. Maquillée, je me retrouve. J'enferme à double tour ce que je veux oublier tout un soir.

Nous prenons gaiement l'apéritif, puis nous dînons en remuant nos souvenirs d'avant-guerre : les thés du « Conti », la foire aux bordaches, le prurit des aspirantes, le nid de pie, buvant sec et exagérant à l'envi l'accent de chez nous. Nos voisins rient de nos réparties. Je suis une jeune femme enceinte, heureuse comme toutes les jeunes femmes enceintes qui passent une soirée avec des êtres qui l'aiment et le lui prouvent. Je me donne l'illusion du bonheur. Prié de conter les tribulations de l'*Evangéline,* voilier de l'Etat, sous le règne du commandant Coatmeur « un sacré marin, même s'il a foutu une fois l'bateau au sec ! », maître incontesté et aimé « sévère mais juste, quoi ! », à Brest recours des épouses escroquées d'une bonne part des indemnités de campagne par des sacs-à-vin impénitents, Goulven se surpasse :

— Louche et tout que c'est, commandant. C'est pas avec ce que je lui laisse sur « ma » solde qu'il peut être bu tous les soirs, s'pas ?

Recours, à l'occasion, de dames de moindre vertu :

— Dix sous qu'y m'a promis, cinq qu'y m'a donnés, cassé la cuvette, sali trois serviettes, faites justice monsieur l'officier !

J'éclate pour des histoires et des plaisanteries cent fois entendues. Soulagé de me savoir relogée, radieux de ma gaieté retrouvée, Goulven ne tarit pas :

— *Un bon bateau que c'était*
Un nom d'oiseau qu'il avait
Le Popotamme *qu'y s'appelait.*
Plus qu'y fumait, plus qu'y torchait !

Nous raccompagnons notre hôte à son embarcation.

— Merci pour tout, Goulven. Je souhaite, égoïstement, qu'une défaillance de matériel sans gravité vous ramène bientôt à Toulon.

Il porte mes doigts à ses lèvres, heureux de mon souhait. Malgré l'enlaidissement, je suis toujours la dame de mon chevalier.

Nous remontons la rue d'Alger, où ne circulent plus, à cette heure tardive, que des permissionnaires qui se hâtent vers leur chaloupe et les habituels rats baguenaudiers que notre passage ne dérange pas.

— Ce commandement, dit Viève, remet notre Coatmeur bien en selle.

Et, sans transition, alors que nous avons fort peu parlé de Georges :

— Vous ferez une très jeune et très décorative femme d'amiral, Hélène.

Clac ! S'éteignent les lampions de fête. Le désarroi ralentit mon pas, je boitille. Ma compagne me soutient, se méprend :

— Nous avons abusé de votre résistance. N'allez surtout pas être souffrante après nos agapes, vous nous attireriez les foudres du héros !

Re-clac ! Le héros se soucie bien de mes malaises, de ma peine et de mes ennuis ! Il se fout royalement de ce qui me touche, le héros ! De ne le crier qu'à l'intérieur me contracte, m'ébranle, me délabre. Il faut pourtant sourire encore, avant que la solitude me transisse et me permette une bonne crise.

Au matin, le toucher lisse et frais des clés de Viève me ravigote. J'y veux voir le premier signe du déclin de la mauvaise passe. Espérance, que tu es dure à tuer !

J'entends dire, dans un magasin, qu'un croiseur est arrivé à l'aube avec son plein de rapatriés d'Indochine. Son nom ? La *Gloire*. Le *Turenne* suit, paraît-il.

Mes hardes rassemblées, je vais quitter l'appartement. L'inventaire — tellement appréhendé — s'est passé au mieux. Comme je signalais les manquants et offrais de dédommager, Mme X... m'avait arrêtée : qu'étaient quelques babioles au regard des ruines d'alentour ? Heureux frère qui avait la chance de récupérer un home intact. Je boucle ma valise quand Mme X... revient :

— Je reçois à l'instant une lettre de mon frère. Il est hospitalisé à Saigon. Les médecins l'estiment trop affaibli pour supporter la longue traversée et s'opposent, pour le moment, à un retour par avion. Dans ces conditions, pourquoi ne resteriez-vous pas ici jusqu'à votre accouchement ? Vous m'avez dit ne connaître personne dans l'immeuble que vous allez habiter. Dans celui-ci, c'est différent : quand bébé s'annoncera, je vous accompagnerai à la maternité, et s'il arrivait trop vite, il faut tout prévoir, je sais m'y prendre en attendant le spécialiste. Qu'en pensez-vous ?

Décidément, quelque chose en moi attire les bons Samaritains. Après Goulven, Angèle et Geneviève, cette mère de famille, plus âgée, certainement efficace en l'absence d'un secours médical. J'appréhendais le terme, surtout d'être prise de douleurs en pleine nuit, l'expulsion solitaire. Dieu me préserve de devoir réveiller des inconnus, un étage me sépare de l'aide. Ce n'est pas la première fois que je constate que cette dame gagne à être connue. Haute sur jambes, la fesse étroite, le sein accroché bas, l'ongle carré et ras, le nez trop aquilin, sans fards, musclée, elle manque de féminité, mais son abord froid et formaliste recouvre un sens très chrétien de la charité. Que son mari n'ait pas lâché un chef qu'il servait depuis des années, pour s'insérer en temps adroit dans la geste de la Résistance, est-ce à moi d'en juger et de blâmer ? Je prends la main secourable, pénétrée de gratitude.

Drôle : menacée de la belle étoile, j'ai — provisoirement — deux logis.

Pas drôle du tout : Jeannette, Jeannette, si pessimiste sur la solidité du bonheur de ta fille, es-tu jamais allée aussi loin que lui prévoir une grossesse sans bonheur ?

Du bonheur, j'aurais pu m'en créer, je le découvre bien tard... C'est pourtant vrai qu'un impérieux devoir grandit en moi, qu'un être va sortir de ma boursouflure, de la chair, des os... Et une âme ! Que nous allons être deux. J'ai mis bien du temps à m'inquiéter de possibles incidences de mes transes sur la réussite physique et le moi de mon remuant inconnu.

J'ai promis à mon bébé de ne plus broyer de noir, de ne plus m'énerver. J'ai tenu parole jusqu'à l'arrivée du *Turenne*. Depuis que je sens Georges proche, le ferme propos mollit. Je guette le facteur. Dès cinq heures de l'après-midi, je surveille la rue, frissonnante sous une triple épaisseur de lainage, les pieds contre un grille-pain électrique, radiateur de fortune. Si Georges a fait le calcul, il sait où j'en suis.

Sept heures du matin, Mme X... me palpe avec compétence.

— Il est temps. Préparez-vous. La bonne va aller nous chercher un taxi.

Pendant qu'elle-même s'habille, un subterfuge me vient, qui obligera Georges à apprendre ce qu'il veut ignorer. Je ressors de l'enveloppe écrite et fermée la feuille sur laquelle j'ai tracé d'une main nerveuse : « Georges, j'entre à la maternité de Sainte-Anne. » Quand Mme X... remonte, je lui tends une enveloppe vierge et mon stylo :

— Rendez-moi le service de mettre l'adresse. je tremble trop. C'est pour mon mari.

— Voulez-vous qu'un des enfants aille confier votre lettre à une embarcation du *Turenne ?*

Si je le veux ?

Comme il se devait alors, j'enfante dans la douleur. Jusqu'au milieu de la journée je besogne, les mains rivées aux barreaux de mon lit, suant mon mal, ahanant mes efforts. Prévenu depuis plusieurs heures, Georges n'a pas demandé de mes nouvelles. Mais peut-être va-t-il venir ? N'arpente-t-il pas les couloirs, sous l'œil narquois des infirmières, toujours amusées de voir lâcher des nerfs de guerrier ? Il m'est interdit de m'informer.

Peu après midi, une fulguration dans mes reins m'amène au bord de l'inconscience. Encore quelques traits de feu et une ruée chaude coule de moi. J'ai retenu les cris de souffrance, je libère ma joie en sanglots secs. Je salive d'impatience, je tends le cou, insensible aux tiraillements de mon corps forcé.

— Qu'est-ce que c'est, docteur ?

— Une fille, chère madame. Et superbe.

— Montrez vite.

— Restez tranquille, nom d'un sabord !... Un peu de patience. Là... voici l'objet.

Il élève un petit tas de chair, gluant, froissé, gesticulant, qui emplit aussitôt la chambre de son mécontentement d'être sorti du tiède cocon.

— Bon sang ne saurait mentir. On a une bonne voix, demoiselle Landry !

Je suis doublement délivrée. Et le miracle n'est pas l'entrée de Georges, mais qu'il s'estompe, supplanté par un autre amour. Mon temps de déréliction est révolu, nous sommes deux. Deux qui vont s'aimer, s'aimer...

Je suis, la langue sèche maintenant, les gestes de la sage-femme, gênée par la carrure du médecin capitaine qui termine son travail sur mon corps ouvert. Ma fille proteste toujours avec vigueur et chacun a les yeux gais. On emporte, puis rapporte mon bien.

— Sept livres. Un beau bébé.

— Quand pourrai-je la nourrir ?

— Nous en reparlerons demain.

L'aimable médecin de marine sourit de ma moue déçue. J'espère qu'il a oublié que je lui déclarais, il n'y a pas si longtemps, vouloir mettre mon enfant au biberon dès sa naissance.

— Reposez-vous. Je passerai vous voir quand j'aurai déjeuné.

Il revient. Je n'ai pas obéi. C'eût été dommage de fermer les yeux. Tout près, dans son petit lit, ma fille dort son premier sommeil, sa merveilleuse menotte rose aux ongles nacrés fermée sur mon auriculaire.

— Tout va bien ? Le commandant a été prévenu ?

— Je ne crois pas.

— Oh ! Voulez-vous que je fasse envoyer un message au *Turenne ?*

Un message au *Turenne ?* Pourquoi pas ? Je le vois : *D'Hôpital Sainte-Anne à* Turenne *stop Annick Landry bien arrivée stop.* Je le suis : il est capté par tous les bateaux ! J'en connais les conséquences : les félicitations verbales qui vont contraindre à feindre ce que l'on n'éprouve pas, les félicitations transmises qui vont s'amonceler sur le bureau de « l'heureux père », auxquelles il faudra répondre, le champagne débouché au carré, chez le commandant, chez l'amiral, qu'il faudra bien boire ! Qui sera gêné ? Pour une fois, pas moi. Merci, toubib. Faites, faites vite. C'est de bonne guerre, permets que je ramasse ce pli, Georges.

Angèle, Louise, Mme X.. sont venues, aussi quelques curieuses. Il est plus que probable que le manque d'empressement du père a tôt fait le tour de la maternité et gagné l'extérieur par le canal des visiteurs des chambres voisines. Mes larmiers, si bien approvisionnés depuis la mi-40, sont taris. Presque l'indifférence, à peine un pincement au cœur quand le long visage qui devrait resplendir près des nôtres renaît de celui d'Annick, car c'est à son père qu'elle ressemble.

Dans la matinée de mon cinquième jour de clinique, une carte épinglée sur une gerbe m'apprend que Goulven est à Toulon. Il est inhabituel qu'un homme, qui n'est ni le mari ni le parent d'une accouchée, pénètre dans une maternité. Je l'appelle : « Annick est impatiente de faire votre connaissance et moi de vous revoir. Venez. »

— Quelle bonne mine, Hélène !

C'est vrai, j'ai bonne mine, même sans maquillage. Touchant de maladresse émue, Goulven chatouille le menton de ma fille.

— Il est défendu d'embrasser les bébés, mais je fais une exception pour vous.

Une infirmière ouvre la porte et, découvrant un veston bleu marine penché sur le petit lit, la referme avec un sourire.

— C'est doux et chaud ce petit bout de machin de cinq jours... Cinq jours, quel âge !

— Venez vous asseoir près de moi. Comment se porte votre cuirassé ?

— A part les petits pépins que vous lui avez souhaités, bien. Les types qui ne sont pas allés en permission la dernière fois sont ravis.

Il s'efforce au naturel, mais ce qu'il pense et qu'il sait que je sais qu'il pense, nous trouble. Un ange passe. Ce bébé aurait pu naître Coatmeur.

— Vous m'avez gâtée...

— Je me demandais si les fleurs étaient autorisées...

— Le jour. On m'en privera ce soir, on me les rendra demain matin.

Nous épuisons les banalités. Goulven m'observe et se décide :

— A vous voir cet air radieux, il semble que tout aille pour le mieux ?

— Ce bonheur-là en vaut bien un autre, je l'affirme.

— Est-ce aussi l'avis du père ?

— Il y paraît.

— Ainsi, il n'est pas venu ?

Il s'éponge le front, hésite, puis :

— L'aimez-vous toujours, Hélène ?

— Ma fille a refoulé le reste du monde, y compris ce père qui refuse de l'être. Si je l'aime encore ? Je ne me pose plus la question.

— Vous ne souffrez plus ?

— Non. La rancune ne fait pas souffrir, elle arme.

— Des projets ?

— Aucun.

— Statu quo ?

— A vie !

— C'est une solution. Peut-être pas la meilleure ?... ose-t-il sans me regarder.

Il gratte un défaut dans le tissage de mon drap. J'appréhende une offre de solution meilleure. Refuser nous séparera. Je tiens à lui.

— Hélène, voulez-vous que je me substitue au frère que vous n'avez plus et que j'aille voir Landry ? S'il apparaît nécessaire de justifier une intervention dans ce qui, à première vue, ne me regarde pas, je me réclamerai d'un passé vieux de huit ans.

— Vous feriez cela ?

— Sans me poser en thaumaturge, je serais aussi bon intermédiaire qu'un avocat.

Et je le soupçonnais de chercher à profiter des circonstances ! Il est meilleur que moi, et tellement plus droit ! J'ai honte de mon réflexe : aucun intermédiaire ne serait plus pénible à entendre que « le petit Coatmeur ». Pour qu'il ne soit pas peiné, je m'empare de sa main :

— Merci, merci... mais je ne veux pas de votre médiation. Vous a-t-on déjà dit que vous êtes bon ? Sachez que personne ne le sait mieux que moi. Je ne vous ai pas donné ce que vous désiriez, mais je vous aime profondément, plus que je n'ai aimé mon frère.

Que ne penserait qui nous surprendrait mains étreintes, l'émotion dans les yeux et sur les lèvres ? Il se dégage, change de sujet :

— De la fatigue en perspective pour remettre en état l'appartement de Viève, inhabité depuis si longtemps...

— Angèle et Louise ont fait un sort à sa poussière. Il nous attend.

Allons-nous parler ménage ? L'infirmière nous en sauve. C'est l'heure de la tétée. N'étant pas le papa, Goulven est gentiment mis à la porte.

Encore un cadre nouveau, toujours provisoire, mais moins solennel que le dernier, ensoleillé, jeune. Ne tarde pas à m'y parvenir, via mon ancien domicile, la riposte au message de l'hôpital. Trois lignes du démarieur mandaté pour me rappeler qu'il se tient toujours à ma disposition. La naissance de ma fille n'a rien changé. Eh bien, pas de modification de mon côté non plus, noble vieillard aux fanons roses et tout oint de lavande. Je ne reviendrai pas vous écouter brasser vos poncifs et déifier votre client. Gardez votre pathos pour des parties adverses moins rétives. Je garde la vervelle à la patte, cautèle, insistance, menaces, ne la détacheront pas.

C'est tout de même une force que pouvoir se dire que Georges, sa gredine et son sicaire, réunis, sont impuissants face à mon inertie. J'en ris à pleine gorge.

J'ai beau avoir bien ri, la malsaine lecture a eu de fâcheuses répercussions sur la qualité de mon lait. La découverte de boutons sur le corps d'Annick me consterne. Comme je t'en veux, Georges...

***

Six mois de calme blanc. Je n'entends parler de rien.

Après une assez longue éclipse, les bonnets du *Turenne* foisonnent en ville, autant de rencontres à goût de chicotin.

Goulven continue de ratisser la mer. Je l'ai revu deux fois. Son attitude a changé. C'est moins un refroidissement que le refus d'une certaine intimité. Il s'en tient aux sujets courants, se fige si j'exhale une plainte, ne relève pas les passages amers de mes lettres. Discrètes façons de marquer sa désapprobation à l'encontre de mon entêtement à prolonger une situation fausse sans bénéfice avouable. Il ne s'est pas autorisé de la destruction de mon ménage pour m'offrir une seconde fois son nom, mais il éclate qu'il attend d'y être encouragé, non par des mots dits ou écrits, mais par un geste dans le sens qu'il souhaite. Quand m'effleure la possibilité, à ma portée, de biffer l'acte II et de raccorder le III au I, je l'écarte. Non qu'elle me fasse horreur : il ressort de mon bilan que, dans la course au bonheur, j'ai suivi un leurre, mais je ne me résous pas à accepter le renvoi sans satisfecit, pour raison de disconvenance. Que j'aie déçu, je l'admets jusqu'à un certain point. On connaissait mes moyens, on me savait peu douée pour le subtil et l'introspection ; puisqu'on prétendait me défendre, que ne m'a-t-on, en premier lieu, défendue contre moi-même ! On me traite comme un fifrelin ? A tort ou à raison, je résiste au balayage. J'enrage de n'avoir été qu'un intermède, d'abord agréable, puis déplaisant, dans la vie d'un homme qui a dévasté la mienne à la manière d'un hurricane. D'autre part, je ne m'aveugle tout de même pas sur la puissance de mon pouvoir sur Goulven. Son feu clair d'adolescent, qu'étouffaient peu à peu les cendres des années, ranimé par le retournement comme par un jet de pétrole, arde plus fort que jamais, mais ne se contentera pas à vie d'une affection platonique en retour. Un jour, las de m'aimer en vain, il s'éloignera définitivement. Supporterais-je de perdre aussi Goulven ?

Ce matin, les cirrhus envahissent mon ciel. Un facteur m'a apporté un pli recommandé. Le temps de signer et de remercier d'une étrenne, puis d'introduire, en la massacrant, une épingle arrachée de ma chevelure dans un coin de l'enveloppe, j'ai deviné et répondu. « Coucou, c'est encore moi, signé Bavero », « Du papier et un affranchissement perdus, au panier ! Et basta ! comme disait l'Empereur dans ses moments de non-contrôle ! » Le plus ennuyeux est qu'il ne s'agit, cette fois, ni d'usure ni de prise de tension. Désormais, me prie-t-on de noter, les subsides ne me seront plus versés par le Service de la Solde, mais par un avoué. Devrai-je, chaque mois, venir tendre ma sébile dans un temple tapissé d'ex-voto de chicane et subir l'agression d'un second expert en tablature ? Comment toucher ce vil, mais indispensable, argent, sans passer sous les fourches caudines d'un avoué dévoué à la cause opposée ? Libeller un mandat serait trop demander à qui ne veut plus rien donner de sa personne, mais un virement à mon nom dans une banque me priverait de l'écriture chère. Petit cerveau, on t'attendait là !

— Vous ouvrir un compte, madame ? Oui, avec une autorisation maritale.

Cette autorisation, je ne peux l'obtenir que par Bavero.

— Voyons, voyons, petite madame...

N'ai-je pas été prévenue ? La situation d'une épouse séparée de son conjoint sans l'accord du juge comporte divers inconvénients. Personne ne peut me contraindre à demander le divorce, personne ne peut contraindre mon mari à signer des papiers, me déclare son représentant qui paraît atteint, sans espoir d'amélioration, de la dextrocardie du gendarme.

Je déteste ces gens qui guettent ma lassitude, la parole melliflue, le sécateur dans l'œil. L'avoué, un petit monsieur dont le teint reflète le vert de ses classeurs, me pose, invariablement, la même question :

— Qui s'occupe de vos intérêts ?

— Personne, maître.

Il fait semblant d'être surpris, je fais semblant de ne pas voir son rictus. Et je sors de là humiliée et exaspérée.

Tout à l'heure, j'ai aperçu Goulven en compagnie d'un camarade, à une terrasse de café. Ses lettres deviennent rares. J'hésitais à lui faire part, par écrit, d'un projet qui me soustraira aux procédés tracassiers des hommes de loi. Nous en discuterons.

La journée s'achève, Goulven n'est pas venu.

Je l'espère en vain le lendemain. Reparti après une courte escale ? Il aurait pris le temps d'aller au café, pas celui de venir me voir ? Je suis mortifiée. Plus : j'ai de la peine.

Il y a quatre jours que l'abstention de Goulven m'obsède. Pas un mot. Je ne comprends pas. Je vais lui écrire quand il se présente, peu avant l'heure du dîner.

— Je ne reste que quelques minutes, prévient-il. J'appareille ce soir.

Il se rend d'abord auprès d'Annick qui gazouille dans la pièce voisine, revient l'air préoccupé. Je vais lui dire son fait, il me devance :

— Oui, Hélène, je suis à Toulon depuis cinq jours et j'attends le dernier moment...

— Vous êtes libre d'occuper vos loisirs comme bon vous semble !

— Ne voyez là rien de plus que le souci de ne pas vous compromettre.

— Depuis quand vos visites me compromettent-elles ?

— Depuis qu'elles sont susceptibles d'être mal interprétées.

— Pourquoi aujourd'hui plus qu'hier ?

— Vous le savez aussi bien que moi !

Goulven presque agressif ? Il le devient de plus en plus :

— Où en êtes-vous ? Landry a-t-il enfin vu sa fille ?

— Non.

— Depuis qu'elle est née, il n'a pas fait un geste ?

— Si, il m'a fait supprimer la délégation et me jette de quoi vivre en prenant des précautions telles, que je doute qu'il ait touché les billets qui me sont remis.

— Par l'avocat ?

— Par un avoué. Oh, Goulven... J'en ai assez, assez...

— Comme je vous comprends ! Qu'avez-vous décidé ?

— De me passer de son sale argent, de travailler pour élever Annick.

— Auriez-vous oublié ce qu'on propose à qui n'a ni diplôme ni métier ?

— L'Etat me doit la valeur de la maison de Brest. J'achèterai un petit commerce.

— Vous rêvez. Le règlement des dommages de guerre n'est pas pour demain !

— J'abandonnerai mes droits à un prêteur.

— Outre que vous seriez volée à coup sûr, vous croyez-vous libre d'agir et de traiter parce que vous allez aux urnes ? Sous quel régime êtes-vous mariée ?

— Communauté.

— Pour disposer des biens qui entrent dans la communauté, il faut que le mari le veuille. Je ne suspecte pas Landry de lucre, mais on lui conseillera, c'est l'évidence, d'ignorer vos requêtes.

— Suis-je à ce point désarmée ?

— Il est permis d'espérer que les législateurs émanciperont la femme mariée, avec des limites, il va sans dire. En attendant, vous êtes une mineure.

— Je n'en sortirai pas !

— Vous pourriez fort bien en sortir.

— Par le divorce ? Non.

— Demeurez donc en tutelle, obligée pour toute démarche de mendier signature, autorisation, procuration, que l'on vous refusera par représailles. Voyez ce qui vous attend : un bourbier d'empêchements, de vexations, de mesquineries voulues. Vous m'embêtez, je vous embête. Vous voulez louer un appartement ? Je ne signe pas l'engagement de loyer. Vous désirez changer de cieux ? Vous n'aurez pas l'ausweis marital. Vous passez outre à l'obédience ? Abandon du domicile conjugal, enfin dans votre tort ! S'entre-haïr et s'entre-nuire à vie, joli programme. A moins que vous ne conserviez de l'espoir ?

— Plus d'espoir.

— Vous allez donc gâcher votre vie pour la satisfaction de gâcher la sienne.

— On se venge comme on peut.

Ce que j'ai dit est laid, mais je ne supporte pas la réprobation de Goulven.

— Un monsieur qui a volé la fiancée d'un autre, engrossé la femme d'un ami, abandonné la sienne enceinte et qui se désintéresse de sa fille mérite de l'indulgence ?

— Je ne minimise pas les torts de Landry, mais je réprouve le motif qui vous pousse à vous opiniâtrer. L'espérance d'une reprise de vie commune, un scrupule d'ordre religieux seraient recevables, pas la vengeance. Ne lisez-vous plus les journaux ? Voyez les jugements rendus par Némésis à la fois Cour et Jury. Des millions d'hommes se sont battus pour la liberté, faites-vous si bon marché de celle d'un des meilleurs d'entre eux ?

— Il l'a aliénée mieux que de bon gré, autant dire qu'il m'a kidnappée ! S'il renie aujourd'hui sa signature...

— Le grand mot est lâché, coupe Goulven. Tant qu'on n'a pas apposé sa signature sur un registre, la foi promise, jurée, pfuit !

J'ai mérité la leçon. Il ajoute, comme pour lui-même :

— On se sent toujours libre de se reprendre, c'est l'autre qui ne l'est pas.

Ne philosophons pas. Je préfère user ma rancœur :

— Sois belle pour mon plaisir et surtout ne pense pas. J'ai eu tort de penser. Tout humain est peccable, dit-on ? Un aphorisme qui doit être pris dans le sens ségrégatif, puisque l'indulgence sous-jacente ne vaut pas pour une femme. A tout péché miséricorde ? Le mien est l'exception puisque irrémissible. L'ennui est que la coupable ne s'incline pas devant une sanction qui est le fait du prince et que les droits sont de son côté.

— Dites la Loi. A mes yeux, il est des valeurs sur lesquelles une épouse n'a aucun droit, même mariée sous le régime de la communauté simple.

— Par exemple ?

— Par exemple, la carrière du mari. Si celle de Landry est en flèche, nous savons pourquoi et que vous n'y êtes pour rien. Or, c'est là que vous l'atteignez. Chez nous, la vie privée ne se dissocie pas de la vie publique. En le condamnant à la vulnérabilité, vous lui retirez l'échelle de sous le pied et, plus grave encore, vous ternissez une gloire qui appartient au côté épopée de l'Histoire de ce temps.

Les bras m'en tombent.

— Vous êtes inouï ! Je crois entendre Bavero, ce défenseur du plus fort qui en appelle à mon sens du devoir pour m'amener à un hara-kiri clandestin. Comme lui, vous estimez que rechigner à larguer les amarres c'est délit d'incivisme !

— Les amarres ne retiennent-elles pas aussi vos chances de repartir vers un avenir acceptable, avec quelqu'un qui saurait mieux vous aimer ?

Le ton est net, l'appel direct. Il allume une cigarette, en tire des bouffées rapprochées, qu'il rejette en suivant le vol désordonné d'un papillon. Comme je ne relève pas l'invite, il enchaîne :

— Vous serez plus sereine l'apaisement venu, car il viendra, si vous n'avez pas méchamment aggravé les choses entre vous.

— C'est très méchant d'interdire à un infidèle d'être heureux en toute impunité ?

— Heureux ?... Etes-vous sûre qu'il peut encore l'être ? Pas moi.

— Il devrait s'estimer privilégié que l'épouse bafouée ne tempête ni ne menace, et qu'elle soit si peu avide, qu'elle ambitionne de se passer d'aide financière.

— Si vous cultivez votre rancune en serre, qui sait les fruits qu'elle donnera ? Avec ou sans dignité, vous parviendrez au même résultat : la haine et le sabotage de votre jeunesse. Libre à vous de ne pas changer de cap, mais ne comptez pas sur moi pour vous escorter plus longtemps. Je devais vous le dire. Je suis venu pour cela.

— C'est vous, Goulven, qui me parlez ainsi ?

Il se force, mais ne reviendra pas sur une détermination bien mûrie, c'est clair. Et cela porte, car il a raison.

— Continuer de fréquenter votre maison, quand il n'est plus de chance d'y rencontrer votre mari, serait faire peu de cas de votre réputation.

— Pourtant, pendant la guerre...

— J'apportais une aide morale à la femme d'un camarade absent pour le meilleur des motifs, qui m'en a, d'ailleurs, chaleureusement remercié à son retour.

Il s'est levé. Ma superbe tombée, je suis défaite. Vais-je devenir, pour lui aussi, la sainte qu'on ne chôme plus ?

— Vous ne reviendrez pas ?

— Je vous ai donné la raison principale. Il y en a une autre, on m'envoie sasser l'Atlantique.

— M'écrirez-vous ?

— Que vous dirais-je que vous ne sachiez déjà ?

— Oh ! Goulven ! Est-il possible que vous ne m'aimiez plus ?

— C'est parce que je vous porte trop d'affection que je m'écarte.

— Rien que de l'affection ?

— Un honnête homme ne saurait répondre à une telle question, si c'est une femme mariée qui la lui pose, murmure-t-il, troublé et fuyant mon contact. Je vais faire mes adieux à Annick. Vous avez une enfant adorable, Hélène.

J'attends sur place, désorientée... La mise en demeure est en avance sur mes prévisions. La gratuité n'est pas éternelle, la protection de Goulven exige désormais de moi une contrepartie. J'ai peur des lendemains sans homme... Certes, aucun amour ne ressemblera à celui que j'ai vécu, mais s'il est quelqu'un d'acceptable, pour reprendre le voyage interrompu, c'est Goulven. Il ne serait pas jaloux de mon passé, me ménagerait, me réapprendrait doucement à vivre... Il a continué de m'aimer amoureuse d'un autre, il m'aime non guérie, il m'aimerait sans demander plus que je ne pourrais donner... Aussi vrai que j'ai perdu Georges, je vais perdre Goulven. Malade d'indécision, je suis à la fois au pied du mur et au bord du toit, forcée dans mon retranchement.

Goulven sort de la chambre d'Annick. Je sens que tous ses pores ont des antennes. Je ne veux pas que nous nous séparions les ponts coupés. Non, je ne veux pas cela.

— Si je renouvelle ma question dans quelque temps, y répondrez-vous ?

— A condition qu'elle prenne une autre forme et ne vienne pas trop tard, oui.

Il détache mes mains de ses épaules, les presse sans s'attarder, ouvre la porte. Il est dehors, je souffle :

— Qu'entendez-vous par trop tard ?

— Je vous accorde un an, mais pas un jour de plus.

— Un an sans nous voir ni nous écrire ?

L'élan du cœur l'arrête. Il se retourne, une main sur la rampe, avec son expression fervente d'autrefois :

— Il ne tient qu'à vous d'abréger. Adieu, Hélène... ou à bientôt ?

L'entrevue a été écourtée au minimum, il n'a pas dit un mot inutile. A moi de réfléchir et de trancher. On ne garde pas un cœur prisonnier, simplement parce qu'il est rassurant de l'avoir à portée de besoin. Ce cœur mérite mieux : passé un an, il se veut préféré ou rendu. Un an... Le temps de voir bien clair... Moins, si je lui confère plus de valeur qu'à un pis-aller.

***

Oscillations... Fermer le dalot et entretenir les humeurs à l'intérieur ou ouvrir grandes les fenêtres à l'air frais qui assèchera leur source ? L'abattement suit la révolte, le dégoût succède à la satisfaction morose de ne pas céder, les fanfaronnades s'achèvent en à quoi bon ? La lassitude me gagne.

Château en Espagne : si Georges soudain nous voulait ? Positif : Goulven qui nous veut a nettement défini la limite de sa patience. Risque de demeurer femme seule avec un enfant, chance certaine d'être épouse et mère, toutes les chances pour Annick.

J'ignore comment vit Georges, j'ai refoulé la tentation d'épier. Lui qui supporte mal les contraintes, a-t-il commencé de me haïr ? Lui faire payer mon erre cassée et ne pas supporter qu'il me haïsse !

J'ai fait un rêve bête à pleurer, où s'agitaient comme à guignol des personnages sortis de mon actualité. L'oncle Louis, en caleçon et chaussettes, tentait de fendre une foule tentaculaire : « Je n'en peux plus ! Qu'elle conserve mes vêtements, qu'elle mette arrêt sur ma solde, mais qu'elle me rende ma liberté ! Laissez-moi passer, pitié ! Liberté ! » Alors, du petit balcon de Mussolini, tante Alice prenait les braves gens à témoin : « Le Droit est avec moi. N'ai-je pas été une parfaite épouse pour l'ingrat qui fuit son foyer ? Cet homme est un monstre, vengez-moi ! » Et les braves gens, justement indignés, lapidaient Louis et revenaient couler les vertus d'Alice dans le bronze, pour l'éternité.

La date du journal me secoue. Quatre mois de tergiversation ! Et Goulven tient bon.

Sous la ramure vert sapin de son triste cabinet, l'officier ministériel me tend l'aumône mensuelle et sacrifie au rite : « Qui a fixé les aliments ? Rappelez-moi le nom de votre avoué. Ah ?... Désirez-vous l'adresse d'un confrère ? », puis me raccompagne, la mine entendue. « Encore récalcitrante, mais pas le style des entêtées à vie. » Vous voyez juste, mon bon, la vilaine consent à désobstruer la route du seigneur, mais elle réserve la primeur de la nouvelle à son ami Bavero, pour le plaisir.

J'ai pris rendez-vous avec le cisailleur de hiles, docteur ès tarabustes et ratiocinations, sur qui j'ai dérivé une bonne part de mon ressentiment depuis qu'il me communiqua l'ukase, dont le sobriquet, pensé ou prononcé, déchaîne une logorrhée incoercible.

Me revoici dans le même profond fauteuil, assurée cette fois, sous l'œil, en apparence évanescent, du psychologue limicole, qui frottera bientôt ses blanches mains d'un savon imaginaire, en substituant à ma pâle personnalité, celle beaucoup plus représentative de son client enfin gagnant. Je suis calme, souriante même, car amusée de constater que la plongée dans le décolleté et sur les jambes croisées haut de la partie adverse émeut un galantin qui, à l'âge des ennuis prostatiques, s'affiche toujours semper virens. Soyons sérieux. Je décroise mes jambes et noue mon écharpe sur ma gorge.

— J'ai décidé de divorcer, maître.

La satisfaction se dissimule sous la barbe. C'est très aimable à moi de m'être dérangée (dans l'usage, ces affaires se traitent entre professionnels). La palabre s'engage sur un ton de bonne compagnie, ce qui ne distraira pas ma contention, car ce que j'ai à placer doit être exactement rapporté. En l'honneur de la fête à la tondaille, le cher homme a appendu l'étendard de victoire, il l'amènera assez vite. J'ai beaucoup réfléchi. La situation, vue de plus haut, en quelque sorte décongestionnée, je ne suis plus si sûre qu'Annick n'intéresse pas son père. C'est avec moi qu'il entend marquer qu'il n'aura plus commerce. Qu'il y ait dessein ou manœuvre, je contre. S'il désire voir sa fille sans mon autorisation et hors de ma présence, un juge lui en donnerait le droit, mais demande-t-on à la Justice d'obliger qui n'a rien refusé ? Un autre plaignant, peut-être. Pas lui.

L'avoué parlait d'aliments, le chevalier de la barre dit pension alimentaire. O mes sœurs en triste dépendance, que vous semble de ces mangeailles ? A moi, elles coupent l'appétit.

— Point secondaire, maître. L'entretien de ma fille n'incombera pas à votre client au-delà du délai imposé à une femme divorcée pour se remarier.

Il tique, objecte d'une voix sifflante, gêné par un dentier neuf mal ajusté :

— Vous obtiendrez la garde de votre enfant, mais le juge fera une obligation au père de subvenir à ses besoins jusqu'à la fin de ses études. Et ce serait méconnaître mon client que lui prêter l'intention de se soustraire à ses devoirs. Il entend assumer ses responsabilités, non seulement envers sa fille, mais envers vous.

— Remerciez-l'en. Et dites-lui que ma nouvelle union le déliera de toute obligation envers moi. S'il me faut accepter une... indemnité pour ma fille, je me contenterai du franc symbolique. Et votre client n'entendra plus parler de nous.

L'air sévère du bonhomme, la barbe qui menace, la voix qui siffle :

— Madame ! Si un père a des obligations, il a aussi des droits. A ce propos, je suis autorisé à vous dire que le commandant attend que le juge ait fixé les modalités...

Pour une fois, j'ai vu juste. Je le coupe :

— Le droit de visite à l'heure de son choix ? Ma fille a un an et le père n'a pas encore éprouvé le besoin de l'approcher. Je vais lui en donner un qui tiendra son rôle avec la tendresse et l'attention souhaitables. Les apparitions, plus ou moins espacées, d'un monsieur inconnu, qu'il lui faudrait considérer comme un père bis, ne sauraient être que préjudiciables à sa santé morale. Je fais mieux qu'en dispenser votre client, je dis non.

La mine archipateline de l'ennemi m'enchante. Il penche la tête à droite, à gauche, la renverse, lève les bras et, toujours sifflant, mais persifleur, déclame :

— *Hoc volo, sic jubeo, sit pro ratione voluntas !*

Avec quelle joie je le coifferais de sa corbeille à papier ! Il jouit de la certitude que je n'entends pas le latin, le ton et l'air me permettent de traduire par intuition : « Cacardez, belle attardée, nous assignerons à vos vouloirs l'importance qu'il nous plaira. » Enregistre, enregistre, mémoire, nous consulterons tout à l'heure le Grand Larousse de Geneviève, du diable si nous n'y trouvons pas confirmation. Chercher distrait et instruit. Que d'enrichissement ne dois-je pas à l'amour-propre qui, au lendemain de la rencontre de l'amour, me fit élire un dictionnaire comme livre de chevet. Mais attention, notre homme fait les gros yeux, brandit l'index de la Justice, reparle français. Non-présentation d'enfant, sais-je à quoi cela expose ? Je ris. Les gendarmes ? L'homme (de loi) lige du suzerain client n'apprécie pas mon rire, mais ne me foudroie pas.

— Enfantillages, chère madame. Votre fille exigera un jour. Elle posera des questions, notamment sur le nom qu'elle porte. Un fort beau nom, par ma foi.

— Un nom très répandu. Comme je ne l'élèverai pas dans le culte du héros, il n'est pas exclu qu'elle ne fasse jamais le rapprochement. Ce dont on parle beaucoup vieillit vite. Dans dix ans, qui se souviendra du nom du commandant du *Diomède* ? Si elle s'étonne de ne pas porter le nom de ses parents, je lui expliquerai que le lien entre époux est sécable, par la mort ou par la vie, et que l'amour entre père et enfant n'est pas obligatoirement lié au sang. Quand elle atteindra l'âge de juger, je dirai comment, embarquée presque de force dans un kamikaze, j'en suis, par miracle, sortie avec des blessures guérissables.

— Je ne vous suis pas bien...

— Répétez mes paroles à votre client, lui comprendra. Dites aussi que c'est donnant donnant.

Le bonhomme m'attribuait généreusement tous les torts, le plus grand, à ses yeux, étant ma fermeture aux concepts de mon mari. Franc-maçonnerie d'esthètes. Salut à toi, Agnès. Approche. Sais-tu que tu es jolie, et pulpeuse, et callipyge ? Laisse-toi respirer... Et maintenant, arrière, tu es éventée ! Nous

nous comprenons, mon cher commandant. Soyez tranquille. nous amènerons, plus tôt que tard, votre femme à céder *motu proprio,* et nous la renverrons la conscience surchargée de deleatur. Mais voilà que cette partie adverse sans consistance, qui devait capituler, après une normale résistance, sans condition essentielle, en pose une inattendue et considérable : à prendre ou à laisser, on y va ou on n'en parle plus, qu'elle rit à la barbe en gorgerin en s'inquiétant *in fine* :

— Rassurez-moi, maître : les arrangements entre parties avant le recours au juge ne seraient-ils pas... illicites ?

Pauvre Bavero, méritait-il tant d'acrimonie ? Dans quelques jours, ma hargne fondra et j'éprouverai un peu de remords, car mon propre représentant ne se montrera pas moins ultra, et il me faudra plaider moi-même pour qu'il vienne à ma conception, assez singulière, de l'évaluation d'une pension alimentaire.

Du fatras procédurier, j'ai surtout retenu « tentative de réconciliation ». Je ne pense plus qu'à cela. Je m'y prépare.

Avoir cru que Georges se dérangerait sera mon dernier aveu de naïveté.

Une affaire rondement menée. Dix semaines après ma reddition, très conditionnelle, je redeviens Hélène Cosquer. En somme, pour qu'un divorce ne traîne pas, il suffit, aux couples qui ne s'entendent plus, de s'entendre sur le point capital et de façon que le juge puisse faire semblant de ne pas subodorer l'accord secret sous le désaccord exposé. Un coup de tampon officiel, presque dix ans d'hymen biffés. Sur le papier, les droits du père, imprescriptibles. Officieusement, une clause verbale — dans laquelle un Bavero plus que désapprobateur a tenu à inclure qu'elle était dénonçable par moi à tout moment — me garantit mon *pretium doloris,* ma fille en exclusivité. L'inhumain que j'ai aimé autant qu'il est possible d'aimer a renoncé à notre enfant, sans me faire l'honneur d'en discuter. Faut-il qu'il me méprise !

Un aménagement de la loi permettra à mon ex-mari de donner son nom à son fils, m'a dit mon avocat. Ceci n'a pas atténué ma culpabilité, j'ai été jugée et condamnée sur l'intention.

Je me sens bien dans ma peau. Georges était une image endimanchée de l'amour, une piperie qui m'anschlussa, m'ensaisina, m'inféoda. Désabusée, définitivement revenue de Canossa, je me tourne vers une lumière moins éblouissante peut-être, mais constante.

— Merci d'être venu si vite, merci de m'avoir forcée à sortir de la déplaisance, merci d'être resté le même et d'être là, à ma merci. Voulez-vous de nous ?

Son air comblé... Comme il garde son bonheur muet, je taquine :

— L'ai-je bien reposée ?

Encore sans voix, il sort un écrin de sa poche et en retire la bague de nos premières fiançailles, qui vient aussitôt recouvrir le sillon pâle laissé par l'alliance. Il sourit de mon geste retrouvé pour faire scintiller le brillant de belle importance, puis me reçoit, bien plus éclairée et participante que dix ans auparavant, près du mur de l'Hôpital maritime et sous le crachin, après l'offre de la position sociale qu'ambitionnait ma mère. Cette fois, il ne me tient que de moi-même. J'adresse néanmoins un clin d'œil ému dans l'au-delà à celle qui tant se démena et se surmena pour faire de son garçon un M. l'ingénieur et de sa fille une femme d'officier du grand corps. Je suis confortable et quiète dans les bras de Goulven qu'elle ne cessa de regretter, rentrée au port après un rude coup de chien, telle l'*Evangéline,* talée mais sauve, et avec un grand appétit de bonheur. Aussi, à l'imitation de mes grands-pères, irai-je un jour remercier Mme Sainte Anne, dans sa chapelle du Portzic. Je n'offrirai pas une maquette de la goélette désengagée qui repart vent en poupe, mais l'organeau d'or et quelques bijoux, les principes du donateur s'opposant à une restitution directe. Avant de rappeler Goulven, je me suis désinfectée et cautérisée : j'ai brûlé les photographies retournées et les lettres déchirées, en menus morceaux afin de m'interdire la reconnaissance au passage de phrases évocatrices de festins de Balthazar. Place nette pour recevoir ce que la Providence veut bien me rendre, après que j'en eus inconsidérément fait fi. Je ne suis pas ensorcelée, mais sûre de moi comme de Goulven. Il a su me manœuvrer, le bien menacé se valorise. Le premier pas franchi, j'ai eu hâte d'arriver au terme de mon parcours procédurier.

Je caresse les protubérances de son crâne, je lisse ses gros sourcils, je touche la paix et la sécurité. La fragrance de mer enchante mes narines, la pointe d'accent breton qui fait rimer son prénom avec le mien enchante mes oreilles. L'allée de parc est de nouveau devant moi, rectiligne et bien peignée. Il ne peut plus rien m'arriver que de bon.

— Je regrette ces dix années, Goulven...

— Ne regrettez pas, l'épreuve était sans doute nécessaire. Vous étiez si jeune...

— Vous aussi, et pourtant...

— Justement, j'étais beaucoup trop jeune ! Accusons un peu notre jeunesse et chargeons mon inexpérience et ma sottise, j'ai eu dix ans pour ramorder le sujet ! Coatmeur l'Elitard qui se vautrait dans les délices de la tetche et du ship [1], pendant que, dans la batterie, ses camarades discutaient du mode d'emploi de la touloulou. Coatmeur le Béjaune qui avait le front de prononcer, devant la fille qu'il aimait, des mots barbares, elliptique et orthodromie ! O ciel, que de vertu vous me fîtes haïr quand vous vous écroulâtes sur ma tête !

1. Astronomie et calcul nautique.

Je ne peux pas rire avec lui de ce passé douloureux qu'il ne veut rappeler que sur le mode plaisant.

— Le désespéré moyen s'arrache les cheveux, je fis mieux. Au retour de la fatale corvette, pour m'ôter toute envie de chercher à vous revoir, j'ordonnai au rabois de me tondre à zéro. Une réussite ! Malheureusement, notre professeur de manœuvre, un lieutenant de vaisseau des moins romantiques, assimila l'aspect de mon crâne à une provocation et m'envoya le présenter de sa part à la Veuve [1]. J'eus droit à une mercuriale, d'autant plus soignée que le brave homme parvenait mal à garder son sérieux devant l'horrible boule bleuâtre penchée sur son bureau. Imaginez la scène. L'affaire ne me coûta pas mes ancres dorées d'élitard, mais j'y gagnai de devenir, pour les deux promotions et à vie, le Vilain, l'Abominable, l'Affreux, le Dantesque. Mais j'entends notre Annick...

Ma fille accorde, sans se faire prier, sa menotte au pouce étiré par la succion. Elle qui ignorait les bras d'un père s'habitue si vite et si bien, qu'elle me marque incontinent sa volonté de conserver la place. Un moment privilégié, rare. Goulven dit : « Papa », en se désignant. Elle répète, satisfaite du mot nouveau, s'en imprègne, ne cesse plus de le redire, rieuse, mutine, câline, parfois grave, comme si elle comprenait l'importance de ce qui lui est donné. Elle aurait pu refuser, même le vrai père : j'ai maintes fois entendu, dans ce milieu où les coupures familiales sont fréquentes et souvent prolongées, déplorer le recul d'un enfant vis-à-vis de l'intrus qui lui vole une part de sa mère. Elle se découvre notre enfant avec ravissement, en nous tenant tous deux par le cou. Elle n'est pas jalouse, elle nous rapproche, mais veut rester entre nous. Nous sommes une famille.

En attendant la fin de ma pénitence qui, de notre fait, n'excèdera pas d'un jour l'obligation légale, il nous reste d'organiser l'avenir commun.

— Je rêve d'un appartement vide, Goulven, que nous meublerons peu à peu, selon nos disponibilités. L'indispensable pour commencer, du bricolage maison autour, marteau, pinceau et libre cours à l'imagination. Qu'en pensez-vous ?

---

1. Commandant en second de l'Ecole navale.

— Mais je pense que vous préféreriez mieux qu'une location, une maison à nous. Pour l'intérieur, la chance et la patience aidant, la prospection des antiquaires réserve parfois d'heureuses surprises. En campagne dès demain, ma chérie. Découvrez la maison, vos goûts sont les miens.

Je me doutais que Goulven était à l'abri du besoin, même sans solde, sans toutefois soupçonner qu'il pût m'offrir une maison selon mes goûts en cadeau de mariage. La fortune des Coatmeur ? Un détail dont Jeannette ne s'était pas informée.

— Il va être inhumain de vous quitter tout à l'heure pour deux semaines...

— Deux semaines et ne vous voir encore qu'entre deux trains !

— Davantage. Je ramène le bateau à Toulon. Un ennui assez sérieux. Nous avons réparé tant bien que mal, mais j'ai signalé qu'il est anormal de se propulser sur les champs de mine avec un rafistolage à la Dubout. Pourquoi, me direz-vous, opérer un changement de matériel ici plutôt que moins loin ? Un mystère qui comble mes vœux.

— Et les miens. Mais craignez le durable provisoire bien connu des marins !

— Ma plume alerte saurait décourager les responsables de retarder les travaux.

Après un déjeuner très gai, je lui propose, pour la forme, de prendre un peu de repos. Il a passé la dernière nuit dans le train et y passera la prochaine, mais il assure ne ressentir aucune fatigue. Les aiguilles de la pendule galopent. Je le raccompagne à la gare. Nous n'avons pas à nous cacher : je prends son bras et nous lions nos mains. Chemin faisant, nous nous égayons de quelques airs : Hélène Landry au bras de Coatmeur ? Puisqu'il n'est pas d'usage d'envoyer des faire-part de divorce, c'est façon d'affirmer la netteté de ma situation. Et aussi, simple ménagement d'amour-propre, d'afficher mon intention avant que mon ex-mari, qu'aucun délai ne brime, n'annonce son remariage.

Je m'étonne du peu de remous produit en moi par l'évocation de la maîtresse conduite à la mairie. Ma sortie de la vie de Georges Landry me plaît. Je ne me suis pas éternisée à jouer de mon bon droit, assez tout de même pour faire sentir que, de composition plus coriace, j'entravais mon conjoint jusqu'à la fin de nos temps, pas assez pour que vanité n'ait pas été piquée. Il me reprochait de manquer de caractère, j'en ai montré. Il s'attendait à des bêlements plaintifs, pas que je marchanderais ma tonte. Dernière satisfaction, j'ai désamorcé la haine de ma remplaçante. Comment oserait-elle m'accuser de l'avoir fait droguer incongrûment ou de déséquilibrer le budget du ménage par mes exigences ? Pas de cris, pas d'injures, pas de ces vulgaires demandes d'explications à voix perchée, qui mettent dans son tort celle qui a raison : elle ne m'a vue ni entendue. Une rivale presque trop facile à abattre pour qui reçut de la nature un tempérament pugnace.

*
**

Je suis de nouveau sacralisée, mais le culte de la déesse n'exclut pas le charnel. Goulven m'embrasse mieux que sur la commissure des lèvres. Il ne tient qu'à son désir de me prendre. Je suis disponible pour tous les bonheurs et il a assez attendu, je le lui ai dit. Il préfère garder à nos secondes fiançailles un parfum chaste qui n'est pas sans charme, j'en conviens. « Mérite-moi », m'a-t-il murmuré, un soir que je cherchais à l'induire en tentation, persuadée que lui appartenir détruirait les particules empoisonnées qui pourraient avoir résisté à l'assainissement. Après son départ, je lui ai donné raison. Pour réussir, ma nouvelle et dernière expérience doit différer de la première. Le touchant conformisme de Goulven lui veut déjà un autre déroulement.

Je reçois ses amis, mes amis d'avant mon coup de folie. L'exclusive levée par mon proche remariage, les épouses viennent aussi. Je n'ai pas retrouvé les joyeux garçons, sûrs de l'avenir, qui animaient nos réunions d'autrefois. Le métier, choisi par idéal et presque toujours par tradition familiale, revêt des couleurs moroses. Peu de bateaux, l'avancement bouché... Quelques-uns parlent de carrières civiles ouvertes aux officiers dégagés des cadres. Goulven combat la tendance à l'abandon qui gagne certains.

— Vous êtes sonnés ! Quitter la Marine à l'instigation de circulaires pessimistes quant à l'avenir de la profession ? Gardons-lui plutôt confiance et servons-la dans des postes obscurs en attendant sa renaissance qui viendra plus vite que vous ne le croyez.

— Tu parles d'or, commandant ! hurle le chœur des sermonnés.

— Je sais... J'ai la chance inouïe de commander à la mer.

— Un peu, mon neveu ! A croire que tous nos amiraux, vice et contre, anciens à l'auréole intacte et jeunes Turcs bardés de médailles, se sont penchés sur ta sphère rocailleuse !

Rires.

— Les militaires, c'est bien connu, sont souvent récompensés dans la personne de leur chef, ils apprécient peu ou prou. Félicite-toi, nous nous sentons tous honorés dans la personne de Coatmeur le Dantesque, notre pair.

— Au point que pas un de nous ne t'a accusé de reptation.

— Ou d'avoir pris ta langue pour un écouvillon !

— Ma parole, j'ignore toujours qui a prononcé mon nom lors de l'attribution des D. numérotés, mais chaque fois que je mets en avant, je rends grâces à cette puissance occulte autant que tutélaire.

Moi qui sais, me garde de le montrer. Goulven détesterait se savoir le débiteur de mon ex-mari. Et ce serait fausser l'esprit de l'intervention.

— Qu'espérer ? reprend un désenchanté. Embarquer sur un bateau-école à poste fixe ? En fin de carrière commander un ponton mâture avec quatre ficelles ? Engageant pour le fana bouline que je fus. Nous serons des badernes, Coatmeur, avant que la Marine ne redevienne ce qu'elle a été.

— Vous en êtes déjà si vous pensez à abandonner. On ne se déprend pas de la mer.

— On n'est pas dessus, Coatmeur !

— Je n'y serai plus longtemps. Calculez. Et considérez que conduire ma bette à saletés n'est tout de même pas un métier de seigneur. Après, on m'enverra classer des cartes ou à l'instruction des recrues : le fusil modèle 95 se compose de deux parties, le fu qui est en bois, le zi qui est en fer. Pas jouissant, mais je tiendrai.

— Autant s'asphyxier en gagnant de l'argent ! Te sens-tu plus bête que la moyenne des civils qui finissent pleins aux as ? Allons, si un manitou te proposait de te mettre le pied à l'étrier, lui opposerais-tu ta mise au tableau, saint Coatmeur ?

— Je vais t'épater, mon vieux, la chose s'est produite. Mon manitou, je n'ai pas à le cacher, c'est l'amiral de Thibrelle qui s'est ancré dans une grosse boîte de pétroles. Poste d'avenir, siège à Paris, appointements sans aucun rapport avec ma solde de commandant à la mer. J'ai consulté Hélène qui a eu le bon réflexe : elle accepte demain comme il sera, dans le métier que j'aime. Ah, si au lieu d'un rembourrage pour mes fesses, on m'avait offert le commandement d'un tanker... mais vous savez comme moi que les types du Long Cours sont syndiqués. Et tous, tant que vous êtes, n'auriez pas davantage donné suite. La terre à vie ? Vous groumez, mais vous resterez !

— Alors, les sombres idéalistes que nous sommes finiront, à tout casser, dans la peau d'un frégaton et, atteint l'âge dit heureux de la retraite, donneront des leçons de mathématiques aux cancres pour acheter leur tabac.

— Le malaise vient moins de nos difficultés personnelles d'avancement, que des convulsions du pays qui n'épargnent pas notre corps. Voir des honnêtes gens finir contre un mur, comme une pisse de chien, parce qu'il faut épurer ici comme partout ! Entendre parler de purge, à propos de ceux contre qui on ne relève d'autre chef d'accusation que s'être inspirés des plaques vissées en bonne place sur le pont de nos bâtiments, par des champions de palinodie qui se piquent aujourd'hui de casuistique !... Mais tout se tassera. Les squames tombés, le corps retrouvera sa santé. Surtout, face à la politique, demeurons béotiens !

— Nom de Zeus ! Si la Révolution n'avait pas ruiné ma famille, comment que, bien pépère, je me consacrerais à l'halieutique !

— Que n'ai-je pris femme dans le milieu de l'industrie...

— Laissez-moi rigoler. Tenez, je vous donne rendez-vous dans dix ans, autour d'une bouteille comme celle-ci, on verra combien d'entre nous auront échangé leur quette contre un borsalino de ventru.

J'approuve. Rien de plus déprimant qu'un départ de la Marine. D'aussi loin que je me souvienne, quand un Cosquer ou un Le Bris prenait sa retraite, la famille l'annonçait comme s'il venait de s'aliter. Mais assez de noir, je menace :

— Si la conversation ne prend pas un tour plus gai, je ne pare pas au jusant !

Protestations, rires, verres tendus. C'est gagné. Mes hôtes plaisantent. Je ris aussi fort qu'eux d'une contrepèterie née du nom d'un camarade. Goulven (comme Georges) déteste la bégueulerie et les truismes de salon ; il aime ma façon de recevoir. Lui aussi est contre la collection de relations tirées au duplicateur, que tant de ménages s'obligent à cultiver, qui n'ont d'autre intérêt que le remplissage d'une nef dans les quelques occasions de l'existence.

— Représentez-vous la tête de Mme Louis Cosquer, dite le Bidel, témoin de la façon de recevoir qui vous plaît, cher Goulven.

Fou rire. Pourquoi la détestable figure, pâlie par le temps, se recolore-t-elle soudain ? Parce que, tout à l'heure, penchés l'un près de l'autre sur la page des Nouvelles maritimes, un titre l'a ramenée au jour : Vin d'honneur à Brest pour le départ à la retraite de l'Officier des Equipages Cosquer.

— Pauvre homme ! nous sommes-nous émus d'un seul cœur.

Et j'ai aussitôt vu la réaction de Georges Landry devant la même page : « Le type qui se voit affligé d'un sarcopte, et ne l'extirpe pas, est un sot. Pas de pitié, même s'il est honnête homme. »

Mon éphéméride s'amincit, trop lentement. Je visite les villas à vendre... Rien que des lieux délabrés, humides, encagés, sans échappée sur la mer. Par bonheur, nous ne sommes pas pris à la gorge ; nous resterons chez Geneviève le temps qu'il faudra. Ne pas acheter n'importe quoi. Une maison, c'est pour la vie.

Goulven m'annonce sa venue « en quarante-huit heures » comme on dit dans la maistrance, ce qui, quand on sait voyager, signifie quatre jours. Un officier qui a eu vent de nos recherches lui a proposé une propriété dont il vient d'hériter : « A flanc de Faron, belle vue, spacieuse et agréable maison, grand jardin, mais gros travaux à envisager. » Un laconisme à l'opposé des annonces mirobolantes qui assurent « habitables de suite » des masures et affublent du titre alléchant de « jardin d'agrément » de la pierraille et des ronciers.

Jours heureux. Nous prenons le car du Faron, sans trop nous illusionner. Exceptionnel : le vendeur n'a rien exagéré, nous sommes séduits. Une vue unique qui confond ciel et mer, trois jardins étagés, une jungle à redomestiquer, mais de beaux arbres : oliviers, micocouliers, figuiers, un immense pin parasol, un haut palmier chevelu, à peine roussi, autour d'une demeure coiffée à L'Embossage, seul point commun avec la disparue à la fleur de l'âge. Nous parcourons des pièces lambrissées, admirant les glaces un peu piquées, les trumeaux de tons passés. Tout un étage de chambres, de quoi loger à l'aise les frères et sœurs d'Annick. Maison imposante, imposante aussi la liste des réparations : toiture disloquée par les vents et les retombées de D.C.A., huisserie faussée, dalles disjointes, sanitaires et cuisine à moderniser, crépi, peintures. Goulven a demandé un délai de réflexion, par politesse sans doute ? Dès l'énoncé du prix, j'ai renoncé... Regret.

Or, le soir, après s'être livré à une approximation, dans le sens large, du coût de la restauration, mon futur mari m'annonce calmement que l'opération est réalisable, sous condition que les lieux me plaisent sans réserve.

S'ils me plaisent ? Autant dire que je n'ai jamais ambitionné de devenir la maîtresse d'un tel domaine. C'est trop beau, trop conte de fées... Et mon côté chat échaudé se méfie de ce qui ressemble aux contes de fées. Mais pourquoi ne plus croire au merveilleux ? Ne suis-je pas en plein renouveau miracle ?

— Retournez voir cette maison, ma chérie... Plusieurs fois. Et décidez.

Je choisis d'aller respirer seule autour, sans l'influence du propriétaire. Elle est inoccupée, sans voisinage immédiat, je peux donc l'approcher, m'attarder autant qu'il me plaît, me brancher sur sa longueur d'onde. Tout se crée dans une maison neuve ; celle-ci date du siècle dernier ; plusieurs générations l'ont marquée, peut-être mise en défense. Mon avant-dernier appartement m'avait tout juste tolérée ; j'y avais campé, mal à l'aise, sans utiliser le tiers de l'ensemble à ma disposition. Je suis prête à aimer, mais voudra-t-on de moi ? Je le saurai très vite, comme je verrai tout de suite l'impression sur ma fille : elle est sensible aux lieux, devient grognon quand ils ne lui conviennent pas.

Un joli but de promenade. Le temps est agréable. Pas de car. En voiture, Annick !

Le palmier et le pin parasol cachent la quasi totalité de la façade. Le jardin aux herbes folles est figé, un peu mystérieux, comme si la grille de fer forgé qui nous en sépare interdisait aussi le vent. J'éprouve les vantaux : inébranlables. Je contourne le mur de clôture, haut, en bon état, hérissé de tessons. Ne verrai-je rien de plus ? Si. Sur l'arrière, à l'endroit où le mur devrait joindre la roche, un affaissement de terrain les a séparés. Le passage permet même l'entrée de la poussette sans que j'aie à la plier.

Est-ce la réponse à ma question ? Introduite en catimini, je ne me sens pas intruse, à peine fautive. La figue veloutée qui pendait à ma hauteur, n'a pas le goût vert du larcin ; le soleil l'a caramélisée à souhait : elle nous attendait. Quand je m'assieds sur un muret poudré de terre rouge, le petit lézard qui me surveillait ne se sauve pas. L'air embaume la lavande. Toute proche, mais invisible, une cigale nous stridule une vigoureuse bienvenue. Annick, qui sort pourtant d'une bonne sieste, tête son pouce, alanguie. Qu'on est bien ici ! C'est décidé, je serai la belle qui réveillera ce lieu dormant.

Ma maison... Comme Jeannette, devant ses pièces neuves et encore vides, voyait briller les bois sculptés de son héritage, je vois ma maison recrépie d'un certain ocre, ses volets repeints d'un certain vert...

— Je planterai des géraniums partout... Il me faudra beaucoup de jarres...

— Quoi c'est des zarres ? s'intéresse Annick. Mon papa apportera zarres ?

Mon histoire aurait pu s'arrêter là. C'eût été une belle fin, non ?

Angèle décolle son nez d'une arabesque de la grille. Abstraction faite du crépi (qui fut vert pâle) pisseux et grêlé, de la toiture bousculée et de la végétation désordonnée, l'endroit, romantique et cossu, semble m'attendre, me dit-il. Nous empruntons la brèche. Elle s'émerveille devant le panorama, situe les avenues et les rues, cherche l'immeuble de Louise, compte les bateaux sur rade, nomme les criques jusqu'à l'Escampobariou tout embrumé de rose, se retourne, lève la tête et part de son rire sonore :

— Vé, la croix du Capelan ! Dites, quand nous grimpions manger notre ratatouille de sardines salées, parce que j'avais la sainte frousse, on se la regardait d'en haut cette maison verte, avec son beau palmier frais comme une plante de serre, sans nous penser qu'un jour l'envie vous prendrait de vous l'acheter. N'hésitez pas. La croix du Capelan, c'est la protection.

J'accepte la protection du Capelan, cela m'en fera deux. Je vais écrire à Goulven tout à l'heure, afin qu'il se mette en rapport avec le propriétaire. La maison me plaît sans réserve. Je n'ai qu'une crainte : qu'un acquéreur plus expéditif ne nous devance.

Nous descendons en discutant de ma future installation. A force de cajoleries, Annick a obtenu de quitter sa voiture pour chevaucher les épaules d'Angèle.

— Je ne croyais pas pouvoir être encore aussi heureuse...

— Pauvre de vous, c'est bien votre tour !

— Oui, ma période calamiteuse et lacrymale est close, bien close, Angèle. Il fera bon vivre dans cette somptueuse et, en effet, romantique thébaïde, avec le tendre, le sûr époux que je vais prendre dans moins de deux mois.

Angèle nous quitte en ville, à un arrêt de tram. Je continue, poussant Annick, débordante de projets. Maintenant que j'ai le cadre, je vais courir les antiquaires, fréquenter la Salle des Ventes, battre les environs... Ma fille rit de me voir rire.

Ris, Hélène. Ris, jeune femme aimée et comblée. Ris encore. Ris vite !

Comme nous passons devant une pharmacie du centre, je pense que j'ai mis dans mon sac une liste de produits à renouveler. La clientèle attend, nombreuse, et mes achats ne présentent aucun caractère d'urgence. Je vais piétiner avec ma fille sur le bras, qui pèse, bien obligée de la porter car, à peine sur ses jambes, elle se sauve. Il serait raisonnable de choisir une autre heure, me souffle la fatigue de la longue marche. Qui ou quoi me pousse à entrer là ? Je sors Annick de sa poussette et prends mon tour derrière une grande femme qui tient un garçonnet par la main. Un vieux monsieur fait des agaceries à ma fille qui ne demande qu'à flirter. Un jeu de cache-figure commence, qui va se prolonger, car elle ne se lasse pas. Pour le varier, l'aimable homme profite d'une seconde d'inattention pour se glisser derrière un large pilier, le contourne et vient crier : « Hou ! » dans le cou de mon fardeau gigotant, inquiet de la disparition de son camarade. Une telle cascade de rire suit la surprise, que la personne qui me précède, et dont je n'ai encore vu qu'un dos de tailleur bien coupé et un lourd chignon noir sur une nuque un peu épaisse, se retourne, amusée. Et c'est comme si cette inconnue découvrait un aspic. Plus de sourire, la face se ravine et, d'entre les cils cosmétiqués, jaillit un regard sombre qui me violente avant de s'affoler vers la rue. D'instinct, j'ai pivoté sec. Un instantané inoubliable ! Georges en contemplation, écorché vif, plus christ espagnol que jamais, Georges dont les yeux me happent et me possèdent... Mais il m'aime ! Il m'aime ! D'un grand mouvement de bras, la femme projette le petit garçon :

— Va retrouver ton papa, va vite !

Georges ne voit pas l'enfant, ne sent pas la main qui le tire par une manche. Il ne peut s'arracher à nous. Et moi ? Devant l'évidence qui vient de détruire ma sérénité, je saisis la tête d'Annick — attirée maintenant par l'extérieur, à cause du petit garçon —, l'appuie sur ma gorge et l'y maintiens. « Je ne veux pas qu'elle te devine », dit mon regard fou au sien qui ne contient plus de rigueur, mais l'hallucinante vérité. La scène n'a pas duré vingt secondes. Georges entend l'enfant qui l'appelle, se baisse, lui caresse la joue et l'entraîne. Il était temps, j'allais hurler. Comme je reprends ma position première, le cœur aussi bruyant dans mes oreilles qu'un moteur de runabout, je me heurte à la grande femme qui n'a pas bougé, qui a vu, et je reçois à bout portant une décharge où entrent autant de douleur que de panique, de haine que d'impuissance. Après cette seconde scène, plus rapide et presque aussi insoutenable que la précédente, je quitte l'officine en hâte. Craint-elle de me voir courir à l'homme qu'elle m'a pris, ou que cet homme, maintenant à elle, ne revienne se saisir de moi qu'il aime ? La femme sort sur mes talons et, pendant que je remets Annick dans sa poussette, le rattrape et veut prendre son bras. Le bras bat et se libère. La foule, dense à cette heure, comprimée dans l'étroite rue, vomitoire à deux sens entre deux places, ne permet pas d'allonger le pas. Sans plus réfléchir, je m'engage dans la même direction. La femme parle, volubile, et peine pour se maintenir à la hauteur de son compagnon qui ne fait rien pour empêcher les passants de les séparer. Il a lâché la main du petit garçon qui marche maintenant à côté de sa mère, la tête levée vers elle. Je zigzague dans la cohue, pour le plus grand plaisir d'Annick qui voit là un jeu nouveau. Je gagne mètre par mètre, jusqu'à surprendre l'expression des profils tournés l'un vers l'autre, celui de Georges livide, défait, celui de la femme pathétique, implorant. Aiguillonnée par un besoin irraisonné, je me faufile dans la moindre trouée. Je réclame le passage d'un ton impatient. Selon ce que leur inspire une voiture d'enfant, les gens se rangent ou me bloquent. Ceux que je bouscule bougonnent ou, goguenards, me font observer que ma carte de Priorité ne joue pas encore pour la circulation pédestre. Un chien, dérangé par une de mes roues dans ses recherches olfactives, gémit plus qu'il n'a mal. Sa maîtresse m'interpelle avec humeur. Comme je l'ignore, elle me barre la route de toute la longueur de la laisse. Le couple atteint le bout de la rue. Tandis que la femme au chien continue de vitupérer ma brutalité, sans me permettre de la doubler, il disparaît. Exaspérée, j'abandonne la voiture dans une entrée. Ma fille sur le bras, il m'est beaucoup plus facile de progresser. Rien n'a de sens que « savoir comment c'est entre eux ». Parvenue au point où je les ai perdus de vue, j'ai la satisfaction de les retrouver aussitôt. L'écart entre nous diminue. Mon cœur bat une drôle de charge, je transpire, je halète, mais je vais enfin les atteindre, les entendre. J'ai complètement perdu la raison. C'est elle qui parle, vibrante, audible :

— Tu es excessif en tout. Quand tu pardonnes à ton prochain de n'être qu'une créature faillible, tu te condamnes au port d'un double cilice. Terrible, tu es terrible...

Vient le ricanement que je connais bien, mais je ne saisis pas ce qui le suit. Puis j'attrape des fragments de phrases de la femme :

— ... rien demandé... ne fallait pas, absolument pas... te torturer...

Qu'est-ce qu'il ne fallait pas ? Me rejeter ? Qui est la créature faillible, elle ou moi ? Je touche presque l'être à qui j'ai appartenu corps et âme. C'est bon et néfaste, très dangereux et assez avilissant, mais rien n'aurait le pouvoir de me ramener en arrière. La femme plaide et l'exhorte, semble-t-il, mais une main en écran au coin de la bouche. Le bruit des voitures couvre tout. Un rire grinçant l'interrompt et la voix métallique de Georges proteste sans sourdine :

— Grand merci ! Ma méthode d'ascèse se passe de conseilleur !

— Toujours décider seul... peut-être un moyen... l'apaisement...

— A l'instar de certains parangons de vertu de ma connaissance qui, à l'occasion, donnent campos à leur puritanisme et courent ensuite tremper le corps du délit dans le bénitier ? En cas d'accident, l'avis recueilli ne peut être que celui attendu. Magnifique ! Et se croire écuré à neuf, quand on est tout juste torchonné ! Il me vient de ces bien pensants absous un relent de faisandé. Je m'étonne que toi si scrupuleuse, si nette...

Il laisse sa phrase en suspens, prend la main de la femme et la glisse sous son bras.

— Ne t'inquiète pas. Cela passera, comme les autres fois ! Tu ne peux pas comprendre.

Elle non plus ?

Moi, je viens de comprendre : j'avais épousé une espèce de Robespierre !

Un groupe de matelots à contre-courant m'oblige à marquer le pas. Un couple s'interpose entre celui que je frôlais et moi, puis des filles poursuivies par des lycéens. Après la traversée d'une rue, je ne mets plus d'ardeur à tailler ma route dans la houle humaine. A dix mètres devant, la nuque bronzée de Georges et le chignon à l'espagnole ondulent entre, et souvent au-dessus, des coiffes à pompon, des casquettes galonnées, des chevelures disciplinées de femmes d'officier, des crinières au vent de descendantes dégénérées des petites alliées d'autrefois. J'avance comme un automate, un goût doux-amer dans la bouche, mais sans la fièvre de tout à l'heure. Sans l'avoir voulu, je me retrouve proche. Ils se tiennent par le bras, pas au maximum de contact, comme nous nous tenions lui et moi, comme de vieux mariés qui se donnent appui. L'enfant les surveille, le visage levé, sérieux et inquiet. En bonne condition d'écoute, je ralentis. J'en sais assez. J'en sais trop. Après coup, tant d'audace me paralyse. Au vrai, s'ils ne m'ont pas surprise à les épier, sur le moment inconsciente de l'énormité de mon indiscrétion, c'est que j'étais trop entre eux pour qu'ils me devinent derrière. Je frémis à l'idée que l'un ou l'autre aurait pu se retourner. Le temps de changer Annick de bras et de rattacher le bouton d'une de ses sandales, je ne les vois plus. Entrés dans un immeuble ou un magasin ? Je ne désire pas les retrouver. Pourtant, je tourne dans le carrefour où ils se sont éclipsés avec leur sinistre bonheur, remuant des pensées contradictoires, punie d'avoir voulu savoir, amèrement satisfaite néanmoins, quoique sûre que c'était mieux de les mépriser.

Annick s'alourdit et suce son pouce, sa tête sur mon épaule. Assez tourné sans but, en rond. Prise d'agoraphobie, je rebrousse chemin. Fatiguée, étourdie, je me laisse tomber sur une chaise de café, me relève à l'approche du garçon, me mets à la recherche du porche où je me suis débarrassée de la poussette et la récupère. Annick s'y endort aussitôt. Dormir... Oui, dormir. Je n'ai jamais pris de somnifère, mais je connais le nom de celui dont Georges use. Je retourne à la pharmacie. L'ordonnance ? Je prétends l'avoir oubliée chez moi. Il est trop tard pour que je revienne avant la fermeture et je souffre de névralgies intolérables. Je suis très rouge, on me connaît, le médicament m'est délivré.

Quatre fois vingt-quatre heures passent sur le choc sans l'émousser. J'oublie par le moyen artificiel, m'éveille dans de l'ouate et, à peine désembrumée, m'empresse de rappeler les sensations aux aguets. Je les reçois aussi nettes et corrosives. La misère de Georges, la peur et la haine de la grande femme, le regard presque adulte du petit garçon... Qui porte la responsabilité de cette pantenne, nous trois ou moi seule ? Je ne parviens pas à appréhender d'autres pensées. La force de l'habitude me sort du lit pour le train-train sans entrain de la quotidienneté, marché, repas et toilette de ma fille, mais plus de promenade d'après-midi, de visite à la maison verte. Et rien vers Goulven. Une image m'obsède, horreur et félicité non pareilles : un loup efflanqué qui tourne dans un déambulatoire restreint, chambre de bord ou salon conjugal, et qui a faim de moi. De moi dont il s'est séparé !

Sont-ils mariés ? C'est probable puisqu'ils se montrent ensemble, quoique Georges ne soit pas homme à cacher ce qu'il tient pour bon. La pseudo-Mme Morel, personnage abstrait, a désormais ses véritables dimensions et plus celles, fugaces et variées, que je lui inventais selon mon degré de grogne. Une belle femme ? Plutôt une femme encore belle, qui s'habille bien, qui porte un ruban rouge et noir au revers de son tailleur, qui doit souffrir pour ne pas engraisser, qui s'exprime avec une voix de contralto à laquelle une violente émotion n'enlève rien d'une distinction qui ne paraît pas apprise. Et qui m'a reconnue au premier regard ! Alors que, dans un accès de rage iconoclaste, j'ai brûlé dix ans d'amour, Georges me conserve-t-il en effigie ? Je sais, c'est tout de même extraordinaire de le savoir, qu'à approcher mon Poséidon, « l'intellectuelle » s'est, tout comme moi, entamé l'âme. Un Georges Landry n'est donc pas moins déconcertant pour une femme dite très intelligente que pour une Hélène à l'esprit lent, incapable de transcender ses limites.

Une courte lettre de Goulven rétablit le circuit. « Ce matin, ma bien-aimée, le vaguemestre est encore revenu de terre sans rien de vous. Seriez-vous souffrante ? Ou notre Annick ? Je suis inquiet et même — vais-je vous paraître ridicule ! — en proie à un étrange malaise. C'est que je vous aime trop et que l'épaisse brume qui menace de nous emprisonner porte à la mélancolie. Ce mot sera posté avant midi, je le confie à un patron de remorqueur, vous le recevrez demain matin. Rassurez-moi par un télégramme. Vous êtes toute ma vie, mon Hélène. »

La lecture m'a sortie de mon délire onirique. Folle, ingrate, s'il te fallait encore une preuve que la sensibilité de Goulven, pour ce qui te touche, va jusqu'à la prémonition, tu l'as. Il serait indigne d'alléguer une excuse mensongère, j'écris comme s'il n'y avait pas eu de trou, quatre tendres pages d'un seul jet. Le compte à rebours : plus que cinquante-quatre jours pour être Hélène Coatmeur, et je veux la maison verte, mon chéri, notre maison.

Lettre et télégramme postés, je suis soulagée et désenvoûtée. Un écart qui ne se reproduira pas. L'effet de surprise est passé, ma curiosité malsaine satisfaite. Arrière souvenirs anciens et récents ! Sortez de mon esprit, couple maudit, vous n'avez plus rien à y faire et je n'ai plus rien à connaître de vos problèmes alambiqués, arrangez-vous-en ! Je veux être heureuse, je le serai avec Goulven qui m'aime sans complication, qui ne me fera jamais de peine, qui ne me mettra jamais en situation de devoir mentir et tricher pour le garder. Sans être tout à fait « la bonne femme bien bête, sûr garant du bonheur conjugal », souhaitée par je ne sais plus qui, j'ai ce qu'il faut pour rendre heureux un homme simple. »

Je fais dîner Annick quand une inquiétude me vient. Goulven parlait de brume, comment évolue le temps en Atlantique ? J'ouvre la radio. Les informations sont commencées, mais il n'est pas rare que le bulletin météorologique les suive au lieu de les précéder. J'écoute les nouvelles d'une oreille distraite. Le compte rendu d'une séance de la Chambre s'éternise. Je suis ailleurs quand il s'achève. Un blanc dans l'émission rappelle mon attention. Le timbre du speaker s'accentue dans le grave : « La Marine en deuil. » Mon bras s'immobilise à mi-chemin entre l'assiette et la bouche de ma fille. « Hier après-midi, pour une raison encore inconnue, un dragueur de la Marine nationale a explosé et coulé devant l'estuaire de la Gironde. La rapidité du drame et le mauvais temps compliqué de brume ont rendu tout sauvetage impossible. Vingt-neuf hommes et deux officiers se trouvaient à bord... »

Ce jour-là, j'ai accouché d'une autre.

ACHEVÉ D'IMPRIMER
SUR LES PRESSES DE
LA SIMPED A ÉVREUX
POUR FRANCE-EMPIRE
ÉDITEUR A PARIS

Numéro d'impression : 6 219
Dépôt légal : janvier 1983